Dla Reby Vartanian, Shelly Jaffe, Chickie Laventhal i Mitchella Mitnicka oraz pamięci Alana Mitnicka, Adama Mitnicka i Jacka Biello.

Dla Arynne, Victorii, Davida, Sheldona, Vincenta i Eleny.

Socjotechnika

Socjotechnika to wywieranie wpływu na ludzi i stosowanie perswazji w celu oszukania ich tak, aby uwierzyli, że socjotechnik jest osobą o sugerowanej przez siebie, a stworzonej na potrzeby manipulacji, tożsamości. Dzięki temu socjotechnik jest w stanie wykorzystać swoich rozmówców, przy dodatkowym (lub nie) użyciu środków technologicznych, do zdobycia poszukiwanych informacji.

Łamałem ludzi, nie hasła

SZTUKA PODSTĘPU

KEVIN MITNICK
NAJSŁYNNIEJSZY HAKER ŚWIATA

& William Simon

Tytuł oryginału: The Art of Deception: Controling the Human Element of Security
Tłumaczenie: Jarosław Dobrzański

Korekta językowa: Wojciech Krysztofiak, Renata Grzywna
Skład: Robert Riger
Redakcja: Rafał Łazarczyk

ISBN: 83-7361-116-9

Wydawnictwo HELION
ul. Chopina 6, 44-100 GLIWICE
tel. (32) 231-22-19, (32) 230-98-63
e-mail: *helion@helion.pl*
WWW: *http://helion.pl* (księgarnia internetowa, katalog książek)

Drogi Czytelniku!
Jeżeli chcesz ocenić tę książkę, zajrzyj pod adres
http://helion.pl/user/opinie?artdec
Możesz tam wpisać swoje uwagi, spostrzeżenia, recenzję.

Printed in Poland.

Spis treści

Słowo wstępne

Wszyscy ludzie rodzą się z wewnętrzną potrzebą poznawania natury swojego otoczenia. W czasach młodości zarówno Kevin Mitnick, jak i ja byliśmy niesamowicie ciekawi świata i pragnęliśmy dowieść swojej własnej wartości. W dzieciństwie często nagradzano nas za nauczenie się nowej rzeczy, rozwiązanie zagadki lub wygranie gry. Jednak w tym samym czasie świat, narzucając nam swoje reguły zachowania, krępował naszą wewnętrzną potrzebę poznawania. Zarówno dla wybitnych naukowców, technicznych wizjonerów, jak i dla ludzi pokroju Kevina Mitnicka podążanie za tą potrzebą powodowało największy możliwy dreszcz emocji, pozwalając na robienie rzeczy, które innym wydają się niemożliwe.

Kevin Mitnick jest jednym z najwspanialszych ludzi, jakich znam. Zapytajcie go, a szczerze odpowie Wam, że metoda, której używał, socjotechnika, polega na oszukiwaniu ludzi. Kevin jednak nie jest już socjotechnikiem, a nawet w czasie, kiedy tym zajęciem się parał, motywami jego działania nigdy nie była chęć wzbogacenia się lub wyrządzenia krzywdy drugiemu człowiekowi. Nie oznacza to jednak, że nie istnieją groźni i niebezpieczni przestępcy, którzy stosują socjotechnikę, aby wyrządzić rzeczywiste szkody. To właśnie przed nimi Kevin chce Was ostrzec w tej książce.

Sztuka podstępu uświadamia, jak bardzo rządy państw, firmy i każdy z nas są nieodporne na atak socjotechnika. W obecnych czasach, kiedy tak dużo uwagi poświęca się bezpieczeństwu, wydaje ogromne kwoty na ochronę sieci komputerowych i danych, powinniśmy zdać sobie sprawę z tego, jak łatwo można oszukać ludzi „z wewnątrz" i obejść wszelkie możliwe zabezpieczenia technologiczne. Książka właśnie to opisuje.

Jeżeli pracujemy w firmie lub instytucji rządowej, pozycja ta jest nieocenionym drogowskazem, umożliwiającym zrozumienie, w jaki sposób działają socjotechnicy i co możemy zrobić, aby pokrzyżować ich plany. Korzystając z fabularyzowanych historii, których czytanie nie tylko otwiera oczy, ale jest też dobrą rozrywką, Kevin, wraz ze współautorem, Billem Simonem, opisuje techniki stosowane przez oszustów. Po każdej z historii otrzymujemy wskazówki pomagające uchronić się przed przedstawionymi sytuacjami.

W zabezpieczeniach zapewnianych przez technologię istnieje spora luka, w której uszczelnieniu mogą pomóc ludzie tacy jak Kevin. Po przeczytaniu tej książki na pewno zdacie sobie sprawę, jak bardzo potrzebujecie tej pomocy.

Steve Wozniak

Przedmowa

Są na świecie hakerzy, którzy niszczą cudze pliki lub całe dyski twarde — nazywa się ich *crakerami* lub po prostu *wandalami*. Są również niedoświadczeni hakerzy, którzy zamiast uczyć się technologii, znajdują w sieci odpowiednie narzędzia hakerskie, za pomocą których włamują się do systemów komputerowych. Mówi się o nich *script kiddies*. Bardziej doświadczeni hakerzy sami tworzą programy hakerskie, które potem umieszczają w sieci lub na listach dyskusyjnych. Istnieją też takie osoby, których w ogóle nie obchodzi technologia, a komputera używają jedynie jako narzędzia pomagającego im kraść pieniądze, towary i korzystać za darmo z usług.

Wbrew mitowi o Kevinie Mitnicku, jaki stworzyły media, nigdy jako haker nie miałem złych zamiarów.

Wyprzedzam jednak fakty.

Początki

Ścieżka, na którą wstąpiłem, miała zapewne swój początek w dzieciństwie. Byłem beztroskim, ale znudzonym dzieckiem. Mama, po rozstaniu z ojcem (miałem wtedy 3 lata), pracowała jako kelnerka, by nas utrzymać. Można sobie wyobrazić jedynaka wychowywanego przez wiecznie zabieganą matkę — chłopaka samotnie spędzającego całe dnie. Byłem swoją własną nianią.

Dorastając w San Fernando Valley, miałem całą młodość na zwiedzanie Los Angeles. W wieku 12 lat znalazłem sposób na darmowe podróżowanie po całym okręgu Los Angeles. Któregoś dnia, jadąc autobusem, odkryłem, że układ otworów na bilecie tworzony przez kierowcę podczas kasowania oznacza dzień, godzinę i trasę przejazdu autobusu. Przyjaźnie nastawiony kierowca odpowiedział na wszystkie moje dokładnie przemyślane pytania, łącznie z tym, gdzie można kupić kasownik, którego używa.

Bilety te pozwalały na przesiadki i kontynuowanie podróży. Wymyśliłem wtedy, jak ich używać, aby jeździć wszędzie za darmo. Zdobycie nieskasowanych biletów to była pestka: kosze na śmieci w zajezdniach autobusowych pełne były nie do końca zużytych bloczków biletowych, których kierowcy pozbywali się na koniec zmiany. Mając nieskasowane bilety i kasownik, mogłem sam je oznaczać w taki sposób, aby dostać się w dowolne miejsce w Los Angeles. Wkrótce znałem wszystkie układy tras autobusów na pamięć. To wczesny przykład mojej zadziwiającej zdolności do zapamiętywania pewnego rodzaju informacji. Do dzisiaj pamiętam numery telefonów, hasła i tym podobne szczegóły — nawet te zapamiętane w dzieciństwie.

Innym moim zainteresowaniem, jakie ujawniło się dość wcześnie, była fascynacja sztuczkami magicznymi. Po odkryciu, na czym polega jakaś sztuczka, ćwiczyłem tak długo, aż ją opanowałem. W pewnym sensie to dzięki magii odkryłem radość, jaką można czerpać z wprowadzania ludzi w błąd.

Od phreakera do hakera

Moje pierwsze spotkanie z czymś, co później nauczyłem się określać mianem *socjotechniki*, miało miejsce w szkole średniej. Poznałem wtedy kolegę, którego pochłaniało hobby zwane *phreakingiem*. Polegało ono na włamywaniu się do sieci telefonicznych, przy wykorzystaniu do tego celu pracowników służb telefonicznych oraz wiedzy o działaniu sieci. Pokazał mi sztuczki, jakie można robić za pomocą telefonu: zdobywanie każdej informacji o dowolnym abonencie sieci czy korzystanie z tajnego numeru testowego do długich darmowych rozmów zamiejscowych (potem okazało się, że numer wcale nie był testowy — rozmowami, które wykonywaliśmy, obciążany był rachunek jakiejś firmy).

Takie były moje początki w dziedzinie socjotechniki — swojego rodzaju przedszkole. Ten kolega i jeszcze jeden *phreaker*, którego wkrótce poznałem, pozwolili mi posłuchać rozmów telefonicznych, jakie przeprowadzali z pracownikami firm telekomunikacyjnych. Wszystkie rzeczy, które mówili, brzmiały bardzo wiarygodnie. Dowiedziałem się o sposobie działania różnych firm z tej branży, nauczyłem się żargonu i procedur, stosowanych przez ich pracowników. „Trening" nie trwał długo — nie potrzebowałem go. Wkrótce sam robiłem wszystkie te rzeczy lepiej niż moi nauczyciele, pogłębiając wiedzę w praktyce.

W ten sposób wyznaczona została droga mojego życia na najbliższe 15 lat.

Jeden z moich ulubionych kawałów polegał na uzyskaniu dostępu do centrali telefonicznej i zmianie rodzaju usługi przypisanej do numeru telefonu znajomego *phreakera*. Kiedy ten próbował zadzwonić z domu, słyszał w słuchawce prośbę o wrzucenie monety, ponieważ centrala odbierała informację, że dzwoni on z automatu.

Absorbowało mnie wszystko, co dotyczyło telefonów. Nie tylko elektronika, centrale i komputery, ale również organizacja, procedury i terminologia. Po jakimś czasie wiedziałem o sieci telefonicznej chyba więcej niż jakikolwiek jej pracownik. Rozwinąłem również swoje umiejętności w dziedzinie socjotechniki do tego stopnia, że w wieku 17 lat byłem w stanie wmówić prawie wszystko większości pracownikom firm telekomunikacyjnych, czy to przez telefon, czy rozmawiając osobiście.

Moja znana ogółowi kariera hakera rozpoczęła się właściwie w szkole średniej. Nie mogę tu opisywać szczegółów, wystarczy, że powiem, iż głównym motywem moich pierwszych włamań była chęć bycia zaakceptowanym przez grupę podobnych mi osób.

Wtedy określenia *haker* używaliśmy w stosunku do kogoś, kto spędzał dużo czasu na eksperymentowaniu z komputerami i oprogramowaniem, opracowując bardziej efektywne programy lub znajdując lepsze sposoby rozwiązywania jakichś problemów. Określenie to dzisiaj nabrało pejoratywnego charakteru i kojarzy się z „groźnym przestępcą". Ja używam go tu jednak w takim znaczeniu, w jakim używałem go zawsze — czyli tym wcześniejszym, łagodniejszym.

Po ukończeniu szkoły średniej studiowałem informatykę w Computer Learning Center w Los Angeles. Po paru miesiącach szkolny administrator komputerów odkrył, że znalazłem lukę w systemie operacyjnym i uzyskałem pełne przywileje administracyjne w systemie. Najlepsi eksperci spośród wykładowców nie potrafili dojść do tego, w jaki sposób to zrobiłem. Nastąpił wówczas być może jeden z pierwszych przypadków „zatrudnienia" hakera — dostałem propozycję nie do odrzucenia: albo w ramach pracy zaliczeniowej poprawię bezpieczeństwo szkolnego systemu komputerowego, albo zostanę zawieszony za włamanie się do systemu. Oczywiście wybrałem to pierwsze i dzięki temu mogłem ukończyć szkołę z wyróżnieniem.

Socjotechnik

Niektórzy ludzie wstają rano z łóżka, by odbębniać powtarzalne czynności w przysłowiowym kieracie. Ja miałem to szczęście, że zawsze lubiłem swoją pracę. Najwięcej wyzwań, sukcesów i zadowolenia przyniosła mi praca prywatnego detektywa. Szlifowałem tam swoje umiejętności w sztuce zwanej *socjotechniką* — skłanianiem ludzi do tego, by robili rzeczy, których zwykle nie robi się dla nieznajomych. Za to mi płacono.

Stanie się biegłym w tej branży nie było dla mnie trudne. Rodzina ze strony mojego ojca od pokoleń zajmowała się handlem — może więc umiejętność perswazji i wpływania na innych jest cechą dziedziczną. Połączenie potrzeby manipulowania ludźmi z umiejętnością i talentem w dziedzinie perswazji i wpływu na innych to cechy idealnego socjotechnika.

Można powiedzieć, że istnieją dwie specjalizacje w zawodzie artysty-manipulatora. Ktoś, kto wyłudza od ludzi pieniądze, to pospolity oszust. Z kolei ktoś, kto stosuje manipulację i perswazję wobec firm, zwykle w celu uzyskania informacji, to *socjotechnik*. Od czasu mojej pierwszej sztuczki z biletami autobusowymi, kiedy byłem jeszcze zbyt młody, aby uznać, że robię coś złego, zacząłem rozpoznawać w sobie talent do dowiadywania się o rzeczach, o których nie powinienem wiedzieć. Rozwijałem ten talent, używając oszustw, posługując się żargonem i rozwiniętą umiejętnością manipulacji.

Jednym ze sposobów, w jaki pracowałem nad rozwijaniem umiejętności w moim rzemiośle (jeżeli można to nazwać rzemiosłem), było próbowanie uzyskania jakiejś informacji, na której nawet mi nie zależało. Chodziło o to, czy jestem w stanie skłonić osobę po drugiej stronie słuchawki do tego, by mi jej udzieliła — ot tak, w ramach ćwiczenia. W ten sam sposób, w jaki kiedyś ćwiczyłem sztuczki magiczne, ćwiczyłem teraz sztukę motywowania. Dzięki temu wkrótce odkryłem, że jestem w stanie uzyskać praktycznie każdą informację, jakiej potrzebuję.

Wiele lat później, zeznając w Kongresie przed senatorami, Liebermanem i Thompsonem, powiedziałem:

Udało mi się uzyskać nieautoryzowany dostęp do systemów komputerowych paru największych korporacji na tej planecie, spenetrować najlepiej zabezpieczone z istniejących systemów komputerowych. Używałem narzędzi technologicznych i nie związanych z technologią, aby uzyskać dostęp do kodu źródłowego różnych systemów operacyjnych, urządzeń telekomunikacyjnych i poznawać ich działanie oraz słabe strony.

Tak naprawdę, zaspakajałem jedynie moją własną ciekawość, przekonywałem się o możliwościach i wyszukiwałem tajne informacje o systemach operacyjnych, telefonach komórkowych i wszystkim innym, co budziło moje zainteresowanie.

Podsumowanie

Po aresztowaniu przyznałem, że to, co robiłem, było niezgodne z prawem i że dopuściłem się naruszenia prywatności.

Moje uczynki były powodowane ciekawością — pragnąłem wiedzieć wszystko, co się dało o tym, jak działają sieci telefoniczne oraz podsystemy wejścia–wyjścia komputerowych systemów bezpieczeństwa. Z dziecka zafascynowanego sztuczkami magicznymi stałem się najgroźniejszym hakerem świata, którego obawia się rząd i korporacje. Wracając pamięcią do ostatnich trzydziestu lat mojego życia, muszę przyznać, że dokonałem paru bardzo złych wyborów, sterowany ciekawością, pragnieniem zdobywania wiedzy o technologiach i dostarczania sobie intelektualnych wyzwań.

Zmieniłem się. Dzisiaj wykorzystuję mój talent i wiedzę o bezpieczeństwie informacji i socjotechnice, jaką udało mi się zdobyć, aby pomagać rządowi, firmom i osobom prywatnym w wykrywaniu, zapobieganiu i reagowaniu na zagrożenia bezpieczeństwa informacji.

Książka ta to jeszcze jeden sposób wykorzystania mojego doświadczenia w pomaganiu innym w radzeniu sobie ze złodziejami informacji. Mam nadzieję, że opisane tu przypadki będą zajmujące, otwierające oczy i mające jednocześnie wartość edukacyjną.

Wprowadzenie

Książka ta zawiera bogaty zbiór informacji dotyczących bezpieczeństwa danych i socjotechniki. Oto krótki opis układu książki, ułatwiający korzystanie z niej:

W części pierwszej odkrywam piętę achillesową systemów bezpieczeństwa i pokazuję, dlaczego my i nasza firma jesteśmy narażeni na ataki socjotechników.

Część druga opisuje, w jaki sposób socjotechnicy wykorzystują nasze zaufanie, chęć pomocy, współczucie oraz naiwność, aby dostać to, czego chcą. Fikcyjne historie demonstrujące typowe ataki ukażą socjotechnika przywdziewającego coraz to nowe maski. Jeżeli wydaje się nam, że nigdy nie spotkaliśmy socjotechnika, prawdopodobnie jesteśmy w błędzie. Niejedna z tych historii może nieoczekiwanie wydać się nam znajoma. Jednak po przeczytaniu rozdziałów od 2. do 9. powinniśmy dysponować już wiedzą, która pozwoli nam uchronić się przed kolejnym atakiem.

W części trzeciej gra z socjotechnikiem toczy się o większą stawkę. Wymyślone historie pokazują, w jaki sposób może on dostać się na teren firmy, ukraść tajemnicę, co może zrujnować nasze przedsiębiorstwo, lub unicestwić nasz najnowocześniejszy technologicznie system bezpieczeństwa. Scenariusze przedstawione w tej części uświadamiają nam zagrożenia, poczynając od zwykłej zemsty pracownika, na cyberterroryzmie kończąc. Jeżeli ważne jest dla nas bezpieczeństwo kluczowych informacji, które stanowią o status quo naszej firmy, powinniśmy przeczytać rozdziały od 10. do 14. w całości.

Należy pamiętać, że o ile nie jest napisane inaczej, historie przedstawione w tej książce są czystą fikcją.

W części czwartej opisane zostały sposoby zapobiegania atakom socjotechnicznym w organizacji. Rozdział 15. przedstawia zarys skutecznego szkolenia dotyczącego bezpieczeństwa, a w rozdziale 16. znajdziemy przykład „gotowca", czyli kompletny dokument opisujący politykę bezpieczeństwa firmy, który możemy przystosować do potrzeb naszej firmy i od razu wprowadzić w życie, aby zabezpieczyć nasze zasoby informacyjne.

Na końcu znajduje się część zatytułowana „Bezpieczeństwo w pigułce", która podsumowuje kluczowe informacje w formie list i tabel. Mogą one stanowić „ściągę" dla naszych pracowników, pomagającą uniknąć ataków socjotechnicznych. Zawarte tam informacje pomogą również podczas tworzenia programu szkolenia dotyczącego bezpieczeństwa firmy.

W książce znajdziemy również uwagi dotyczące żargonu, zawierające definicje terminów używanych przez hakerów i socjotechników, a także dodatkowe uwagi Kevina Mitnicka zawierające podsumowanie fragmentu tekstu — „złote myśli", które pomagają w formułowaniu strategii bezpieczeństwa. Pozostałe uwagi i ramki zawierają interesujące informacje dodatkowe lub prezentują okoliczności danej sprawy.

I

Za kulisami

Pięta achillesowa systemów bezpieczeństwa

1

Pięta achillesowa systemów bezpieczeństwa

Firma może dokonać zakupu najlepszych i najdroższych technologii bezpieczeństwa, wyszkolić personel tak, aby każda poufna informacja była trzymana w zamknięciu, wynająć najlepszą firmę chroniącą obiekty i wciąż pozostać niezabezpieczoną.

Osoby prywatne mogą niewolniczo trzymać się wszystkich najlepszych zasad zalecanych przez ekspertów, zainstalować wszystkie najnowsze produkty poprawiające bezpieczeństwo i skonfigurować odpowiednio system, uruchamiając wszelkie jego usprawnienia i wciąż pozostawać niezabezpieczonymi.

Czynnik ludzki

Zeznając nie tak dawno temu przed Kongresem, wyjaśniłem, że często uzyskiwałem hasła i inne poufne informacje od firm, podając się za kogoś innego i *po prostu o nie prosząc*.

Tęsknota za poczuciem absolutnego bezpieczeństwa jest naturalna, ale prowadzi wielu ludzi do fałszywego poczucia braku zagrożenia. Weźmy za przykład człowieka odpowiedzialnego i kochającego, który zainstalował w drzwiach wejściowych Medico (zamek bębnowy słynący z tego, że nie można go otworzyć wytrychem), aby ochronić swoją żonę, dzieci i swój dom. Po założeniu zamka poczuł się lepiej, ponieważ jego rodzina stała się bardziej bezpieczna. Ale co będzie, jeżeli napastnik wybije szybę w oknie lub złamie kod otwierający bramę garażu? Niezależnie od kosztownych zamków, domownicy wciąż nie są bezpieczni. A co w sytuacji, gdy zainstalujemy kompleksowy system ochrony? Już lepiej, ale wciąż nie będzie gwarancji bezpieczeństwa.

Dlaczego? Ponieważ to *czynnik ludzki* jest piętą achillesową systemów bezpieczeństwa.

Bezpieczeństwo staje się zbyt często iluzją. Jeżeli do tego dodamy łatwowierność, naiwność i ignorancję, sytuacja dodatkowo się pogarsza. Najbardziej poważany naukowiec XX wieku, Albert Einstein, podobno powiedział: „Tylko dwie rzeczy są nieskończone: wszechświat i ludzka głupota, chociaż co do pierwszego nie mam pewności". W rezultacie atak socjotechnika udaje się, bo ludzie bywają głupi. Częściej jednak ataki takie są skuteczne, ponieważ ludzie nie rozumieją sprawdzonych zasad bezpieczeństwa.

Mając podobne podejście jak uświadomiony w sprawach bezpieczeństwa pan domu, wielu zawodowców z branży IT ma błędne mniemanie, że w dużym stopniu uodpornili swoje firmy na ataki poprzez zastosowanie standardowych produktów typu *firewall*, systemów detekcji intruzów i zaawansowanych rozwiązań uwierzytelniających, takich jak kody zależne od czasu lub karty biometryczne. Każdy, kto uważa, że same produkty zabezpieczające zapewniają realne bezpieczeństwo, tworzy jego *iluzję*. To klasyczny przypadek życia w świecie fantazji: osoby takie mogą prędzej czy później stać się ofiarami ataku.

Jak ujmuje to znany konsultant ds. bezpieczeństwa, Bruce Schneider: „Bezpieczeństwo to nie produkt — to proces". Rozwińmy tę myśl: bezpieczeństwo nie jest problemem technologicznym, tylko problemem związanym z ludźmi i zarządzaniem.

W miarę wymyślania coraz to nowych technologii zabezpieczających, utrudniających znalezienie technicznych luk w systemie, napastnicy będą zwracać się w stronę ludzkich słabości. Złamanie „ludzkiej" bariery jest o wiele prostsze i często wymaga jedynie inwestycji rzędu kosztu rozmowy telefonicznej, nie mówiąc już o mniejszym ryzyku.

Klasyczny przypadek oszustwa

Kto stanowi największe zagrożenie bezpieczeństwa kapitału firmy? Odpowiedź jest prosta: socjotechnik — pozbawiony skrupułów magik, który, gdy patrzysz na jego lewą rękę, prawą kradnie Twoje tajemnice. Do tego często bywa tak miły, elokwentny i uprzejmy, iż naprawdę cieszysz się, że go spotkałeś.

Spójrzmy na przykład zastosowania socjotechniki. Niewielu dziś pamięta jeszcze młodego człowieka, który nazywał się Stanley Mark Rifkin, i jego przygodę z nieistniejącym już Security Pacific National Bank w Los Angeles. Sprawozdania z jego eskapady różnią się między sobą, a sam Rifkin (podobnie jak ja) nigdy nie opowiedział swojej wersji tej historii, dlatego zawarty tu opis opiera się na opublikowanych informacjach.

Łamanie kodu

Któregoś dnia roku 1978 Rifkinowi udało się dostać do przeznaczonego tylko dla personelu pokoju kontrolnego przelewów elektronicznych banku Security Pacific, z którego pracownicy wysyłali i odbierali przelewy na łączną sumę miliarda dolarów dziennie.

Pracował wtedy dla firmy, która podpisała z bankiem kontrakt na stworzenie systemu kopii zapasowych w pokoju przelewów na wypadek awarii głównego komputera. To umożliwiło mu dostęp do procedur transferowych, łącznie z tymi, które określały, w jaki sposób były one zlecane przez pracowników banku. Dowiedział się, że osoby upoważnione do zlecania przelewów otrzymywały każdego ranka pilnie strzeżony kod używany podczas dzwonienia do pokoju przelewów.

Urzędnikom z pokoju przelewów nie chciało się zapamiętywać codziennych kodów, zapisywali więc obowiązujący kod na kartce papieru i umieszczali ją w widocznym dla nich miejscu. Tego listopadowego dnia Rifkin miał szczególny powód do odwiedzin pomieszczenia. Chciał rzucić okiem na tę kartkę.

Po pojawieniu się w pokoju zwrócił uwagę na procedury operacyjne, prawdopodobnie w celu upewnienia się, że system kopii zapasowych będzie poprawnie współpracował z podstawowym systemem, jednocześnie ukradkiem odczytując kod bezpieczeństwa z kartki papieru i zapamiętując go. Po kilku minutach wyszedł. Jak później powiedział, czuł się, jakby właśnie wygrał na loterii.

Było sobie konto w szwajcarskim banku

Po wyjściu z pokoju, około godziny 15:00, udał się prosto do automatu telefonicznego w marmurowym holu budynku, wrzucił monetę i wykręcił numer pokoju przelewów. Ze Stanleya Rifkina, współpracownika banku, zmienił się w Mike'a Hansena — pracownika Wydziału Międzynarodowego banku.

Według jednego ze źródeł rozmowa przebiegała następująco:

— Dzień dobry, mówi Mike Hansen z międzynarodowego — powiedział do młodej pracownicy, która odebrała telefon.

Dziewczyna zapytała o numer jego biura. Była to standardowa procedura, na którą był przygotowany.

— 286 — odrzekł.

— Proszę podać kod — powiedziała wówczas pracownica.

Rifkin stwierdził później, że w tym momencie udało mu się opanować łomot napędzanego adrenaliną serca.

— 4789 — odpowiedział płynnie.

Potem zaczął podawać szczegóły przelewu: dziesięć milionów dwieście tysięcy dolarów z Irving Trust Company w Nowym Jorku do Wozchod Handels Bank of Zurich w Szwajcarii, gdzie wcześniej założył konto.

— Przyjęłam. Teraz proszę podać kod międzybiurowy.

Rifkin oblał się potem. Było to pytanie, którego nie przewidział, coś, co umknęło mu w trakcie poszukiwań. Zachował jednak spokój, udając, że nic się nie stało, i odpowiedział na poczekaniu, nie robiąc nawet najmniejszej pauzy: „Muszę sprawdzić. Zadzwonię za chwilę". Od razu zadzwonił do innego wydziału banku, tym razem podając się za pracownika pokoju przelewów. Otrzymał kod międzybiurowy i zadzwonił z powrotem do dziewczyny w pokoju przelewów.

Zapytała o kod i powiedziała: „Dziękuję" (biorąc pod uwagę okoliczności, jej podziękowanie można by odebrać jako ironię).

Dokończenie zadania

Kilka dni później Rifkin poleciał do Szwajcarii, pobrał gotówkę i wyłożył ponad 8 milionów dolarów na diamenty z rosyjskiej agencji. Potem wrócił do Stanów, trzymając w czasie kontroli celnej diamenty w pasku na pieniądze. Przeprowadził największy skok na bank w historii, nie używając ani pistoletu, ani komputera. Jego przypadek w końcu dostał się do *Księgi Rekordów Guinessa* w kategorii „największe oszustwo komputerowe".

Stanley Rifkin użył sztuki manipulacji — umiejętności i technik, które dziś nazywa się socjotechniką. Wymagało to tylko dokładnego planu i daru wymowy.

O tym właśnie jest ta książka — o metodach socjotechnicznych (w których sam jestem biegły) i o sposobach, jakimi jednostki i organizacje mogą się przed nimi bronić.

Natura zagrożenia

Historia Rifkina jest dowodem na to, jak złudne może być nasze poczucie bezpieczeństwa. Podobne incydenty — może nie dotyczące 10 milionów dolarów, niemniej jednak szkodliwe — zdarzają się *codziennie*. Być może w tym momencie tracisz swoje pieniądze lub ktoś kradnie Twoje plany nowego produktu i nawet o tym nie wiesz. Jeżeli coś takiego nie wydarzyło się jeszcze w Twojej firmie, pytanie nie brzmi, *czy* się wydarzy, ale *kiedy*.

Rosnąca obawa

Instytut Bezpieczeństwa Komputerowego w swoich badaniach z 2001 roku, dotyczących przestępstw komputerowych, stwierdził, że w ciągu roku 85% ankietowanych organizacji odnotowało naruszenie systemów bezpieczeństwa komputerowego. Jest to zdumiewający odsetek: tylko piętnaście z każdych stu firm mogło powiedzieć, że nie miało z tym kłopotów. Równie szokująca jest ilość organizacji, która zgłosiła doznanie strat z powodu włamań komputerowych — 64%. Ponad połowa badanych firm poniosła straty finansowe w ciągu jednego roku.

Moje własne doświadczenia każą mi sądzić, że liczby w tego typu raportach są przesadzone. Mam podejrzenia co do trybu przeprowadzania badań, nie świadczy to jednak o tym, że straty nie są w rzeczywistości wielkie. Nie przewidując tego typu sytuacji, skazujemy się z góry na przegraną.

Dostępne na rynku i stosowane w większości firm produkty poprawiające bezpieczeństwo służą głównie do ochrony przed atakami ze strony amatorów, np. dzieciaków zwanych *script kiddies*, które wcielają się w hakerów, używając programów dostępnych w sieci, i w większości są jedynie utrapieniem. Największe straty i realne zagrożenie płynie ze strony bardziej wyrafinowanych hakerów, którzy mają jasno określone zadania, działają z chęci zysku i koncentrują się podczas danego ataku na wybranym celu, zamiast infiltrować tyle systemów, ile się da, jak to zwykle robią amatorzy. Przeciętni włamywacze zwykle są nastawieni na ilość, podczas gdy profesjonaliści są zorientowani na informacje istotne i wartościowe.

Technologie takie jak uwierzytelnianie (sprawdzanie tożsamości), kontrola dostępu (zarządzanie dostępem do plików i zasobów systemowych) i systemy detekcji intruzów (elektroniczny odpowiednik alarmów przeciwwłamaniowych) są nieodzownym elementem programu ochrony danych firmy. Typowa firma wydaje dziś jednak więcej na kawę niż na środki zabezpieczające przed atakami na systemy bezpieczeństwa.

Podobnie jak umysł kleptomana nie może oprzeć się pokusie, tak umysł hakera jest owładnięty żądzą obejścia systemów zabezpieczających. Hakerzy potwierdzają w ten sposób swój intelektualny kapitał.

Metody oszustwa

Popularne jest powiedzenie, że bezpieczny komputer to wyłączony komputer. Zgrabne, ale nieprawdziwe: oszust po prostu namawia kogoś do pójścia do biura i włączenia komputera. Przeciwnik, który potrzebuje informacji, zwykle może ją uzyskać na parę różnych sposobów. Jest to tylko kwestia czasu, cierpliwości, osobowości i uporu. W takiej chwili przydaje się znajomość sztuki manipulacji.

Aby pokonać zabezpieczenia, napastnik, intruz lub socjotechnik musi znaleźć sposób na oszukanie zaufanego pracownika w taki sposób, aby ten wyjawił jakąś informację, trik lub z pozoru nieistotną wskazówkę umożliwiającą dostanie się do systemu. Kiedy zaufanych pracowników można oszukiwać lub manipulować nimi w celu ujawnienia poufnych informacji lub kiedy ich działania powodują powstawanie luk w systemie bezpieczeństwa, umożliwiających napastnikowi przedostanie się do systemu, wówczas nie ma takiej technologii, która mogłaby ochronić firmę. Tak jak kryptografowie są czasami w stanie odszyfrować tekst zakodowanej wiadomości dzięki odnalezieniu słabych miejsc w kodzie, umożliwiających obejście technologii szyfrującej, tak socjotechnicy używają oszustwa w stosunku do pracowników firmy, aby obejść technologię zabezpieczającą.

Nadużywanie zaufania

W większości przypadków socjotechnicy mają duże zdolności oddziaływania na ludzi. Potrafią być czarujący, uprzejmi i łatwo ich polubić — posiadają cechy potrzebne do tego, aby zyskać sobie zrozumienie i zaufanie innych. Doświadczony socjotechnik jest w stanie uzyskać dostęp do praktycznie każdej informacji, używając strategii i taktyki przynależnych jego rzemiosłu.

Zmyślni technolodzy drobiazgowo opracowali systemy zabezpieczania informacji, aby zminimalizować ryzyko związane ze stosowaniem komputerów; zapomnieli jednak o najistotniejszej kwestii — czynniku ludzkim. Pomimo naszego intelektu, my, ludzie, pozostajemy największym zagrożeniem dla swojego bezpieczeństwa.

Amerykańska mentalność

Nie jesteśmy w pełni świadomi zagrożeń, szczególnie w świecie zachodnim. W USA w większości przypadków ludzie nie są uczeni podejrzliwości wobec drugiego człowieka. Są przyzwyczajani do zasady „kochaj sąsiada swego", ufają sobie nawzajem. Organizacje ochrony sąsiedzkiej mają często problemy z nakłonieniem ludzi do zamykania domów i samochodów. Te środki ochrony wydają się oczywiste, jednak wielu Amerykanów je ignoruje, wybierając życie w świecie marzeń — do pierwszej nauczki.

Zdajemy sobie sprawę, że nie wszyscy ludzie są dobrzy i uczciwi, ale zbyt często zachowujemy się, jakby tacy właśnie byli. Amerykanie są tego szczególnym przypadkiem — jako naród stworzyli sobie koncepcję wolności polegającą na tym, że najlepsze miejsce do życia jest tam, gdzie niepotrzebne są zamki ani klucze.

Większość ludzi wychodzi z założenia, że nie zostaną oszukani przez innych, ponieważ takie przypadki zdarzają się rzadko. Napastnik, zdając sobie sprawę z panującego przesądu, formułuje swoje prośby w bardzo przekonujący, nie wzbudzający żadnych podejrzeń sposób, wykorzystując zaufanie ofiary.

Naiwność organizacyjna

To swoiste domniemanie niewinności, będące składnikiem amerykańskiej mentalności, ujawniło się szczególnie w początkach istnienia sieci komputerowych. ARPANET, przodek Internetu, został stworzony do wymiany informacji pomiędzy rządem a instytucjami badawczymi i naukowymi. Celem była dostępność informacji i postęp technologiczny. Wiele instytucji naukowych tworzyło wczesne systemy komputerowe z minimalnymi tylko zabezpieczeniami lub zupełnie ich pozbawione. Jeden ze znanych głosicieli wolności oprogramowania, Richard Stallman, zrezygnował nawet z zabezpieczenia swojego konta hasłem. W czasach Internetu używanego jako medium handlu elektronicznego zagrożenie związane ze słabościami systemów bezpieczeństwa drastycznie wzrosło. Zastosowanie dodatkowych technologii zabezpieczających nigdy nie rozwiąże jednak kwestii czynnika ludzkiego.

Spójrzmy np. na dzisiejsze porty lotnicze. Są dokładnie zabezpieczone, ale co jakiś czas słyszymy o podróżnych, którym udało się przechytrzyć ochronę i przenieść broń przez bramki kontrolne. Jak to jest możliwe w czasach, kiedy nasze porty lotnicze są praktycznie w ciągłym stanie alertu? Problem zwykle nie leży w urządzeniach zabezpieczających, tylko w ludziach, którzy je obsługują. Władze lotniska mogą wspierać się Gwardią Narodową, instalować detektory metalu i systemy rozpoznawania twarzy, ale zwykle bardziej pomaga szkolenie pracowników ochrony wzmacniające skuteczność kontroli pasażerów.

Ten sam problem ma rząd oraz firmy i instytucje edukacyjne na całym świecie. Mimo wysiłków specjalistów od bezpieczeństwa informacja w każdym miejscu jest narażona na atak socjotechnika, jeżeli nie zostanie wzmocniona największa słabość systemu — czynnik ludzki.

Dzisiaj bardziej niż kiedykolwiek musimy przestać myśleć w sposób życzeniowy i uświadomić sobie, jakie techniki są używane przez tych, którzy próbują zaatakować poufność, integralność i dostępność naszych systemów komputerowych i sieci. Nauczyliśmy się już prowadzić samochody, stosując zasadę ograniczonego zaufania. Najwyższy czas nauczyć się podobnego sposobu obsługi komputerów.

Zagrożenie naruszenia prywatności, danych osobistych lub systemów informacyjnych firmy wydaje się mało realne, dopóki faktycznie coś się nie wydarzy. Aby uniknąć takiego zderzenia z realiami, wszyscy musimy stać się świadomi, przygotowani i czujni. Musimy też intensywnie chronić nasze zasoby informacyjne, dane osobiste, a także, w każdym kraju, krytyczne elementy infrastruktury i jak najszybciej zacząć stosować opisane środki ostrożności.

Oszustwo narzędziem terrorystów

Oczywiście oszustwo nie jest narzędziem używanym wyłącznie przez socjotechników. Opisy aktów terroru stanowią znaczącą część doniesień agencyjnych i przyszło nam zdać sobie sprawę jak nigdy wcześniej, że świat nie jest bezpiecznym miejscem. Cywilizacja to w końcu tylko maska ogłady.

Ataki na Nowy Jork i Waszyngton dokonane we wrześniu 2001 roku wypełniły serca nie tylko Amerykanów, ale wszystkich cywilizowanych ludzi naszego globu, smutkiem i strachem. Cywilizacja to delikatny organizm. Zostaliśmy zaalarmowani faktem, że po całym świecie rozsiani są owładnięci obsesją terroryści, którzy są dobrze wyszkoleni i czekają na możliwość ponownego ataku.

Zintensyfikowane ostatnio wysiłki rządu zwiększyły poziom świadomości dotyczącej spraw bezpieczeństwa. Musimy pozostać w stanie gotowości wobec wszelkich przejawów terroryzmu. Musimy uświadomić sobie, w jaki sposób terroryści tworzą swoje fałszywe tożsamości, wchodzą w rolę studentów lub sąsiadów, wtapiają się w tłum. Maskują swoje prawdziwe zamiary, knując przeciwko nam intrygę, pomagając sobie oszustwami podobnymi do opisanych w tej książce.

Z moich informacji wynika, że dotychczas terroryści nie posunęli się jeszcze do stosowania zasad socjotechniki w celu infiltrowania korporacji, wodociągów, elektrowni i innych istotnych komponentów infrastruktury państwa. W każdej chwili mogą jednak to zrobić — bo jest to po prostu łatwe. Mam nadzieję, że świadomość i polityka bezpieczeństwa zajmą należne im miejsce i zostaną docenione przez kadrę zarządzającą firm po przeczytaniu tej książki. Wkrótce jednak może okazać się, że to za mało.

O czym jest ta książka?

Bezpieczeństwo firmy to kwestia równowagi. Zbyt mało zabezpieczeń pozostawia firmę w zagrożeniu, a zbyt dużo przeszkadza w prowadzeniu działalności, powstrzymując wzrost zysków i pomyślny rozwój przedsiębiorstwa. Zadanie polega na odnalezieniu równowagi między bezpieczeństwem a produktywnością.

Inne książki traktujące o bezpieczeństwie firm koncentrują się na sprzęcie i oprogramowaniu, nie poświęcając należnej uwagi najpoważniejszemu z wszystkich zagrożeń — oszustwu. Celem tej książki jest dla odmiany pomoc w zrozumieniu, w jaki sposób ludzie w firmie mogą zostać zmanipulowani i jakie bariery można wznieść, aby temu zapobiec. Książka ta koncentruje się głównie na pozatechnologicznych metodach, jakie stosują intruzi w celu zdobycia informacji, naruszenia integralności danych, które wydając się bezpiecznymi nie są takimi w istocie, lub wręcz niszczenia efektów pracy firmy.

Moje zadanie jest jednak utrudnione z jednego prostego powodu: każdy czytelnik został zmanipulowany przez największych ekspertów od socjotechniki — swoich rodziców. Znaleźli oni sposoby, aby skłonić nas, byśmy „dla naszego własnego dobra" robili to, co według nich jest najlepsze. Rodzice są w stanie wszystko wytłumaczyć, w taki sam sposób jak socjotechnicy umiejętnie tworzą wiarygodne historie, powody i usprawiedliwienia, aby osiągnąć swoje cele.

W wyniku takich doświadczeń wszyscy staliśmy się podatni na manipulację. Nasze życie stałoby się trudne, gdybyśmy musieli zawsze stać na straży, nie ufać innym, brać pod uwagę możliwość, że ktoś nas wykorzysta. W idealnym świecie można by bezwarunkowo ufać innym i mieć pewność, że ludzie, których spotykamy, będą uczciwi i godni zaufania. Nie żyjemy jednak w takim świecie, dlatego musimy wyćwiczyć nawyk czujności, aby zdemaskować ludzi próbujących nas oszukać.

Większość książki (część druga i trzecia), składa się z historii przedstawiających socjotechników w akcji. Opisano tam tematy takie jak:

- Sprytna metoda uzyskiwania od firmy telekomunikacynej numerów telefonu spoza listy — phreakerzy wpadli na to już dobre parę lat temu.
- Kilka metod, jakich używają napastnicy do przekonania nawet najbardziej podejrzliwych pracowników, aby podali swoje nazwy użytkownika i hasła.
- Kradzież najlepiej strzeżonej informacji o produkcie, w której to kradzieży dopomógł hakerom menedżer z Centrum Operacji.
- Metoda, jaką haker przekonał pewną panią do pobrania programu, który śledzi wszystkie jej poczynania i wysyła mu e-maile z informacjami.
- Uzyskiwanie przez prywatnych detektywów informacji o firmach i osobach prywatnych. Gwarantuję ciarki na grzbiecie podczas czytania.

Po przeczytaniu niektórych opowieści z części drugiej i trzeciej można dojść do wniosku, że to nie mogło się wydarzyć, że nikomu nie udałoby się nic zdziałać za pomocą kłamstw, sztuczek i metod tam opisanych. Historie te są jednak potencjalnie prawdziwe — przedstawiają wydarzenia, które mogą się zdarzyć i zdarzają się. Wiele z nich ma miejsce każdego dnia gdzieś na świecie, być może nawet w Twojej firmie, w chwili, gdy czytasz tę książkę.

Materiał tu przedstawiony może nam również otworzyć oczy, kiedy przyjdzie nam się zetrzeć z umiejętnościami socjotechnika i chronić przed nim nasze osobiste dobra informacyjne.

W części czwartej role zostają odwrócone. Staram się pomóc w stworzeniu nieodzownej polityki bezpieczeństwa i programu szkolenia minimalizującego szansę, że któryś z naszych pracowników padnie ofiarą socjotechnika. Zrozumienie strategii, metod i taktyk socjotechnika pomoże zastosować odpowiednie środki ochrony zasobów informatycznych bez narażania produktywności przedsiębiorstwa.

Krótko mówiąc, napisałem tę książkę, aby zwiększyć świadomość poważnego zagrożenia, jakie reprezentuje sobą socjotechnik, i pomóc w zmniejszeniu szans wykorzystania przez niego firmy lub któregoś z jej pracowników.

A może powinienem powiedzieć — *ponownego* wykorzystania.

II

Sztuka ataku

Kiedy nieszkodliwa informacja szkodzi?

Bezpośredni atak — wystarczy poprosić

Budowanie zaufania

Może pomóc?

Potrzebuję pomocy

Fałszywe witryny i niebezpieczne załączniki

Współczucie, wina i zastraszenie

Odwrotnie niż w „Żądle”

2

Kiedy nieszkodliwa informacja szkodzi?

Na czym polega realne zagrożenie ze strony socjotechnika? Czego powinniśmy się strzec?

Jeżeli jego celem jest zdobycie czegoś wartościowego, powiedzmy części kapitału firmy, to być może potrzebny jest solidniejszy skarbiec i większe straże, czyż nie?

Penetracja systemu bezpieczeństwa firmy często zaczyna się od zdobycia informacji lub dokumentu, który wydaje się nie mieć znaczenia, jest powszechnie dostępny i niezbyt ważny. Większość ludzi wewnątrz organizacji nie widzi więc powodów, dla których miałby być chroniony lub zastrzeżony.

Ukryta wartość informacji

Wiele nieszkodliwie wyglądających informacji będących w posiadaniu firmy jest cennych dla socjotechnika, ponieważ mogą one odegrać podstawową rolę podczas wcielania się w kogoś innego.

Ze stron tej książki dowiemy się, jak działają socjotechnicy, stając się „świadkami" ich ataków. Czasami przedstawienie sytuacji, w pierwszej kolejności z punktu widzenia ofiary, umożliwia wcielenie się w jej rolę i próbę analizy, jak my, lub nasi pracownicy, zachowalibyśmy się w takiej sytuacji. W wielu przypadkach te same wydarzenia zostaną przedstawione również z punktu widzenia socjotechnika.

Pierwsza historia uświadamia nam słabe strony firm działających w branży finansowej.

CreditChex

Jak daleko sięgnąć pamięcią, Brytyjczycy musieli zmagać się ze staroświeckim systemem bankowym. Zwykły, uczciwy obywatel nie może po prostu wejść tam do banku i założyć konta. Bank nie będzie traktować go jako klienta, dopóki osoba już będąca klientem nie napisze mu listu referencyjnego.

W naszym, z pozoru egalitarnym świecie bankowości, wygląda to już trochę inaczej. Nowoczesny, łatwy sposób robienia interesów jest najbardziej widoczny w przyjaznej i demokratycznej Ameryce, gdzie każdy może wejść do banku i bez problemu otworzyć rachunek. Chociaż nie do końca. W rzeczywistości banki mają naturalne opory przed otwieraniem rachunku komuś, kto mógł w przeszłości wystawiać czeki bez pokrycia. Klient taki jest tak samo mile widziany jak raport strat z napadu na bank czy defraudacja środków. Dlatego standardową praktyką w wielu bankach jest szybkie sprawdzanie wiarygodności nowego klienta.

Jedną z większych firm, które banki wynajmują do takich kontroli, jest CreditChex. Świadczy ona cenne usługi dla swoich klientów, ale jej pracownicy mogą też nieświadomie pomóc socjotechnikowi.

Pierwsza rozmowa: Kim Andrews

— National Bank, tu mówi Kim. Czy chce pan otworzyć rachunek?

— Dzień dobry, mam pytanie do pani. Czy korzystacie z CreditChex?

— Tak.

— A jak się nazywa ten numer, który trzeba podać, jak się dzwoni do CreditChex? Numer kupca?

Pauza. Kim rozważa pytanie. Czego dotyczyło i czy powinna odpowiedzieć? Rozmówca zaczyna mówić dalej bez chwili zastanowienia:

— Wie pani, pracuję nad książką o prywatnych śledztwach.

— Tak — mówi Kim, odpowiadając na pytanie po zniknięciu wątpliwości, zadowolona, że mogła pomóc pisarzowi.

— A więc to się nazywa numer kupca, tak?

— Mhm.

— Świetnie. Chciałem się po prostu upewnić, czy znam żargon. Na potrzeby książki. Dziękuję za pomoc. Do widzenia.

Druga rozmowa: Chris Walker

— National Bank, nowe rachunki, mówi Chris.

— Dzień dobry, tu Alex — przedstawia się rozmówca. — Jestem z obsługi klientów CreditChex. Przeprowadzamy ankietę, aby polepszyć jakość naszych usług. Czy może pani poświęcić mi parę minut?

Chris zgodziła się. Rozmówca kontynuował:

— Dobrze, a więc jakie są godziny otwarcia waszej filii? — Chris odpowiada na to pytanie i na szereg następnych.

— Ilu pracowników waszej filii korzysta z naszych usług?

— Jak często dzwonicie do nas z zapytaniem?

— Który z numerów 0-800 został wam podany do kontaktów z nami?

— Czy nasi przedstawiciele zawsze byli uprzejmi?

— Jaki jest nasz czas odpowiedzi?

— Jak długo pracuje pani w banku?

— Jakim numerem kupca pani się posługuje?

— Czy kiedykolwiek nasze informacje okazały się niedokładne?

— Co zasugerowałaby nam pani w celu poprawienia jakości naszych usług?

— Czy będzie pani skłonna wypełniać periodycznie kwestionariusze, które prześlemy do filii?

Chris ponownie się zgodziła. Przez chwilę rozmawiali niezobowiązująco. Po zakończeniu rozmowy Chris wróciła do swoich zajęć.

Trzecia rozmowa: Henry Mc Kinsey

— CreditChex, mówi Henry Mc Kinsey. W czym mogę pomóc?

Rozmówca powiedział, że dzwoni z National Bank. Podał prawidłowy numer kupca, a następnie nazwisko i numer ubezpieczenia osoby, o której szukał informacji. Henry zapytał o datę urodzenia. Rozmówca podał ją.

— Wells Fargo, wystąpiło NSF w 1998 na sumę 2066$ — po paru chwilach Henry odczytuje dane z ekranu komputera (NSF oznacza niewystarczające środki. W żargonie bankowym dotyczy to czeków, które zostały wystawione bez pokrycia).

— Były jakieś zdarzenia od tamtego czasu?

— Nie było.

— Były jakieś inne zapytania?

— Sprawdźmy. Tak — trzy i wszystkie w ostatnim miesiącu. Bank of Chicago...

Przy wymawianiu kolejnej nazwy — Schenectady Mutual Investments — zająknął się i musiał je przeliterować.

— W stanie Nowy Jork — dodał.

Prywatny detektyw na służbie

Wszystkie trzy rozmowy przeprowadziła ta sama osoba: prywatny detektyw, którego nazwiemy Oscar Grace. Grace zdobył nowego klienta. Jednego z pierwszych. Jako były policjant zauważył, że część jego nowej pracy przychodzi mu naturalnie, a część stanowi wyzwanie dla jego wiedzy i inwencji. Tę robotę mógł zakwalifikować jednoznacznie do kategorii wyzwań.

Twardzi detektywi z powieści, tacy jak Sam Spade i Philip Marlowe, przesiadywali długie nocne godziny w swoich samochodach, czyhając na okazję, by przyłapać niewiernego małżonka. Prawdziwi detektywi robią to samo. Poza tym zajmują się rzadziej opisywanymi, ale nie mniej istotnymi formami węszenia na rzecz wojujących małżonków. Opierają się one w większym stopniu na socjotechnice niż walce z sennością w czasie nocnego czuwania.

Nową klientką Grace'a była kobieta, której wygląd wskazywał, że nie ma problemów z budżetem na ubrania i biżuterię. Któregoś dnia weszła do biura i usiadła na jedynym skórzanym fotelu wolnym od stert papierów. Położyła swoją dużą torebkę od Gucciego na jego biurku, kierując logo w stronę Grace'a, i oznajmiła, iż zamierza powiedzieć mężowi, że chce rozwodu, przyznając jednocześnie, że ma „pewien mały problem".

Wyglądało na to, że mężulek był o krok do przodu. Zdążył pobrać pieniądze z ich rachunku oszczędnościowego i jeszcze większą sumę z rachunku brokerskiego. Interesowało ją, gdzie mogły znajdować się te pieniądze, a jej adwokat nie bardzo chciał w tym pomóc. Grace przypuszczał, że był to jeden z tych wysoko postawionych gości, którzy nie chcą brudzić sobie rąk mętnymi sprawami pod tytułem „Gdzie podziały się pieniądze?".

Zapytała Grace'a, czy jej pomoże.

Zapewnił ją, że to będzie pestka, podał swoją stawkę, określił, że to ona pokryje dodatkowe wydatki, i odebrał czek z pierwszą ratą wynagrodzenia.

Potem uświadomił sobie problem. Co zrobić, kiedy nigdy nie zajmowało się taką robotą i nie ma się pojęcia o tym, jak wyśledzić drogę przebytą przez pieniądze? Trzeba raczkować. Oto znana mi wersja historii Grace'a.

* * *

Wiedziałem o istnieniu CreditChex i o tym, jak banki korzystały z jego usług. Moja była żona pracowała kiedyś w banku. Nie znałem jednak żargonu i procedur, a próba pytania o to mojej byłej byłaby stratą czasu.

Krok pierwszy: ustalić terminologię i zorientować się, jak sformułować pytanie, by brzmiało wiarygodnie. W banku, do którego zadzwoniłem, pierwsza moja rozmówczyni, Kim, była podejrzliwa, kiedy zapytałem, jak identyfikują się, dzwoniąc do CreditChex. Zawahała się. Nie wiedziała, co powiedzieć. Czy zbiło mnie to z tropu? Ani trochę. Tak naprawdę, jej wahanie było dla mnie wskazówką, że muszę umotywować swoją prośbę, aby brzmiała dla niej wiarygodnie. Opowiadając historyjkę o badaniach na potrzeby książki, pozbawiłem Kim podejrzeń. Wystarczy powiedzieć, że jest się pisarzem lub gwiazdą filmową, a wszyscy stają się bardziej otwarci.

Kim miała jeszcze więcej pomocnej mi wiedzy — na przykład, o jakie informacje pyta CreditChex w celu identyfikacji osoby, w sprawie której dzwonimy, o co można ich pytać i najważniejsza rzecz: numer klienta. Byłem gotów zadać te pytania, ale jej wahanie było dla mnie ostrzeżeniem. Kupiła historię o pisarzu, ale przez chwilę trapiły ją podejrzenia. Gdyby odpowiedziała od razu, poprosiłbym ją o wyjawienie dalszych szczegółów dotyczących procedur.

Trzeba kierować się instynktem, uważnie słuchać, co mówią i jak mówią. Ta dziewczyna wydawała się na tyle bystra, że mogła wszcząć alarm, gdybym zaczął zadawać zbyt wiele dziwnych pytań. Co prawda nie wiedziała, kim jestem i skąd dzwonię, ale samo rozejście się wieści, żeby uważać na dzwoniących i wypytujących o informacje nie byłoby wskazane. Lepiej nie *spalić źródła* — być może będziemy chcieli zadzwonić tu jeszcze raz.

Zawsze zwracam uwagę na drobiazgi, z których mogę wywnioskować, na ile dana osoba jest skłonna do współpracy — oceniam to w skali, która zaczyna się od: „Wydajesz się miłą osobą i wierzę we wszystko, co mówisz", a kończy na: „Dzwońcie na policję, ten facet coś knuje!".

Żargon ➤

Spalenie źródła — mówi się o napastniku, że spalił źródło, kiedy dopuści do tego, że ofiara zorientuje się, iż została zaatakowana. Wówczas najprawdopodobniej powiadomi ona innych pracowników i kierownictwo o tym, że miał miejsce atak. W tej sytuacji kolejny atak na to samo źródło staje się niezwykle trudny.

Kim była gdzieś w środku skali, dlatego zadzwoniłem jeszcze do innej filii. W czasie mojej drugiej rozmowy z Chris trik z ankietą udał się doskonale. Taktyka polegała tu na przemyceniu ważnych pytań wśród innych, błahych, które nadają całości wiarygodne wrażenie. Zanim zadałem pytanie o numer klienta CreditChex, przeprowadziłem ostatni test, zadając osobiste pytanie o to, jak długo pracuje w banku.

Osobiste pytanie jest jak mina — niektórzy ludzie przechodzą obok niej i nawet jej nie zauważają, a przy innych wybucha, wysyłając sygnał ostrzegawczy. Jeżeli więc zadam pytanie osobiste, a ona na nie odpowie i ton jej głosu się nie zmieni, oznacza to, że prawdopodobnie nie zdziwiła jej natura pytania. Mogę teraz zadać następne pytanie bez wzbudzania podejrzeń i raczej otrzymam odpowiedź, jakiej oczekuję.

Jeszcze jedno. Dobry detektyw nigdy nie kończy rozmowy zaraz po uzyskaniu kluczowej informacji. Dwa, trzy dodatkowe pytania, trochę niezobowiązującej pogawędki i można się pożegnać. Jeżeli rozmówca zapamięta coś z rozmowy, najprawdopodobniej będą to ostatnie pytania. Reszta pozostanie zwykle w pamięci zamglona.

Tak więc Chris podała mi swój numer klienta i numer telefonu, którego używają do zapytań. Byłbym szczęśliwszy, gdyby udało mi się jeszcze zadać parę pytań dotyczących tego, jakie informacje można wyciągnąć od CreditChex. Lepiej jednak nie nadużywać dobrej passy.

To było tak, jakby CreditCheck wystawił mi czek in blanco — mogłem teraz dzwonić i otrzymywać informacje, kiedy tylko chciałem. Nie musiałem nawet płacić za usługę. Jak się okazało, pracownik CreditChex z przyjemnością udzielił mi dokładnie tych informacji, których potrzebowałem: podał dwa miejsca, w których mąż mojej klientki ubiegał się o otwarcie rachunku. Gdzie w takim razie znajdowały się pieniądze, których szukała jego „już wkrótce była żona"? Gdzieżby indziej, jak nie w ujawnionych przez CreditChex instytucjach?

Analiza oszustwa

Cały podstęp opierał się na jednej z podstawowych zasad socjotechniki: uzyskania dostępu do informacji, która mylnie jest postrzegana przez pracownika jako nieszkodliwa.

Pierwsza urzędniczka bankowa potwierdziła termin, jakim określa się numer identyfikacyjny, używany do kontaktów z CreditChex — „numer kupca". Druga podała numer linii telefonicznej używanej do połączeń z CreditChex i najistotniejszą informację — numer kupca przydzielony bankowi — uznała to za nieszkodliwe. W końcu myślała, że rozmawia z kimś z CreditChex, więc co może być szkodliwego w podaniu im tego numeru?

Wszystko to stworzyło grunt do trzeciej rozmowy. Grace miał wszystko, czego potrzebował, aby zadzwonić do CreditChex, podając się za pracownika National Bank — jednego z ich klientów i po prostu poprosić o informacje, których potrzebował.

Grace potrafił kraść informacje tak jak dobry oszust pieniądze, a do tego miał rozwinięty talent wyczuwania charakterów ludzi i tego, o czym w danej chwili myślą. Znał powszechną taktykę ukrywania kluczowych pytań wśród zupełnie niewinnych. Wiedział, że osobiste pytanie pozwoli sprawdzić chęć współpracy drugiej urzędniczki przed niewinnym zadaniem pytania o numer kupca.

Błąd pierwszej urzędniczki, polegający na potwierdzeniu nazewnictwa dla numeru identyfikacyjnego CreditChex był w zasadzie nie do uniknięcia. Informacja ta jest tak szeroko znana w branży bankowej, że wydaje się nie mieć wartości. Typowy przykład nieszkodliwej informacji. Jednak druga urzędniczka, Chris, nie powinna odpowiadać na pytania bez pozytywnej weryfikacji, że dzwoniący jest tym, za kogo się podaje. W najgorszym przypadku powinna zapytać o jego nazwisko i numer telefonu, po czym oddzwonić. W ten sposób, jeżeli później narodziłyby się jakiekolwiek wątpliwości, miałaby przynajmniej numer telefonu, spod którego dzwoniła dana osoba. W tym przypadku wykonanie telefonu zwrotnego znacznie utrudniłoby intruzowi udawanie przedstawiciela CreditChex.

Lepszym rozwiązaniem byłby telefon do CreditChex, przy użyciu numeru, z którego wcześniej korzystał bank, a nie tego, który poda dzwoniący. Telefon taki miałby na celu sprawdzenie, czy dana osoba rzeczywiście tam pracuje i czy firma przeprowadza właśnie jakieś badania klientów. Biorąc pod uwagę praktyczne aspekty pracy i fakt, że większość ludzi pracuje pod presją terminów, wymaganie takiej weryfikacji to dużo, chyba że pracownik ma podejrzenie, iż jest to próba inwigilacji.

Uwaga Mitnicka ➤

W tej sytuacji numer klienta spełniał taką samą rolę jak hasło. Jeżeli personel banku traktowałby ten numer w taki sam sposób jak numery PIN swoich kart kredytowych, uświadomiłby sobie poufną naturę tej informacji.

Pułapka na inżyniera

Wiadomo, że socjotechnika jest często stosowana przez „łowców głów" w celu rekrutacji utalentowanych pracowników. Oto przykład.

Pod koniec lat 90. pewna niezbyt uczciwa agencja rekrutacyjna podpisała umowę z nowym klientem, który szukał inżynierów elektryków z doświadczeniem w branży telekomunikacyjnej. Sprawę prowadziła kobieta znana ze swojego głębokiego głosu i seksownej maniery, której nauczyła się, by zdobywać zaufanie i bliski kontakt ze swoimi rozmówcami telefonicznymi.

Zdecydowała się zaatakować firmę będącą dostawcą usług telefonii komórkowej i spróbować zlokalizować jakichś inżynierów, którzy mogą mieć ochotę na przejście do konkurencji. Nie mogła oczywiście zadzwonić na centralę firmy i powiedzieć: „Chciałam rozmawiać z jakąś osobą z pięcioletnim doświadczeniem na stanowisku inżyniera". Zamiast tego, z powodów, które za chwilę staną się jasne, rozpoczęła polowanie na pracowników od poszukiwania pozornie bezwartościowej informacji, takiej, którą firma jest skłonna podać prawie każdemu, kto o nią poprosi.

Pierwsza rozmowa: recepcjonistka

Kobieta, podając się za Didi Sands, wykonała telefon do głównej siedziby dostawcy usług telefonii komórkowej. Oto fragment rozmowy:

RECEPCJONISTKA: Dzień dobry. Mówi Marie. W czym mogę pomóc?

DIDI: Może pani mnie połączyć z wydziałem transportu?

R: Nie jestem pewna, czy taki wydział istnieje. Spojrzę na spis. A kto mówi?

D: Didi.

R: Dzwoni pani z budynku, czy... ?

D: Nie, dzwonię z zewnątrz.

R: Didi jak?

D: Didi Sands. Miałam gdzieś wewnętrzny do transportowego, ale go nie pamiętam.

R: Chwileczkę.

Aby załagodzić podejrzenia, Didi zadała w tym miejscu luźne, podtrzymujące rozmowę pytanie, mające pokazać, że jest z „wewnątrz" i jest obeznana z rozkładem budynków firmy.

D: W jakim budynku pani jest, w Lakeview czy w głównym?

R: W głównym (pauza). Podaję ten numer: 805 555 6469.

Aby mieć coś na zapas, gdyby telefon do wydziału transportowego w niczym jej nie pomógł, Didi poprosiła jeszcze o numer do wydziału nieruchomości. Recepcjonistka podała również i ten numer. Kiedy Didi poprosiła o połączenie z transportowym, recepcjonistka spróbowała, ale numer był zajęty.

W tym momencie Didi zapytała o *trzeci* numer telefonu do działu rachunkowości, który znajdował się w głównej siedzibie firmy w Austin w Teksasie. Recepcjonistka poprosiła ją, aby poczekała i wyłączyła na chwilę linię. Czy zadzwoniła do ochrony, że ma podejrzany telefon i coś się jej tu nie podoba? Otóż nie i Didi nawet nie brała tej możliwości pod uwagę. Była co prawda trochę natrętna, ale dla recepcjonistki to raczej nic dziwnego w jej pracy. Po około minucie recepcjonistka powróciła do rozmowy, sprawdziła numer do rachunkowości i połączyła Didi z tym wydziałem.

Druga rozmowa: Peggy

Następna rozmowa przebiegła następująco:

PEGGY: Rachunkowość, Peggy.

DIDI: Dzień dobry Peggy, tu Didi z Thousand Oaks.

PEGGY: Dzień dobry, Didi.

DIDI: Jak się masz?

PEGGY: Dobrze.

W tym momencie Didi użyła częstego w firmie zwrotu, który opisuje kod opłaty, przypisujący wydatek z budżetu określonej organizacji lub grupie roboczej.

DIDI: To świetnie. Mam pytanie. Jak mam znaleźć centrum kosztów dla danego wydziału?

PEGGY: Musisz się skontaktować z analitykiem budżetowym danego wydziału.

DIDI: Nie wiesz, kto jest analitykiem dla dyrekcji w Thousand Oaks? Właśnie wypełniam formularz i nie znam prawidłowego centrum kosztów.

PEGGY: Ja tylko wiem, że jeśli ktokolwiek potrzebuje centrum kosztów, dzwoni do analityka budżetowego.

DIDI: A macie centrum kosztów dla waszego wydziału w Teksasie?

PEGGY: Mamy własne centrum kosztów. Widocznie góra stwierdziła, że więcej nie musimy wiedzieć.

DIDI: A z ilu cyfr składa się centrum kosztów? Jakie jest na przykład wasze centrum?

PEGGY: A wy jesteście w 9WC czy w SAT?

Didi nie miała pojęcia, jakich wydziałów lub grup dotyczyły te oznaczenia, ale nie miało to znaczenia.

DIDI: 9WC.

PEGGY: No to zwykle ma 4 cyfry. Jeszcze raz: skąd dzwonisz?

DIDI: Z dyrekcji w Thousand Oaks.

PEGGY: Podaję numer dla Thousand Oaks. To 1A5N. N jak Natalia.

Rozmawiając wystarczająco długo z osobą skłonną do pomocy, Didi uzyskała numer centrum kosztów, którego potrzebowała. Była to jedna z tych informacji, której nikt nie stara się chronić, ponieważ wydaje się ona bezwartościowa dla kogokolwiek spoza organizacji.

Trzecia rozmowa: pomocna pomyłka

W następnym kroku Didi wymieni numer centrum kosztów na coś, co przedstawia rzeczywistą wartość, wykorzystując go jak wygrany żeton w następnej rundzie gry.

Na początku zadzwoniła do wydziału nieruchomości, udając, że dodzwoniła się pod zły numer. Rozpoczynając od „Nie chciałabym panu przeszkadzać...", powiedziała, że jest pracownikiem firmy i zgubiła gdzieś spis telefonów, a teraz nie wie, do kogo powinna zadzwonić, żeby dostać nowy. Mężczyzna powiedział, że wydrukowany spis jest już nieważny, bo bieżący jest dostępny na firmowej stronie intranetowej.

Didi powiedziała, że wolałaby korzystać z wydruku. Mężczyzna poradził jej, by zadzwoniła do działu publikacji, a następnie z własnej woli — być może chciał podtrzymać trochę dłużej rozmowę z kobietą o seksownym głosie — poszukał i podał jej numer telefonu.

Czwarta rozmowa: Bart z publikacji

W dziale publikacji rozmawiała z człowiekiem o imieniu Bart. Didi powiedziała, że dzwoni z Thousand Oaks i że mają nowego konsultanta, który potrzebuje kopii wewnętrznego spisu telefonów firmy.

Dodała, że wydrukowana kopia będzie lepsza dla konsultanta, nawet, jeżeli nie jest najświeższa. Bart powiedział, że musi wypełnić odpowiedni formularz i przesłać mu go.

Didi stwierdziła, że skończyły jej się formularze, a sprawa była dla niej pilna i czy Bart mógłby być taki kochany i wypełnić formularz za nią. Zgodził się, okazując nadmierny entuzjazm, a Didi podała mu dane. Zamiast adresu fikcyjnego oddziału podała numer czegoś, co socjotechnicy określają mianem *punktu zrzutu* — w tym przypadku chodziło o jedną ze skrzynek pocztowych, jakie jej firma wynajmowała specjalnie na takie okazje.

Żargon ➤

Punkt zrzutu — w języku socjotechników miejsce, gdzie ofiara oszustwa przesyła dokumenty lub inne przesyłki (może to być np. skrzynka pocztowa, którą socjotechnik wynajmuje, zwykle posługując się fałszywym nazwiskiem).

W tym momencie przydaje się wcześniejsza zdobycz. Za przesłanie spisu będzie opłata. Nie ma sprawy — Didi podaje w tym momencie numer centrum kosztów dla Thousand Oaks: „1A5N. N jak Nancy".

Po paru dniach, kiedy dotarł spis telefonów, Didi stwierdziła, że otrzymała nawet więcej niż się spodziewała. Spis wymieniał nie tylko nazwiska i numery telefonów, ale pokazywał też, kto dla kogo pracuje, czyli strukturę organizacyjną firmy.

Didi ze swoim ochrypłym głosem mogła w tym momencie rozpocząć telefonowanie w celu upolowania pracowników. Informacje konieczne do rozpoczęcia poszukiwań uzyskała dzięki darowi wymowy polerowanemu przez każdego zaawansowanego socjotechnika. Teraz mogła przejść do rekrutacji.

Analiza oszustwa

W tym ataku socjotechnicznym Didi rozpoczęła od uzyskania numerów telefonów do trzech oddziałów interesującej ją firmy. Było to łatwe, ponieważ numery te nie były zastrzeżone, szczególnie dla pracowników. Socjotechnik uczy się rozmawiać tak, jakby był pracownikiem firmy — Didi potrafiła to robić świetnie. Jeden z numerów telefonów doprowadził ją do tego, że otrzymała numer centrum kosztów, którego z kolei użyła, aby otrzymać kopię spisu telefonów firmy.

Główne narzędzia, jakich używała, to przyjazny ton, używanie żargonu firmowego i, przy ostatniej ofierze, trochę werbalnego trzepotania rzęsami.

Jeszcze jednym, jakże ważnym, narzędziem są zdolności socjotechnika do manipulacji, doskonalone przez długą praktykę i korzystanie z doświadczeń innych oszustów.

Uwaga Mitnicka ➤

Tak jak w układance, osobny fragment informacji może być sam w sobie nie znaczący, ale po połączeniu wielu takich klocków w całość otrzymujemy jasny obraz. W tym przypadku obrazem tym była cała wewnętrzna struktura przedsiębiorstwa.

Kolejne bezwartościowe informacje

Jakie inne, pozornie mało istotne, informacje, oprócz numeru centrum kosztów lub listy telefonów firmy, mogą być cennym łupem dla intruza?

Telefon do Petera Abelsa

— Dzień dobry — słyszy w słuchawce. — Tu mówi Tom z Parkhurst Travel. Pana bilety do San Francisco są do odbioru. Mamy je panu dostarczyć, czy sam pan je odbierze?

— San Francisco? — mówi Peter. — Nie wybieram się do San Francisco.

— A czy to pan Peter Abels?

— Tak, i nie planuję żadnych podróży.

— No tak — śmieje się rozmówca — a może jednak chciałby pan wybrać się do San Francisco?

— Jeżeli pan jest w stanie namówić na to mojego szefa... — mówi Peter, podtrzymując żartobliwą konwersację.

— To pewnie pomyłka — wyjaśnia głos w słuchawce. — W naszym systemie rezerwujemy podróże pod numerem pracownika. Pewnie ktoś użył złego numeru. Jaki jest pana numer?

Peter posłusznie recytuje swój numer. Czemu miałby tego nie robić? Przecież numer ten widnieje na każdym formularzu, który wypełnia, wiele osób w firmie ma do niego dostęp: kadry, płace, a nawet zewnętrzne biuro podróży. Nikt nie traktuje tego numeru jak tajemnicy. Co za różnica, czy go poda czy nie?

Odpowiedź jest prosta. Dwie lub trzy informacje mogą wystarczyć do tego, by wcielić się w pracownika firmy. Socjotechnik ukrywa się za czyjąś tożsamością. Zdobycie nazwiska pracownika, jego telefonu, numeru identyfikacyjnego i może jeszcze nazwiska oraz telefonu jego szefa wystarczy nawet mało doświadczonemu socjotechnikowi, aby być przekonującym dla swojej następnej ofiary.

Gdyby ktoś, kto mówi, że jest z innego oddziału firmy, zadzwonił wczoraj i, podając wiarygodny powód, poprosił o Twój numer identyfikacyjny, czy miałbyś jakieś opory przed jego podaniem?

A przy okazji, jaki jest Twój numer ubezpieczenia społecznego?

Uwaga Mitnicka ➤

Morał z historii jest taki: nie podawaj nikomu żadnych osobistych i wewnętrznych informacji lub numerów, chyba że rozpoznajesz głos rozmówcy, a ten tych informacji naprawdę potrzebuje.

Zapobieganie oszustwu

Firma jest odpowiedzialna za uświadomienie pracownikom, jakie mogą być skutki niewłaściwego obchodzenia się z niepublicznymi informacjami. Dobrze przemyślana polityka bezpieczeństwa informacji, połączona z odpowiednią edukacją i treningiem, poważnie zwiększy u pracowników świadomość znaczenia informacji firmowych i umiejętność ich chronienia. Polityka klasyfikacji danych wprowadza odpowiednie środki sterujące wypływem informacji. Jeżeli polityka taka nie istnieje, wszystkie informacje wewnętrzne muszą być traktowane jako poufne, chyba że wyraźnie wskazano inaczej.

W celu uniknięcia wypływu pozornie nieszkodliwych informacji z firmy należy podjąć następujące kroki:

- Wydział Bezpieczeństwa Informacji musi przeprowadzić szkolenie uświadamiające na temat metod stosowanych przez socjotechników. Jedną z opisanych powyżej metod jest uzyskiwanie pozornie błahych informacji i używanie ich w celu zbudowania chwilowego zaufania. Każdy z zatrudnionych musi być świadomy, że wiedza rozmówcy dotycząca procedur firmowych, żargonu i identyfikatorów w żaden sposób nie uwierzytelnia jego prośby o informację. Rozmówca może być byłym pracownikiem albo zewnętrznym wykonawcą usług, który posiada informacje umożliwiające „poruszanie się" po firmie. Zgodnie z tym, każda firma jest odpowiedzialna za ustalenie odpowiednich metod uwierzytelniania do stosowania podczas kontaktów pracowników z osobami, których ci osobiście nie rozpoznają przez telefon.

- Osoby, które mają za zadanie stworzenie polityki klasyfikacji danych, powinny przeanalizować typowe rodzaje informacji, które mogą pomóc w uzyskaniu dostępu komuś podającemu się za pracownika. Wydają się one niegroźne, ale mogą prowadzić do zdobycia informacji poufnych. Mimo że nie podalibyśmy nikomu kodu PIN naszej karty kredytowej, czy powiedzielibyśmy komuś, jaki typ serwera wykorzystywany jest w naszej firmie? Czy ktoś mógłby użyć tej informacji, aby podać się za pracownika, który posiada dostęp do sieci komputerowej firmy?
- Czasami zwykła znajomość wewnętrznej terminologii może uczynić socjotechnika wiarygodnym. Napastnik często opiera się na tym założeniu, wyprowadzając w pole swoją ofiarę. Na przykład numer klienta to identyfikator, którego pracownicy działu nowych rachunków używają swobodnie na co dzień. Jednak numer ten nie różni się niczym od hasła. Jeżeli każdy pracownik uświadomi sobie naturę tego identyfikatora i spostrzeże, że służy on do pozytywnej identyfikacji dzwoniącego, być może zacznie traktować go z większym respektem.
- Żadna firma — powiedzmy, prawie żadna — nie podaje bezpośredniego numeru telefonu do członków zarządu lub rady nadzorczej. Większość firm nie ma jednak oporów przed podawaniem numerów telefonów większości wydziałów i innych jednostek organizacyjnych, w szczególności osobom, które wydają się być pracownikami firmy. Jednym z rozwiązań jest wprowadzenie zakazu podawania numerów wewnętrznych pracowników, konsultantów wykonujących usługi i przejściowo zatrudnionych w firmie jakimkolwiek osobom z zewnątrz. Co więcej, należy stworzyć procedurę opisującą krok po kroku identyfikację osoby proszącej o numer pracownika firmy.
- Kody księgowe grup i wydziałów oraz kopie spisów telefonów wewnętrznych (w formie wydruku, lub pliku w intranecie) to często obiekty pożądania socjotechników. Każda firma

potrzebuje pisemnej, rozdanej wszystkim procedury opisującej ujawnianie takich informacji. W środkach zapobiegawczych należy uwzględnić odnotowywanie przypadków udostępnienia informacji osobom spoza firmy.

- Informacje takie jak numer pracownika nie powinny być jedynym źródłem identyfikacji. Każdy pracownik musi nauczyć się weryfikować nie tylko tożsamość, ale również powód zapytania.
- W ramach poprawy bezpieczeństwa można rozważyć nauczenie pracowników następującego podejścia: uczymy się grzecznie odmawiać odpowiedzi na pytania i robienia przysług nieznajomym, dopóki prośba nie zostanie zweryfikowana. Następnie, zanim ulegniemy naturalnej chęci pomagania innym, postępujemy zgodnie z procedurami firmy, opisującymi weryfikację i udostępnianie niepublicznych informacji. Taki styl może nie iść w parze z naturalną tendencją do pomocy drugiemu człowiekowi, ale odrobina paranoi wydaje się konieczna, aby nie stać się kolejną ofiarą socjotechnika.

Historie przedstawione w tym rozdziale pokazują, w jaki sposób pozornie mało ważne informacje mogą stać się kluczem do najpilniej strzeżonych sekretów firmy.

Uwaga Mitnicka ➤

Jak głosi stare powiedzenie, nawet paranoicy miewają realnych wrogów. Musimy założyć, że każda firma ma swoich wrogów, których celem jest dostęp do infrastruktury sieci, a w rezultacie do tajemnic firmy. Czy naprawdę chcemy wspomóc statystykę przestępstw komputerowych? Najwyższy czas umocnić obronę, stosując odpowiednie metody postępowania przy wykorzystaniu polityki i procedur bezpieczeństwa.

3

Bezpośredni atak — wystarczy poprosić

Ataki socjotechników bywają zawiłe, składają się z wielu kroków i gruntownego planowania, często łącząc elementy manipulacji z wiedzą technologiczną.

Zawsze jednak uderza mnie to, że dobry socjotechnik potrafi osiągnąć swój cel prostym, bezpośrednim atakiem. Jak się przekonamy — czasami wystarczy poprosić o informację.

MLAC — szybka piłka

Interesuje nas czyjś zastrzeżony numer telefonu? Socjotechnik może odszukać go na pół tuzina sposobów (część z nich można poznać, czytając inne historie w tej książce), ale najprostszy scenariusz to taki, który wymaga tylko jednego telefonu. Oto on.

Proszę o numer...

Napastnik zadzwonił do mechanicznego centrum przydziału linii (MLAC) firmy telekomunikacyjnej i powiedział do kobiety, która odebrała telefon:

— Dzień dobry, tu Paul Anthony. Jestem monterem kabli. Proszę posłuchać, mam tu spaloną skrzynkę z centralką. Policja podejrzewa, że jakiś cwaniak próbował podpalić swój dom, żeby wyłudzić odszkodowanie. Przysłali mnie tu, żebym połączył od nowa całą centralkę na 200 odczepów. Przydałaby mi się pani pomoc. Które urządzenia powinny działać na South Main pod numerem 6723?

W innych wydziałach firmy telekomunikacyjnej, do której zadzwonił, wiedziano, że jakiekolwiek informacje lokacyjne lub niepublikowane numery telefonów można podawać tylko uprawnionym pracownikom firmy. Ale o istnieniu MLAC wiedzą raczej tylko pracownicy firmy. Co prawda informacje te są zastrzeżone, ale kto odmówi udzielenia pomocy pracownikowi mającemu do wykonania ciężką poważną robotę? Rozmówczyni współczuła mu, jej samej również zdarzały się trudne dni w pracy, więc obeszła trochę zasady i pomogła koledze z tej samej firmy, który miał problem. Podała mu oznaczenia kabli, zacisków i wszystkie numery przyporządkowane temu adresowi.

Analiza oszustwa

Jak wielokrotnie można było zauważyć w opisywanych historiach, znajomość żargonu firmy i jej struktury wewnętrznej — różnych biur i wydziałów, ich zadań i posiadanych przez nie informacji to część podstawowego zestawu sztuczek, używanych przez socjotechników.

Uwaga Mitnicka ➤

Ludzie z natury ufają innym, szczególnie, kiedy prośba jest zasadna. Socjotechnicy używają tej wiedzy, by wykorzystać ofiary i osiągnąć swe cele.

Ścigany

Człowiek, którego nazwiemy Frank Parsons, od lat uciekał. Wciąż był poszukiwany przez rząd federalny za udział w podziemnej grupie antywojennej w latach 60. W restauracjach siadał twarzą do wejścia i miał nawyk ciągłego spoglądania za siebie, wprowadzając w zakłopotanie innych ludzi. Co kilka lat zmieniał adres.

Któregoś razu Frank wylądował w obcym mieście i zaczął rozglądać się za pracą. Dla kogoś takiego jak Frank, który znał się bardzo dobrze na komputerach (oraz na socjotechnice, ale o tym nie wspominał w swoich listach motywacyjnych), znalezienie dobrej posady nie było problemem. Poza czasami recesji, talenty ludzi z dużą wiedzą techniczną dotyczącą komputerów zwykle są poszukiwane i nie mają oni problemów z ustawieniem się. Frank szybko odnalazł ofertę dobrze płatnej pracy w dużym domu opieki, blisko miejsca gdzie mieszkał.

To jest to — pomyślał. Ale kiedy zaczął brnąć przez formularze aplikacyjne, natknął się na przeszkodę: pracodawca wymagał od aplikanta kopii jego akt policyjnych, które należało uzyskać z policji stanowej. Stos papierów zawierał odpowiedni formularz prośby, który zawierał też kratkę na odcisk palca. Co prawda wymagany był jedynie odcisk prawego palca wskazującego, ale jeżeli sprawdzą jego odcisk z bazą danych FBI, prawdopodobnie wkrótce będzie pracował, ale w kuchni „domu opieki" sponsorowanego przez rząd federalny.

Z drugiej strony, Frank uświadomił sobie, że być może w jakiś sposób udałoby mu się przemknąć. Może policja stanowa w ogóle nie przesłała jego odcisków do FBI. Ale jak się o tym dowiedzieć?

Jak? Przecież był socjotechnikiem — jak myślicie, w jaki sposób się dowiedział? Oczywiście wykonał telefon na policję: „Dzień dobry. Prowadzimy badania dla Departamentu Sprawiedliwości New Jersey. Badamy wymagania dla nowego systemu identyfikacji odcisków palców. Czy mógłbym rozmawiać z kimś, kto jest dobrze zorientowany w waszych zadaniach i mógłby nam pomóc?".

Kiedy lokalny ekspert podszedł do telefonu, Frank zadał szereg pytań o systemy, jakich używają, możliwości wyszukiwania i przechowywania odcisków. Czy mieli jakieś problemy ze sprzętem? Czy korzystają z wyszukiwarki odcisków NCIC (Narodowego Centrum Informacji o Przestępstwach), czy mogą to robić tylko w obrębie stanu? Czy nauka obsługi sprzętu nie była zbyt trudna?

Chytrze przemycił pośród innych pytań jedno kluczowe.

Odpowiedź była muzyką dla jego uszu. Nie, nie byli związani z NCIC, sprawdzali tylko ze stanowym CII (Indeks Informacji o Przestępstwach). To było wszystko, co Frank chciał wiedzieć. Nie był notowany w tym stanie, więc przesłał swoją aplikację, został zatrudniony i nikt nigdy nie pojawił się u niego ze słowami: „Ci panowie są z FBI i mówią, że chcieliby z Tobą porozmawiać".

Jak sam twierdził, okazał się idealnym pracownikiem.

Uwaga Mitnicka ➤

Zmyślni złodzieje informacji nie obawiają się dzwonienia do urzędników federalnych, stanowych lub przedstawicieli władzy lokalnej, aby dowiedzieć się czegoś o procedurach wspomagających prawo. Posiadając takie informacje, socjotechnik jest w stanie obejść standardowe zabezpieczenia w firmie.

Na portierni

Niezależnie od wprowadzanej komputeryzacji, firmy wciąż drukują codziennie tony papierów. Ważne pismo może być w naszej firmie zagrożone nawet, gdy zastosujemy właściwe środki bezpieczeństwa i opieczętujemy je jako tajne. Oto historia, która pokazuje, jak socjotechnik może wejść w posiadanie najbardziej tajnych dokumentów.

W pętli oszustwa

Każdego roku firma telekomunikacyjna publikuje książkę zwaną „Spis numerów testowych" (a przynajmniej publikowała, a jako że jestem nadal pod opieką kuratora, wole nie pytać, czy robią to nadal). Dokument ten stanowił ogromną wartość dla phreakerów, ponieważ wypełniała go lista pilnie strzeżonych numerów telefonów, używanych przez firmowych specjalistów, techników i inne osoby do testowania łączy międzymiastowych i sprawdzania numerów, które były wiecznie zajęte.

Jeden z tych numerów, określany w żargonie jako *pętla*, był szczególnie przydatny. Phreakerzy używali go do szukania innych phreakerów i gawędzenia z nimi za darmo. Poza tym tworzyli dzięki niemu numery do oddzwaniania, które można było podać np. w banku. Socjotechnik zostawiał urzędnikowi w banku numer telefonu, pod którym można było go zastać. Kiedy bank oddzwaniał na numer testowy (tworzył pętlę), phreaker mógł spokojnie odebrać telefon, zabezpieczając się użyciem numeru, który nie był z nim skojarzony.

Spis numerów testowych udostępniał wiele przydatnych danych, które mogłyby być użyte przez głodnego informacji phreakera. Tak więc każdy nowy spis, publikowany co roku, stawał się obiektem pożądania młodych ludzi, których hobby polegało na eksploracji sieci telefonicznej.

Uwaga Mitnicka ➤

Trening bezpieczeństwa, przeprowadzony zgodnie z polityką firmy, stworzoną w celu ochrony zasobów informacyjnych, musi dotyczyć wszystkich jej pracowników, a w szczególności tych, którzy mają elektroniczny lub fizyczny dostęp do zasobów informacyjnych firmy.

Szwindel Steve'a

Oczywiście firmy telekomunikacyjne nie ułatwiają zdobycia takiego spisu, dlatego phreakerzy muszą wykazać się tu kreatywnością. W jaki sposób mogą tego dokonać? Gorliwy młodzieniec, którego marzeniem jest zdobycie spisu, mógł odegrać następujący scenariusz.

* * *

Pewnego ciepłego wieczoru południowokalifornijskiej jesieni Steve zadzwonił do biura niewielkiej centrali telekomunikacyjnej. Stąd biegną linie telefoniczne do wszystkich domów, biur i szkół w okolicy.

Kiedy technik będący na służbie odebrał telefon, Steve oświadczył, że dzwoni z oddziału firmy, który zajmuje się publikacją materiałów drukowanych.

— Mamy wasz nowy „Spis telefonów testowych" — powiedział — ale z uwagi na bezpieczeństwo nie możemy dostarczyć wam nowego spisu, dopóki nie odbierzemy starego. Gość, który odbiera spisy, właśnie się spóźnia. Gdyby pan zostawił wasz spis na portierni, mógłby on szybko wpaść, wziąć stary, podrzucić nowy i jechać dalej.

Niczego nie podejrzewający technik uznaje, że brzmi to rozsądnie. Robi dokładnie to, o co go poproszono, zostawiając na portierni swoją kopię spisu. Napisano na niej wielkimi czerwonymi literami tekst ostrzeżenia: „**TAJEMNICA FIRMY** — Z CHWILĄ DEZAKTUALIZACJI TEGO DOKUMENTU NALEŻY GO ZNISZCZYĆ".

Steve podjeżdża i rozgląda się uważnie dookoła, sprawdzając, czy nie ma policji lub ochrony firmy, która mogłaby zaczaić się za drzewami lub obserwować go z zaparkowanych samochodów. Nikogo nie widzi. Spokojnie odbiera upragnioną książkę i odjeżdża.

Jeszcze jeden przykład na to, jak łatwe dla socjotechnika jest otrzymanie czegoś, po prostu o to prosząc.

Atak na klienta

Nie tylko zasoby firmy mogą stać się obiektem ataku socjotechnika. Czasami jego ofiarą padają klienci firmy.

Praca w dziale obsługi klienta przynosi po części frustrację, po części śmiech, a po części niewinne błędy — niektóre z nich mogą mieć przykre konsekwencje dla klientów firmy.

Historia Josie Rodriguez

Josie Rodriguez pracowała od trzech lat na jednym ze stanowisk w biurze obsługi klienta w firmie Hometown Electric Power w Waszyngtonie. Uważano ją za jedną z lepszych pracownic. Była bystra i przytomna.

* * *

W tygodniu, w którym wypadało Święto Dziękczynienia, zadzwonił telefon. Rozmówca powiedział:

— Mówi Eduardo z działu fakturowania. Mam pewną panią na drugiej linii. To sekretarka z dyrekcji, która pracuje dla jednego z wiceprezesów. Prosi mnie o pewną informację, a ja nie mogę w tej chwili skorzystać z komputera. Dostałem e-maila od jednej dziewczyny z kadr zatytułowanego „ILOVEYOU" i kiedy otwarłem załącznik, komputer się zawiesił. Wirus. Dałem się nabrać na głupi wirus. Czy w związku z tym, mogłaby pani poszukać dla mnie informacji o kliencie?

— Pewnie — odpowiedziała Josie. — To całkiem zawiesza komputer? Straszne.

— Tak.

— Jak mogę pomóc? — zapytała Josie.

W tym momencie napastnik powołał się na informację, którą zdobył wcześniej podczas poszukiwań różnych danych pomocnych w uwiarygodnieniu się. Dowiedział się, że informacja, której poszukiwał, jest przechowywana w tak zwanym „systemie informacji o fakturach klienta" i dowiedział się, jak nazywali go pracownicy (CBIS).

— Czy może pani wywołać konto z CBIS? — zapytał.

— Tak, jaki jest numer konta?

— Nie mam numeru, musimy znaleźć po nazwisku.

— Dobrze. Jakie nazwisko?

— Heather Marning — przeliterował nazwisko, a Josie je wpisała.

— Już mam.

— Świetnie. To jest rachunek bieżący?

— Mhm, bieżący.
— Jaki ma numer? — zapytał.
— Ma pan coś do pisania?
— Mam.
— Konto numer BAZ6573NR27Q.
Odczytał jej zapisany numer i zapytał:
— A jaki jest adres obsługi?
Podała mu adres.
— A numer telefonu?
Josie posłusznie odczytała również tę informację.
Rozmówca podziękował jej, pożegnał się i odwiesił słuchawkę. Josie odebrała kolejny telefon, nawet nie myśląc o tym, co się stało.

Badania Arta Sealy'ego

Art Sealy porzucił pracę jako niezależny redaktor pracujący dla małych wydawnictw, kiedy wpadł na to, że może zarabiać, zdobywając informacje dla pisarzy i firm. Wkrótce odkrył, że honoraria, jakie mógłby pobierać, rosną proporcjonalnie do zbliżania się do subtelnej granicy linii oddzielającej działania legalne od nielegalnych. Nie zdając sobie z tego sprawy, i oczywiście nie nazywając rzeczy po imieniu, Art stał się socjotechnikiem używającym technik znanych każdemu poszukiwaczowi informacji. Okazał się naturalnym talentem w tej branży, dochodząc samemu do metod, których socjotechnicy muszą uczyć się od innych. Wkrótce przekroczył wspomnianą granicę bez najmniejszego poczucia winy.

* * *

Wynajął mnie człowiek, który pisał książkę o gabinecie prezydenta w czasach Nixona i szukał informatora, który dostarczyłby mu mniej znanych faktów na temat Williama E. Simona, będącego Sekretarzem Skarbu w rządzie Nixona. Pan Simon zmarł, ale autor znał nazwisko kobiety, która dla niego pracowała. Był prawie pewny, że mieszka ona w Waszyngtonie, ale nie potrafił zdobyć jej adresu. Nie miała również telefonu, a przynajmniej nie było go w książce. Tak więc, kiedy zadzwonił do mnie, powiedziałem mu, że to żaden problem.

Jest to robota, którą można załatwić zwykle jednym lub dwoma telefonami, jeżeli zrobi się to z głową. Od każdego lokalnego przedsiębiorstwa użyteczności publicznej raczej łatwo wyciągnąć informacje. Oczywiście trzeba trochę nakłamać, ale w końcu czym jest jedno małe niewinne kłamstwo?

Lubię stosować za każdym razem inne podejście — wtedy jest ciekawiej. „Tu mówi ten-a-ten z biura dyrekcji" zawsze nieźle działało. Albo „mam kogoś na linii z biura wiceprezesa X", które zadziałało też tym razem.

Trzeba wyrobić w sobie pewnego rodzaju instynkt socjotechnika. Wyczuwać chęć współpracy w osobie po drugiej stronie. Tym razem poszczęściło mi się — trafiłem na przyjazną i pomocną panią. Jeden telefon wystarczył, aby uzyskać adres i numer telefonu. Misja została wykonana.

Analiza oszustwa

Oczywiście Josie zdawała sobie sprawę, że informacja o kliencie jest poufna. Nigdy nie pozwoliłaby sobie na rozmowę na temat rachunku jakiegoś klienta z innym klientem lub na publiczne ujawnianie prywatnych informacji.

Jednak dla dzwoniącego z tej samej firmy stosuje się inne zasady. Kolega z pracy to członek tej samej drużyny — musimy sobie pomagać w wykonywaniu pracy. Człowiek z działu fakturowania mógł sam sobie sprawdzić te informacje w swoim komputerze, gdyby nie zawiesił go wirus. Cieszyła się, że mogła pomóc współpracownikowi.

Art stopniowo dochodził do kluczowej informacji, której naprawdę szukał, zadając po drodze pytania o rzeczy dla niego nieistotne, jak numer konta. Jednocześnie informacja o numerze konta stanowiła drogę ucieczki — gdyby Josie zaczęła coś podejrzewać, wykonałby drugi telefon, z większą szansą na sukces — znajomość numeru konta uczyniłaby go jeszcze bardziej wiarygodnym w oczach kolejnego urzędnika.

Josie nigdy nie zdarzyło się, by ktoś kłamał w taki sposób — nie przyszłoby jej do głowy, że rozmówca mógł nie być tak naprawdę z działu fakturowania. Oczywiście wina nie leży po stronie Josie, która nie została dobrze poinformowana o zasadach upewniania się co do tożsamości dzwoniącego przed omawianiem z nim informacji dotyczących czyjegoś konta. Nikt nigdy nie powiedział jej o niebezpieczeństwie takiego telefonu, jaki wykonał Art. Nie stanowiło to części polityki firmy, nie było elementem szkolenia i jej przełożony nigdy o tym nie wspomniał.

Uwaga Mitnicka ➤

Nigdy nie należy sądzić, że wszystkie ataki socjotechniczne muszą być gruntownie uknutą intrygą, tak skomplikowaną, że praktycznie niewykrywalną. Niektóre z nich to szybkie ataki z zaskoczenia, bardzo proste w formie. Jak widać, czasami wystarczy po prostu zapytać.

Zapobieganie oszustwu

Punkt, który należy umieścić w planie szkolenia z zakresu bezpieczeństwa, dotyczy faktu, że jeśli nawet dzwoniący lub odwiedzający zna nazwiska jakichś osób z firmy lub zna żargon i procedury, nie znaczy to, że podaje się za tego, kim jest. Zdecydowanie nie czyni go to w żaden sposób uprawnionym do otrzymywania wewnętrznych informacji lub wykonywania operacji na naszym komputerze lub sieci.

Szkolenie takie musi jasno uczyć, żeby w razie wątpliwości sprawdzać, sprawdzać i jeszcze raz sprawdzać.

W dawnych czasach dostęp do informacji wewnątrz firmy był oznaką rangi i przywilejem. Pracownicy otwierali piece, uruchamiali maszyny, pisali listy, wypełniali raporty. Brygadzista lub szef mówił im, co robić, kiedy i jak. Tylko brygadzista lub szef wiedzieli, ile elementów musi wyprodukować dany pracownik na jednej zmianie, jakie kolory i rozmiary mają być wypuszczone w tym tygodniu, w następnym i na koniec miesiąca.

Pracownicy obsługiwali maszyny, narzędzia i korzystali z materiałów. Szefowie dysponowali informacją, a pracownicy dowiadywali się jedynie tego, co niezbędne w ich pracy.

Prawda, że dziś wygląda to nieco inaczej? Wielu pracowników w fabryce obsługuje jakiś komputer lub maszynę sterowaną komputerowo. Dla zatrudnionych dostępne są krytyczne informacje, co ułatwia im wykonanie swojej części pracy — w obecnych czasach większość rzeczy, które robią, jest związana z informacją.

Dlatego też polityka bezpieczeństwa firmy musi sięgać wszędzie, niezależnie od stanowiska. Każdy musi zrozumieć, że nie tylko szefowie i dyrekcja są w posiadaniu informacji, których poszukiwać może napastnik. Dziś pracownik na każdym szczeblu, nawet nie korzystający z komputera, może stać się obiektem ataku. Nowo zatrudniony konsultant w dziale obsługi klienta może stanowić słabe ogniwo, które zostanie wykorzystane przez socjotechnika do swoich celów.

Szkolenie w zakresie bezpieczeństwa i polityka bezpieczeństwa firmy musi wzmacniać takie słabe ogniwa.

4

Budowanie zaufania

Niektóre z opisanych tu historii mogą sugerować, że uważam pracowników firm za kompletnych idiotów, gotowych, a nawet chętnych, do wyjawienia każdego sekretu. Socjotechnik zdaje sobie sprawę, że to nieprawda. Dlaczego więc ataki socjotechników są takie skuteczne? Na pewno nie dlatego, że ludzie są głupi bądź pozbawieni zdrowego rozsądku. Jesteśmy tylko ludźmi — każdego z nas można oszukać. Pod wpływem pewnego rodzaju manipulacji możemy źle ulokować nasze zaufanie.

Socjotechnik z góry zakłada, że napotka podejrzliwość lub opór, i jest zawsze przygotowany na przełamywanie barier nieufności. Dobry socjotechnik planuje swój atak niemal jak partię szachów, przewidując pytania, jakie ofiara może zadać, i przygotowując stosowne odpowiedzi.

Jedną z typowych technik jest budowanie poczucia zaufania u ofiary. Jak oszust może zdobyć nasze zaufanie? Ma na to swoje sposoby...

Uwaga ➤

Opowiadając o socjotechnikach, phreakerach i oszustach, zwykle używam rodzaju męskiego. Nie jest to szowinizm, a jedynie odzwierciedlenie prawdy, że większość uprawiających ten proceder to mężczyźni. Mimo że obecnie nie ma wielu kobiet parających się socjotechniką, to ich liczba stale rośnie.

Kobiety w roli socjotechników są na tyle dojrzałe, aby wiedzieć, że sam dźwięk damskiego głosu nie przełamie żadnej bariery. Mają one jednak znaczącą przewagę, ponieważ mogą używać do przełamywania barier swojej seksualności. Na stronach tej książki słaba płeć jest reprezentowana jednak w niewielkim stopniu.

Zaufanie kluczem do manipulacji

Im bardziej zaaranżowana przez socjotechnika rozmowa dotyczy codziennych, zwykłych spraw, tym bardziej unika on wszelkich podejrzeń. W sytuacji, gdy ludzie nie mają powodów do podejrzliwości, socjotechnik może łatwo zyskać ich zaufanie. Jeżeli mu się to uda, most zwodzony zostaje opuszczony, a wrota zamku otwierają się, aby mógł wejść i uzyskać każdą informację, jakiej potrzebuje.

Pierwsza rozmowa: Andrea Lopez

Andrea Lopez odebrała telefon w wypożyczalni kaset video, gdzie pracowała, i po chwili na jej twarzy pojawił się uśmiech. To przyjemne, gdy klient mówi, że jest zadowolony z usług firmy. Rozmówca powiedział, że ma bardzo dobre doświadczenia w korzystaniu z wypożyczalni i że pragnie napisać o tym list do menedżera.

Zapytał o jego nazwisko i adres korespondencyjny. Andrea powiedziała, że menedżer nazywa się Tommy Allison i podała adres. Kiedy już miała się rozłączyć, rozmówcy przyszło jeszcze coś do głowy i powiedział: „Może napiszę też do waszej centrali. Jaki jest numer waszej wypożyczalni?". Andrea podała mu również tę informację. Rozmówca podziękował jej, dodał coś miłego o tym, jak bardzo była pomocna, i pożegnał się.

Taki telefon — pomyślała — zawsze sprawia, że dzień upływa szybciej. Gdyby tylko ludzie robili to częściej.

Druga rozmowa: Ginny

— Dziękujemy za telefon do VideoMasters. Mówi Ginny. W czym mogę pomóc?

— Dzień dobry, Ginny — powiedział entuzjastycznie rozmówca, tak jakby rozmawiał z Ginny co najmniej raz w tygodniu. — Tu Tommy Allison, menedżer z Forest Park, wypożyczalnia numer 863. Mamy tu klienta, który chciałby wypożyczyć film *Rocky 5*, a skończyły nam się kopie. Możesz sprawdzić, czy coś macie?

Po kilku chwilach wróciła do telefonu i powiedziała:

— Tak. Mamy trzy kopie.

— Świetnie, zapytam, czy przyjechałby do was po film. W ogóle to bardzo ci dziękuje. Jeżeli kiedykolwiek potrzebowałabyś pomocy kogoś z naszej wypożyczalni, dzwoń i proś Tommiego. Będzie mi miło, gdy będę mógł coś dla ciebie zrobić.

W czasie następnych paru tygodni Ginny odbierała telefony od Tommiego, który prosił o pomoc w różnych sprawach. Były to całkiem normalne prośby, a Tommy był zawsze bardzo miły i nigdy nic nie wskazywało na to, by chciał ją wykorzystać. Przy okazji lubił sobie pogawędzić. Mówił na przykład: „Słyszałaś o tym pożarze w Oak Park? Podobno zamknęli parę ulic". Jego telefony były dla niej okazją do oderwania się na chwilę od rutyny dnia i zawsze cieszyła się, kiedy się odzywał.

Pewnego dnia Tommy zadzwonił nieco zestresowany, pytając:

— Mieliście może jakieś problemy z komputerami?

— Nie — odpowiedziała Ginny. — Dlaczego?

— Jakiś gość zderzył się samochodem ze słupem telefonicznym i konserwator z firmy telekomunikacyjnej mówi, że cała dzielnica nie będzie miała dostępu do Internetu, dopóki tego nie naprawią.

— O nie! Coś się mu stało?

— Odwieźli go karetką. Czy mogłabyś mi pomóc? Mam tu waszego klienta, który chce wypożyczyć *Ojca chrzestnego III*, ale zapomniał karty. Sprawdziłabyś dla mnie jego dane?

— Pewnie.

Tommy podał nazwisko i adres klienta. Ginny znalazła go w komputerze. Podała Tommiemu numer konta klienta w systemie.

— Są jakieś opóźnione zwroty lub zaległości do zapłacenia? — zapytał Tommy.

— Nic nie widzę.

— Świetnie. Wpiszę go do bazy danych później, jak naprawią Internet. On chce, żeby obciążyć jego kartę Visa, którą płaci w waszej wypożyczalni, a też nie ma jej przy sobie. Jaki jest numer tej karty i data ważności?

Ginny podała numer i datę.

— Dzięki za pomoc. Do usłyszenia — powiedział Tommy i rozłączył się.

Historia Doyle'a Lonnegana

Doyle Lonnegan to młody człowiek, którego nikt zapewne nie chciałby oglądać u swoich drzwi. Kiedyś zajmował się odzyskiwaniem długów karcianych. Obecnie od czasu do czasu również świadczy podobne usługi, o ile nie narażają go na większe koszta. W tym przypadku zaoferowano mu całkiem pokaźną sumę pieniędzy za coś, co wymagało zaledwie paru telefonów do wypożyczalni kaset wideo. Robota wydawała się łatwa, jednak żaden ze „zleceniodawców" nie wiedział, jak przeprowadzić taką akcję. Potrzebowali więc kogoś z talentem i wiedzą Lonnegana.

* * *

Ludzie, gdy nie mają szczęścia albo są zbyt naiwni przy pokerowym stoliku, nie regulują swoich długów. Każdy to wie. Dlaczego moi znajomi grali z oszustem, który nie kładł forsy na stół? Kto to może wiedzieć? Może po prostu słabo idą im testy na inteligencję. Ale w końcu to koledzy, więc co zrobić?

Gość nie miał pieniędzy, a zatem przyjęli czek. Pytam się, czy nie mogli pojechać z nim prosto do bankomatu. Nie — wzięli sobie czek. Na 3230 dolarów.

Oczywiście nie miał pokrycia. Niby czego mieli się spodziewać? Zadzwonili więc do mnie z pytaniem, czy mogę pomóc. Nie wsadzam już buta między drzwi — dzisiaj są lepsze metody. Zażądałem 30 procent prowizji i stwierdziłem, że zobaczę, co się da zrobić. Podali mi jego nazwisko i adres, a ja usiadłem przy komputerze, żeby sprawdzić, gdzie ma najbliższą wypożyczalnię kaset wideo.

Nie spieszyło mi się. Cztery telefony, aby wejść w łaski pracowników wypożyczalni, i w końcu: „Bingo!" — dostałem numer karty kredytowej oszusta.

Jeden znajomy ma bar topless — „Knockers". Za pięćdziesiąt dolców przepuści dług pokerowy przez konto baru. Niech teraz oszust się tłumaczy przed swoją żoną. A co stałoby się, gdyby powiedział bankowi, że to nie jego transakcja? Zastanówmy się chwilę. On wie, że znamy jego namiary. Zda sobie sprawę, że jeżeli potrafiliśmy zdobyć numer jego karty, to moglibyśmy pewnie dużo więcej. Nie ma obaw.

Analiza oszustwa

Pierwsze telefony Tonniego do Ginny miały po prostu zbudować zaufanie. Kiedy przyszła pora ataku, Ginny opuściła gardę i zaakceptowała Tonniego jako pracownika innej wypożyczalni tej samej sieci.

Dlaczego nie miałaby go zaakceptować? Przecież już go znała. Oczywiście rozmawiali tylko telefonicznie, ale zdążyli już nawiązać biznesową znajomość, która jest podstawą zaufania. Z chwilą, kiedy zaakceptowała go jako kogoś pracującego dla tej samej firmy, reszta była już prosta.

Uwaga Mitnicka ➤

Technika budowania zaufania znana z „Żądła" jest jedną z bardziej efektywnych taktyk socjotechnicznych. Zawsze trzeba się zastanowić nad tym, czy naprawdę znamy osobę, z którą rozmawiamy. Może się bowiem zdarzyć, że osoba nie jest tą, za którą się podaje. Podobnie należy nauczyć się obserwować, weryfikować i kwestionować domniemane stanowisko lub pozycję rozmówcy.

Zdobywanie numeru karty — wariacja na temat

Budowanie poczucia zaufania nie zawsze wymaga kilku telefonów do ofiary, jak sugerować może poprzednia historia. Byłem świadkiem sytuacji, kiedy zajęło to jedynie pięć minut.

Niespodzianka, tato!

Pewnego razu usiadłem przy stoliku w restauracji z Henrym i jego ojcem. W trakcie rozmowy Henry zbeształ swojego ojca za podawanie numeru karty kredytowej tak, jakby to był numer telefonu.

— Jasne, że musisz podać numer karty, gdy coś kupujesz — powiedział — ale podawanie go sklepowi, który wpisuje go do swoich akt, to szczyt bezmyślności.

— Jedynym miejscem, w którym to robię, jest StudioVideo — powiedział pan Conklin, podając nazwę sieci wypożyczalni — ale co miesiąc przeglądam wyciąg z karty. Jeżeli zawyżaliby moje opłaty, zorientowałbym się.

— Oczywiście — powiedział Henry — lecz od kiedy oni mają twój numer, ktoś bardzo łatwo może go ukraść.

— Masz na myśli jakiegoś nieuczciwego pracownika?

— Nie. Kogokolwiek, niekoniecznie pracownika.

— Pleciesz androny — powiedział pan Conklin.

— Mogę teraz zadzwonić i skłonić ich do tego, by podali mi numer twojej karty — odparł Henry.

— Niemożliwe — powiedział ojciec.

— Mogę to zrobić w pięć minut, siedząc naprzeciw ciebie i nie wstając nawet od stolika.

Oczy pana Conklina były zwężone — tak patrzy ktoś pewny swoich racji, ale starający się to ukryć.

— Mówię ci, że opowiadasz głupoty — odszczeknął, wyjmując swój portfel i przybijając pięćdziesięciodolarowy banknot do stolika. — Jeżeli ci się uda, jest twój.

— Nie chodzi mi o twoje pieniądze, tato — powiedział Henry.

Wyciągnął telefon komórkowy, zapytał ojca, z której wypożyczalni korzysta, i zadzwonił na informację, prosząc o jej numer oraz o numer do wypożyczalni blisko Sherman Oaks.

Następnie zatelefonował do wypożyczalni przy Sherman Oaks. Stosując taktykę opisaną w poprzedniej historii, szybko otrzymał nazwisko menedżera i numer wypożyczalni.

Następnie zadzwonił do wypożyczalni, w którym ojciec miał otwarty rachunek. Zastosował stary trik zatytułowany „Wciel się w menedżera", podając jego nazwisko jako swoje i używając numeru wypożyczalni, który wcześniej uzyskał. Potem użył znanego już podstępu: „Czy wasze komputery działają? Bo nasze co chwilę się zawieszają". Posłuchał odpowiedzi i ciągnął: „Wie pani, mam tu jednego z waszych klientów, który chce wypożyczyć kasetę, ale komputery znowu nie działają. Muszę zajrzeć w konto klienta i upewnić się, że jest do was zapisany".

Henry podał nazwisko ojca. Następnie, używając wariacji opisanej wcześniej techniki poprosił o odczytanie informacji z monitora: adresu, numeru telefonu i daty otwarcia konta. Następnie powiedział: „Proszę pani, mam tu już straszną kolejkę swoich klientów. Jaki jest numer karty i data ważności?".

Henry jedną ręką trzymał telefon, a drugą notował na świstku papieru. Skończył rozmowę i przesunął świstek przed oczy ojca, który patrzył na niego z szeroko otwartymi ustami. Biedak wyglądał na tak zszokowanego, jakby jego cały system wartości legł w gruzach.

Analiza oszustwa

Zastanówmy się nad własnym zachowaniem w sytuacji, gdy nieznajoma osoba prosi nas o przysługę. Jeżeli do naszych drzwi zapuka obdarty włóczęga, raczej nie wpuścimy go do środka. Jeżeli zaś na progu pojawi się nieznajomy dobrze ubrany, w wypolerowanych butach, uśmiechnięty i o nienagannych manierach, nasza podejrzliwość będzie o wiele mniejsza. Może to być nawet Jason z filmów *Piątek, trzynastego*, ale zaufamy mu, o ile wygląda normalnie i nie trzyma w dłoni tasaka.

Mniej oczywiste jest, że w ten sam sposób oceniamy ludzi przez telefon. Czy dana osoba zachowuje się, jakby chciała coś sprzedać? Czy jest przyjacielska i otwarta, czy może da się odczuć z jej strony pewną wrogość i próby nacisku? Czy ona lub on wysławia się jak ktoś wykształcony? Oceniamy te aspekty, i pewnie z tuzin innych, zupełnie nieświadomie. Jest to wrażenie, które odnosimy w kilku pierwszych chwilach rozmowy.

W pracy stale ktoś od nas czegoś wymaga. Czy masz adres tego człowieka? Gdzie jest ostatnia wersja listy klientów? Kto jest podwykonawcą tej części projektu? Proszę wysłać mi najnowszą wersję projektu. Potrzebuję najnowszej wersji kodu źródłowego.

Zdarza się, że ludzi, którzy proszą nas o różne rzeczy, nie znamy osobiście, ponieważ są to osoby pracujące w innej jednostce organizacyjnej firmy, a przynajmniej za takie się podają. Informacje, jakimi dysponują, sugerują, że są „z wewnątrz" („Marianne powiedziała...", „To jest na serwerze K-16...", „...wersja 26 planów nowego produktu"). Rozszerzamy wówczas na nich nasz obszar zaufania i beztrosko dajemy im to, o co proszą.

Oczywiście możemy mieć pewne wątpliwości, zastanawiając się: „Po co komuś z fabryki w Dallas potrzebne są plany nowego produktu?" albo: „Czy podawanie nazwy serwera, z którego korzystam, nie jest ryzykowne?". Zadajemy więc jeszcze jedno lub dwa pytania. Jeżeli odpowiedzi wydają się sensowne, a zachowanie rozmówcy nie budzi wątpliwości, przestajemy się bronić i powracamy ku naturalnej inklinacji do ufania współpracownikom i robienia (w granicach rozsądku) tego, o co nas poproszą.

Nie należy dochodzić do wniosku, że obiektem ataku są jedynie firmy posiadające systemy komputerowe dostępne z zewnątrz. Weźmy osobę odpowiedzialną za korespondencję firmową: „Czy może pani coś dla mnie zrobić i wrzucić to do firmowej skrytki pocztowej?". Czy osoba przyjmująca przesyłkę zdawała sobie sprawę, że zawiera ona dyskietkę ze specjalnym programem dla sekretarki prezesa? Z chwilą jego uruchomienia napastnik otrzymuje kopie maili szefa. Czy to mogłoby się wydarzyć w naszej firmie? Odpowiedź brzmi: oczywiście.

Uwaga Mitnicka ➤

W ludzkiej naturze jest myśleć, że raczej nie zostaniemy oszukani podczas przeprowadzanej właśnie transakcji, chyba że mamy konkretne powody, aby sądzić inaczej. Ważymy ryzyko i w większości przypadków w końcu odrzucamy wątpliwości. To naturalne zachowanie cywilizowanego człowieka, a przynajmniej cywilizowanego człowieka, który nigdy nie został oszukany ani zmanipulowany lub nie wyłudzono od niego dużej sumy pieniędzy.

Gdy byliśmy dziećmi, nasi rodzice uczyli nas: „Nie ufaj nieznajomym!". Warto stosować się do tej starej jak świat zasady.

Komórka za centa

Wielu ludzi, robiąc zakupy, rozgląda się bacznie, dopóki nie znajdzie najlepszej oferty. Socjotechnik nie szuka lepszej oferty, tylko sposobu, by uczynić ją lepszą. Czasami firma przeprowadza promocję, która jest tak atrakcyjna, że wręcz nie można z niej nie skorzystać. Socjotechnik przygląda się ofercie i zastanawia się, co by tu zrobić, aby stała się dla niego jeszcze bardziej atrakcyjna.

Jakiś czas temu jedna z firm telefonii komórkowej o ogólnokrajowym zasięgu zorganizowała promocję, oferując nowy aparat telefoniczny za jednego centa dla tych, którzy wykupią odpowiedni abonament.

Wielu ludzi za późno odkryło, że istnieje wiele pytań, które rozważny klient powinien zadać przed podpisaniem umowy: czy usługa jest analogowa, cyfrowa czy hybrydowa, jaka jest ilość darmowych minut do wykorzystania w miesiącu, czy są dodatkowe opłaty za roaming itd. Szczególnie istotny jest czas trwania umowy, czyli liczba miesięcy lub lat, przez które będziemy musieli opłacać abonament.

Wyobraźmy sobie socjotechnika w Philadelphii, którego przyciągnęła oferta promocyjna telefonii komórkowej, ale odrzucił plan taryfowy, jaki się z nią wiązał. Nie ma problemu. Oto jeden ze sposobów, w jaki mógł sobie z tym poradzić.

Pierwsza rozmowa: Ted

Na początku socjotechnik dzwoni do sklepu elektronicznego na West Girard.

— Electron City, tu mówi Ted.

— Dzień dobry, Ted. Mówi Adam. Parę dni temu rozmawiałem z handlowcem o telefonie komórkowym. Powiedziałem, że oddzwonię, kiedy wybiorę plan taryfowy, ale zapomniałem jego nazwiska. Kto pracuje u was na drugiej zmianie?

— Nie zawsze jest to ta sama osoba. Może William?

— Nie jestem pewien. Być może to był William. Jak on wygląda?

— Wysoki facet. Dość szczupły.

— Myślę, że to on. Jak on ma na nazwisko?

— Hadley. H-A-D-L-E-Y.

— Rzeczywiście. Brzmi znajomo. Kiedy będzie można go zastać?

— Nie mam grafiku na ten tydzień, ale popołudniowa zmiana zaczyna się o piątej.

— Dobrze. W takim razie spróbuje go złapać dziś wieczorem. Dzięki, Ted.

Druga rozmowa: Katie

Następny telefon jest do sklepu tej samej sieci przy North Broad Street.

— Dzień dobry. Electron City. Mówi Katie, w czym mogę pomóc?

— Cześć Katie. Mówi William Hadley ze sklepu przy West Girard. Jak się dziś miewasz?

— Nie nadążam za robotą. Co się stało?

— Mam klienta, który jest chętny na tę promocję za jednego centa. Wiesz, o której mówię?

— Tak. Sprzedałam takie dwie w zeszłym tygodniu.

— Macie jeszcze jakieś aparaty, które są w tej promocji?

— Cały stos.

— Świetnie, bo właśnie sprzedałem jeden klientowi. Mam sprawdzoną jego wypłacalność i podpisaliśmy z nim umowę. Potem zajrzałem do magazynu i okazało się, że skończyły się aparaty. Teraz strasznie mi głupio. Czy możesz dla mnie coś zrobić? Wysłałbym go do waszego sklepu, żeby odebrał telefon. Możecie mu sprzedać aparat za jednego centa i wystawić mu rachunek? Jak otrzyma telefon powinien do mnie zadzwonić, żebym wytłumaczył mu, jak się go programuje.

— Jasne. Wyślij go do nas.

— Dobrze. Nazywa się Todd. Todd Yancy.

Kiedy człowiek podający się za Todda Yancy'ego pojawił się w sklepie przy North Broad, Katie wypisała fakturę i sprzedała mu telefon za jednego centa, tak jak prosił ją o to jej „współpracownik". Połknęła haczyk.

Kiedy przyszło do płacenia, klient nie miał drobnych w kieszeni, więc sięgnął do tacki z jednocentówkami leżącej przy kasie i wręczył monetę dziewczynie za ladą. Otrzymał telefon, nie płacąc za niego nawet centa.

Teraz może iść do innej firmy, która wykorzystuje te same modele telefonów, i wybrać plan taryfowy, jaki mu odpowiada. Najlepiej taki z umową na jeden miesiąc.

Analiza oszustwa

Ludzie z natury mają większy poziom akceptacji dla kogoś, kto podaje się za współpracownika i zna procedury oraz żargon firmy. Socjotechnik przedstawiony w tej historii wykorzystuje to, szukając szczegółów na temat promocji, identyfikując pracownika firmy i prosząc o przysługę w innym oddziale. Dzieje się to w różnych filiach sklepu lub firmy, których pracownicy nie mają ze sobą bezpośredniego kontaktu, a często załatwiają sprawy ze współpracownikami, których w ogóle nie znają.

Włamanie do FBI

Ludzie często nie zastanawiają się nad tym, jakie materiały ich organizacja udostępnia w Internecie. Na potrzeby audycji radiowej, którą prowadzę w KFI Talk Radio w Los Angeles, nasz producent przeszukał sieć i znalazł kopię instrukcji dostępu do bazy danych Narodowego Rejestru Przestępstw (NCIC). Później znalazł tę samą instrukcję obsługi rejestru — poufny dokument, który podaje wszystkie procedury potrzebne do pobierania informacji z bazy danych FBI.

Instrukcja ta to podręcznik dla pracowników agencji ds. przestrzegania prawa, który podaje kody i formaty właściwe do pobierania informacji o przestępcach i przestępstwach ze wspomnianego rejestru. Agenci w całym kraju mogą przeszukiwać tę bazę w poszukiwaniu informacji przydatnych w ich własnych dochodzeniach. Podręcznik przedstawia metody używane w bazie do opisu wszystkiego, począwszy od rodzajów tatuaży, poprzez typu kadłubów statków, a kończąc na nominałach skradzionych pieniędzy i na kajdankach.

Każdy, kto miał dostęp do instrukcji, mógł poszukać odpowiedniej składni poleceń umożliwiających ściągnięcie informacji z bazy danych.

Następnie, postępując zgodnie z opisanymi tam procedurami, i przy odrobinie brawury, mógł pobrać informacje z Narodowego Rejestru Przestępstw. Podręcznik podaje również numery telefonów, pod które można dzwonić w sprawie pomocy w obsłudze systemu. Być może w waszej firmie publikowane są podobne podręczniki z kodami produktów lub kodami umożliwiającymi pobieranie poufnych informacji.

Pracownicy FBI prawie na pewno nigdy nie odkryli, że ich poufne instrukcje i procedury są dostępne w sieci. Myślę, że niezbyt ucieszyliby się z tego faktu. Jedna z kopii została opublikowana przez jedną z instytucji rządowych stanu Oregon, inna przez agencję ds. przestrzegania prawa z Teksasu. Dlaczego tak się stało? W każdym z przypadków ktoś prawdopodobnie pomyślał, że ta informacja nie jest wartościowa dla kogoś obcego i opublikowanie jej nie wyrządzi żadnych szkód. Może ktoś po prostu opublikował je w intranecie dla wygody pracowników, nie zdając sobie sprawy, że udostępnił te informacje wszystkim, którzy mają dostęp do dobrej wyszukiwarki, takiej jak np. Google, w tym zwykłym ciekawskim, kandydatom na policjantów, hakerom czy przedstawicielom zorganizowanych grup przestępczych.

Wejście do systemu

Zasada użycia takich informacji do oszukania urzędnika lub pracownika firmy jest zawsze taka sama — ponieważ socjotechnik wie, jak dostać się do określonych baz danych czy aplikacji albo zna numery, nazwy serwerów itp., zdobywa sobie zaufanie.

Z chwilą, gdy socjotechnik wejdzie w posiadanie takich kodów, zdobycie informacji, których potrzebuje, jest już stosunkowo proste. W tym konkretnym przykładzie mógłby rozpocząć od telefonu do biura w którym znajduje się terminal i zadania pytania dotyczącego jednego z kodów z podręcznika. Mogłoby ono brzmieć np. tak: „Kiedy wpisuję zapytanie OFF w NCIC, pojawia mi się błąd *system nie działa*. Czy mógłby pan spróbować to wpisać za mnie?". Mógłby też powiedzieć, że próbuje przejrzeć *wpf* —(w żargonie policji akta osoby poszukiwanej).

Urzędnik pracujący przy komputerze po drugiej stronie połączenia uzna, że dzwoniący jest obeznany z procedurami operacyjnymi i poleceniami wydawanymi bazie danych NCIC. Kto poza osobami przeszkolonymi mógłby znać te procedury?

Po tym, gdy osoba obsługująca komputer potwierdziła, że u niej wszystko działa, rozmowa mogła przebiegać następująco:

— Mógłby mi pan pomóc?

— A czego pan potrzebuje?

— Muszę wykonać polecenie OFF na nazwisku Martin Reardon, data urodzenia 18.10.66.

— Jaki *SOSH*?

Żargon ➤

SOSH — skrót oznaczający w slangu FBI numer ubezpieczenia społecznego.

— 700-14-7435.

— Jego numer to 2602 — mógł powiedzieć urzędnik po odnalezieniu szukanej osoby.

Napastnik musi teraz jedynie spojrzeć do podręcznika NCIC, aby odnaleźć znaczenie tej liczby. Okazało się, że człowiek ten jest oskarżony o fałszowanie swoich akt osobowych.

Analiza oszustwa

Dobry socjotechnik nie wahałby się nawet przez chwilę szukać sposobów na włamanie się do bazy NCIC. Zresztą dlaczego miałby się wahać, skoro uzyskanie potrzebnych informacji wymaga jedynie wykonania telefonu do lokalnej komendy policji i trochę gładkiej gadki, aby zaprezentować się jako człowiek „z wewnątrz"? Następnym razem zadzwoni w inne miejsce i użyje tego samego sposobu.

Można się zastanawiać, czy dzwonienie na komendę czy też posterunek policji nie jest niebezpieczne. Czy napastnik nie ryzykuje tutaj zbyt dużo?

Odpowiedź z pewnych specyficznych powodów brzmi: nie. Policjanci, podobnie jak żołnierze, mają od pierwszego dnia pobytu w akademii zaszczepiony respekt dla rangi. Dopóki socjotechnik przedstawia się jako sierżant lub porucznik — ktoś wyższy rangą niż osoba, z którą rozmawia — ofiara będzie postępować zgodnie z głęboko wpojoną zasadą, która mówi, że nie kwestionuje się tego, co twierdzi osoba wyższa stopniem, która ma nad nami władzę. Innymi słowy, stopień daje przywileje, a w szczególności jeden — niemożliwości bycia sprawdzanym przez osoby będące niżej w hierarchii.

Instytucje policyjne i wojskowe nie są jednak jedynymi miejscami, gdzie socjotechnik może wykorzystać respekt przed rangą. Socjotechnicy często używają autorytetu wynikającego z pozycji w strukturze organizacji jako broni w czasie ataków na firmy — pokaże to kilka historii opisanych w tej książce.

Uwaga Mitnicka ➤

Wszyscy powinni być świadomi, jakie jest *modus operandi* socjotechnika: zbierz jak najwięcej informacji o obiekcie ataku i użyj ich w celu zdobycia zaufania, prezentując się jako osoba z wewnątrz. Następnie uderz w samo serce!

Jak się bronić?

Jakie kroki można podjąć w Waszej firmie, aby zmniejszyć prawdopodobieństwo, że socjotechnik wykorzysta naturalny instynkt pracowników każący im ufać innym ludziom? Oto kilka sugestii.

Ochrona klientów

W dzisiejszych czasach wiele firm, które coś sprzedają, przechowuje wśród informacji o kliencie również dane jego karty kredytowej. Istnieje ku temu powód: uwalnia się klienta od kłopotliwego podawania danych swojej karty za każdym razem, gdy ponownie odwiedza sklep lub witrynę internetową, aby coś kupić. Lepiej odstąpić od tej praktyki.

Jeżeli musimy przechowywać numery kart kredytowych, procesowi temu muszą towarzyszyć klauzule bezpieczeństwa, które wykraczają daleko poza szyfrowanie i kontrolę dostępu. Pracownicy muszą być przeszkoleni w rozpoznawaniu socjotechników takich, jak opisani w tym rozdziale. Rzekomy współpracownik, którego nigdy nie poznaliśmy osobiście, ale z którym zdążyliśmy się zaprzyjaźnić przez telefon, może nie być tym, za kogo się podaje. Być może wcale nie ma takiej potrzeby, aby udostępniać mu poufne informacje. Być może nie jest on w ogóle pracownikiem firmy.

Ufajmy z rozwagą

Nie tylko ludzie, którzy mają dostęp do zdecydowanie poufnych danych, tacy jak programiści czy pracownicy działów badawczych, muszą bronić się przed intruzami. Prawie każdy członek organizacji wymaga odpowiedniego szkolenia w zakresie zabezpieczenia firmy przed szpiegami przemysłowymi i złodziejami informacji.

Podstawą do tego powinny być badania zasobów informacyjnych przedsiębiorstwa ze specjalnym zwróceniem uwagi na każdy z poufnych, krytycznych lub wartościowych zasobów informacyjnych, przy jednoczesnym postawieniu sobie pytania o metody socjotechniczne, jakich mógłby użyć napastnik w celu uzyskania do nich dostępu. Odpowiednie szkolenie zorganizowane dla osób, które posiadają dostęp do takich informacji, powinno uwzględniać odpowiedzi udzielone na powyższe pytania.

Kiedy osoba, której osobiście nie znamy, prosi o informacje czy materiały lub o wykonanie jakiejś czynności na komputerze, pracownicy muszą postawić sobie parę pytań. Jeżeli informację tę otrzymałby nasz najgorszy wróg, czy mogłaby ona zaszkodzić mnie lub mojej firmie? Czy w pełni zdaję sobie sprawę z działania poleceń, o których wprowadzenie do komputera zostałem poproszony?

Nie chodzi o to, aby traktować podejrzliwie każdą nowo spotkaną osobę. Jednak im bardziej jesteśmy ufni, tym bardziej stajemy się narażeni na to, że socjotechnik oszuka nas i uzyska dostęp do zastrzeżonych informacji firmy.

Dokąd sięga nasz intranet?

Część wewnętrznej sieci komputerowej firmy może być udostępniona dla użytkowników z zewnątrz, a część — dostępna tylko dla pracowników firmy. Jak bardzo nasza firma kontroluje, czy poufne informacje nie są umieszczane w miejscach, w których są potencjalnie dostępne dla ludzi, przed którymi należy ich chronić? Kiedy ostatni raz ktoś w firmie sprawdzał, czy jakieś poufne informacje z intranetu nie zostały nieumyślnie zamieszczone w obszarach dostępnych dla użytkowników zewnętrznych?

Jeżeli nasza firma stosuje serwery proxy jako środki ochrony przed atakami z zewnątrz, to czy była ostatnio sprawdzana poprawność ich konfiguracji?

A może należałoby zapytać, czy kiedykolwiek zadaliśmy sobie trud sprawdzenia bezpieczeństwa intranetu naszej firmy?

5

Może pomóc?

Wszyscy czujemy wdzięczność, gdy ktoś dysponujący wiedzą, umiejętnościami i doświadczeniem oferuje nam pomoc w rozwiązaniu naszego problemu. Socjotechnik zdaje sobie z tego sprawę i wie, jak ten fakt wykorzystać.

Wie on również, jak *spowodować* problem, a następnie zyskać naszą wdzięczność w zamian za jego rozwiązanie. Potem może manipulować nami, aby wejść w posiadanie informacji albo poprosić o drobną przysługę, w wyniku której możemy, my lub nasza firma, ponieść straty. Niewykluczone, że nawet nie będziemy zdawali sobie sprawy z tego, że utraciliśmy coś wartościowego.

Oto typowe przykłady tego, jak socjotechnicy „udzielają pomocy".

Awaria sieci

Czas: poniedziałek, 12 lutego, godzina 15:25.
Miejsce: biura stoczni Starboard.

Pierwsza rozmowa: Tom DeLay

— Tom DeLay, Księgowość.

— Cześć Tom, tu Eddie Martin z serwisu. Próbujemy usunąć problem z siecią komputerową. Czy ktoś z waszej grupy miał ostatnio problemy polegające na zrywaniu połączeń sieciowych?

— Nic o tym nie wiem.

— A sam nie masz żadnych problemów?

— Nie, wszystko raczej działa.

— To dobrze. Wiesz, dzwonimy do ludzi, którym mogą się zdarzać takie rzeczy, bo zależy nam na tym, żebyś dał nam znać natychmiast, jak utracisz połączenie sieciowe.

— To nie brzmi ciekawie. Myślisz, że to rzeczywiście może się zdarzyć?

— Mamy nadzieję, że nie, ale gdyby się tak stało — zadzwoń, dobrze?

— Lepiej, żeby ta nadzieja stała się prawdą.

— Wygląda na to, że zerwanie połączenia to byłby dla ciebie duży problem...

— Pewnie, że tak.

— W takim razie podam ci mój numer komórki, żebyś mógł mnie złapać osobiście, jeżeli coś takiego się wydarzy.

— Świetnie, podaj.

— 555-867-5309.

— 555-867-5309. Zapisałem. A w ogóle to dzięki. Powiedz mi jeszcze raz, jak masz na imię?.

— Eddie. Jeszcze jedno: muszę sprawdzić, do którego portu podpięty jest twój komputer. Mógłbyś spojrzeć na niego? Powinna gdzieś tam być nalepka, na której pisze „numer portu".

— Moment... nie, nie widzę niczego takiego.

— Dobrze, w takim razie znajdź kabel sieciowy z tyłu komputera.

— Znalazłem.

— Zobacz, gdzie jest wpięty, i czy jest jakaś nalepka nad tym gniazdkiem.

— Poczekaj chwilę. Tak, moment... Muszę się schylić, żeby to odczytać. Tu pisze tak: port 6 myślnik 47.

— Zgadza się — mam cię przypisanego do tego portu, ale chciałem się upewnić.

Druga rozmowa: informatyk

Dwa dni później odzywa się telefon w Centrum Zarządzania Siecią tej samej firmy.

— Cześć, mówi Bob. Jestem właśnie w biurze Toma DeLaya z księgowości. Mamy tu problem z kablami. Potrzebuję chwilowej dezaktywacji portu 6-47.

Informatyk powiedział, że zrobi to w ciągu paru minut i żeby dać mu znać, kiedy będzie mógł aktywować port z powrotem.

Trzecia rozmowa: pomocna dłoń intruza

Kiedy godzinę później człowiek podający się za Eddie'ego Martina robił zakupy w Circuit City, zadzwoniła jego komórka. Spojrzał na wyświetlacz i zobaczył numer ze stoczni. Przed odebraniem telefonu szybko poszukał cichego miejsca.

— Serwis, tu Eddie.

— Cześć Eddie. Ale echo! Gdzie ty jesteś?

— Siedzę w skrzynce z kablami. Kto mówi?

— Tom DeLay. Całe szczęście, że mam kontakt z tobą. Może pamiętasz, dzwoniłeś do mnie ostatnio? Moje połączenie sieciowe właśnie się zerwało, tak jak mnie ostrzegałeś i teraz trochę panikuję.

— Tak. Zerwało się u większej ilości osób. Powinniśmy to naprawić do czasu, gdy wrócisz z lunchu. Pasuje?

— Nie! Cholera. Jeżeli nie będę miał połączenia tak długo, zostanę w lesie. Nie dałoby się szybciej?

— Jak bardzo ci się spieszy?

— Przez moment mogę robić coś innego. Dałoby się to uruchomić w ciągu pół godziny?

— Pół godziny?! Ciężko będzie... No dobra, przerwę na chwilę moją robotę i zobaczę, czy da się to załatwić.

— Eddie, będę ci naprawdę wdzięczny.

Czwarta rozmowa: mam cię!

Czterdzieści pięć minut później...

— Tom? Tu Eddie. Spróbuj się połączyć z siecią.

Po kilku chwilach...

— O! Działa! Wspaniale!

— To dobrze. Cieszę się, że mogłem ci pomóc.

— Bardzo ci dziękuje.

— Słuchaj, jeżeli chcesz mieć pewność, że nie będą ci się zrywać połączenia, mam taki program, który powinieneś uruchomić. To nam zajmie parę minut.

— Nie za bardzo mam teraz czas.

— Rozumiem... W każdym razie mogłoby to zaoszczędzić nam podobnym problemów w przyszłości.

— No dobrze. Jeśli to tylko kilka minut...

— Oto co masz zrobić...

W tym momencie Eddie przeprowadził Toma przez kolejne kroki instalacji małej aplikacji ściągniętej z Internetu. Po pobraniu programu Eddie powiedział Tomowi, aby go uruchomił. Tom zrobił to, po czym stwierdził:

— Nie działa. Nic się nie dzieje.

— Coś musi być nie tak z tym programem. Odinstalujmy go, spróbujemy kiedy indziej — Eddie przeprowadził Toma przez deinstalację programu tak, aby nie można go było przywrócić.

Czas trwania operacji: 12 minut.

Wersja napastnika

Bobbiego Wallace'a zawsze bawiło, kiedy po zleceniu mu jakiejś roboty klient unikał wyjaśnienia, do czego potrzebna jest mu ta informacja. W tej sprawie przychodziły mu do głowy tylko dwa możliwe powody. Być może klient reprezentował jakąś grupę zainteresowaną zakupem firmy Starboard Shipbuilding i chciał zorientować się w rzeczywistej kondycji finansowej przedsiębiorstwa — ze szczególnym uwzględnieniem tych danych, które stocznia chciałaby ukryć przed potencjalnym kupującym. Możliwe też, że reprezentował inwestorów, którym podejrzany wydał się sposób zarządzania finansami i którzy chcieli sprawdzić, czy ktoś z zarządu nie defrauduje pieniędzy firmy.

A może klient nie chciał podać prawdziwego powodu zlecenia, ponieważ gdyby Bobby dowiedział się, jak wartościowa jest szukana przez niego informacja, zażądałby więcej pieniędzy za swoją robotę.

* * *

Istnieje wiele sposobów na zdobycie najpilniej strzeżonych danych firmy. Bobby spędził kilka dni, zastanawiając się, jaką metodę wybrać, i sprawdzając różne możliwości przed podjęciem ostatecznej decyzji. W końcu wybrał metodę wymagającą podejścia, które szczególnie lubił stosować: zmanipulowanie ofiary w taki sposób, aby sama zwróciła się do niego z prośbą o pomoc.

Na początku Bobby kupił w sklepie 7-Eleven telefon komórkowy za 39,95 $. Następnie zadzwonił do osoby, którą upatrzył sobie jako ofiarę, przedstawiając się jako firmowy serwisant, po czym zaaranżował sytuację tak, aby człowiek ten zadzwonił na jego komórkę w chwili, gdy wystąpi jakiś problem z siecią komputerową.

Potem przeczekał dwa dni, aby sprawa wyglądała bardziej naturalnie, i wykonał telefon do Centrum Zarządzania Siecią firmy. Oświadczył, że usuwa problem dla Toma — swojej ofiary — i poprosił o dezaktywację jego połączenia sieciowego. Bobby wiedział, że było to najtrudniejszą częścią całej akcji — w wielu firmach serwisanci ściśle współpracują z centrami zarządzania siecią albo serwis wręcz należy do działu informatyki. Okazało się jednak, że informatyk potraktował ten telefon rutynowo i, nie pytając o nazwisko serwisanta, który twierdził, ze rozwiązuje jakiś problem z siecią, zgodził się na dezaktywację portu. Z chwilą, kiedy to zrobił, Tom został odcięty od wewnętrznej sieci firmy, pozbawiony możliwości pobierania plików z serwera, ich wymiany ze współpracownikami, odbierania poczty, a nawet wydrukowania dokumentu. W dzisiejszym świecie oznacza to niemalże powrót do jaskini.

Wkrótce, jak spodziewał się Bobby, zadzwonił telefon. Oczywiście był chętny do okazania pomocy odciętemu od świata koledze. Zadzwonił do Centrum Zarządzania Siecią i poprosił o ponowną aktywację portu swojej ofiary. Następnie zadzwonił do Toma jeszcze raz i ponownie zmanipulował go tak, aby ten poczuł się winny, odmawiając zrobienia przysługi Bobbiemu. W końcu Tom przemyślał propozycję Bobbiego jeszcze raz i zgodził się na skopiowanie programu z sieci na swój komputer.

Oczywiście nie zdawał sobie sprawy, na co tak naprawdę się zgadza. Program, który miał zapobiegać zrywaniu połączeń sieciowych, był w rzeczywistości *koniem trojańskim* — aplikacją, która zadziałała w komputerze Toma dokładnie tak samo, jak mitologiczny koń trojański — wpuściła wroga do obozu. Tom stwierdził po uruchomieniu programu, że nic się nie dzieje. Tak naprawdę aplikacja była stworzona w taki sposób, że nie wykazywała żadnych objawów działania nawet wtedy, gdy instalowała ukryty program, umożliwiający szpiegowi utajony dostęp do komputera.

Żargon ➤

Koń trojański — program zawierający kod, który niszczy atakowany komputer lub pliki albo umożliwia dostęp do informacji znajdujących się na komputerze ofiary lub w sieci lokalnej. Niektóre konie trojańskie ukrywają się w systemie operacyjnym i skanują naciśnięcia klawiszy lub wykonywane przez pracownika czynności. Inne same podejmują jakieś działania. Właściciel komputera nie zdaje sobie sprawy z obecności takiego programu w systemie.

Po uruchomieniu programu, Bobby uzyskał pełną kontrolę nad komputerem Toma. Uzyskawszy do niego dostęp, przez *zdalne okno poleceń*, mógł przeglądać i kopiować dane księgowe. Następnie bez pośpiechu mógł analizować pobrane pliki w poszukiwaniu informacji, na które liczyli jego zleceniodawcy.

Żargon ➤

Zdalne okno poleceń — interfejs tekstowy, który akceptuje polecenia powodujące wykonywanie pewnych funkcji lub uruchamianie programów. Napastnik, który szuka technicznych luk w systemie lub jest w stanie zainstalować konia trojańskiego na komputerze ofiary, może również uzyskać zdalny dostęp do powłoki poleceń.

To nie wszystko. W każdej chwili mógł wrócić, aby przeczytać wiadomości pocztowe i prywatne notatniki szefostwa firmy, szukając słów kluczowych, które mogły go doprowadzić do interesujących informacji.

Wieczorem tego samego dnia, w którym namówił swoją ofiarę na zainstalowanie konia trojańskiego, Bobby wyrzucił komórkę na śmietnik. Oczywiście wcześniej wykasował pamięć telefonu i wyciągnął z niego baterię — ostatnią rzeczą, jakiej chciał, było to, żeby ktoś pomyłkowo wybrał ten numer i komórka zaczęła dzwonić.

Analiza oszustwa

Napastnik osacza ofiarę, przekonując ją, że ma problem, który tak naprawdę nie istnieje, albo, tak jak w tym przypadku, informuje o problemie, który jeszcze nie wystąpił, ale wystąpi w najbliższej przyszłości (o co już zadba sam napastnik). Następnie atakujący ogłasza się człowiekiem, który może ten problem rozwiązać.

Tego rodzaju podstęp jest szczególnie korzystny dla atakującego: ponieważ grunt został przygotowany wcześniej, ofiara — kiedy tylko odkryje, że zaczynają się kłopoty — sama zadzwoni do napastnika, prosząc o pomoc. Napastnik po prostu czeka na telefon — taktyka ta jest znana jako *socjotechnika zwrotna*. Napastnik, który jest w stanie przekonać ofiarę, aby do niego zadzwoniła, zyskuje natychmiastowe zaufanie: gdy dzwonię do kogoś, o kim myślę, że jest serwisantem, na pewno nie będę mu zadawał pytań sprawdzających jego tożsamość. Atakujący zdążył już sobie na nią zapracować.

Żargon ➤

Socjotechnika zwrotna — atak socjotechniczny, gdy napastnik kreuje sytuację, w której ofiara zauważa jakiś problem i kontaktuje się z napastnikiem, prosząc o pomoc. Inna forma socjotechniki zwrotnej polega na odwróceniu ról. Ofiara orientuje się, że została zaatakowana i, korzystając z wiedzy psychologicznej i wywierając wpływ na napastnika, stara się wyciągnąć od niego jak najwięcej informacji, w celu ochrony własnej firmy.

Stosując tego rodzaju sztuczkę, socjotechnik stara się wybrać jako ofiarę osobę z małą znajomością komputerów. Im więcej ona wie, tym bardziej prawdopodobne jest to, że zacznie coś podejrzewać lub po prostu zorientuje się, że jest manipulowana. Pracownik, któremu obsługa komputera sprawia trudności, który nie zna procedur ani zasad działania, łatwiej będzie poddawał się woli napastnika. Osoba taka łatwiej da się nabrać na podstęp w rodzaju: „Czy mógłbyś ściągnąć ten mały programik?", ponieważ nie ma pojęcia o potencjalnych szkodach, jakie taki program mógłby wyrządzić. Co więcej, jest o wiele mniejsza szansa, że zdaje ona sobie sprawę z wagi informacji, jakie znajdują się w sieci firmy i z ryzyka związanego z ich udostępnieniem.

Uwaga Mitnicka ➤

Jeżeli obcy wyświadcza Ci przysługę, a następnie prosi Cię o przysługę, nie rewanżuj się bez zastanowienia się nad tym, o co właściwie zostałeś poproszony.

Pomagamy nowym pracownikom

Nowi pracownicy to doskonały cel ataku. Nie znają oni jeszcze wielu swoich współpracowników, nie znają procedur i zasad obowiązujących w firmie. W imię wywołania dobrego pierwszego wrażenia chętnie okazują swoją chęć do współpracy i szybkość działania.

Pomocna Andrea

— Dział kadr, Andrea Calhoun.
— Cześć Andrea, mówi Alex z wydziału bezpieczeństwa.
— Tak?
— Jak się dziś miewasz?

— Dobrze. W czym mogę ci pomóc?

— Słuchaj, opracowujemy program szkolenia z zakresu bezpieczeństwa dla nowych pracowników i musimy zgromadzić parę osób, żeby go wypróbować. Potrzebne mi są nazwiska i numery telefonów wszystkich nowo przyjętych osób. Możesz mi jakoś pomóc?

— OK, ale dopiero dziś po południu. Może być? Jaki jest twój wewnętrzny?

— Pewnie że może być, wewnętrzny 52... hmm, ale w zasadzie dziś cały dzień jestem na spotkaniach. Zadzwonię do ciebie, kiedy wrócę do biura, prawdopodobnie po czwartej.

Kiedy Alex zadzwonił około 16:30, Amy miała już listę i odczytała mu nazwiska oraz numery wewnętrzne.

Wiadomość dla Rosemary

Rosemary Morgan była zachwycona swoją nową pracą. Nigdy wcześniej nie pracowała w gazecie, a ludzie tutaj byli znacznie milsi, niż mogła się tego spodziewać. Było to zaskakujące wobec stresu w jakim pracują, aby dotrzymać comiesięcznego terminu wydania kolejnego numeru. Telefon, jaki otrzymała rankiem któregoś czwartku, utwierdził ją w tym przekonaniu.

— Czy to Rosemary Morgan?

— Tak.

— Cześć Rosemary. Mówi Bill Jorday z działu bezpieczeństwa informacji.

— Tak?

— Czy ktoś z twojego wydziału omawiał z tobą praktyki bezpieczeństwa?

— Raczej nie.

— Dobrze. Więc tak: po pierwsze nie wolno nikomu instalować oprogramowania przyniesionego spoza firmy. To dlatego, że nie chcemy brać odpowiedzialności za korzystanie z nielicencjonowanego oprogramowania, a przy okazji chodzi o uniknięcie problemów z wirusami.

— Rozumiem.

— Czy słyszałaś o naszych zaleceniach związanych z pocztą elektroniczną?

— Nie.

— Jaki jest aktualny adres twojej skrzynki?

— *Rosemary@ttrzine.net.*

— Czy wchodzisz na swoje konto poprzez nazwę użytkownika „Rosemary"?

— Nie. R-podkreślenie-Morgan.

— Dobrze. Chcemy uświadomić wszystkim nowym pracownikom, że otwieranie nieoczekiwanych załączników jest niebezpieczne. Rozsyłanych jest wiele wirusów, a docierają one do nas w wiadomościach od znajomych osób. Dlatego, jeżeli otrzymasz wiadomość z załącznikiem, którego się nie spodziewałaś, powinnaś zawsze sprawdzić, czy nadawca rzeczywiście sam go przesłał. Jest to dla ciebie jasne?

— Tak. Słyszałam o tym.

— Dobrze. Zalecamy również zmianę hasła co dziewięćdziesiąt dni. Kiedy ostatnio zmieniałaś hasło?

— Pracuje tu dopiero od trzech tygodni i cały czas używam tego, które wybrałam na początku.

— W porządku. Możesz poczekać, aż upłynie reszta z tych 90 dni. Musimy się też upewnić, czy ludzie ustalają hasła, które nie są zbyt łatwe do odgadnięcia. Czy używasz hasła, które zawiera litery i cyfry?

— Nie.

— W takim razie musimy to poprawić. Jakie jest twoje obecne hasło?

— To imię mojej córki — Annette.

— To nie jest bezpieczne hasło. Nigdy nie powinnaś wybierać haseł, które w jakiś sposób są związane z danymi osobowymi dotyczącymi ciebie czy członków twojej rodziny. Niech pomyślę... mogłabyś robić to samo co ja. Możesz używać obecnego hasła jako pierwszej części i potem, za każdym razem kiedy je zmieniasz, dodawać numer bieżącego miesiąca.

— A jeżeli zmienię teraz, w marcu, powinnam użyć cyfry 3 czy 03?

— To zależy od ciebie. Który wariant jest dla ciebie wygodniejszy?

— Myślę, że Annette-trzy.

— Dobrze. Czy mam cię poprowadzić przez zmianę hasła?

— Nie, to już umiem.

— Świetnie. Jeszcze jedna rzecz, o której musimy porozmawiać. Na twoim komputerze zainstalowany jest program antywirusowy i ważne jest jego aktualizowanie. Nigdy nie powinnaś wyłączać automatycznej aktualizacji, nawet gdy twój komputer chwilami zwalnia, dobrze?

— Jasne.

— To bardzo dobrze. Czy masz u siebie numer telefonu do nas, abyś mogła dzwonić w sprawie problemów z komputerem?

Nie miała. Rozmówca podał jej numer telefonu, który uważnie zapisała i wróciła do pracy, znów zadowolona ze sposobu, w jaki się ją tu traktuje.

Analiza oszustwa

W historii tej ponownie zwracam szczególną uwagę czytelnika na kwestię przewijającą się przez całą książkę: najbardziej typową informacją, jaką socjotechnik będzie chciał uzyskać od pracownika niezależnie od ostatecznego celu ataku, będą jego dane uwierzytelniające. Mając nazwę użytkownika i hasło jednego z pracowników odpowiedniego dla siebie działu firmy, napastnik dysponuje podstawowym elementem pomagającym w dostaniu się do systemu i zlokalizowaniu pożądanej informacji. Posiadanie tych danych to jak posiadanie klucza do bram zamku. Dzięki nim można swobodnie poruszać się wewnątrz i odnaleźć szukany skarb.

Uwaga Mitnicka ➤

Przed umożliwieniem nowym pracownikom jakiegokolwiek dostępu do systemu komputerowego firmy, muszą oni być przeszkoleni w zakresie bezpieczeństwa. Szczególny nacisk należy położyć na to, by nigdy nie wyjawiali swoich haseł.

Nie tak bezpieczne, jak mogłoby się wydawać

Firma, która nie czyni żadnych wysiłków, aby zabezpieczyć swe poufne informacje, jest firmą nonszalancką. Tak naprawdę nawet te firmy, które dokładają starań w celu ochrony poufnych danych, mogą być narażone na poważne niebezpieczeństwo.

Oto historia, która ilustruje raz jeszcze, jak zarządzający firmami oszukują samych siebie, myśląc, że stosowane w nich metody zabezpieczeń, stworzone przez kompetentnych i doświadczonych fachowców, są nie do obejścia.

Historia Steve'a Cramera

Trawnik nie był duży. Na pewno nie należał do tych drogich i tak rozległych, że aż budzących zazdrość. Z pewnością nie był nawet na tyle duży, aby jego właściciel mógł usprawiedliwić zakup kosiarki samobieżnej. Zresztą Steve i tak by z niej nie korzystał. Lubił ścinać trawę kosą elektryczną, ponieważ wysiłek z tym związany dawał mu wygodną wymówkę pozwalającą skupić się na własnych myślach i nie słuchać Anny opowiadającej mu historie o ludziach z banku, gdzie pracowała, lub obmyślającej dla niego zadania do załatwienia. Nienawidził tych jej list pod tytułem „Kochanie, zrób:", które stały się integralnym składnikiem jego weekendów. Przez głowę przeleciała mu myśl, że jego 12-letni Pete był szalenie sprytny, zapisując się do drużyny pływackiej. Teraz mógł bywać w każdą sobotę na spotkaniach lub treningach, co uwalniało go od sobotnich obowiązków w domu.

Niektórym mogłoby się wydawać, że jego praca polegająca na projektowaniu nowych urządzeń dla firmy medycznej GeminiMed była nudna. Steve zdawał sobie jednak sprawę, że ratuje ludzkie istnienia. Uważał, że jego praca jest kreatywna. Artyści, muzycy, kompozytorzy i inżynierowie — wszyscy oni zdaniem Steve'a stawali przed podobnym wyzwaniem jak on: tworzyli coś, czego nikt wcześniej nie zrobił. Najnowsze dziecko — odkrywczy, niekonwencjonalny projekt sztucznej zastawki serca — był jego największym osiągnięciem i powodem do dumy.

Była niedziela, godzina 11:30. Steve był rozdrażniony, bo właśnie kończył ścinanie trawy i nie uczynił żadnego postępu w obmyślaniu sposobu na zredukowanie poboru mocy zastawki — ostatniej przeszkody do pokonania w projekcie. Był to idealny temat do rozmyślań podczas koszenia, ale rozwiązanie nie nadeszło.

* * *

W drzwiach pojawiła się Anna z włosami zawiniętymi w prążkowany, czerwony szal, który nosiła zawsze podczas odkurzania.

— Telefon! — krzyknęła do niego. — Ktoś z pracy.

— Kto? — odkrzyknął Steve.

— Ralph coś tam. Chyba.

Ralph? Steve nie pamiętał nikogo z GeminiMed, kto miałby na imię Ralph i miałby po co dzwonić do niego w weekend. Prawdopodobnie Anna źle usłyszała imię.

— Steve, tu mówi Ramon Perez z serwisu.

Ramon. Jakim cudem Annie udało się zamienić to hiszpańskie imię na Ralpha, zastanawiał się Steve.

— Mam krótką wiadomość — mówił Ramon. — Trzy serwery przestały działać, być może to wirus. Będziemy musieli skasować dyski i przywrócić dane z kopii zapasowych. Powinno nam się udać przywrócić pańskie pliki około środy, czwartku, jeżeli wszystko pójdzie zgodnie z planem.

— To jest absolutnie nie do przyjęcia — powiedział twardo Steve, próbując nie poddawać się ogarniającej go frustracji. Czy oni naprawdę są tacy głupi? Czy naprawdę myślą, że poradzi sobie bez dostępu do plików przez cały weekend i większą część przyszłego tygodnia? — Nie ma mowy. Mam zamiar usiąść przed moim domowym komputerem za około dwie godziny i będę potrzebował dostępu do moich plików. Czy wyrażam się jasno?

— No cóż, wszyscy, do których dotychczas dzwoniłem, chcą być pierwsi w kolejności. Nie dość, że musiałem przyjść w weekend do pracy, żeby to naprawić, to każdy, do którego dzwonię, ma pretensje właśnie do mnie.

— Mam napięty termin, firma czeka na mój projekt. Muszę to zrobić dziś po południu. Czy jest w tym coś niezrozumiałego?

— Muszę jeszcze obdzwonić mnóstwo osób, zanim w ogóle zacznę coś robić — powiedział Ramon. — A gdybym przywrócił te pliki na wtorek?

— Nie na wtorek, nie na poniedziałek, na dziś. Teraz! — powiedział Steve, zastanawiając się, do kogo zadzwonić, jeżeli nie uda mu się przemówić facetowi do rozumu.

— Dobrze już, dobrze — powiedział Ramon i Steve usłyszał jego poirytowane westchnięcie. — Zobaczmy, co da się zrobić w pana sprawie. Pan korzysta z serwera RM22, tak?

— RM22 i LC16. Korzystam z obydwu.

— Dobrze. Mogę pójść na skróty, zaoszczędzimy trochę czasu. Potrzebuję pańską nazwę użytkownika i hasło.

Hmm — pomyślał Steve. — *Co jest grane? Po co mu moje hasło? Dlaczego główny administrator pyta się mnie o takie rzeczy?*

— Mógłby pan powtórzyć swoje nazwisko? Pod kogo pan podlega?

— Ramon Perez. Proszę posłuchać. Kiedy przyjmował się pan do pracy, dostał pan formularz do wypełnienia, aby otworzyli panu konto i musiał pan tam wpisać również hasło. Mogę teraz znaleźć ten formularz i pokazać, że mamy go tu w dokumentach, dobrze?

Steve myślał nad tym parę chwil, po czym zgodził się. Czekał z rosnącą niecierpliwością, gdy Ramon poszedł wyciągnąć dokument z szafy. W końcu wrócił do telefonu. Steve słyszał, jak przeczesuje stertę papierów.

— O! Jest — powiedział w końcu Ramon. — Wpisał pan tu hasło „Janice".

Janice pomyślał Steve. To było imię jego matki i rzeczywiście czasami używał go jako hasła. Możliwe, że wpisał je również jako hasło przy wypełnianiu tego formularza.

— Zgadza się — potwierdził.

— To dobrze, bo tracimy tu czas. Wie pan teraz, że istnieję naprawdę. Chce pan, żebym poszedł na skróty i przywrócił natychmiast pana pliki, więc proszę mi w tym pomóc.

— Moja nazwa użytkownika to s-podkreślenie-cramer — c-r-a-m-e-r. Hasło to „pelican1".

— Zabieram się do roboty — powiedział Ramon, wydając się już bardziej skorym do pomocy. — Proszę mi dać dwie godziny.

Steve skończył koszenie trawnika, zjadł lunch i kiedy usiadł do komputera, okazało się, że wszystkie jego pliki są przywrócone. Był zadowolony z siebie, że potraktował siłowo niechętnego do pomocy informatyka i miał nadzieję, że Anna słyszała, jaki potrafi być asertywny. Pomyślał, że dobrze by było dać teraz informatykowi lub jego szefowi pochwałę, ale wiedział, że to jedna z tych rzeczy, za którą nigdy nie może się zabrać.

Historia Craiga Cogburne'a

Craig Cogburne był przedstawicielem handlowym firmy sprzedającej zaawansowaną technologię i wykonywał swoją pracę dobrze. Szybko zaczął zdawać sobie sprawę ze swojej umiejętności „rozszyfrowywania" klienta, rozpoznawania jego słabych i silnych punktów i wrażliwości danej osoby, słowem: cech, których znajomość mogłaby ułatwić zawarcie transakcji. Zaczął więc myśleć o innych sposobach wykorzystania swojego talentu i droga ta doprowadziła go do bardziej lukratywnego zajęcia, którym jest szpiegostwo przemysłowe.

* * *

Zlecenie było atrakcyjne. Nie wyglądało na takie, które zajmie mi dużo czasu, a warte było tyle, że można było za nie spokojnie opłacić wycieczkę na Hawaje lub Tahiti.

Człowiek, który mnie wynajął, nie wyjawił, kto w rzeczywistości jest moim klientem, ale wyglądało na to, że jest to firma, która pragnie dogonić konkurencję za pomocą jednego skoku naprzód. Do mnie należało jedynie zdobycie projektów i specyfikacji nowego produktu zwanego sztuczną zastawką serca, cokolwiek to oznacza. Firma nazywała się GeminiMed. Nigdy o niej nie słyszałem, ale była duża, z biurami w sześciu różnych miejscach — co czyniło moje zadanie znacznie łatwiejszym niż w przypadku małej firmy, gdzie istnieje spora szansa, że człowiek, z którym rozmawiamy, zna osobę, za którą się podajemy, i zorientuje się, że my to nie ona. Może to nam — jak mawiają piloci o powietrznej kolizji — popsuć humor na cały dzień.

Człowiek, który mnie wynajął, wysłał mi faks z wycinkiem z jakiegoś czasopisma medycznego, mówiący o tym, że GeminiMed pracuje nad zastawką o rewolucyjnej konstrukcji, która będzie nazywać się

SHT-100. Okazało się, że jakiś reporter zdążył wykonać już za mnie część pracy. Miałem już jedną z rzeczy, którymi muszę dysponować, zanim zacznę działać.

Pierwszy problem to zdobycie nazwisk ludzi w firmie, którzy pracują nad SHT-100 lub mają obowiązek przeglądania projektów. Zadzwoniłem do centrali firmy i powiedziałem:

— Obiecałem, że skontaktuję się z pewnym człowiekiem z waszego wydziału inżynieryjnego, ale zapomniałem jego nazwiska. Pamiętam tylko, że jego imię zaczynało się na literę S.

— Mamy tu Scotta Archera i Sama Davidsona — stwierdziła pracownica centrali.

Poszedłem na całość:

— Który z nich pracuje w grupie SHT-100?

Nie wiedziała, więc wybrałem Scotta Archera jako pierwszego z brzegu i zostałem z nim połączony. Kiedy podniósł słuchawkę, powiedziałem: „Cześć, tu Mike z obsługi poczty. Mamy tu przesyłkę kurierską adresowaną na grupę pracującą nad zastawką serca SHT-100. Nie wiesz, komu to dostarczyć?". Podał mi nazwisko szefa projektu Jerry'ego Mendela. Skłoniłem go również do tego, by podał mi jego numer telefonu.

Zadzwoniłem. Mendela nie było, ale jego komunikat w poczcie głosowej informował, że jest na urlopie do trzynastego, co oznaczało, że jeszcze przez tydzień będzie jeździł sobie na nartach i odpoczywał, a każdy, kto ma do niego jakąś sprawę, powinien zadzwonić do Michelle pod numer 9137. Jakże ci ludzie bywają pomocni.

Zadzwoniłem zatem do Michelle. Kiedy odebrała, powiedziałem:

— Tu Bill Thomas. Jerry powiedział mi, że mam do pani zadzwonić, kiedy będę miał specyfikacje, które mają przejrzeć ludzie z jego grupy. Pani jest z grupy pracującej nad zastawką, tak?

Michelle odpowiedziała twierdząco.

Teraz przyszedł czas na wykonanie najtrudniejszej figury w tańcu. Jeżeli wyczułbym w jej głosie podejrzliwość, byłem gotów tłumaczyć się, że próbuję jedynie wyświadczyć Jerry'emu przysługę, o którą mnie prosił.

— Na jakim systemie pracujecie? — zapytałem.

— Systemie?

— Jakich serwerów używa wasza grupa?

— Aha — powiedziała. — RM22. Część grupy korzysta też z LC16.

Udało się. Tego właśnie potrzebowałem i była to informacja, którą mogłem uzyskać bez zbytniego wzbudzania podejrzeń. To przygotowało grunt pod następne pytanie, które starałem się zadać jak najnaturalniej.

— Jerry powiedział, że pani może mi dać listę adresów e-mail członków grupy badawczej — powiedziałem i wstrzymałem oddech.

— Oczywiście. Lista dystrybucyjna jest za długa, żeby ją przedyktować. Mogę ją panu przesłać e-mailem?

Stop! Każdy adres mailowy, który nie kończy się na geminimed.com, mógł włączyć sygnał ostrzegawczy.

— A może mi ją pani przefaksować? — spytałem.

Nie widziała w tym żadnego problemu.

— Nasz faks chwilowo nie działa. Muszę zdobyć numer drugiego. Zadzwonię jeszcze raz za chwilę — powiedziałem i odłożyłem słuchawkę.

Wydawać by się mogło, że mam w tym momencie pewien problem. Rozwiązanie go było jednak bardzo proste. Poczekałem chwilę, aby mój głos nie wydał się znajomy recepcjonistce, zadzwoniłem i powiedziałem:

— Cześć, tu Bill Thomas, nasz faks przestał działać, czy mogę odebrać faks na waszym aparacie?

Powiedziała, że nie ma problemu, i dała mi numer.

I wtedy poszedłem tam odebrać faks? Oczywiście, że nie. Reguła numer jeden: nigdy nie składaj osobistych wizyt w siedzibie firmy, jeżeli nie jest to absolutnie konieczne. Nie jest łatwo zidentyfikować kogoś, kto jest tylko głosem w telefonie. A jeżeli nie można cię zidentyfikować, nie można cię aresztować. Trudno założyć rozmówcy telefonicznemu kajdanki. Zadzwoniłem wiec za chwilę ponownie do recepcjonistki i zapytałem, czy przyszedł mój faks.

— Tak.

— Mam prośbę — powiedziałem. — Muszę to wysłać do naszego konsultanta. Mogłabyś to dla mnie zrobić?

Zgodziła się. Zresztą dlaczego miałaby się nie zgodzić — trudno oczekiwać od każdej recepcjonistki umiejętności rozpoznawania poufnych danych. Podczas gdy wysyłała faks do „konsultanta", mogłem rozprostować kości, udając się do pobliskiego sklepiku, na którym widniał szyld: „Faksy — wysyłanie, odbieranie". Spodziewałem się, że mój faks dotrze tam przede mną. Tak też się stało — gdy wkroczyłem do sklepu, już na mnie czekał. Sześć stron po 1,75$ każda. Za jeden banknot dziesięciodolarowy i trochę drobnych miałem w rękach listę e-maili wszystkich członków grupy badawczej.

Włamanie do systemu

Jak na razie rozmawiałem z trzema lub czterema osobami w ciągu kilku godzin i byłem o jeden milowy krok bliżej dostania się do systemu komputerowego firmy. Potrzebowałem jednak wciąż paru informacji.

Po pierwsze, numer telefonu do łączenia się z serwerem z zewnątrz. Zadzwoniłem znowu do GeminiMed, poprosiłem recepcjonistkę o połączenie z działem informatyki i poprosiłem człowieka, który tam podniósł słuchawkę o połączenie z kimś, kto może mi udzielić pomocy w związku z komputerem. Przełączył mnie, a ja zacząłem udawać osobę zagubioną i niezbyt lotną w kwestiach technicznych.

— Jestem w domu, właśnie przyniosłem z pracy nowy laptop i muszę go skonfigurować, żeby móc łączyć się z zewnątrz.

Konfiguracja była prosta, ale pozwoliłem cierpliwie poprowadzić się przez nią, aby otrzymać upragniony numer. Informatyk podał mi go, jakby to była jeszcze jedna rutynowa informacja. Poprosiłem go jeszcze, by poczekał, aż sprawdzę, czy działa. Działał.

Przeskoczyłem jeszcze jedną barierę i mogłem połączyć się z siecią. Zrobiłem to i odkryłem, że ich terminal umożliwia połączenie się z każdym z komputerów w sieci wewnętrznej. Po kilku próbach natrafiłem na czyjś komputer, na którym założone było konto dla gości skonfigurowane tak, że nie było konieczności podawania hasła. Niektóre systemy operacyjne po pierwszej instalacji nakazują użytkownikowi ustalenie nazwy użytkownika i hasła, ale tworzą również konto dla gości. Użytkownik powinien ustalić odrębne hasło dla tego konta lub je dezaktywować, ale większość ludzi nie zadaje sobie tego trudu lub wręcz nie wie o istnieniu tego konta. Prawdopodobnie system był tu świeżo zainstalowany i użytkownik nie wyłączył jeszcze konta dla gości.

Dzięki temu kontu miałem teraz dostęp do jednego z komputerów, który, jak się okazało, pracował na starszej wersji systemu operacyjnego UNIX. System ten przechowuje plik, który zawiera zaszyfrowane hasła wszystkich użytkowników mających dostęp do komputera. Wszystkie hasła w tym pliku są *haszowane* jednokierunkowo (jest to nieodwracalna forma szyfrowania). Po haszowaniu jednokierunkowym rzeczywiste hasło jest przechowywane w formie zaszyfrowanej. W tym przypadku zostaje ono przekonwertowane na ciąg trzynastu znaków alfanumerycznych.

Żargon ➤

Haszowanie hasła — proces, w wyniku którego hasło zostaje zamienione na postać niezrozumiałą. Proces ten jest z założenia nieodwracalny, innymi słowy zakłada się, że rekonstrukcja hasła po haszowaniu jest niemożliwa.

Gdy ktoś chce przesłać pliki do komputera, musi się zidentyfikować, podając nazwę użytkownika i hasło. Systemowy program uwierzytelniający szyfruje hasło i porównuje wynik z przechowywanym w pliku haseł zaszyfrowanym wzorcem. Jeżeli dwa ciągi są takie same, użytkownik uzyskuje dostęp.

Jako że hasła w pliku są zaszyfrowane, sam plik jest udostępniony dla każdego, zgodnie z założeniem, że nikt nie potrafi odszyfrować zawartych tam haseł. Śmieszne domniemanie — pobrałem plik i potraktowałem go atakiem słownikowym (w rozdziale 12. można przeczytać więcej o tej metodzie), by przekonać się, że jeden z członków zespołu badawczego, Steve Cramer, miał konto z hasłem „Janice". Próbując szczęścia, wpisałem jego nazwę użytkownika i hasło na jednym z serwerów badawczych. Jeżeli to by zadziałało, oszczędziłbym trochę czasu i ryzyka. Niestety, nie udało się.

Oznaczało to, że muszę tego człowieka jakoś przechytrzyć, aby podał mi swoją nazwę użytkownika i hasło. Postanowiłem poczekać z tym do weekendu.

Resztę już znamy. W sobotę zadzwoniłem do Cramera i opowiedziałem mu historię o wirusie na serwerach i konieczności odzyskania danych z kopii zapasowych, aby zgasić w nim ewentualne podejrzenia.

A co z bajką, którą opowiedziałem mu o podawaniu hasła na jednym z formularzy z chwilą przyjmowania się do pracy? Po prostu liczyłem na to, że nie będzie pamiętał, że coś takiego nigdy nie miało miejsca. Nowo przyjęty pracownik wypełnia tak wiele formularzy, że po latach trudno przypomnieć sobie każdą rubrykę. Gdyby mi się nie powiodło, i tak dysponowałem jeszcze długą listą nazwisk.

Mając jego nazwę użytkownika i hasło, dostałem się na serwer, trochę powęszyłem i wkrótce odnalazłem pliki z projektem SHT-100. Nie byłem pewny, które z nich są kluczowe, przetransferowałem więc wszystkie do *martwego punktu zrzutu* — darmowej witryny FTP w Chinach, gdzie mogły być przechowywane bez wzbudzania większych podejrzeń. Teraz mój klient musiał odnaleźć wśród plików interesujące go informacje.

Żargon ➤

Martwy punkt zrzutu — miejsce przechowywania informacji, trudne do odnalezienia dla innych. W świecie tradycyjnych szpiegów mogła to być obluzowana cegła w ścianie — w świecie hakerów jest to zwykle strona internetowa w odległym kraju.

Analiza oszustwa

Dla człowieka, którego nazywamy tu Craigiem Cogburne'em, lub dla kogokolwiek obeznanego w sztuce socjotechniki opisane tu działanie jest prawie rutynowe. Celem było zlokalizowanie i pobranie plików przechowywanych na chronionym przez firewalle i inne systemy zabezpieczające komputerze firmowym.

Większość jego zadania była prosta jak łapanie deszczówki do wiadra. Na początku Craig udał, że jest z obsługi poczty, i mówiąc o przesyłce kurierskiej, nadał sprawie posmak pilności. To oszustwo doprowadziło go do nazwiska lidera grupy badawczej pracującej nad zastawką serca, który był co prawda na urlopie, ale — zapewne dla wygody złodziei informacji — zostawił nagranie z nazwiskiem i numerem telefonu do Michelle. Podczas rozmowy z nią Craig rozwiał wszelkie podejrzenia, oświadczając, że odpowiada na prośbę szefa grupy. Jako że szef był na urlopie, Michelle nie miała możliwości weryfikacji jego słów. Uwierzyła w nie i bez problemu zgodziła się udostępnić Craigowi ważną i cenną informację — listę adresów e-mail członków grupy.

Nie nabrała podejrzeń nawet wtedy, gdy Craig poprosił o przesłanie listy faksem zamiast pocztą elektroniczną, który to sposób zwykle jest dla obu stron wygodniejszy. Dlaczego była taka naiwna? Ponieważ szef po powrocie z urlopu mógłby się dowiedzieć, że jego podwładny utrudniał komuś wykonanie zleconego przez niego zadania. Poza tym rozmówca powiedział, że szef nie tylko popiera jego prośbę, ale prosi go o pomoc. Kolejny przykład osoby, która chce okazać się dobrym współpracownikiem i przez to staje się łatwym celem ataku.

Craig uniknął ryzyka związanego z osobistym pojawieniem się w budynku firmy, sprawiając, że faks został przesłany do recepcjonistki (zdawał sobie sprawę z jej chęci do pomocy). W końcu recepcjonistkami są zwykle osoby o czarującej osobowości. Drobne przysługi, takie jak przesłanie czy odebranie faksu, to dla recepcjonistki rzecz naturalna, z czego skwapliwie skorzystał Craig. To, co zawierał faks, mogło zaalarmować każdego, kto znał wartość tej informacji — nie można jednak wymagać od recepcjonistki umiejętności odróżniania informacji poufnych od nie mających wartości.

Korzystając z innego sposobu manipulacji, Craig udał zagubionego i naiwnego, aby uzyskać od informatyka numer dostępowy do firmowego serwera terminala — urządzenia łączącego wszystkie systemy komputerowe wewnątrz firmy.

Craig połączył się łatwo z siecią, próbując domyślnego hasła, które nie zostało zmienione. Jest to jedna z ewidentnych luk, które istnieją w wielu sieciach wewnętrznych zabezpieczonych firewallami. Domyślne hasła do wielu systemów operacyjnych, routerów i podobnych urządzeń, łącznie z centralami PBX, pozostają udostępnione. Każdy socjotechnik, haker, szpieg przemysłowy lub po prostu zwykły ciekawski może odnaleźć ich listę pod adresem *http://www.phenoelit.de/dpl/dpl.html*. (To niesamowite, w jaki sposób Internet ułatwia życie tym, którzy wiedzą, gdzie szukać. Teraz Ty również wiesz już, gdzie szukać).

Cogburne'owi udało się następnie przekonać ostrożnego i podejrzliwego pracownika („Mógłby pan powtórzyć swoje nazwisko? Pod kogo pan podlega?"), aby ten ujawnił mu swoją nazwę użytkownika i hasło do serwera używanego przez grupę badawczą pracującą nad zastawką serca. W ten sposób zostawił Craigowi otwarte drzwi i umożliwił mu przeglądanie najpilniej strzeżonych sekretów firmy i pobranie planów najnowszego produktu.

A co, gdyby Steve Cramer nabrał podejrzeń w związku z telefonem Craiga? Mało prawdopodobne, że zrobiłby coś w celu powiadomienia kogokolwiek aż do pojawienia się w pracy w poniedziałek, kiedy byłoby już za późno na zapobieżenie atakowi.

Oto kluczowy element ostatniego oszustwa: Craig z początku nie wykazywał żadnego zainteresowania problemem Steve'a. Potem zmienił podejście i zaczął wykazywać chęć pomocy, aby Steve mógł ukończyć pracę. W większości przypadków, kiedy ofiara wierzy, że próbujemy jej pomóc, będzie skłonna podzielić się z nami poufnymi informacjami, których w innym przypadku strzegłaby jak oka w głowie.

Uwaga Mitnicka ➤

W pracy dla każdego najważniejsze jest ukończenie bieżącego zadania. Pod naporem tego argumentu praktyki związane z bezpieczeństwem często schodzą na dalszy plan i są pomijane lub ignorowane. Socjotechnicy potrafią to wykorzystać.

Jak zapobiegać?

Jednym z najbardziej skutecznych trików socjotechników jest odwracanie sytuacji. Widzieliśmy to w tym rozdziale. Socjotechnik tworzy problem, a następnie w magiczny sposób go rozwiązuje, wyłudzając od ofiary informacje o dostępie do najpilniej strzeżonych sekretów firmy. Czy Twoja firma dałaby się w ten sposób podejść? Czy zadaliście sobie trud opisania i wprowadzenia w życie odpowiednich reguł bezpieczeństwa, które pozwoliłyby tego uniknąć?

Edukacja, edukacja i jeszcze raz edukacja

Jest taka anegdota o turyście w Nowym Jorku, który zatrzymuje przechodnia na ulicy i pyta: „Jak dostać się do Carnegie Hall?". Zaczepiony odpowiada: „Ćwiczyć, ćwiczyć i jeszcze raz ćwiczyć". Każdy jest potencjalnie narażony na ataki socjotechniczne, dlatego jedynym sposobem obrony firmy jest odpowiednie szkolenie i edukacja pracowników, ucząca rozpoznawania socjotechników. Potem należy stale wspominać o rzeczach, których nauczyli się na szkoleniu, a które najczęściej są zapominane.

Każdy członek organizacji musi zostać przeszkolony tak, by wyrobił w sobie odpowiedni stopień podejrzliwości i ostrożności niezbędnej podczas kontaktów z osobami, których osobiście nie zna, szczególnie jeżeli ktoś prosi o informację o jakiejś formie dostępu do komputera lub sieci. Ludzka natura każe nam ufać innym, ale, jak mówią Japończycy, biznes to wojna. Wasza firma nie może pozwolić sobie na opuszczenie gardy. Firmowa polityka bezpieczeństwa musi definiować zachowania odpowiednie i nieodpowiednie.

Zasady bezpieczeństwa nie są uniwersalne. Załoga firmy ma zwykle różne zadania i z każdym stanowiskiem pracy wiążą się inne zagrożenia. Szkolenie musi uczyć pewnych zachowań (uwzględniając rodzaj wypełnianych przez daną osobę obowiązków), które pozwolą zmniejszyć prawdopodobieństwo wystąpienia problemów. Powinien być zaplanowany podstawowy poziom szkolenia, który muszą ukończyć wszyscy pracownicy firmy. Ludzie, którzy pracują z poufnymi informacjami lub którzy mają specjalne stanowiska albo obdarzani są dużym zaufaniem, powinni przejść dodatkowe, specjalistyczne szkolenie.

Bezpieczeństwo poufnych informacji

Kiedy obcy człowiek oferuje pomoc, tak jak miało to miejsce w historiach opisanych w tym rozdziale, pracownicy firmy muszą stosować się do zasad bezpieczeństwa ustalonych zgodnie z potrzebami, rozmiarem i sposobem działania naszej organizacji.

Nigdy nie należy pomagać obcym proszącym o wyszukanie dla nich jakiejś informacji, o wprowadzenie nieznanych poleceń do komputera lub zmian w ustawieniach naszego oprogramowania albo (najniebezpieczniejszy wariant) otwieranie załączników do wiadomości pocztowych i pobieranie nieznanych programów. Każdy program — nawet taki, który wydaje się nie działać — może nie być taki niewinny, na jaki wygląda.

Istnieją rzeczy, którymi, niezależnie od jakości szkolenia, z czasem przestajemy się przejmować. Potem w krytycznym momencie nie wiemy, jak właściwe zareagować. Można by sądzić, że zasada niepodawania swojej nazwy użytkownika i hasła jest dla wszystkich oczywista (a przynajmniej powinna być oczywista) i raczej nie ma potrzeby nawet o niej wspominać, bo wynika ze zdrowego rozsądku. W. rzeczywistości każdemu pracownikowi należy często przypominać, że udostępnianie nazwy użytkownika i hasła do swojego komputera w biurze lub w domu jest porównywalne z podaniem komuś kodu PIN karty kredytowej.

Bardzo rzadko może się zdarzyć, że podanie komuś poufnej informacji jest jednak konieczne. Z tego powodu tworzenie reguł absolutnych typu „nigdy" nie jest tu odpowiednie. Niemniej jednak polityka i procedury bezpieczeństwa powinny wyraźnie określać okoliczności, w jakich pracownik może podać swoje hasło i, co ważniejsze, kto jest uprawniony do pytania o takie dane.

Uwaga Mitnicka ➤

Osobiście uważam, że firmy nie powinny dawać żadnej możliwości wymiany haseł. O wiele łatwiej ustalić jednoznaczną zasadę, która zakazuje personelowi jakiegokolwiek udostępniania tajnych haseł. Tak jest bezpieczniej.

Kto pyta?

W większości organizacji powinna funkcjonować reguła mówiąca, że każda informacja, której udostępnienie może zaszkodzić firmie lub jej pracownikowi, może być udzielana tylko znanym osobom, których głos brzmi na tyle znajomo, że nie ma wątpliwości co do ich tożsamości.

W sprawach o wysokim stopniu poufności uwzględniane powinny być jedynie zapytania przedstawione osobiście lub z pomocą silnej formy uwierzytelniania — na przykład dwóch oddzielnych zabezpieczeń, takich jak wspólna tajemnica i identyfikator generowany na podstawie czasu.

Procedury klasyfikacji danych muszą wspominać o tym, że żadna informacja z części organizacji zajmującej się poufnymi projektami nie może być udzielona osobie nieznanej osobiście lub za którą ktoś nie poręczył.

Uwaga ➤

Trudno uwierzyć, ale nawet odnalezienie nazwiska i numeru dzwoniącego w firmowej bazie pracowników i oddzwonienie do niego nie daje żadnych gwarancji — socjotechnicy znają sposoby na wprowadzanie nazwisk na listę pracowników i przekierowywanie rozmów telefonicznych.

Jak więc odpowiedzieć na prośbę współpracownika, która wydaje się uzasadniona i dotyczy np. listy nazwisk i adresów e-mail ludzi z naszego działu? Jak zwiększyć świadomość faktu, że tego typu informacja, która ma wyraźnie mniejsze znaczenie niż np. specyfikacja nowego produktu, jest przeznaczona ściśle do użytku wewnętrznego? W dużym stopniu pomóc tu może wyznaczenie osób w każdym wydziale, które zajmują się prośbami o wydanie informacji poza obręb działu. Osoby te powinny przejść zaawansowane szkolenie dotyczące bezpieczeństwa, uświadamiające ich w zakresie procedur weryfikacyjnych, których powinni się trzymać.

Nie zapomnijmy o nikim!

Łatwo jest zidentyfikować te części organizacji, które wymagają wysokiego stopnia ochrony przed atakami. Często jednak zaniedbywane są inne, mniej oczywiste, lecz bardzo narażone na ataki obszary. W jednej z historii prośba o przesłanie faksu na wewnętrzny numer telefonu wydawała się niewinna, a jednak atakującemu udało się wykorzystać tu lukę w systemie bezpieczeństwa. Wypływa z tego następujący wniosek: każdy, począwszy od sekretarki i asystenta aż do przedstawicieli kadry zarządzającej i kierowników, potrzebuje specjalnego kursu w zakresie bezpieczeństwa, aby podobne sztuczki uruchamiały u niego mentalny sygnał alarmowy. Nie należy zapominać o ochronie „pierwszej linii": recepcjonistki często bywają pierwszym celem ataku socjotechnika i należy im uświadamiać, jakich technik używają niektórzy goście lub rozmówcy telefoniczni.

System bezpieczeństwa firmy powinien ustalać punkt kontaktowy dla pracowników, którzy mają podejrzenia, że stali się celem ataku socjotechnicznego. Jednoznaczne miejsce zgłaszania incydentów związanych z bezpieczeństwem firmy zapewnia efektywny system wczesnego ostrzegania, który pozwoli wykryć zorganizowany atak i uświadomić sobie ewentualne straty.

6

Potrzebuję pomocy

Wiemy już, jak socjotechnicy oszukują ludzi, oferując im pomoc. Inne często stosowane podejście odwraca role: socjotechnik manipuluje ludźmi, udając, że potrzebuje od nich pomocy. Wszyscy potrafimy współczuć ludziom, którzy znaleźli się w trudnym położeniu, dlatego podejście to umożliwia socjotechnikowi dotarcie krok po kroku do swojego celu.

Przybysz

Jedna z historii przedstawionych w rozdziale 3. pokazała, w jaki sposób napastnik może przekonać ofiarę, aby podała mu swój numer pracownika. W poniższym przykładzie ten sam efekt jest osiągany inną metodą. Ponadto opisano tu, jak można wykorzystać zdobytą w ten sposób informację.

Na pewno jest jakiś Jones

W Dolinie Krzemowej miała swoją siedzibę pewna międzynarodowa firma, której nazwa pominięta zostanie milczeniem, a jej rozsiane po całym świecie oddziały były połączone z siedzibą poprzez WAN (sieć rozległą). Intruz — sprytny i przebiegły gość, Brian Atterby — zdawał sobie sprawę, że prawie zawsze łatwiej włamać się do sieci w którejś z odległych lokalizacji, gdzie ochrona będzie na pewno nie tak ścisła, jak w centrali.

* * *

Zadzwonił więc do biura w Chicago i poprosił o połączenie z panem Jonesem. Recepcjonistka zapytała, czy wie, jak pan Jones ma na imię. Odpowiedział:

— Gdzieś je miałem, właśnie szukam. Ilu macie ludzi o nazwisku Jones?

— Trzech — odpowiedziała. — W jakim wydziale miałby on pracować?

— Jeżeli odczyta mi pani imiona, to może rozpoznam — odpowiedział Brian.

Tak też zrobiła:

— Barry, Joseph i Gordon.

— Joe. Wydaje mi się, że to on — powiedział. — A z jakiego on jest wydziału?

— Z Wydziału Rozwoju.

— Dobrze. Może mnie pani z nim połączyć?

Recepcjonistka przełączyła rozmowę. Kiedy Jones odebrał, napastnik powiedział:

— Pan Jones? Dzień dobry, tu Tony z płacowego. Tak jak pan chciał, przekierowaliśmy pana wypłatę na konto w Credit Union.

— Co?! Pan chyba żartuje. Nie prosiłem o nic takiego. Nawet nie mam konta w Credit Union.

— Cholera. Już przelałem te pieniądze.

Jones był wyraźnie zdenerwowany faktem, że jego wypłata została przelana na czyjeś konto i już miał zwymyślać człowieka po drugiej stronie, lecz zanim zdążył cokolwiek powiedzieć, napastnik odezwał się:

— Muszę to szybko wyjaśnić. Te dyspozycje zostały podane wraz z numerem pracownika. Jaki jest pański numer pracownika?

Jones podał numer. Rozmówca powiedział:

— Rzeczywiście ma pan rację. Prośba nie była od pana.

Z każdym rokiem są coraz głupsi — pomyślał Jones.

— Dopilnuję, żeby się tym zajęto. Wkrótce wypłata wróci na pańskie konto — zapewnił.

Uwaga Mitnicka ➤

Nie myśl, że zabezpieczenia sieci i firewalle ochronią twoje informacje. Szukaj najsłabszego ogniwa. Zwykle okazuje się nim być człowiek.

Na delegacji

Niedługo potem administrator systemu w oddziale firmy w Austin w Teksasie odebrał telefon.

— Mówi Joe Jones — oświadczył rozmówca. — Dzwonię z centrali, z Wydziału Rozwoju. Będę u was w mieście przez tydzień, w hotelu Driskill. Chciałbym prosić o założenie mi tymczasowego konta, żebym miał dostęp do poczty bez dzwonienia na międzymiastową.

— Podaj mi jeszcze raz swoje nazwisko i numer pracownika — powiedział administrator.

Fałszywy Jones podał numer i ciągnął dalej:

— Macie numery do łączenia się przez modemy?

— Chwileczkę kolego, najpierw muszę cię znaleźć w bazie.

Po chwili powiedział:

— Dobrze, Joe. Podaj mi jeszcze numer twojego budynku.

Napastnik odrobił lekcje i miał już gotową odpowiedź.

— Dobrze — powiedział administrator. — Przekonałeś mnie.

To takie proste. Administrator zweryfikował nazwisko Joseph Jones, wydział i numer pracownika, a „Joe" udzielił poprawnej odpowiedzi na pytanie testowe.

— Twój login będzie taki sam jak firmowy, „jbjones" — powiedział administrator. — Zakładam ci początkowe hasło „zmien_mnie".

Analiza oszustwa

Kilka telefonów i piętnaście minut wystarczyło, by napastnik uzyskał dostęp do firmowej sieci WAN. Była to jedna z wielu firm, których ochrona przypomina cukierek M&M, zgodnie z opisem użytym po raz pierwszy przez badaczy z Bell Labs, Steve'a Bellovina i Stevena Cheswicka. Opisali taki rodzaj zabezpieczenia jako „twardą skorupkę z miękkim środkiem". Zewnętrzna skorupa, firewall, została przez nich uznana za niewystarczające zabezpieczenie, ponieważ z chwilą, kiedy napastnikowi uda się ją ominąć, wewnętrzny system komputerowy posiada już nikłe zabezpieczenia i nie jest w wystarczającym stopniu chroniony.

Opisana historia odpowiada definicji *cukierkowej ochrony*. Mając numer dostępowy i konto, napastnik nie musiał przejmować się problemem obejścia firewalla, i kiedy już znalazł się „wewnątrz", penetracja całego systemu była prosta.

Według moich informacji tego rodzaju podstęp został przeprowadzony wobec jednego z największych na świecie producentów oprogramowania komputerowego. Można by sądzić, że administratorzy systemu

Żargon ➤

Cukierkowa ochrona — termin ukuty przez Bellovina i Cheswicka z Bell Labs. Opisuje on system bezpieczeństwa, w którym zewnętrzna bariera, np. firewall, jest silna, a wewnętrzna infrastruktura nie posiada żadnych zabezpieczeń. Określenie powstało poprzez porównanie tego systemu do cukierka M&M, który ma twardą skorupkę i miękkie nadzienie.

w takich firmach są wyszkoleni, aby wykrywać podobne ataki. Najprawdopodobniej jednak miało to miejsce, a firma do dzisiaj nie wie, w jaki sposób ktoś uzyskał dostęp do ich sieci.

Być może P.T. Barnum nigdy nie powiedział, że „każdej minuty rodzi się jakiś frajer", ale ktokolwiek to powiedział, trafnie opisał przypadek pracownika firmy, którego podszedł socjotechnik ze swoim darem wymowy.

Zabezpieczenie z czasów prohibicji

W czasach prohibicji istniały nielegalne kluby nocne, gdzie strumieniami lał się gin. Klient mógł wejść do środka, pojawiając się u drzwi i pukając. Po kilku chwilach w drzwiach otwierało się małe okienko i ukazywała się w nim groźna facjata wykidajły. Jeżeli gość był wtajemniczony, wymawiał imię któregoś ze stałych klientów („Przysłał mnie tu Joe" mogło czasami wystarczyć). Wówczas bramkarz otwierał drzwi i wpuszczał go do środka.

Prawdziwy problem polegał na znajomości lokalizacji meliny. Drzwi były nieoznakowane, a właściciele niespecjalnie palili się do wieszania neonów informujących o tym, jak tam trafić. W większości przypadków wystarczyło po prostu pojawić się w odpowiednim miejscu, aby otwarto przed nami drzwi. Niestety, ten sam rodzaj zabezpieczeń jest często stosowany w świecie biznesu, który cofa się tym samym do czasów prohibicji.

Żargon ➤

Zabezpieczenie z czasów prohibicji — zabezpieczenie to opiera się na tym, że konieczna jest znajomość miejsca przechowywania informacji oraz słowa lub imienia, które umożliwia dostęp do niego w systemie komputerowym.

„Trzy dni kondora"

Za ilustrację takiej sytuacji może posłużyć świetny film, który wielu ludzi pamięta. W *Trzech dniach kondora* główny bohater — Turner — jest grany przez Roberta Redforda. Turner pracuje dla małej firmy wynajętej przez CIA. Pewnego dnia wraca z przerwy na lunch, aby stwierdzić, że wszyscy jego współpracownicy zostali zastrzeleni. Został sam i chce dowiedzieć się, kto to zrobił i dlaczego, jednocześnie zdając sobie sprawę, że kimkolwiek są zabójcy, szukają teraz jego.

W dalszej części filmu Turnerowi udaje się zdobyć numer telefonu jednego ze sprawców. Kim on jest i jak Turner zdołał wyśledzić miejsce jego pobytu? Miał szczęście: scenarzysta, David Rayfiel, „wyposażył" go w przeszłość phreakera znającego technologię i praktyki firm telekomunikacyjnych. Mając w rękach numer telefonu zabójcy, Turner wie doskonale, jak go wykorzystać. W scenariuszu scena ta przedstawia się następująco:

TURNER ŁACZY SIĘ PONOWNIE i WYSTUKUJE KOLEJNY NUMER (słychać dzwonienie).

GŁOS KOBIECY (z telefonu)

— Biuro CNA, mówi Coleman.

TURNER (do słuchawki)

— Tu Harold Thomas z obsługi klienta. Proszę CNA dla 202 555-7389.

GŁOS KOBIECY (z telefonu)

— Chwileczkę. (prawie od razu)

— Leonard Atwood, 765 MacKensie Lane, Cheve Chase, Maryland.

Co się tu właściwie wydarzyło, poza faktem, że scenarzysta omyłkowo użył numeru kierunkowego Washington D.C. dla adresu z Maryland?

Turner, jako wyszkolony monter telekomunikacyjny, wiedział, jaki numer wykręcić, by połączyć się z biurem CNA (posiadającym rejestr nazwisk i adresów abonentów) funkcjonującym na potrzeby instalatorów i autoryzowanego personelu firmy. Instalator mógł zadzwonić do CNA, podać numer telefonu i poprosić o nazwisko i adres osoby, do której numer należał.

Jak oszukać telekomunikację?

W rzeczywistości numer telefonu do CNA był pilnie strzeżonym sekretem. Dzisiaj firmy telekomunikacyjne zdążyły już się połapać i nie są takie hojne w udzielaniu informacji, ale w tamtych czasach działały u nich „zabezpieczenia z czasów prohibicji". Zakładały one, że każdy, kto zadzwonił do biura CNA i używał poprawnego żargonu („Obsługa klienta. Proszę CNA dla 555-1234" lub coś w tym stylu) był osobą uprawnioną do otrzymania informacji. Nie było potrzeby identyfikacji lub weryfikacji tożsamości, podawania numeru pracownika czy podawania hasła zmienianego codziennie. Jeżeli znamy numer, pod jaki trzeba zadzwonić, i nasz głos brzmi przekonująco, jesteśmy uprawnieni do otrzymania informacji.

Nie było to dla firmy telekomunikacyjnej zbyt fortunne założenie. Jedyna praktyka bezpieczeństwa, jaką stosowali jej pracownicy, polegała na periodycznej zmianie numeru telefonu, co najmniej raz na rok. Nawet wówczas jednak, aktualny numer był bardzo szeroko znany pośród młodych phreakerów, którzy z przyjemnością czerpali informacje z tak wygodnego źródła i chętnie wymieniali się nią z hakerami. Trik związany z biurem CNA był jedną z pierwszych rzeczy, jakich się nauczyłem, będąc wprowadzany jako nastolatek w arkana phreakingu.

W świecie biznesu i polityki ten rodzaj zabezpieczeń jest wciąż powszechny. Zwykle każdy średnio doświadczony intruz może udać osobę z autoryzacją, zebrawszy uprzednio trochę informacji o wydziałach, personelu i żargonie firmy. Czasami wystarczy po prostu numer wewnętrzny telefonu.

Uwaga Mitnicka ➤

Zabezpieczenie z czasów prohibicji w żaden sposób nie powstrzymuje ataków socjotechnicznych. Każdy system komputerowy ma przynajmniej jednego operatora. Jeżeli napastnik potrafi manipulować ludźmi, którzy obsługują system, ograniczony zasięg wiedzy nie stanowi dla niego żadnej przeszkody.

Beztroski szef centrum komputerowego

Mimo że wielu członków organizacji jest nieświadomych, niezainteresowanych zagrożeniami bezpieczeństwa, od kogoś zajmującego stanowisko szefa centrum komputerowego w jednej z większych korporacji należałoby się spodziewać gruntownej wiedzy i stosowania najlepszych praktyk dotyczących tej dziedziny, nieprawdaż?

Trudno przypuszczać, że szef centrum komputerowego, osoba, która jest pracownikiem Wydziału Technologii Informatycznych firmy, padnie ofiarą prostej socjotechnicznej zagrywki. Szczególnie, gdy napastnikiem jest nastolatek — prawie dziecko.

Szukanie fali

Przed laty dla wielu ludzi zajmującą rozrywką było nastawianie radia na częstotliwość lokalnej policji lub straży pożarnej i słuchanie ekscytujących rozmów o trwającym napadzie na bank, płonącym budynku lub rozwoju wydarzeń podczas pościgu samochodowego. Częstotliwości te można było odnaleźć w książkach dostępnych w pobliskiej księgarni. Dzisiaj można je zdobyć w Internecie i z książki, którą można kupić w sieci sklepów Radio Shack. Można tam znaleźć częstotliwości, na których nadają agencje lokalne, stanowe, krajowe, a czasami nawet federalne.

Oczywiście słuchali nie tylko ciekawscy. Bandyci rabujący sklep w środku nocy mogli słuchać, czy w ich okolicę został wysłany jakiś radiowóz. Dealerzy narkotykowi mogli śledzić działania lokalnych służb antynarkotykowych. Piroman mógł zwiększyć swoją chorą radość płynącą z podpalenia, słuchając strażaków walczących z zaprószonym ogniem.

W ostatnich latach, wraz z rozwojem technologii komputerowych, możliwe stało się szyfrowanie komunikatów głosowych. W miarę jak naukowcy znajdowali sposoby upychania coraz większej mocy obliczeniowej w jednym małym chipie, dostępne stało się konstruowanie małych radiostacji wykorzystujących szyfrowanie, które uniemożliwiają złoczyńcom podsłuchiwanie.

Wścibski Danny

W latach 90. entuzjasta podsłuchiwania i doświadczony haker, którego nazwiemy Danny, zdecydował się podjąć próbę przechwycenia kodu źródłowego oprogramowania od producenta „bezpiecznych" radiostacji. Miał nadzieję, że po przestudiowaniu kodu znajdzie sposób na podsłuchiwanie służb, a być może użyje tej technologii, aby uniemożliwić nawet najpotężniejszym agencjom rządowym podsłuchiwanie jego rozmów z przyjaciółmi.

Tacy jak on należeli w mrocznym świecie hakerów do specjalnej kategorii, która znajduje się gdzieś pomiędzy niegroźnymi ciekawskimi a niebezpiecznymi złoczyńcami. Dysponują oni wiedzą ekspertów połączoną z nieokiełznanym pragnieniem burzenia ścian i łamania barykad. Włamują się jednak tylko dla samej satysfakcji. Atakują strony internetowe wyłącznie dla zabawy i ekscytacji oraz aby udowodnić, że potrafią tego dokonać. Niczego nie kradną i nie zarabiają pieniędzy na swojej działalności. Nie niszczą plików ani połączeń sieciowych i nie unieruchamiają systemów komputerowych. Sam fakt włamania się i dostępu do plików i e-maili za plecami administratorów sieci uciera nosa ludziom odpowiedzialnym za trzymanie intruzów z dala. Właśnie to ucieranie nosa stanowi największą przyczynę ich satysfakcji.

Z takim nastawieniem Danny chciał przejrzeć projekt najpilniej strzeżonego produktu firmy, którą miał na celowniku, aby zaspokoić swoją żądze wiedzy i popodziwiać ostatnie innowacje wprowadzone do projektu.

Nie trzeba wspominać, że projekty produktu były pilnie strzeżoną tajemnicą handlową, cenną i chronioną jak każda własność firmy. Danny zdawał sobie z tego sprawę, ale ani trochę się tym nie przejmował. W końcu była to jedna z tych wielkich bezimiennych korporacji.

Jak w takim razie zdobyć kod źródłowy oprogramowania? Jak się okazało, kradzież klejnotów koronnych firmy Secure Communications Group była niezwykle prosta, nawet mimo to, że firma była jedną z tych, które stosowały praktykę bezpieczeństwa zwaną *podwójnym uwierzytelnianiem*. Jest to takie rozwiązanie, gdzie pracownicy są zobowiązani do stosowania dwóch form uwierzytelniania w celu potwierdzenia swojej tożsamości.

Żargon ➤

Podwójne uwierzytelnianie — zastosowanie dwóch różnych form uwierzytelniania w celu weryfikacji tożsamości. Na przykład osoba może zostać uwierzytelniona po zatelefonowaniu z pewnej konkretnej lokalizacji i podaniu hasła

Oto przykład, który najprawdopodobniej okaże się znajomy: kiedy otrzymujemy nową kartę kredytową, bank prosi nas o telefon potwierdzający, że jesteśmy w jej posiadaniu i nie dostała się w ręce kogoś, kto np. ukradł kopertę z kartą ze skrzynki pocztowej. Instrukcja załączona do karty nakazuje wykonanie telefonu z domu. Kiedy dzwonimy, program komputerowy w banku analizuje ANI, czyli automatyczną identyfikację numeru, którą telekomunikacja przesyła w chwili odebrania telefonu z darmowej linii, za wykorzystanie której płaci bank.

Program ten porównuje dane z ANI numeru telefonu, z którego dzwonimy, z numerem, jaki zostawiliśmy bankowi w naszych danych osobowych. Z chwilą, gdy pracownik banku odbiera telefon, na ekranie jego monitora ukazuje się informacja z bazy danych dotycząca klienta, który dzwoni z tego numeru. Urzędnik w tym momencie wie, że klient dzwoni z domu. Jest to pierwsza forma uwierzytelniania.

Następnie pracownik banku wybiera którąś z informacji wyświetlonych na temat klienta — najczęściej jest to numer ubezpieczenia, data urodzenia lub nazwisko panieńskie matki — i pyta klienta o tę informację. Poprawna odpowiedź na pytanie to druga forma uwierzytelniania opierająca się na danych, które klient powinien znać.

W opisywanej tu firmie produkującej bezpieczne radiostacje każdy pracownik z dostępem do komputera miał normalną nazwę użytkownika i hasło, a dodatkowo otrzymywał małe urządzenie elektroniczne zwane tokenem. Wyświetla ono kod zależny od czasu. Istnieją dwa typy takich urządzeń: pierwszy ma wielkość połowy karty kredytowej, ale jest trochę grubszy, a drugi jest taki mały, że można go przypiąć do swojego pęku kluczy. Ten pochodzący ze świata kryptografii gadżet ma malutkie okienko, które wyświetla ciąg sześciu cyfr. Co sześćdziesiąt sekund zawartość ekraniku się zmienia, pokazując inne cyfry. Kiedy uprawniona osoba próbuje wejść do sieci z zewnątrz, musi w pierwszej kolejności przedstawić się jako autoryzowany użytkownik, wpisując tajny PIN i cyfry wyświetlone na tokenie. Po weryfikacji przez sieć wewnętrzną musi jeszcze podać swoją nazwę użytkownika i hasło.

Młody haker, Danny, chcąc dostać w swoje ręce kod, którego tak pożądał, musiał nie tylko zdobyć login i hasło któregoś z pracowników (nic trudnego dla doświadczonego socjotechnika), ale również obejść w jakiś sposób kod zależny od czasu.

Pokonanie bariery podwójnego uwierzytelniania, czyli bezpiecznej identyfikacji połączonej z tajnym kodem PIN, wydaje się wyzwaniem godnym bohaterów filmu *Mission Impossible*. Dla socjotechnika wyzwanie to jednak przypomina bardziej działanie gracza pokerowego, który nie mając szczęścia w kartach, dzięki swej nadzwyczajnej umiejętności odczytywania zachowań innych ludzi, najczęściej i tak odchodzi od stolika z dużą częścią pieniędzy innych graczy w kieszeni.

Szturm na fortecę

Danny rozpoczął od odrobienia lekcji. Wkrótce zebrał tyle informacji, aby móc wcielić się w pracownika firmy. Znał nazwisko pracownika, wydział, numer telefonu i numer pracownika, a także nazwisko i numer telefonu jego szefa.

Nastała cisza przed burzą. Dosłownie. Zgodnie z obmyślonym planem Danny potrzebował teraz jeszcze jednej rzeczy, zanim wykona następny krok, i było to coś, nad czym nie miał kontroli. Potrzebował burzy śnieżnej. Czekał na odrobinę pomocy od matki natury, a dokładnie na tak złą pogodę, która uniemożliwi pracownikom dojazd do pracy.

W czasie zimy w Południowej Dakocie — a tam właśnie miała siedzibę rzeczona firma — każdy, kto miał nadzieję na złą pogodę, nie musiał czekać zbyt długo. W piątkową noc nadeszła burza. Śnieg szybko przeszedł w marznący deszcz i do rana drogi zdążyły się zamienić w lodowiska. Radio i telewizja ostrzegały ludzi, aby nie wsiadać do samochodu, jeżeli nie jest to absolutnie konieczne. Dla Danny'ego była to idealna okazja.

Zadzwonił do firmy i poprosił o połączenie z jednym z informatyków. Człowiek, który podniósł słuchawkę, przedstawił się jako Roger Kowalski.

Podając nazwisko istniejącego pracownika, na temat którego zrobił wcześniej wywiad, Danny powiedział:

— Tu Bob Billings. Pracuję dla Secura Communications Group. Jestem teraz w domu i nie mogę dojechać z powodu burzy. Problem polega na tym, że muszę dostać się z domu do mojego konta na serwerze, a zostawiłem token na biurku. Czy mógłby pan po niego pójść? Albo kogoś wysłać? A potem odczytać mój kod, kiedy będę chciał wejść? Nasz zespół dostał pilny termin i nie będę mógł skończyć mojej pracy. Nie mogę się dostać do biura, bo drogi są teraz zbyt niebezpieczne.

— Nie mogę wyjść z mojego biura — powiedział informatyk.

Danny zadziałał szybko:

— A ma pan może swój identyfikator?

— W centrum komputerowym jest jeden — stwierdził — dla operatorów w razie nagłych przypadków.

— Mam prośbę — powiedział Danny. — Wyświadczyłby mi pan przysługę? Mógłbym skorzystać z pańskiego identyfikatora, kiedy będę wchodził na konto? Do czasu, aż pogoda się poprawi.

— Mogę jeszcze raz prosić pana nazwisko? — zapytał Kowalski.

— Bob Billings.

— Dla kogo pan pracuje?

— Dla Eda Trentona.

— A, tak. Znam go.

Gdy prawdopodobna jest ciężka przeprawa, dobry socjotechnik zbiera o wiele więcej informacji niż zwykle.

— Pracuję na drugim piętrze — ciągnął Danny. — Obok Roya Tuckera.

Informatyk kojarzył też to nazwisko. Danny kontynuował natarcie:

— Łatwiej byłoby po prostu pójść do mojego pokoju i przynieść mój identyfikator.

Danny był w miarę pewny, że jego rozmówca nie da się na to namówić. Po pierwsze nie opuściłby swojego stanowiska w środku zmiany, by włóczyć się gdzieś po odległych korytarzach budynku. Poza tym nie miał ochoty grzebać w czyimś biurku. Można się było założyć, że tego nie zrobi.

Kowalski nie chciał powiedzieć „nie" człowiekowi, który potrzebuje pomocy, ale nie miał też zamiaru powiedzieć „tak". Dlatego przerzucił decyzję na kogoś innego:

— Moment, zapytam szefa.

Położył słuchawkę na biurku i Danny słyszał, jak podnosi drugą, łączy się i wyjaśnia sprawę. W tym momencie Kowalski zrobił coś dziwnego: poświadczył za dzwoniącego, używając jego domniemanego nazwiska — Bob Billings.

— Znam go — powiedział szefowi. — Pracuje dla Eda Trentona. Możemy mu udostępnić identyfikator z centrum komputerowego?

Danny trzymając słuchawkę, był zadziwiony tą niezwykłą i niespodziewaną formą pomocy, jakiej mu udzielono. Nie wierzył własnym uszom. Po paru kolejnych chwilach Kowalski wrócił do telefonu i powiedział:

— Mój szef chce z panem sam porozmawiać — po czym podał nazwisko i numer komórki szefa.

Danny zadzwonił do niego i opowiedział wszystko jeszcze raz, dodając parę szczegółów o projekcie, nad którym pracował i o tym, dlaczego jego grupa musi koniecznie dotrzymać terminu.

— Prościej by było, gdyby ktoś po prostu poszedł i przyniósł mój identyfikator — powiedział. — Biurko nie powinno być zamknięte, a karta będzie chyba w górnej szufladzie.

— Myślę, że tylko na weekend możemy pozwolić panu korzystać z identyfikatora awaryjnego. Powiem ludziom, którzy mają wtedy zmiany, żeby odczytywali kod, gdy będzie pan dzwonił — powiedział szef, po czym podał kod PIN, jakiego ma używać wraz z identyfikatorem.

Przez cały weekend, za każdym razem, gdy Danny chciał dostać się do systemu komputerowego firmy, musiał jedynie zadzwonić do centrum komputerowego i poprosić o odczytanie sześciu cyfr wyświetlanych w okienku identyfikatora.

Wewnętrzna robota

Tak oto Danny uzyskał dostęp do systemu komputerowego firmy. Jednak co dalej? Jak ma teraz znaleźć serwer, na którym przechowywany jest algorytm szyfrowania?

Był na to przygotowany wcześniej.

Wielu użytkowników komputerów zna grupy dyskusyjne, potężny zbiór forów internetowych, gdzie ludzie przesyłają pytania, na które inni odpowiadają, lub szukają nowych znajomych, którzy także interesują się muzyką, komputerami bądź jednym z tysięcy innych dostępnych tematów.

Niewielu ludzi zdaje sobie jednak sprawę, że kiedy przesyłają wiadomość na grupę dyskusyjną, wiadomość ta pozostaje dostępna przez lata. Google przechowuje w tym momencie archiwum siedmiuset milionów wiadomości. Niektóre z nich zostały wysłane nawet przed dwudziestu laty! Danny rozpoczął od wstukania adresu *http://groups.google.com*.

Jako kryteria wyszukiwania Danny wpisał „szyfrowanie radio komunikacja" oraz nazwę firmy i znalazł wiadomości przesłane na grupę przez jednego z pracowników. Zostały one wysłane w czasie, gdy dopiero rozpoczynali pracę nad produktem, prawdopodobnie długo przedtem, zanim policja i agencje federalne zaczęły rozważać możliwość szyfrowania nadawanych sygnałów.

Wiadomość zawierała podpis nadawcy, obejmujący nie tylko imię i nazwisko (Scott Press), ale również telefon i nazwę grupy roboczej — Secure Communications Group.

Danny podniósł słuchawkę i wykręcił ten numer. Był to strzał z dystansu — czy będzie pracował po latach w tej samej grupie? Czy będzie w pracy w tak fatalną pogodę? Telefon zadzwonił raz, drugi, trzeci i wreszcie głos po drugiej stronie powiedział: „Scott, słucham".

Podając się za pracownika działu IT firmy, Danny skłonił Pressa (na jeden ze sposobów znanych z poprzednich rozdziałów) do wyjawienia nazw serwerów, z których korzystał. To były serwery, na których najprawdopodobniej mógł znajdować się kod źródłowy, zawierający zastrzeżony algorytm szyfrowania i system stosowany w radiostacjach szyfrujących.

Danny zbliżał się coraz bardziej do celu, a jego podekscytowanie wciąż rosło. Czuł już zbliżające się niesamowite uczucie związane z wejściem w posiadanie wiedzy dostępnej jedynie nielicznym.

Misja jednak jeszcze się nie skończyła. Przez resztę weekendu mógł wchodzić w każdej chwili do sieci firmowej dzięki chętnemu do współpracy szefowi centrum komputerowego. Wiedział też, jakie serwery go interesują. Kiedy wszedł, okazało się jednak, że serwer terminala nie zezwolił na połączenie z systemami programistycznymi Secure Communications Group. Musiał znaleźć jakąś inną drogę.

Następny krok wymagał odwagi. Danny zadzwonił ponownie do Kowalskiego z centrum komputerowego:

— Mój serwer nie pozwala mi na połączenie — powiedział. — Potrzebuję jakiegoś konta na jednym z komputerów w waszym dziale, bym mógł się dostać poprzez Telnet na mój serwer.

Szef zezwolił już wcześniej na odczytywanie dla niego kodu z identyfikatora, dlatego ta nowa prośba brzmiała całkiem normalnie. Kowalski założył tymczasowe konto i hasło na jednym z komputerów w centrum i powiedział Danny'emu:

— Proszę dać znać, kiedy nie będzie go pan już potrzebował, żebym mógł je usunąć.

Po zalogowaniu na tymczasowe konto Danny mógł już połączyć się z systemami programistycznymi Secure Communications Group. Po kolejnej godzinie poszukiwań słabych punktów, które pozwoliłyby mu dostać się na główny serwer programistyczny, udało mu się tego dokonać. Najwyraźniej administrator systemu nie był na bieżąco z najnowszymi sposobami obchodzenia zabezpieczeń systemu i zdalnym dostępem do niego, czego nie można było powiedzieć o Dannym.

W krótkim czasie odnalazł pliki kodu źródłowego, których szukał, i zdalnie przetransferował je na witrynę sklepu internetowego, który oferował darmowe miejsce na dysku. Na takiej stronie, nawet po odkryciu tam skradzionych plików, nie da się go namierzyć.

Przed opuszczeniem systemu pozostała jeszcze jedna operacja: metodyczny proces usuwania śladów swojej bytności. Wyszedł z systemu przed zakończeniem wieczornej edycji Jay Leno Show. Danny doszedł do wniosku, że weekend nie poszedł na marne. Do tego w żadnym momencie nie wystawił się na ryzyko. Przeżył tylko upojny dreszczyk emocji, lepszy niż zapewnia snowboard czy skoki na bungee.

Tej nocy Danny upił się nie ginem, piwem ani wódką, tylko poczuciem władzy i dominacji, jakie urosło w nim w chwili przeglądania skradzionych plików, zawierających ściśle poufne oprogramowanie dla radiostacji.

Analiza oszustwa

Podobnie jak w poprzedniej historii, oszustwo zadziałało, ponieważ jeden z pracowników zbyt pochopnie uwierzył, że osoba dzwoniąca jest rzeczywiście tym, za kogo się podaje. Z jednej strony, chęć pomocy współpracownikowi zwiększa skuteczność działania firmy i jest tym, co sprawia, że z jednymi osobami lubimy współpracować, a z innymi nie. Z drugiej jednak strony nasza chęć pomocy może okazać się słabością, którą chętnie wykorzysta socjotechnik.

Pewien element manipulacji Danny'ego był szczególnie smakowity: kiedy prosił, aby ktoś poszedł po jego identyfikator leżący na biurku, używał słowa „przynieść". „Przynieś" to polecenie, jakie wydaje się psu. Nikt nie lubi, gdy ktoś każe mu coś „przynieść". Używając tego słowa, Danny mógł być bardziej pewny, że nikt nie będzie chciał wypełnić tego „polecenia" i wybierze jakieś inne rozwiązanie, na czym właśnie mu zależało.

Pracownik centrum komputerowego, Kowalski, dał się podejść przez Dannego, kiedy usłyszał nazwiska ludzi, których znał. Ale jak to się stało, że szef Kowalskiego — w istocie szef IT firmy — umożliwił obcej osobie dostęp do wewnętrznej sieci firmy? Po prostu prośba o pomoc może stać się doskonałym narzędziem perswazji w arsenale socjotechnika.

Czy coś podobnego mogłoby wydarzyć się w waszej firmie? Czy może już się wydarzyło?

Uwaga Mitnicka ➤

Opisana historia udowadnia, że kody zależne od czasu i podobne formy uwierzytelniania nie gwarantują ochrony przed chytrym socjotechnikiem. Jedyną skuteczną ochroną jest świadomy pracownik, który postępuje zgodnie z procedurami bezpieczeństwa i rozumie, w jaki sposób inni mogą w złych zamiarach wpływać na jego zachowanie.

Jak zapobiegać?

Często powtarzającym się elementem w opisywanych w książce historiach jest napastnik, który dostaje się do firmowej sieci z zewnątrz, dzięki osobie, która nie zadaje sobie trudu weryfikacji, czy dzwoniący jest rzeczywiście tym, za kogo się podaje. Dlaczego wciąż do tego wracam? Ponieważ w wielu atakach socjotechnicznych jest to podstawowy czynnik powodzenia operacji. Dla socjotechnika jest to najłatwiejszy sposób na osiągnięcie celu. Po co napastnik miałby spędzać długie godziny, próbując włamać się do systemu, skoro może to zrobić za pomocą jednego telefonu?

Jedną z najskuteczniejszych taktyk socjotechnicznych przy tego rodzaju atakach jest prosty chwyt z prośbą o pomoc — dlatego też jest on często stosowany. Na pewno nie chcemy, aby nasi pracownicy przestali w ogóle pomagać swoim kolegom lub klientom, dlatego należy wyposażyć ich w jednoznaczne procedury weryfikacyjne, stosowane w sytuacji, gdy ktoś prosi o poufne dane lub dostęp do komputera. W ten sposób mogą oni dalej pomagać tym, którzy rzeczywiście tego potrzebują, chroniąc jednocześnie dobra i system komputerowy firmy.

Polityka i procedury bezpieczeństwa firmy muszą jednoznacznie opisywać detale mechanizmu weryfikacji, jaki powinien być stosowany w różnych okolicznościach. W rozdziale 16. można znaleźć szczegółową listę procedur, a poniżej wymienione zostały pewne wytyczne do rozważenia:

- Jedna ze skutecznych form weryfikacji osoby, która prosi o dostęp do zastrzeżonych obszarów, polega na zadzwonieniu pod numer telefonu pracownika. Jeżeli dzwoniący jest intruzem, telefon weryfikacyjny pozwoli połączyć się z rzeczywistym pracownikiem, podczas kiedy napastnik jest na drugiej linii. Ewentualnie połączymy się z jego pocztą głosową, co pozwoli nam na usłyszenie i porównanie głosu dzwoniącego z głosem osoby, za którą się podaje.

- Jeżeli firma używa numerów pracowników w celach identyfikacyjnych, numery te muszą być traktowane jako informacja poufna, pilnie strzeżona i nie udzielana nieznajomym osobom. To samo odnosi się do wszelkich innych wewnętrznych identyfikatorów, używanych w firmie, takich jak wewnętrzne numery telefonów, identyfikatory księgowe wydziałów, a nawet adresy e-mail.

- Szkolenie powinno zwracać uwagę na powszechną tendencję do akceptacji nieznajomych jako pracowników tej samej firmy tylko dlatego, że wydają się posiadać odpowiednią wiedzę lub autorytet. Sam fakt, że osoba ma dostęp do zabezpieczonego obszaru firmy lub zna praktyki i procedury firmowe, nie jest podstawą do odstąpienia od weryfikacji jej tożsamości w inny sposób.

- Pracownicy ochrony i administratorzy systemu nie mogą koncentrować się tylko na kontrolowaniu innych. Sami również muszą postępować zgodnie z tymi regułami, procedurami i praktykami.

- Hasła i tym podobne identyfikatory oczywiście nie mogą być ujawniane. Reguła ta ma szczególną wagę w przypadku stosowania kodów zależnych od czasu i tym podobnych zaawansowanych urządzeń uwierzytelniających. Oczywisty powinien być fakt, że ujawnianie tych informacji niweczy cały sens instalacji i stosowania takiego systemu. Korzystanie z cudzych identyfikatorów powoduje zatarcie się odpowiedzialności. Oznacza to, że jeżeli ktoś popełni błąd, nie ma możliwości znalezienia winnych w sprawie.

- Jak stale powtarzam w tej książce, pracownicy muszą znać sztuczki stosowane przez socjotechników. Odgrywanie scenek z podziałem na role powinno być elementem szkolenia. Umożliwi to pracownikom lepsze zrozumienie metod działania socjotechników.

7

Fałszywe witryny i niebezpieczne załączniki

Powszechnie wiadomo, że nie ma nic za darmo. Jednak do dzisiaj trik polegający na oferowaniu czegoś za darmo ciągle z powodzeniem jest stosowany zarówno przez uczciwe firmy, jak i niezbyt.

Większość z nas bywa tak zaślepiona możliwością otrzymania czegoś za darmo, że nie zastanawia się trzeźwo nad ofertą i obietnicami w niej zawartymi. Oferty takie często pojawiają się w naszej skrzynce pocztowej. Należy bardzo uważać na załączniki do e-maili oraz darmowe oprogramowanie. Przebiegły napastnik jest zdolny użyć wszelkich środków, aby włamać się do firmowej sieci komputerowej, łącznie z wykorzystaniem naszej słabości do darmowych prezentów. Oto kilka przykładów.

Czy chciałbyś darmowy...

Tak jak wirusy są od wieków przekleństwem ludzkości, tak wirusy komputerowe są tym samym w świecie komputerów. Wirusy komputerowe, którym poświęca się najwięcej uwagi w mediach, niekoniecznie są tymi, które powodują największe straty. Są one wytworami komputerowych wandali.

Ludzie ci za wszelką cenę starają się pochwalić swoim sprytem. Czasami ich czyny przypominają rytuały inicjacyjne, mające w zamierzeniu zadziwić starszych i bardziej doświadczonych crackerów. Celem tych osób jest stworzenie wirusa, którego zadaniem byłoby wyrządzenie jak największych szkód. Jeżeli „dzieło" niszczy pliki lub całe dyski twarde, a w szczególności kiedy samo wysyła się do tysięcy niczego nie podejrzewających użytkowników Internetu, to cracker jest dumny ze swego osiągnięcia. Jeżeli wirus jest tak skuteczny, że piszą o nim gazety i ostrzegają przed nim komunikaty w Sieci, jego duma jest jeszcze większa.

Wiele powiedziano już o wirusach i ich twórcach. Wydano książki, napisano programy i stworzono całe firmy oferujące ochronę przed nimi. Dlatego też nie będziemy się w tej książce zajmować technologicznymi niuansami ataków crackerów. W obszarze naszego zainteresowania zamiast aktów wandalizmu znajdą się bardziej zorientowane na konkretny cel czyny dalekiego krewnego komputerowego wandala — socjotechnika.

To przyszło w e-mailu

Najprawdopodobniej codziennie otrzymujemy e-maile zawierające reklamy lub oferujące za darmo coś, czego ani nie chcemy, ani nie potrzebujemy. Znamy je dobrze. Zawierają obietnice porad inwestycyjnych, rabatów na komputery, telewizory, kamery, witaminy lub wycieczki, oferują karty kredytowe, których nie potrzebujemy, urządzenia pozwalające oglądać telewizję kablową bez płacenia abonamentu, sposoby na poprawę zdrowia lub życia seksualnego itd.

Od czasu do czasu pojawia się jednak w naszej skrzynce oferta, która przyciąga uwagę. Może to być darmowa gra, oferta zdjęć ulubionej gwiazdy, darmowy program kalendarza lub niedrogi program typu shareware, który zabezpieczy nasz komputer przed wirusami. W każdym z tych przypadków e-mail zawiera odnośnik do pliku, który zawiera oferowany nam produkt.

Czasami otrzymujemy też wiadomość o temacie typu: „Jacku, tęsknie za Tobą" lub „Anno, dlaczego do mnie nie napisałaś" albo „Cześć Krzysiu, oto ta seksowna fotka, którą Ci obiecałam". Wydaje nam się, że to nie może być e-mail z reklamą, bo zawiera nasze imię i brzmi bardzo osobiście. Otwieramy więc załącznik, by zobaczyć fotografię lub przeczytać wiadomość.

Pobieranie programów, o których dowiedzieliśmy się z e-maila reklamowego, klikanie odnośnika, który przenosi nas na stronę, o której nigdy wcześniej nie słyszeliśmy, lub otwieranie załącznika od kogoś, kogo nie znamy — to proszenie się o kłopoty. Pewnie, że w większości przypadków to, co zobaczymy, będzie tym, czego się spodziewaliśmy lub w najgorszym przypadku rozczarujemy się, ale nie stanie się nam żadna krzywda. Czasami jednak to, co zostało nam przysłane, to dzieło komputerowego wandala.

Przesłanie niebezpiecznego programu na nasz komputer to tylko jeden z elementów ataku. Aby atak się powiódł napastnik musi nas jeszcze przekonać do otwarcia załącznika.

Działanie najbardziej niszczycielskich wirusów, między innymi tych o nazwach Love Letter, SirCam i Anna Kurnikova, opierało się na socjotechnicznej manipulacji, wykorzystującej nasze pragnienie otrzymywania czegoś za darmo. Dzięki temu mogły się one skutecznie rozprzestrzeniać. Wirus pojawia się w załączniku do e-maila, który oferuje coś godnego uwagi, np. poufne informacje, darmową pornografię lub (bardzo sprytny podstęp) wiadomość, że załącznik zawiera rachunek za jakąś drogą rzecz, którą rzekomo kupiliśmy. W ostatnim przypadku otwieramy załącznik, powodowani strachem, że nasza karta kredytowa została obciążona wydatkiem, którego nie ponieśliśmy.

To zadziwiające, ilu ludzi daje się nabrać na takie triki, nawet, gdy wielokrotnie mówiono im o niebezpieczeństwach związanych z otwieraniem załączników. Świadomość zagrożenia z czasem zanika i stajemy się wtedy bezbronni.

Rozpoznawanie niebezpiecznego oprogramowania

Innym typem niebezpiecznych programów są te, które po uruchomieniu na komputerze pracują bez naszej wiedzy lub zgody albo wykonują działania, których nie jesteśmy świadomi. Programy takie mogą wyglądać niewinnie, mogą to być nawet dokumenty Worda, prezentacje PowerPointa lub pliki każdego z programów, który obsługuje makra, ale potajemnie instalują nieautoryzowany program. Może to być jakaś wersja konia trojańskiego omawianego już wcześniej w rozdziale 5. Z chwilą, kiedy program zainstaluje się w naszym komputerze, może on przesyłać intruzowi wszystko, co wpisujemy poprzez klawiaturę, łącznie z hasłami i numerami kart kredytowych.

Uwaga ➤

Istnieje też odmiana tego programu zwany RAT (koń trojański ze zdalnym dostępem), który umożliwia atakującemu pełny dostęp do naszego komputera, tak jakby siedział przy naszej klawiaturze.

Istnieją jeszcze dwa rodzaje niebezpiecznego oprogramowania, których sposób działania może nas zaszokować. Jeden z nich jest w stanie przesyłać każde słowo, jakie wypowiemy w zasięgu komputerowego mikrofonu, *nawet wówczas, gdy wydaje nam się, że jest on wyłączony*. Jeżeli natomiast mamy komputer wyposażony w kamerę sieciową, napastnik może za pomocą odmiany tej techniki widzieć wszystko, co dzieje się wokół naszego komputera, również wówczas, gdy wydaje się nam, że kamera jest wyłączona.

Haker ze specyficznym poczuciem humoru może próbować zainstalować w naszym systemie program stworzony specjalnie po to, by wyprowadzić nas z równowagi. Może na przykład otwierać co jakiś czas napęd CD-ROM lub zmniejszać rozmiary okna programu, którego właśnie używamy. Może też uruchomić odtwarzanie pliku dźwiękowego przy pełnej głośności w środku nocy. Jest to niezbyt zabawne, ale przynajmniej nie wyrządza jakichś realnych szkód.

Uwaga Mitnicka ➤

Wystrzegajmy się wszelkich „prezentów" oferowanych nam w e-mailach, aby naszej firmy nie spotkał los podobny do tragedii miasta Troja. W razie wątpliwości należy korzystać z programów antywirusowych.

Wiadomość od przyjaciela

Scenariusz może być jeszcze gorszy, nawet wtedy, gdy zastosowaliśmy środki ostrożności. Wyobraźmy sobie, że zdecydowaliśmy się nie dawać hakerom żadnych szans. Dlatego nie będziemy więcej pobierać żadnych plików ze stron, poza tymi, które znamy i wiemy że są bezpieczne, np. SecurityFocus.com czy Amazon.com. Nie będziemy też klikać odnośników w e-mailach otrzymanych z niewiadomego źródła.

Nie będziemy już otwierać załączników do e-maili, których się nie spodziewaliśmy. Będziemy sprawdzać, czy w przeglądarce pojawia się symbol bezpiecznego połączenia podczas każdej przeprowadzanej transakcji internetowej lub wymiany poufnych informacji.

Pewnego dnia otrzymujemy jednak e-maila od przyjaciela lub współpracownika, który zawiera załącznik. Czy może być w nim coś niebezpiecznego, jeżeli pochodzi od kogoś, kogo dobrze znamy? Niby nie, szczególnie jeżeli wiemy, kogo winić, jeżeli zniszczone zostaną nasze dane.

Otwieramy załącznik i... BUM! Otrzymaliśmy wirusa lub konia trojańskiego. Jak ktoś, kogo znamy, mógł nam coś takiego zrobić? Niektóre rzeczy nie są tym, na co wyglądają. Była już o tym mowa: wirus, który dostaje się do czyjegoś komputera i wysyła się do wszystkich, którzy znajdują się w książce adresowej. Każda z tych osób otrzymuje wiadomość od kogoś, kogo zna i komu ufa i każda z tych wiadomości zawiera wirusa, który rozprzestrzenia się jak fale na spokojnej wodzie, gdy wrzucimy do niej kamień.

Technika ta jest efektywna, ponieważ mamy tu przysłowiowe dwie pieczenie przy jednym ogniu: możliwość propagacji do niczego nie podejrzewających ofiar i identyfikator nadawcy, który sugeruje pochodzenie wiadomości od zaufanej osoby.

To straszne, ale prawdziwe, że przy obecnym poziomie technologii możemy otrzymać e-maila od kogoś bliskiego i zastanawiać się, czy jego otwarcie jest bezpieczne.

Uwaga Mitnicka ➤

Człowiek wymyślił wiele wspaniałych rzeczy, które zmieniły świat i nasze życie. Jednak wraz z pojawieniem się jakiejkolwiek nowej technologii, czy to telefonów, czy komputerów, czy Internetu, pojawiają się nowe sposoby wykorzystania jej w nieuczciwych zamiarach.

Wariacje na temat

W czasach ogólnej dostępności Internetu popularne stało się oszustwo polegające na przekierowaniu użytkownika na fałszywą witrynę. Zdarza się to dość regularnie i przyjmuje wiele form. Przedstawiony tu przykład oparty na prawdziwych wydarzeniach jest dość reprezentatywny.

Wesołych Świąt

Emerytowany sprzedawca ubezpieczeń imieniem Edgar odebrał pewnego dnia e-mail z PayPal — firmy oferującej szybki i wygodny sposób dokonywania płatności w sieci. Ten rodzaj usługi jest szczególnie przydatny, kiedy osoba z jednej części kraju (lub świata) kupuje coś od innej osoby, której nie zna. PayPal obciąża kartę kredytową kupującego i przelewa pieniądze bezpośrednio na konto sprzedającego.

Będąc kolekcjonerem starych pojemników szklanych, Edgar przeprowadzał dużo transakcji, korzystając z wirtualnego domu aukcyjnego eBay i często korzystał z PayPal — czasami nawet kilka razy w tygodniu.

Dlatego też zainteresowała go wiadomość otrzymana około Bożego Narodzenia 2001, oferująca nagrodę za aktualizację konta w PayPal. Wiadomość brzmiała następująco:

```
Świąteczne pozdrowienia dla stałego klienta PayPal;
Nadchodzi Nowy Rok. Aby stary upłynął szybciej PayPal zwiększyć stan
Pańskiego konta o 5$!
Aby otrzymać wspomniany prezent wystarczy zaktualizować informacje
na swojej bezpiecznej witrynie PayPal do 1 Stycznia 2002. Każdy rok
przynosi wiele zmian. Aktualizując informacje na swoim koncie umożliwi
nam Pan dalsze świadczenie Panu i naszym stałym klientom usług jak
najwyższej jakości usług i pomoże utrzymać porządek w naszych danych!
Aby zaktualizować informacje teraz i otrzymać natychmiast 5$ na konto
PayPal wystarczy kliknąć ten link:
http://www.paypal-secure.com/cgi-bin
Dziękujemy za korzystanie z PayPal i pomoc w utrzymywaniu pozycji
lidera na rynku!
Serdeczne życzenia. Wesołych Świąt i szczęśliwego Nowego Roku.
Załoga PayPal
```

Edgar nie zauważył ani jednego z kilku wyraźnych znaków, mówiących, że coś jest nie tak (na przykład średnik po wierszu z pozdrowieniami czy nieporadny tekst „naszym stałym klientom usług jak najwyższej jakości usług"). Kliknął więc podane łącze, wprowadził potrzebne informacje — nazwisko, adres, numer telefonu, informacje o karcie kredytowej — i czekał, aż na następnym wydruku stanu karty kredytowej pojawi się rzeczone 5 dolarów. Zamiast tego otrzymał listę obciążeń za rzeczy, których nigdy nie kupił.

Uwaga na temat sklepów internetowych ➤

Są ludzie, którzy mają opory przed kupowaniem za pośrednictwem Internetu nawet od firm z górnej półki, takich jak Amazon, eBay lub stron internetowych firm Old Navy, Target lub Nike. W pewnym sensie ich podejrzliwość jest uzasadniona.

Jeżeli nasza przeglądarka używa standardowego dziś szyfrowania 128-bitowego, informacja, którą przesyłamy do którejś z wiodących bezpiecznych witryn sklepowych, wychodzi od nas w postaci zakodowanej i prawdopodobnie nie da się jej odczytać w krótkim czasie, chyba że weźmie się za to Narodowa Agencja Bezpieczeństwa — NSA (z naszych informacji wynika, że NSA na dzień dzisiejszy nie jest zainteresowana kradzieżą numerów kart kredytowych lub dowiadywaniem się, kto zamawia filmy pornograficzne i seksowną bieliznę).

Jednak podczas kiedy sklepy internetowe dokładają wielkich starań, aby chronić dane podczas transmisji, wiele z nich popełnia błąd, przechowując informacje dotyczące klientów w postaci niezaszyfrowanej w bazach danych. Co gorsza, wiele sklepów internetowych, które używają oprogramowania SQL Microsoftu, znacznie powiększa ten problem: nie zmieniając domyślnego hasła dla administratora systemu. Po zainstalowaniu programu hasło brzmi „null". Okazuje się, że w ich przypadku hasło to działa do dzisiaj. W ten sposób zawartość bazy staje się dostępna dla każdego użytkownika Internetu, który jest tego faktu świadomy i spróbuje połączyć się z bazą. Ze stron tych stale kradzione są informacje.

Z drugiej strony ci sami ludzie, którzy obawiają się zakupów przez Internet, bojąc się o dane swojej karty kredytowej, nie widzą problemu podczas płacenia kartą w pobliskim sklepie z materiałami budowlanymi lub za obiad albo za drinki w podejrzanym barze, do którego na pewno nie zaprosiliby swojej matki. Z miejsc takich notorycznie kradzione bywają potwierdzenia transakcji lub ktoś wyjmuje je z kontenera na śmieci stojącego za lokalem. Pozbawiony skrupułów urzędnik lub kelner może zanotować nasze nazwisko i informacje o karcie, ewentualnie użyć gadżetu dostępnego za pośrednictwem Internetu, który przechowuje dane każdej karty kredytowej zeskanowanej przez niego.

Każdy pilot wie, że najniebezpieczniejsza część lotu to dojazd na lotnisko i powrót z niego. Sam lot nie jest pozbawiony ryzyka, ale statystyki notują niezmiennie, że latanie jest bezpieczniejsze niż jeżdżenie samochodem. Podobnie jest z zakupami internetowymi: istnieje jakieś ryzyko w zakupach robionych poprzez Internet, ale nie jest ono wcale większe od ryzyka podczas kupowania w zwykłym sklepie. Banki oferują pewien dodatkowy rodzaj ochrony, jeżeli używamy kart w sieci — np. jeżeli miały miejsce jakieś nieautoryzowane zakupy, odpowiadamy jedynie za pierwsze 50$.

Dlatego też moim zdaniem obawy związane z zakupami przez Internet nie są uzasadnione.

Analiza oszustwa

Edgar padł ofiarą typowego internetowego oszustwa. Przybiera ono różne formy. Jedna z nich (opisana w rozdziale 9.) wykorzystuję fałszywą stronę uwierzytelniającą stworzoną przez socjotechnika, która udaje stronę jakiejś witryny. Różnica polega na tym, że fałszywa strona nie daje dostępu do witryny, na którą użytkownik próbuje wejść, a zamiast tego haker odbiera login i hasło użytkownika.

Podstęp w przypadku Edgara polegał na tym, że oszuści zarejestrowali domenę „paypal-secure.com" — która wydaje się bezpieczną stroną oficjalnej witryny PayPal, jednak nią nie jest. Z chwilą kiedy Edgar wprowadził na stronie informacje o sobie, zostały one przejęte przez napastników.

Uwaga Mitnicka ➤

Za każdym razem, gdy odwiedzamy stronę, która wymaga od nas podania prywatnych informacji, należy upewnić się, czy połączenie jest uwierzytelnione, a dane szyfrowane. Ważniejsze jednak jest to, by nie klikać automatycznie przycisku „Tak" w pojawiających się oknach dialogowych, które mogą ostrzegać nas o nieprawidłowym, przedawnionym lub uchylonym certyfikacie bezpieczeństwa.

Wariacje na temat wariacji

Ile jest innych sposobów wabienia użytkowników komputerów na fałszywe strony internetowe, gdzie zostawiają oni swe poufne informacje osobiste? Nie przypuszczam, by ktoś mógł udzielić dokładnej odpowiedzi na to pytanie, ale słowo „mnóstwo" powinno załatwić sprawę.

Fałszywe łącza

Bardzo popularnym trikiem jest wysyłanie e-maili oferujących jakiś kuszący powód, dla którego warto odwiedzić daną stronę, i zawierających bezpośrednie łącze do niej. Niestety, łącze zwykle nie prowadzi na stronę, której się spodziewamy, ponieważ tylko „udaje" łącze do tej strony. Oto przykład fałszywego łącza, którego użycie w rzeczywistości miało miejsce. Łącze miało z pozoru wskazywać stronę firmy PayPal:

www.PayPai.com

Na pierwszy rzut oka napis wygląda na „PayPal". Nawet, jeżeli użytkownik zauważy błąd, może pomyśleć, że to jakaś niedoskonałość w sposobie wyświetlania tekstu, która sprawia, że „l" wygląda jak „i". Kto jednak zdołałby odgadnąć, że w adresie:

www.PayPa1.com

użyto cyfry „1" zamiast małej litery „l"? Jest tylu ludzi, którzy nie potrafią dostrzec błędów w pisowni i podobnych błędnych przekierowań, że sztuczka ta nie przestaje być popularna wśród internetowych złodziei kart kredytowych. Fałszywa strona zwykle wygląda jak strona, na którą spodziewali się wejść, dlatego zostawiają tam beztrosko swój numer karty kredytowej. Aby zastawić tego typu pułapkę, napastnik musi jedynie zarejestrować fałszywą domenę, rozesłać e-maile i czekać na naiwnych, którzy koniecznie chcą być oszukani.

W połowie 2002 roku otrzymałem e-mail, który wyglądał na wiadomość z eBay. Nadawca był oznaczony jako *Ebay@ebay.com*. Poniżej przedstawiono treść wiadomości.

```
Temat: Szanowny użytkowniku eBay
Zauważyliśmy, że niepowołana osoba korzysta z Pańskiego konta eBay
i narusza jeden z punktów naszej umowy, który przytaczamy:
4. Licytacja i kupowanie
Po zakupie przedmiotu za podaną cenę lub wygraniu licytacji, poprzez
zaoferowanie najwyższej ceny, kupujący ma obowiązek sfinalizowania
transakcji. Jeżeli w chwili zakończenia aukcji zaoferowana przez Państwa
cena jest najwyższa (wyższa od innych cen co najmniej o wielkość minimalnego
przebicia i wyższa od ceny minimalnej) i nasza oferta została zaakceptowana
przez sprzedającego, są Państwo zobowiązani do dokonania transakcji,
o ile nie jest ona niezgodna z prawem lub niniejszą umową.
Niniejsza wiadomość ma zwrócić Pana uwagę, że Pańskie konto naruszyło
interesy innych użytkowników eBay, dlatego prosimy o natychmiastową
jego weryfikację. W przypadku braku weryfikacji z Pańskiej strony będziemy
zmuszeni zlikwidować konto.
Weryfikacji można dokonać pod następującym adresem –
http://error_ebay.tripod.com
*************************************************8
Użyte nazwy i znaki handlowe są własnością wymienionych firm. eBay
i logo eBay są zastrzeżone przez firmę eBay Inc.
```

Ci, którzy kliknęli to łącze, zostali przekierowani na witrynę, która wyglądała bardzo podobnie jak eBay. Była ona świetnie dopracowana, zawierała oryginalne logo eBay, a wszelkie przyciski nawigacyjne typu „przeglądaj" czy „kup" kierowały do prawdziwej strony Ebay. Przeglądarka wskazywała, że połączenie jest bezpieczne. Twórca strony zadbał nawet o to, by użyć szyfrowania HTML, uniemożliwiającego wyśledzenie miejsca, do którego przesłane zostały wprowadzone tam dane.

Jest to doskonały przykład ataku socjotechnicznego z wykorzystaniem komputera. Nie był on jednak pozbawiony pewnych niedoskonałości. Wiadomość nie była zbyt dobrze napisana. W szczególności akapit rozpoczynający się od słów: „Niniejsza wiadomość ma zwrócić Pana uwagę", brzmi dość niezdarnie i nieprofesjonalnie (ludzie dopuszczający się takich czynów nigdy nie wynajmują profesjonalnych copywriterów, co zwykle łatwo zauważyć). Poza tym, co bardziej ostrożna osoba mogłaby zadać sobie pytanie, dlaczego eBay prosi mnie o informacje z PayPal. Nie ma powodu, dla którego eBay miałby pytać o prywatne informacje związane z inną firmą.

Doświadczony użytkownik Internetu zauważyłby prawdopodobnie, że hiperłącze nie prowadzi do domeny Ebay, tylko do *tripod.com* — darmowych stron internetowych. Jest to oczywisty znak, że strona jest fałszywa. Z pewnością jednak wielu ludzi wprowadziło tam swoje informacje wraz z numerem karty kredytowej.

Uwaga Mitnicka ➤

Dlaczego pozwala się ludziom rejestrować domeny, które wyglądają jak potencjalne pułapki? Otóż zgodnie z obowiązującym prawem, każdy może w Internecie zarejestrować domenę.

Niektóre firmy starają się walczyć z tym procederem, ale często jest to walka z wiatrakami. General Motors wytoczył proces firmie, która zarejestrowała domenę *fuckgeneralmotors*, wskazującą witrynę General Motors, i przegrał sprawę.

Bądź czujny

Indywidualni użytkownicy Internetu powinni być czujni i podejmować rozsądne decyzje o tym, kiedy podawanie swoich danych osobistych, haseł, numerów kont itp. jest uzasadnione i bezpieczne.

Ile znanych nam osób jest w stanie stwierdzić, czy dana strona internetowa spełnia wymagania strony bezpiecznej? Jak wielu pracowników naszej firmy wie, po czym to poznać?

Każdy, kto korzysta z Internetu, powinien znać mały symbol, który czasami pojawia się na stronie i przypomina kłódkę. Należy zdawać sobie sprawę, że zamknięty zatrzask oznacza, że strona posiada certyfikat bezpieczeństwa. Kiedy zatrzask jest otwarty lub ikona kłódki się nie pojawia, strona nie została uwierzytelniona jako oficjalna i każda przesłana informacja będzie niezaszyfrowana.

Z drugiej strony, napastnik, który zdoła uzyskać przywileje administratora na komputerze firmy, może zmienić kod systemu operacyjnego w taki sposób, aby użytkownik nie był świadomy, co się tak naprawdę dzieje. Może on na przykład wprowadzić zmiany we fragmencie kodu przeglądarki odpowiedzialnym za sprawdzanie, czy dane połączenie posiada certyfikat autentyczności, tak aby kontrola ta w ogóle nie następowała. System może być również zmodyfikowany poprzez instalację *tylnych drzwi* na poziomie systemu operacyjnego, co jest bardzo trudne do wykrycia.

Żargon ➤

Tylne drzwi — ukryta możliwość wejścia do systemu użytkownika. Trik ten jest używany również przez programistów w trakcie pisania programów i umożliwia im łatwe wejście do programu w celach diagnostycznych.

Bezpieczne połączenie uwierzytelnia stronę jako oryginalną i szyfruje przekazywane tam informacje, dlatego napastnik nie jest w stanie wykorzystać jakichkolwiek przechwyconych danych. Czy można mieć zaufanie do witryn, nawet do tych, które korzystają z bezpiecznego połączenia? Nie, dlatego, że właściciel strony może popełnić jakieś niedopatrzenie w swoim systemie bezpieczeństwa lub nie pilnować, aby użytkownicy i administratorzy przestrzegali odpowiednich praktyk dotyczących ochrony haseł. Nie można więc zakładać, że z pozoru bezpieczna strona nie jest narażona na atak.

Bezpieczne HTTP (*hypertext transfer protocol*) lub protokół *SSL* (*secure socket layer*) zapewniają automatyczny mechanizm, który używa cyfrowych certyfikatów nie tylko do szyfrowania informacji przesyłanych na inne witryny, ale również do uwierzytelniania (upewniania użytkownika, że korzysta z oryginalnej witryny). Jednak ten mechanizm ochronny nie działa, jeżeli użytkownik nie zwraca uwagi na to, czy adres strony, który wyświetlił się w pasku adresu, jest poprawny.

Żargon ➤

SSL (Secure Socket Layer) — protokół stworzony przez Netscape, który umożliwia uwierzytelnianie na potrzeby bezpiecznej komunikacji poprzez Internet zarówno po stronie klienta, jak i serwera.

Innym elementem związanym z bezpieczeństwem, najczęściej ignorowanym, jest komunikat ostrzeżenia, który mówi: „Oglądana strona nie jest bezpieczna lub wygasł jej certyfikat bezpieczeństwa. Czy chcesz mimo to ją przeglądać?”. Wielu użytkowników Internetu nie rozumie tego komunikatu i kiedy się on pojawia, po prostu przyciskają *OK* i kontynuują surfowanie, nieświadomi tego, że być może znaleźli się na niepewnym gruncie. Należy pamiętać, że będąc na stronie, która nie używa bezpiecznego protokołu, nie należy nigdy wprowadzać poufnych informacji takich jak hasło, którego używamy gdzie indziej, adres lub numer telefonu, karty kredytowej czy konta bankowego i wszelkich prywatnych informacji.

Thomas Jefferson powiedział, że zachowanie wolności wymaga od nas „wiecznej czujności". Zachowanie prywatności i bezpieczeństwa w społeczeństwie, w którym informacja przelicza się na pieniądz, wymaga nie mniejszego wysiłku.

Uwaga na wirusy

Uwaga specjalna dotycząca oprogramowania antywirusowego: jest ono niezbędne dla firmowego intranetu oraz dla każdego pracownika, który korzysta z komputera. Poza samym posiadaniem oprogramowania antywirusowego zainstalowanego na komputerze musi ono być oczywiście włączone (czego wielu ludzi nie lubi, bo spowalnia to działanie niektórych aplikacji).

Istnieje jeszcze jedna ważna procedura związana z oprogramowaniem antywirusowym — aktualizacja definicji wirusów. Jeżeli firma nie posiada systemu dystrybucji aktualizacji poprzez sieć do każdego użytkownika, to każdy użytkownik musi dopilnować pobrania najnowszej wersji definicji wirusów. Osobiście zalecam takie ustawienie opcji programu antywirusowego, aby nowe definicje instalowały się automatycznie codziennie.

Mówiąc wprost — jeżeli nie aktualizujemy regularnie definicji wirusów, jesteśmy narażeni na niebezpieczeństwo. Nawet jeżeli to robimy, wciąż jesteśmy narażeni na wirusy, o których producent oprogramowania jeszcze nie wie lub nie zdążył stworzyć wykrywającej je procedury.

Wszyscy pracownicy, którzy mają zdalny dostęp do serwerów firmy ze swoich laptopów lub komputerów w domu, muszą aktualizować swoje oprogramowanie antywirusowe i stosować na swoich komputerach firewalle jako niezbędne minimum. Pierwszym krokiem wyrafinowanego napastnika jest ogólny ogląd celu, aby odnaleźć najsłabszy punkt, a następnie go zaatakować. Odpowiedzialność za firmę wymaga stałego przypominania pracownikom o stosowaniu firewalli i aktualizacji oprogramowania antywirusowego. Nie można oczekiwać od wszystkich menedżerów, przedstawicieli handlowych i innych pracowników, że będą pamiętali o niebezpieczeństwach, jakie niesie z sobą pozostawienie komputera niezabezpieczonego.

Poza tymi krokami zalecam stosowanie mniej popularnych, ale nie mniej istotnych pakietów oprogramowania, które strzegą nas przed końmi trojańskimi. W chwili pisania tej książki dwa najbardziej znane to Cleaner (*www.moosoft.com*) i Trojan Defense Sweep (*www.diamondc.com.au*).

Wreszcie najważniejsza sprawa związana z bezpieczeństwem firm, które nie skanują całej poczty przychodzącej z zewnątrz pod kątem niebezpiecznej zawartości: jako że mamy tendencje do mniejszego przywiązywania wagi do rzeczy niezwiązanych bezpośrednio z naszą pracą, należy stale przypominać pracownikom, aby nie otwierali załączników do poczty, chyba że są pewni osoby lub organizacji, która ją przesłała. Kierownictwo musi również stale przypominać pracownikom o konieczności stosowania oprogramowania antywirusowego i wykrywaczy koni trojańskich — nieocenionej ochrony przed e-mailami, które wyglądają na godne zaufania, a zawierają destrukcyjny ładunek.

8

Współczucie, wina i zastraszenie

W rozdziale 15. opisano, jak socjotechnik wykorzystuje znajomość ludzkiej psychiki, aby podporządkować sobie ofiarę. Doświadczeni socjotechnicy są biegli w tworzeniu sytuacji stymulujących takie emocje jak strach, podekscytowanie czy poczucie winy. W tym celu korzystają z tych wewnętrznych mechanizmów osobowości, które każą ludziom reagować na prośby bez gruntownej analizy sytuacji.

Wszyscy dążymy do unikania trudnych sytuacji dotyczących nas samych lub innych osób. Bazując na tej pozytywnej cesze, napastnik może wykorzystywać współczucie ofiary, sprawić, by czuła się winna, lub zastraszyć ją.

Oto parę podstawowych przykładów prezentujących, jak można grać na emocjach.

Wizyta w studio

Niektórzy ludzie potrafią przejść obok osoby pilnującej wejścia np. do hotelowej sali bankietowej, gdzie odbywa się jakieś prywatne przyjęcie lub spotkanie, w taki sposób, że nie zostaną nawet zapytani o zaproszenie czy bilet.

Na podobnej zasadzie socjotechnik potrafi tak pokierować rozmową, że doprowadzi do wręcz nieprawdopodobnych ustaleń — co obrazuje poniższa historia.

Telefon

— Biuro Rona Hillyarda. Mówi Dorothy.

— Dzień dobry, Dorothy. Nazywam się Kyle Bellamy. Jestem nowym pracownikiem i mam pracować przy animacji w ekipie Briana Glassmana. Wiele rzeczy u was robi się inaczej.

— Pewnie tak. Nigdy nie pracowałam w innej firmie, więc trudno mi cokolwiek powiedzieć. W czym mogę ci pomóc?

— Prawdę mówiąc, jest mi trochę głupio. Dziś po południu przychodzi scenarzysta na spotkanie, a ja nawet nie wiem, z kim trzeba rozmawiać o wprowadzeniu go do studia. Ludzie z biura Briana są bardzo mili, ale nie chcę im cały czas zawracać głowy pytaniami typu: „Jak się robi to?", „Jak się robi tamto?". Czuje się, jakbym był pierwszy dzień w podstawówce i nie umiał znaleźć drogi do ubikacji, znasz pewnie to uczucie?

Dorothy roześmiała się.

— A kiedy już znajdziesz ubikację, to nie wiesz, jak potem wrócić.

Zaśmiała się ponownie na myśl o jakimś wspomnieniu z przeszłości, po czym powiedziała:

— Musisz zwrócić się do ochrony. Wykręć 7, a potem 6138. Jeśli odbierze Laurean, powiedz jej, że Dorothy prosiła, żeby się tobą zaopiekowała.

— Dzięki, Dorothy. Jeżeli nie będę potrafił znaleźć drogi do męskiej toalety, być może zadzwonię jeszcze raz! Zaśmiali się jeszcze na koniec i odłożyli słuchawki.

Historia Davida Harolda

Kocham kino, a więc kiedy przeprowadziłem się do Los Angeles, myślałem, że będę co chwila spotykać jakichś ludzi z branży filmowej, a oni będą zabierać mnie na przyjęcia lub zapraszać na lunche do studia. Po roku pobytu w tym mieście zbliżały się moje dwudzieste szóste urodziny i najbliższym moim spotkaniem z przemysłem filmowym była wycieczka do Universal Studios z miłymi ludźmi z Pxoenix i Cleveland. W końcu doszedłem do wniosku, że skoro oni nie chcą mnie zaprosić, wproszę się sam. Tak też zrobiłem.

Kupiłem gazetę *Los Angeles Times* i przeczytałem rubrykę „rozrywka", zapisując nazwiska producentów z różnych studiów. Zdecydowałem się zaatakować w pierwszej kolejności jedno z największych.

Zadzwoniłem więc na centralę i poprosiłem o połączenie z biurem producenta, którego nazwisko wyczytałem w gazecie. Głos sekretarki, która odebrała telefon, był głosem dojrzałej kobiety z rozwiniętym instynktem opiekuńczym, więc trafiłem dobrze. Jeżeli trafiłbym na jedną z tych młodych dziewczyn, które pracują tam w nadziei na „bycie odkrytą", prawdopodobnie nie byłaby zbyt skora do pomocy.

Dorothy natomiast wydawała się jedną z tych osób, które przynoszą do domu bezdomne koty i potrafią współczuć nowemu pracownikowi przytłoczonemu nieco nowym środowiskiem, więc szybko udało mi się z nią nawiązać bliski kontakt. Nie co dzień osoba, którą staramy się oszukać, daje nam więcej niż się po niej spodziewamy. W geście współczucia podała mi nazwisko jednej z pracownic ochrony, której miałem powiedzieć, że Dorothy chce mi pomóc.

Oczywiście planowałem tak czy inaczej użyć jej imienia. To tylko uprościło sprawę. Lauren otworzyła bramę od razu, nie sprawdzając nawet, czy nazwisko, które podałem, figuruje na liście pracowników.

Kiedy podjechałem tego popołudnia pod bramę, moje nazwisko nie tylko figurowało na liście gości, ale przygotowano również dla mnie miejsce do parkowania. W stołówce zjadłem późny lunch i do końca dnia włóczyłem się po studiach. Udało mi się nawet wślizgnąć do paru studiów, w których kręcono akurat sceny do filmów. Zwiedzałem aż do 19:00. Tego dnia naprawdę doskonale się bawiłem.

Analiza oszustwa

Każdy kiedyś był nowym pracownikiem. Wszyscy mamy wspomnienia z pierwszych dni pracy, szczególnie z czasów, kiedy byliśmy młodzi i niedoświadczeni. Gdy nowy pracownik prosi o pomoc, można się spodziewać, że wielu ludzi — szczególnie tych na niższych stanowiskach — przypomni sobie własne przeżycia z pierwszych dni pracy i poda mu pomocną dłoń. Socjotechnik zdaje sobie z tego sprawę i wie, że może w ten sposób wykorzystywać współczucie swoich ofiar.

W ten właśnie sposób ułatwiamy obcym dostanie się na teren biur i zakładów naszej firmy. Mimo strażników pilnujących wejść i procedur rejestrowania wchodzących, użycie jednej z wielu wariacji opisanej tu taktyki umożliwi intruzowi uzyskanie identyfikatora gościa i wejście na teren firmy. A co, jeżeli w naszej firmie obowiązuje zasada eskortowania obcych? Sama zasada jest dobra, ale działa jedynie wówczas, jeżeli wszyscy pracownicy mają nawyk zatrzymywania każdego, kto ma identyfikator gościa, lub nie ma identyfikatora w ogóle, i porusza się sam po terenie firmy, i zadawania mu odpowiednich w tej sytuacji pytań. Jeżeli odpowiedzi wydadzą się podejrzane, pracownik powinien wezwać ochronę.

W sytuacji, gdy dostanie się na teren firmy staje się zbyt proste, jej poufne zasoby informacyjne są w niebezpieczeństwie. Co więcej, biorąc pod uwagę dziesiejsze zagrożenie atakami terrorystycznymi, narażamy w ten sposób nie tylko informacje.

Zrób to teraz!

Nie każdy, kto używa metod socjotechniczych, jest typowym socjotechnikiem. Dowolna osoba posiadajaca wiedzę o strukturze firmy może okazać się niebezpieczna. Ryzyko staje się większe, jeżeli firma przechowuje w swoich aktach informacje o pracownikach. A jak wiadomo, robi to większość przedsiębiorstw.

W sytuacji, gdy pracownicy nie są wyszkoleni w rozpoznawaniu socjotechników, zdeterminowane osoby, takie jak porzucona dama opisana w następnej historii, mogą robić rzeczy, które uczciwym ludziom wydają się nieprawdopodobne.

Historia Douga

Z Lindą sprawy nie układały się zbyt dobrze, więc kiedy poznałem Erin, poczułem, że to ta kobieta jest dla mnie stworzona. Linda jest trochę jakby... może „niezrównoważona" to złe słowo, ale kiedy się zdenerwuje, zdecydowanie za bardzo ją ponosi.

W jak najłagodniejszy sposób powiedziałem jej, że musi się wyprowadzić, i pomogłem jej się spakować, a nawet oddałem jej parę płyt Queensryche, które tak naprawdę były moje. Jak tylko się wyprowadziła, poszedłem do sklepu kupić nowy zamek do drzwi wejściowych i założyłem go jeszcze tego samego wieczora. Następnego ranka zadzwoniłem do telekomunikacji i poprosiłem o zmianę numeru telefonu i jego zastrzeżenie.

Teraz mogłem już zająć się Erin.

Historia Lindy

Tak czy inaczej byłam gotowa się wyprowadzić. Nie wiedziałam tylko kiedy. Nikt jednak nie lubi czuć się odrzuconym. Zastanawiałam się, co zrobić, aby poczuł, jaki z niego dureń.

Łatwo było się zorientować, o co chodzi. Pojawiła się w jego życiu jakaś inna kobieta, w przeciwnym razie nie kazałby mi się tak szybko pakować. Odczekałam więc jakiś czas i postanowiłam dzwonić do niego późnymi popołudniami. Ostatnią rzeczą, jaką chcieliby usłyszeć o tej porze jest dzwonek telefonu.

Odczekałam do następnego weekendu i zadzwoniłam około 23:00 w sobotę wieczorem. Okazało się, że zmienił numer telefonu, a nowy zastrzegł. To tylko pokazuje, jaki był z niego skurczybyk.

Byłam bliska rezygnacji. Zaczęłam szperać w papierach, które udało mi się zabrać do domu tuż przed tym, jak przestałam pracować w firmie telekomunikacyjnej, i znalazłam pokwitowanie naprawy telefonu Douga wraz z wydrukiem, który podawał numer kabla i pary dla jego aparatu. Numer telefonu można zmienić w każdej chwili, ale jest wykorzystywany ciągle ten sam kabel, który biegnie od domu do centrali telefonicznej. Jeżeli wiemy co nieco o działaniu firmy telekomunikacyjnej, numery te wystarczą, by zdobyć numer telefonu.

Miałam również listę wszystkich central w mieście wraz z adresami i numerami telefonów. Znalazłam numer do centrali znajdującej się w sąsiedztwie miejsca, w którym mieszkałam z tym durniem, Dougiem. Zadzwoniłam tam, ale oczywiście nikt nie odebrał. Zawsze, kiedy są potrzebni, to ich nie ma. Po dwudziestu sekundach zastanawiania przyszedł mi do głowy plan. Zaczęłam dzwonić do innych central i w końcu dowiedziałam się, gdzie jest operator. Był jednak gdzieś daleko od centrali i prawdopodobnie nie zrobiłby tego, o co chciałam go poprosić. Nadszedł więc czas na wcielenie planu w życie.

— Tu Linda, Centrum Serwisowe — powiedziałam. — Mamy tu pilną sprawę — zerwało się połączenie ze szpitalem. Wysłaliśmy tam serwisanta, ale nie może niczego znaleźć. Musi pan natychmiast pojechać do centrali w Webster i sprawdzić, czy wychodzi do nich z centrali.

— Zadzwonię do pana, kiedy tam dojadę — dodałam jeszcze, jako że nie mogłam dopuścić do tego, by zatelefonował do Centrum Serwisowego i pytał o mnie.

Wiedziałam, że nie chciało mu się opuszczać ciepłego miejsca, w którym przebywał, wychodzić na mróz, zdrapywać lodu z przedniej szyby samochodu i jechać w nocy śliskimi drogami. Sprawa była jednak alarmowa i nie mógł za bardzo wymigać się innymi obowiązkami.

Kiedy spotkałam go 45 minut później w centrali Webster, powiedziałam mu, aby sprawdził kabel 29, parę 2481. Podszedł do pulpitu, sprawdził i powiedział, że jest sygnał. Tego akurat nie musiał mi mówić.

Powiedziałam więc:

— Dobrze, proszę jeszcze zrobić WL — skrót ten oznacza weryfikację linii, która w zasadzie polega na zapytaniu o numer telefonu. Robi się to, dzwoniąc na specjalny numer, który odczytuje numer telefonu znajdującego się na drugim końcu kabla. Nie mógł wiedzieć, że numer ten jest zastrzeżony lub że właśnie był zmieniony, więc zrobił, o co go poprosiłam, odczytując numer telefonu. Usłyszałam w słuchawce jak automat recytuje kolejne cyfry numeru. Doskonale — plan zadziałał.

— A więc problem musi być w terenie, skoro na ich kable podawany jest sygnał — powiedziałam mu, mając już numer.

Podziękowałam, powiedziałam, że będziemy nad tym pracować, i życzyłam mu dobrej nocy.

Tak zakończyła się próba ukrycia się Douga przede mną poprzez zastrzeżenie numeru. Teraz dopiero zacznie się zabawa!

Analiza oszustwa

Młoda kobieta — bohaterka tej historii — była w stanie zdobyć poszukiwaną informację, aby się zemścić, ponieważ miała wiedzę o strukturze organizacji: znała numery telefonów, procedury i żargon firmy telekomunikacyjnej. Wiedząc o tym wszystkim, była w stanie nie tylko zdobyć zastrzeżony numer, ale dokonać tego w środku zimowej nocy, wysyłając operatora na przymusową przejażdżkę przez miasto.

Uwaga Mitnicka ➤

Z chwilą, kiedy socjotechnik pozna zasady rządzące firmą, może z powodzeniem nawiązać kontakt z jej pracownikiem. Firma musi być przygotowana na ewentualne ataki socjotechniczne ze strony obecnych lub byłych jej pracowników. Kontrole wewnętrzne mogą pomóc w pozbyciu się osób mających inklinacje do takich zachowań. W większości przypadków będą oni niezwykle trudni do wykrycia. Jedyną sensowną ochroną jest w tym momencie ulepszenie procedur weryfikacji tożsamości, a w szczególności sprawdzanie statusu pracownika w firmie przed udostępnieniem jakiejkolwiek informacji. Chodzi o sprawdzenie osoby, co do której nie jesteśmy pewni, że jest obecnie zatrudniona w naszej firmie. Przedsiębiorstwa muszą szkolić swoich pracowników, aby potrafili się oprzeć takiemu podstępowi.

Pan Prezes chce...

Popularną i wysoce efektywną formą zastraszania (zapewne dzięki swojej prostocie) jest wpływanie na ludzi za pomocą autorytetu.

Samo nazwisko asystenta z biura zarządu może być w tym przydatne. Prywatni detektywi, a nawet łowcy głów, robią to często. Dzwonią na centralę i proszą o połączenie z biurem zarządu. Kiedy sekretarka lub asystentka zarządu podniesie słuchawkę, mówią, że mają ten dokument, o który prosił prezes i, jeżeli wyślą go e-mailem, czy mogłaby go wydrukować? Albo pytają, jaki jest numer faksu, prosząc dodatkowo o nazwisko asystentki.

Potem dzwonią do innej osoby i mówią: „Jeannie z biura Prezesa powiedziała mi, że pani pomoże mi w tej sprawie".

Wymienianie imion innych pracowników jest zwykle stosowane do osiągania wrażenia, że ma się bliskie kontakty z osobą wysoko postawioną w firmie. Ofiara chętniej zrobi coś dla osoby, która zna kogoś, kogo ona zna.

Jeżeli celem napastnika jest zdobycie bardzo poufnej informacji, może użyć podobnej metody w celu wywołania określonych emocji u ofiary w trakcie rozmowy z nią, na przykład poczucia strachu przed reprymendą od szefa. Oto przykład.

Historia Scotta

— Scott Abrams.

— Scott, tu Christopher Dalbridge. Właśnie dostałem telefon od prezesa Biggleya, który był bardzo niezadowolony. Mówił, że dziesięć dni temu wysłał notatkę nakazującą waszym ludziom zebranie wszystkich wyników badań rynku dla nas do analizy. Nic takiego nie otrzymaliśmy.

— Badania rynku? Nikt mi o tym nie mówił. Z jakiego pan jest wydziału?

— Jestem z firmy konsultingowej wynajętej przez prezesa i mamy już duże opóźnienie.

— Właśnie idę na spotkanie. Proszę zostawić mi numer telefonu i...

Napastnik przerwał mu tonem bliskim frustracji:

— A co ja mam powiedzieć Prezesowi?! Słuchaj pan, on potrzebuje naszych analiz do jutra rana i będziemy musieli siedzieć nad nimi w nocy. Czy mam powiedzieć prezesowi, że nie możemy zrobić analiz, bo nie mamy od was raportów, czy może sam mu to pan powie?

Złość szefa może zepsuć cały tydzień. Ofiara najczęściej zmienia zdanie i dochodzi do wniosku, że może lepiej się tym zająć, zanim pójdzie na spotkanie. Socjotechnik znów nacisnął odpowiedni przycisk, aby otrzymać oczekiwaną odpowiedź.

Analiza oszustwa

Zastraszanie poprzez odwołanie się do autorytetu działa szczególnie mocno wtedy, gdy ofiara zajmuje stosunkowo niską pozycję w przedsiębiorstwie. Użycie nazwiska ważnej osoby nie tylko redukuje naturalny opór i podejrzliwość, ale wzmaga chęć pomocy. Naturalna potrzeba bycia pomocnym wzrasta w sytuacji, kiedy wydaje się nam, że osoba, której pomagamy, jest ważna lub wpływowa.

Socjotechnik wie, że oszustwo to działa najlepiej, kiedy używamy nazwiska kogoś, kto ma wyższe stanowisko niż bezpośredni zwierzchnik danej osoby. Sztuczka ta jest trudna w przypadku małych organizacji. Nie jest na rękę atakującemu, kiedy istnieje duża szansa, że jego ofiara bedzie miała okazję wspomnieć szefowi marketingu: — Wysłałem ten plan marketingowy produktu, temu gościowi, któremu pan kazał to przekazać.

Co oczywiście spowoduje reakcję typu:

— Jaki plan marketingowy? Jaki gość? — która szybko doprowadzi do odkrycia ataku na firmę.

Uwaga Mitnicka ➤

Zastraszenie powoduje obawę przed karą, co z kolei zwiększa chęć współpracy. Zastraszenie może również wzmagać obawę przed ośmieszeniem lub utratą szansy na awans.

Ludzi należy nauczyć, że kwestionowanie autorytetów jest nie tylko dopuszczalne, ale i wymagane w sytuacji, gdy może chodzić o bezpieczeństwo firmy. Szkolenie dotyczące bezpieczeństwa informacji powinno uczyć ludzi, jak grzecznie kwestionować autorytet tak, aby nie powodowało to konfliktów. Co więcej, samo szefostwo musi stale nakłaniać do kwestionowania ich autorytetów. Jeżeli pracownik nie będzie miał pewności, że tego właśnie się od niego oczekuje, wkrótce przestanie to robić.

Co wie o nas ubezpieczyciel?

Lubimy myśleć, że urzędy państwowe przechowują informacje o nas w ścisłym zamknięciu i poza zasięgiem ludzi, którzy nie mają autentycznej potrzeby korzystania z nich. W rzeczywistości nawet instytucje rządowe nie są odporne na penetrację, jak moglibyśmy sobie to wyobrażać.

Telefon do May Linn

Miejsce: biuro regionalne Urzędu Ubezpieczeń Społecznych.
Czas: 10:18, wtorek.

— Oddział 2. Mówi May Linn Wang.

Głos po drugiej stronie brzmiał przepraszająco, niemal bojaźliwie:

— Pani Wang, mówi Artur Arondale z biura inspektora generalnego. Mogę mówić do pani „May"?

— Mam na imię May Linn — odpowiedziała.

— A więc May Linn, mam taką sprawę. Mam tu nowego pracownika, dla którego nie ma jeszcze komputera, a w tym momencie musi zrobić pilną rzecz, dlatego korzysta z mojego. Wyobraża sobie pani? Rząd Stanów Zjednoczonych nie ma w budżecie pieniędzy, aby kupić temu człowiekowi komputer. A mój szef myśli teraz, że znalazłem sobie dobrą wymówkę i nie da mi się nawet wytłumaczyć. Wie pani, jak to jest.

— No tak. Wiem, jak to jest.

— Czy mogłaby pani zrobić dla mnie zapytanie w MCS? — zapytał, posługując się nazwą systemu komputerowego do wyszukiwania danych podatnika.

— Pewnie. Czego pan potrzebuje?

— Potrzebowałbym *alphadent* na nazwisko Joseph Johnson, urodzony 7.04.69 — (*Alphadent* oznacza wyszukiwanie konta według nazwiska podatnika i, w drugiej kolejności, według jego daty urodzenia).

Po krótkim oczekiwaniu zapytała:

— Czego dokładnie pan potrzebuje?

— Jaki ma numer konta? — spytał, używając żargonowego skrótu określającego numer ubezpieczenia społecznego. May Linn odczytała numer.

— Dobrze, a teraz potrzebuję *numident* na tym numerze konta — powiedział rozmówca.

Była to prośba o odczytanie podstawowych danych podatnika. May Linn odpowiedziała, podając miejsce urodzenia, nazwisko panieńskie matki, imię ojca. Rozmówca słuchał cierpliwie, podczas gdy podawała mu miesiąc i dzień, w którym wydana została karta i biuro okręgowe, w którym została wydana.

Następnie poprosił o *DEQY* (skrót oznaczający „zapytanie o szczegółowe dochody").

W odpowiedzi na prośbę o DEQY usłyszał pytanie:

— Na jaki rok?

— Na 2001 — odpowiedział.

— Ogółem 190 286$, płatnikiem jest Johnson MicroTech — odrzekła May Linn.

— Inne źródła dochodów?

— Nie ma.

— Dziękuje — powiedział. — Bardzo mi pani pomogła.

Następnie spróbował umówić się ze swoją rozmówczynią w taki sposób, aby mógł dzwonić kiedykolwiek, gdy będzie potrzebował informacji i nie będzie miał dostępu do swego komputera. Jest to ulubiony trik socjotechników — kiedy znajdą dobre źródło informacji, próbują nawiązać taki kontakt, który pozwoli wrócić do tej samej osoby. Dzięki budowaniu więzi unikają konieczności szukania nowego punktu zaczepienia.

— Nie w przyszłym tygodniu — powiedziała, ponieważ wyjeżdża do Kentucky na ślub swojej siostry. Kiedykolwiek indziej zrobi, co będzie mogła.

Kładąc słuchawkę, May Linn czuła się dobrze, że mogła trochę pomóc koledze po fachu.

Historia Keitha Cartera

Sądząc po filmach i powieściach kryminalnych, prywatny detektyw nie jest może mocny w dziedzinie etyki, ale za to posiada rozległą wiedzę o sposobach wydobywania od ludzi interesujących go informacji. W tym celu wykorzystuje nielegalne metody, zwykle unikając o włos aresztowania. Prawda jest taka, że większość prywatnych detektywów prowadzi całkowicie zgodną z prawem działalność. Jako że wielu z nich rozpoczynało swoją karierę jako policjanci, doskonale zdają sobie sprawę z tego, co jest legalne, a co nie, i raczej nie mają pokusy przekraczania tej granicy.

Jest tu jednak pewne „ale". Niektórzy detektywi rzeczywiście odpowiadają wizerunkowi przedstawianemu w kryminałach. Są oni znani w branży jako „handlarze informacją" — jest to łagodne określenie ludzi, którzy chętnie złamią dla nas zasady. Zdają sobie sprawę, że pewne zlecenia można wykonać szybciej i łatwiej, jeżeli wybierze się drogę na skróty. Fakt, że owe skróty są niezgodne z prawem i mogą ich zaprowadzić równie dobrze na parę lat za kratki, nie wydaje się ich odstraszać.

Tymczasem renomowani detektywi — ci, którzy wynajmują ekskluzywne biura w bogatych dzielnicach miast —nie wykonują takich zadań osobiście. Zwykle zlecają je handlarzom informacjami.

Człowiek, którego nazwiemy Keith Carter, był detektywem nie skrępowanym przez etykę.

* * *

Była to typowa sprawa z rodzaju: „Gdzie on ukrył pieniądze?". Tego typu pytanie padało czasem z ust bogatej pani, która chciała wiedzieć, gdzie mąż przechowuje gotówkę. Keith Carter od zawsze zadawał sobie pytanie, dlaczego kobiety z pieniędzmi wychodzą za mąż za facetów, którzy ich nie mają, ale nigdy nie mógł znaleźć na nie dobrej odpowiedzi.

Tym razem mąż nazywał się Joe Johnson i potrafił obchodzić się z pieniędzmi. Był to bardzo inteligentny człowiek, który założył firmę działającą w branży nowoczesnych technologii, inwestując dziesięć tysięcy dolarów pożyczonych od rodziny swojej żony, po czym rozwinął tę firmę, zwiększając jej wartość do stu milionów dolarów. Według prawnika żony zajmującego się ich rozwodem majątek został skrzętnie ukryty i trzeba było go odnaleźć.

Keith obrał sobie jako punkt startowy Urząd Ubezpieczeń Społecznych, stawiając sobie za cel zdobycie przechowywanych tam akt na nazwisko Johnson, w których mogło znajdować się mnóstwo przydatnych w tej sprawie informacji. Mając te akta, mógł wcielić się w męża i zaatakować banki, biura maklerskie i tym podobne instytucje, aby dowiedzieć się tego, co trzeba.

Keith ustawił sobie tym razem poprzeczkę nieco wyżej: chciał nie tylko zdobyć informacje o Joe Johnsonie będące w posiadaniu Urzędu Ubezpieczeń Społecznych, ale również zaaranżować sprawy w taki sposób, aby mieć w oddziale stałe źródło informacji, z którego mógłby korzystać w każdej chwili.

Pierwszy telefon wykonał do lokalnego oddziału urzędu, korzystając z numeru rozpoczynającego się od 0-800, z którego korzystają wszyscy zwykli interesanci i który wymieniony jest w lokalnej książce telefonicznej. Kiedy urzędnik odebrał telefon, Keith poprosił o połączenie z kimś z działu zajmującego się odszkodowaniami. Po chwili oczekiwania usłyszał głos po drugiej stronie. W tym momencie założył nową maskę:

— Cześć — powiedział. — Mówi Gregory Adams, urząd okręgowy 329. Próbuję dodzwonić się do inspektora, do którego należy konto z numerem kończącym się na 6363, ale włącza się tam faks.

— To oddział drugi — powiedział rozmówca, po czym odszukał numer i podał go Sully'emu.

Sully zadzwonił. Kiedy May Linn odebrała, podał się za urzędnika z biura głównego inspektora i opowiedział historię o tym, jak został pozbawiony komputera. May Linn podała mu informacje, których szukał, i zgodziła się pomagać mu, jeżeli potrzebowałby podobnej pomocy w przyszłości.

Sekrety firmy dostępne w Internecie ➤

To nie do wiary, ale Urząd Ubezpieczeń Społecznych opublikował w Sieci kopię dokumentacji programu, z którego korzystają jego pracownicy, wypełnioną informacjami, które poza tym, że są przydatne urzędnikom, są również niesamowicie cenne dla socjotechników. Dokumentacja zawiera skróty, żargon i sposoby formułowania zapytań, które zostały wykorzystane w tej historii.

Czy ktoś z Czytelników jest zainteresowany tym, jak działa Urząd Ubezpieczeń Społecznych? Wystarczy wyszukać te informacje poprzez Google lub wprowadzić adres: *http://policy.ssa.gov/poms.nsf/* do przeglądarki. Jeżeli ktoś z Urzędu jeszcze nie przeczytał tej książki i nie usunięto zawartości strony, można tam znaleźć szczegółowe informacje o tym, jakie dane urzędnik może udostępniać policjantowi, albo, praktycznie rzecz ujmując, każdej osobie, która jest w stanie przekonać urzędnika, że jest policjantem.

Analiza oszustwa

Efektywność przedstawionej metody opiera się na grze na współczuciu pracownika wywołanym opowieścią o tym, jak osoba podająca się za urzędnika została pozbawiona komputera i że „mojego szefa nie interesują takie wymówki". Ludzie nie okazują w pracy zbyt często swoich uczuć. Kiedy jednak to robią, mogą zapomnieć o stosowaniu standardowych mechanizmów obronnych zapobiegających atakom socjotechnicznym. Emocjonalny chwyt w stylu „Mam kłopoty, czy mógłbyś mi pomóc?" wystarczył, aby wygrać tę partię.

Napastnikowi mogłoby się nie udać uzyskać informacji od jednego z urzędników, który odbiera telefony z zewnątrz. Ten rodzaj ataku, którego użył Sully, działa jedynie wówczas, gdy numer osoby po drugiej stronie nie jest powszechnie dostępny. Osoba taka spodziewa się, że dzwoniący będzie osobą „z wewnątrz". To kolejny przykład zabezpieczenia z czasów prohibicji.

Oto elementy, które uczyniły ten atak skutecznym:

- znajomość numeru telefonu do oddziału,
- znajomość terminologii — *numident, alphadent* i *DEQY*,
- podanie się za urzędnika z biura głównego inspektora, które jest znane każdemu pracownikowi administracji federalnej jako rządowa agencja dochodzeniowa o szerokich wpływach. Dzięki temu napastnik jawił się jako powiązany z władzą.

Socjotechnicy wydają się wiedzieć, w jaki sposób formułować swoje prośby, aby nikt nigdy nie pytał: „Dlaczego pan dzwoni akurat do mnie?" — nawet wówczas, gdy logicznym wydawałoby się zatelefonowanie do zupełnie innej osoby w zupełnie innym biurze. Być może sam fakt przerwania rutyny dnia takim telefonem i chwilowe oderwanie się od obowiązków, aby komuś pomóc, oddala tego typu spostrzeżenia.

Napastnika z opisanego incydentu nie satysfakcjonuje samo uzyskanie informacji na potrzeby bieżącej sprawy i chce nawiązać kontakt, aby móc w przyszłości korzystać ze zdobytego źródła informacji. W innym przypadku mógłby użyć zwykłego pretekstu dla tego typu ataku, grając na współczuciu ofiary, np.: „Wylałem kawę na klawiaturę". W tej sytuacji to za mało. Klawiaturę można wymienić w jeden dzień. Stąd historia o podwładnym korzystającym z jego komputera, którą mógłby wykorzystywać parę tygodni bez wzbudzania podejrzeń: „No tak, myślałem, że dostanie wczoraj swój komputer. Przywieźli jeden, ale dali innemu człowiekowi, któremu udała się jakaś transakcja. Tak więc ta ofiara dalej przychodzi na mój komputer".

O ja nieszczęsny! Nadal potrzebuję pomocy — to zawsze działa.

Jeden prosty telefon

Jednym z głównych problemów napastnika jest uczynienie swej prośby uzasadnioną — musi wymyślić coś typowego, coś co jest częścią normalnego dnia pracy ofiary, coś, co nie wymaga od niej zbyt dużego zachodu itp. Podobnie jak z innymi sprawami w życiu — raz może to być przysłowiowa bułka z masłem, a w innej sytuacji prawdziwe wyzwanie.

Telefon do Mary H.

Miejsce: księgowość firmy Mauserby & Storch, Nowy Jork.

Czas: poniedziałek, 23 listopada, godzina 7:49.

Dla większości ludzi praca w księgowości to orka. Wpatrywanie się w kolumny cyfr zwykle postrzegane jest jako przynoszące prawie tyle radości, co leczenie kanałowe zęba. Na szczęście nie każdy tak to widzi. Przykładem jest Mary Harris, która jest starszą księgową i uważa swoją pracę za zajmującą i pewnie częściowo z tego powodu jest uważana za najbardziej oddanego pracownika tego działu w swojej firmie.

Tego poniedziałku pojawiła się w pracy wcześniej, ponieważ czekało ją dużo zajęć. Ku jej zaskoczeniu zadzwonił telefon. Kiedy podniosła słuchawkę i przedstawiła się, usłyszała męski głos:

— Dzień dobry, tu Peter Sheppard. Jestem z Arbuckle Support, firmy, która prowadzi obsługę techniczną waszego przedsiębiorstwa. Zanotowaliśmy w czasie weekendu kilka skarg od ludzi, którzy mieli u was problemy z komputerami. Pomyślałem, że mógłbym to naprawić, zanim pracownicy pojawią się tego ranka w pracy. Czy ma pani jakieś problemy z komputerem lub z połączeniem z siecią?

Powiedziała, że jeszcze nie wie. Włączyła komputer, a kiedy startował, rozmówca tłumaczył, o co mu chodziło.

— Chciałbym przeprowadzić z pani pomocą parę testów — powiedział. — Na moim ekranie widzę, jakie klawisze pani naciska, i chcę się upewnić, że sieć interpretuje to poprawnie. Dlatego za każdym razem, gdy naciśnie pani klawisz, proszę powiedzieć mi jaki, a ja sprawdzę, czy u mnie pojawi się taka sama litera lub cyfra, dobrze?

Mając przed oczami przerażającą wizję awarii komputera i pełnego frustracji dnia, w którym nie posunęłaby się z pracą ani o krok do przodu, ucieszyła się, że ów mężczyzna chce jej pomóc. Po kilku chwilach powiedziała:

— Jestem na ekranie logowania i za chwilę wpiszę mój identyfikator. Wpisuję: M... A... R... Y... D....

— Na razie w porządku — odrzekł. — U mnie to samo. A teraz proszę wpisać hasło, ale proszę mi go nie podawać. Niech pani nigdy nie podaje nikomu swojego hasła. Nawet ludziom z pomocy technicznej. Ja widzę tylko gwiazdki — pani hasło jest chronione, dlatego nie mogę go podejrzeć.

Nie była to prawda, ale brzmiało to dla Mary sensowne. Potem stwierdził:

— Proszę dać mi znać, kiedy komputer wystartuje.

Kiedy powiedziała, że już działa, poprosił ją o otwarcie dwóch aplikacji. Uruchomiły się bez problemu.

Mary odetchnęła, widząc, że wszystko wydaje się działać normalnie. Peter powiedział:

— Na razie w porządku. Cieszę się, że będzie pani mogła dzisiaj bez przeszkód pracować. Jeszcze jedno — ciągnął — właśnie zainstalowaliśmy aktualizację programu do zmiany haseł. Czy mogłaby pani poświęcić mi jeszcze parę minut, abym mógł sprawdzić, czy działa?

Mary była wdzięczna za pomoc, jaką jej okazał, i zgodziła się bez zastanowienia. Peter przeprowadził ją przez kroki instalacji aplikacji, która umożliwia użytkownikowi zmianę hasła — jest to standardowy element systemu Windows 2000.

— Proszę teraz wprowadzić hasło — powiedział do niej. — Tylko niech pani go głośno nie wymawia.

Kiedy to robiła, Peter poprosił:

— Kiedy zapyta o nowe hasło, proszę na razie wprowadzić „test123", a potem wpisać to jeszcze raz w okienku weryfikacyjnym i nacisnąć Enter.

Poprowadził ją przez proces nawiązywania połączenia z serwerem. Poprosił, aby poczekała kilka minut i połączyła się ponownie, tym razem używając nowego hasła. Wszystko działało idealnie, Peter wydawał się bardzo zadowolony i przeprowadził ją ponownie przez procedurę zmiany hasła na poprzednie lub całkiem nowe, jeszcze raz przestrzegając ją przed podawaniem.

— No cóż — powiedział Peter — cieszę się, bo wszystko wydaje się być w porządku. W razie problemów proszę dzwonić do nas do Arbuckle. Ja zwykle pracuję w terenie, ale każdy, kto odbierze telefon, będzie w stanie pani pomóc.

Mary podziękowała i pożegnała się.

Historia Petera

Plotka o Peterze rozeszła się szybko. Kilka osób z jego dzielnicy, które chodziły z nim do szkoły, słyszało, że stał się kimś w rodzaju komputerowego magika i częstokroć potrafił znaleźć użyteczne informacje, niemożliwe do zdobycia przez przeciętnego człowieka. Kiedy Alice Conrad przyszła do niego z prośbą o przysługę, z początku odmówił. Dlaczego miałby jej pomagać? Kiedyś spotkał ją i próbował umówić się na randkę — chłodno odmówiła.

Jego odmowa wcale jej nie zaskoczyła. Powiedziała, że i tak nie bardzo wierzyła w to, że będzie w stanie coś takiego zrobić. To było wyzwanie. Ponieważ był pewien, że jest w stanie tego dokonać, zmienił zdanie i zgodził się.

Alice zaproponowano kontrakt na konsulting dla agencji marketingowej, ale warunki nie wydawały się jej zbyt dobre. Zanim jednak pójdzie prosić o lepsze, chciała dowiedzieć się, jakie warunki zapisane były na innych umowach.

Tak opisuje wydarzenia sam Peter:

* * *

Nie powiedziałem Alice, że zwykle odprawiam ludzi, którzy chcą, abym coś dla nich zrobił, a nie wierzą, że mi się uda, choć ja jestem przekonany, że zadanie jest proste. Albo wykonalne — to zadanie nie było bowiem łatwe.

Za to mogłem jej pokazać moje umiejętności.

Tuż po 7:30 w poniedziałek rano zadzwoniłem do biura agencji, odebrała recepcjonistka. Powiedziałem, że jestem z firmy obsługującej ich plany emerytalne i muszę rozmawiać z kimś z księgowości. Zapytałem, czy ktoś z tego działu nie pojawił się już w pracy. Odpowiedziała:

— Chyba widziałam Mary, jak wchodziła parę minut temu. Spróbuję pana z nią połączyć.

Kiedy Mary podniosła słuchawkę, moja historyjka o problemach komputerowych miała ją wystraszyć na tyle, by była potem chętna do współpracy. Gdy tylko przeprowadziłem ją przez proces zmiany hasła, szybko zalogowałem się w systemie za pomocą tego samego tymczasowego hasła, które poleciłem jej wprowadzić: „test123".

Nadszedł czas na mistrzowską zagrywkę — zainstalowałem mały programik, który umożliwił mi dostęp do systemu komputerowego firmy w dowolnej chwili poprzez moje własne hasło. Po zakończenie rozmowy z Mary moim pierwszym krokiem było wymazanie śladów mojej bytności w systemie. To okazało się proste. Po tym, jak udało mi się rozszerzyć uprawnienia w systemie, pobrałem darmowy program, zwany *clearlogs*, który znalazłem na stronie poświęconej zagadnieniom bezpieczeństwa, pod adresem *www.ntsecurity.nu*.

Teraz trzeba było trochę popracować. Uruchomiłem wyszukiwanie dowolnych dokumentów zawierających słowo „Umowa" w tytule i pobrałem znalezione pliki. Szukając dalej, natrafiłem na żyłę złota — katalog zawierający raporty z wpływów konsultantów. Udało mi się zebrać wszystkie pliki z kontraktami oraz listę płac.

Alice mogła teraz przejrzeć umowy i sprawdzić, jakie kwoty są wypłacane innym konsultantom. Zresztą niech sama odwala krecią robotę. Ja zrobiłem to, o co mnie porosiła.

Z dysków, na których zapisałem dane, wydrukowałem część plików, aby udowodnić jej, co udało mi się zdobyć. Zaprosiła mnie na obiad. Powinniście zobaczyć jej twarz, kiedy przeglądała stos papierów.

— Niemożliwe — mówiła — niemożliwe.

Nie zabrałem z sobą dysków. Zostawiłem je sobie jako przynętę. Powiedziałem, żeby po nie kiedyś wpadła. Miałem nadzieję, że może będzie chciała okazać mi wdzięczność za to, co dla niej zrobiłem.

Analiza oszustwa

Telefon Petera do agencji marketingowej to przykład najbardziej podstawowej strategii socjotechnicznej — prosta akcja, która prawie nie wymaga przygotowania. Jak widać, zadziałało za pierwszym razem i wymagało jedynie kilku minut.

Co więcej, Mary, ofiara ataku, nie miała żadnego powodu, aby sądzić, że została w jakiś sposób oszukana i napisać raport lub wszcząć alarm.

Plan zadziałał dzięki zastosowaniu trzech taktyk socjotechnicznych. Po pierwsze, zyskał chęć Mary do współpracy, wzmagając w niej strach przed możliwą awarią komputera. Następnie poświęcił jej trochę czasu, każąc otwierać dwie aplikacje, aby była pewna, że wszystko działa, a przy okazji nawiązując z nią bliższy kontakt i poczucie wspólnoty. W końcu uzyskał dalszą chęć pomocy, wykorzystując jej wdzięczność za pomoc okazaną podczas sprawdzania komputera.

Mówiąc o tym, że nie powinna ujawniać swego hasła nikomu, nawet jemu, Peter w skuteczny, a zarazem subtelny sposób przekonał ją, że sam przejmuje się bezpieczeństwem danych firmy. To zwiększyło jej pewność, że był tym, za kogo się podawał. W końcu chronił ją i jej firmę.

Uwaga Mitnicka ➤

To niesamowite, w jak prosty sposób socjotechnik nakłania ludzi do zrobienia różnych rzeczy, wyzwalając w odpowiedniej kolejności reakcje emocjonalne. Bazuje przy tym na wyzwalaniu automatycznych reakcji, wynikających z zasad psychologii, i wykorzystuje skróty myślowe, jakimi posługują się ludzie, kiedy sądzą, że osoba, z którą rozmawiają, jest po ich stronie.

Obława

Wyobraźmy sobie taką sytuację: rząd próbuje zastawić pułapkę na człowieka o nazwisku Arturo Sanchez, który poprzez Internet darmowo rozprowadza filmy. Studia z Hollywood twierdzą, że narusza on ich prawa autorskie. Sanchez odpowiada, że próbuje jedynie nakłonić ich, aby dostrzegli w Internecie wartościowy rynek zbytu i poczynili jakieś kroki w celu udostępnienia w ten sposób filmów dla osób, które chciałyby je oglądnąć. Zwraca uwagę (słusznie), że mogłoby to być dla wytwórni gigantyczne źródło przychodów, jak dotąd kompletnie przez nie ignorowane.

Macie nakaz przeszukania?

Któregoś wieczora, wracając późno do domu, spojrzał na okna swojego mieszkania i zauważył, że światła są wyłączone, mimo że zawsze, gdy wychodzi, zostawia niektóre zapalone.

Walił w drzwi sąsiada tak długo, aż go obudził. Dowiedział się od niego, że w budynku była policja, ale jemu kazali stać na dole i nie jest pewny, do którego mieszkania weszli. Wiedział tylko, że wyszli, niosąc jakieś ciężkie przedmioty, ale trudno powiedzieć jakie, bo były zawinięte. Nikogo nie aresztowali.

Arturo sprawdził swoje mieszkanie. Zła wiadomość to leżące pismo z policji każące mu zadzwonić i umówić się na przesłuchanie w ciągu trzech dni. Jeszcze gorsza wiadomość to brak komputerów.

Arturo zniknął ze swojego mieszkania. Miał zamiar zostać u przyjaciela. Cały czas męczyła go niepewność. Jak dużo wiedziała policja? A może chodzi o coś innego, coś co może łatwo wyjaśnić bez konieczności opuszczania miasta?

Zanim zaczniemy czytać dalej, zastanówmy się: czy można wyobrazić sobie sposób na poznanie tego, co wie o nas policja? Przy założeniu, że nie mamy żadnych kontaktów ani znajomych w policji lub prokuraturze, czy jest sposób, aby zwykły obywatel mógł uzyskać taką informację? Nawet jeżeli jest socjotechnikiem?

Jak przechytrzyć policję?

Arturo zaspokoił swoją potrzebę wiedzy w następujący sposób: na początku znalazł numer najbliższej poczty, zadzwonił tam i poprosił o numer faksu.

Następnie zadzwonił do prokuratury okręgowej i poprosił o połączenie z działem akt. Tutaj przedstawił się jako śledczy z Lake County i powiedział, że chce rozmawiać z osobą, która przechowuje bieżące nakazy przeszukania.

— Ja to robię — powiedziała urzędniczka po drugiej stronie.

— Świetnie — odpowiedział — bo ostatniej nocy zrobiliśmy przeszukanie u podejrzanego i szukam oświadczenia pod przysięgą.

— Sortujemy je według adresu — powiedziała.

Podał jej adres, na co powiedziała podekscytowana:

— O tak, znam go! To ten od afery z filmami.

— Tak, to ten — odpowiedział. — Szukam oświadczenia i kopii nakazu.

— Mam je pod ręką.

— Całe szczęście — powiedział. — Jestem w terenie i za piętnaście minut mam spotkanie ze służbami specjalnymi w tej sprawie. Ostatnio chodzę taki zamyślony, że zostawiłem ten dokument w domu i za nic nie zdążę po niego pojechać. Czy mógłbym otrzymać kopię od pani?

— Oczywiście. Nie ma problemu. Zrobię kopie, może pan przyjść i je sobie zabrać.

— Świetnie — powiedział. — To wspaniale, ale jest pewien problem: jestem na drugim końcu miasta. Czy mogłaby pani przesłać mi je faksem?

To stworzyło mały problem, który dało się jednak rozwiązać.

— Nie mamy faksu tutaj w dziale — powiedziała — ale jest jeden, z którego mogę skorzystać, na dole w biurze protokolantów.

— To może ja zadzwonię do biura protokolantów i to z nimi załatwię? — spytał.

Urzędniczka w biurze protokolantów powiedziała, że z przyjemnością się tym zajmie, ale musi wiedzieć, kto za to zapłaci. Potrzebowała kodu księgowego.

— Zdobędę kod i oddzwonię — przyrzekł.

Potem zadzwonił do biura prokuratury okręgowej, przedstawiając się ponownie jako oficer policji, i zapytał po prostu recepcjonistki:

— Jaki jest kod księgowy biura prokuratury okręgowej?

Podała mu go bez wahania.

Ponowny telefon do urzędniczki w biurze protokolantów i podanie numeru księgowego było dobrym pretekstem do dalszej manipulacji: poprosił urzędniczkę, żeby poszła na górę i odebrała kserokopie dokumentów do przefaksowania.

Uwaga Mitnicka ➤

Jak to się dzieje, że socjotechnicy znają szczegóły działania tak wielu instytucji, w tym policji i prokuratury, praktyki firm telekomunikacyjnych, organizację różnych przedsiębiorstw, a szczególnie dane dotyczące dziedzin przydatnych podczas ataków, czyli telekomunikacji i komputerów? Na tym polega w końcu ich praca. Ta wiedza stanowi o wartości socjotechnika, ponieważ czyni go bardziej skutecznym.

Zacieranie śladów

Arturo musiał jeszcze zrobić parę rzeczy. Zawsze istnieje możliwość, że ktoś zwęszy podstęp i gdy pojedzie na pocztę, spotka tam dwóch detektywów w cywilu udających, że są zajęci czymś innym do chwili, gdy ktoś zapyta o ten faks. Odczekał chwilę, po czym zadzwonił ponownie do biura protokolantów, aby upewnić się, że faks został wysłany. Na razie wszystko szło zgodnie z planem.

Potem zadzwonił na inną pocztę i opowiedział historię o tym, jak jest „...zadowolony z usług i że chciałbym w związku z tym napisać do naczelnika list gratulacyjny. Można prosić jego nazwisko?". Będąc w posiadaniu tej informacji zadzwonił na poprzednią pocztę i powiedział, że chce rozmawiać z kierownikiem zmiany. Kiedy mężczyzna odebrał telefon, Arturo powiedział:

— Dzień dobry, tu Edward z urzędu 628 w Hartfield. Nasz naczelnik, pani Anna, powiedziała mi, żebym do ciebie zadzwonił. Mamy tu klienta, który jest dość zdenerwowany — ktoś podał mu numer faksu na inną pocztę. Czeka tu na ważny dokument, ale numer, który otrzymał, jest numerem waszego urzędu.

Kierownik obiecał, że ktoś z jego ludzi natychmiast odnajdzie faks i wyśle go do Heartfield.

Arturo czekał już w drugim urzędzie, kiedy faks dotarł. Gdy miał go już w rękach, zadzwonił z powrotem do biura protokolantów, aby podziękować urzędniczce i powiedzieć:

— Nie musi pani zanosić tych kopii z powrotem na górę. Można je wyrzucić.

Następnie zadzwonił do kierownika zmiany w pierwszym urzędzie i również powiedział, aby wyrzucił kopię faksu. W ten sposób nie będzie śladów tego, co zaszło, w razie, gdyby ktoś pojawił się tam i zadawał pytania. Socjotechnicy wiedzą, że ostrożności nigdy za wiele.

Aranżując sprawy w ten sposób, Arturo nie musiał nawet płacić na pierwszej poczcie za odebranie faksu i przesłanie go do drugiego urzędu. Jeżeli okazałoby się, że w pierwszym urzędzie pojawiła się policja, Arturo zdążyłby odebrać faks w drugim i zniknąć, zanim zdołaliby kogoś tam wysłać.

Wreszcie zakończenie historii: oświadczenie pod przysięgą i nakaz pokazywały, że policja ma dobrze udokumentowane dowody na to, że Arturo kopiował nielegalnie filmy. To właśnie chciał wiedzieć. O północy tego samego dnia przekraczał już granicę stanu. Uciekał, by w innym miejscu i z nową tożsamością rozpocząć swoją kampanię od nowa.

Analiza oszustwa

Ludzie, którzy pracują w biurach prokuratur okręgowych, mają stały kontakt z oficerami policji. Odpowiadają na ich pytania, załatwiają dla nich różne sprawy i odbierają wiadomości. Osoba, która ma dość tupetu, aby zadzwonić i podać się za oficera policji, zastępcę szeryfa lub podobną personę, najczęściej zostanie uznana za „swoją". Jeżeli zbyt szybko nie ujawni swojej nieznajomości terminologii, nie wydaje się zdenerwowana, nie waha się podczas wypowiedzi lub w jakiś inny sposób nie jest nieprzekonująca, zwykle nie będzie musiała nawet odpowiadać na żadne pytania weryfikujące. To właśnie miało miejsce w opisanej historii w przypadku dwóch różnych pracowników.

Jak zwykle uzyskanie kodu księgowego wymagało jednego prostego telefonu. Arturo zagrał na współczuciu, opowiadając historię o tym, że „za piętnaście minut mam spotkanie ze służbami specjalnymi w tej sprawie. Ostatnio chodzę taki zamyślony, że zostawiłem ten dokument w domu". Urzędniczce zrobiło się go żal i chętnie okazała mu pomoc.

Następnie, korzystając z usług nie jednego, ale dwóch urzędów pocztowych, Arturo zapewnił sobie dodatkowe zabezpieczenie w momencie odbierania faksu. Inny wariant tej taktyki sprawiłby, że namierzenie Artura byłoby jeszcze trudniejsze. Zamiast wysyłać dokument na drugą pocztę, napastnik mógł podać coś, co wydaje się być numerem faksu, a w rzeczywistości jest darmową usługą internetową, umożliwiającą odbieranie faksów i przesyłanie ich pod wskazany adres e-mail. W ten sposób faks mógł dotrzeć prosto do komputera napastnika, a ten uniknąłby konieczności pojawiania się w miejscu, gdzie mógłby zostać później zidentyfikowany. Adres e-mail i użyty numer faksu można zlikwidować po zakończeniu działania.

Uwaga Mitnicka ➤

Prawda jest taka, że nikt z nas nie jest odporny na oszustwa dobrego socjotechnika. W codziennym życiu nie zawsze mamy czas na podejmowanie przemyślanych decyzji, nawet w sprawach, które są dla nas ważne. Skomplikowane sytuacje, brak czasu, stan emocjonalny lub wyczerpanie umysłowe mogą nas łatwo rozproszyć. Używamy więc skrótów myślowych, podejmując decyzje bez dokładnej i pełnej analizy informacji, reagujemy automatycznie. Dotyczy to nawet urzędników federalnych i policjantów. Jesteśmy wszak tylko ludźmi.

Zamiana ról

Młody człowiek, którego nazwiemy Michael Parker, był jednym z tych, którzy zbyt późno zorientowali się, że szanse na lepiej płatną pracę mają jedynie ludzie z wyższym wykształceniem. Miał co prawda możliwość uczęszczania do lokalnego college'u, otrzymując częściowe dofinansowanie i kredyt naukowy, ale oznaczało to pracę w nocy i w weekendy, aby opłacić sobie czynsz, wyżywienie, benzynę i ubezpieczenie samochodu. Michael zawsze lubił jednak szukać drogi na skróty, takiej, która szybciej doprowadzi go do celu przy mniejszym wysiłku. Jako że od małego fascynował się komputerami i zgłębiał ich tajemnice, wpadł na pomysł, aby samemu „stworzyć" sobie dyplom inżyniera informatyka.

Absolwent

Pomyślał, że mógłby się włamać do systemu komputerowego uniwersytetu stanowego, znaleźć akta kogoś, kto ukończył studia z wysoką średnią, skopiować je, zamienić dane osobowe na swoje i dodać z powrotem do akt absolwentów z danego roku. Po zastanowieniu doszedł do wniosku, że muszą przecież istnieć jeszcze inne akta studentów, którzy przeszli przez uczelnię — dokumenty wypłat stypendiów, zapisy w akademikach i kto wie, jakie jeszcze. Samo stworzenie akt dokumentujących przebieg nauki może nie wystarczyć.

Rozumując tym tokiem, doszedł do wniosku, że mógłby osiągnąć swój cel, znajdując absolwenta o takim samym nazwisku jak on, który zdobył tytuł inżyniera informatyka na przestrzeni ostatnich lat. Jeżeli ktoś taki się znajdzie, wystarczy jedynie wpisywać numer ubezpieczenia społecznego drugiego Michaela Parkera na formularzach aplikacyjnych. Wówczas każda firma, która sprawdzi, czy osoba o takim nazwisku i numerze ubezpieczenia zdobyła tytuł inżyniera, otrzyma odpowiedź twierdzącą.

(Może nie jest to dla każdego oczywiste, ale Michael wiedział, że może podać numer ubezpieczenia znalezionego absolwenta w formularzu aplikacyjnym, a później, jeżeli zostanie przyjęty, poda swój własny numer w formularzach, które wypełnia nowo przyjęty pracownik. W większości firm nikomu nie przyjdzie do głowy, by sprawdzić, czy nowa osoba posługiwała się takim samym numerem podczas procesu rekrutacji).

Komputer

Jak odnaleźć Michaela Parkera w aktach uniwersytetu? Nasz bohater zrobił to w następujący sposób:

Po wejściu do głównej biblioteki w kampusie uniwersytetu, usiadł przy komputerze, wszedł do Internetu i otworzył główną witrynę uczelni. Następnie zadzwonił do biura ewidencji. Wobec osoby, która odebrała telefon, zastosował jeden ze znanych już trików socjotechnicznych:

— Dzwonię z centrum komputerowego. Robimy zmiany w konfiguracji sieci i chcemy się upewnić, czy nie spowodowały u was kłopotów z dostępem. Do jakiego serwera jesteście podłączeni?

— Serwera? — zapytał głos z drugiej strony.

— Do jakiego komputera podłączacie się, kiedy chcecie odszukać informację o studencie?

Otrzymał odpowiedź: *admin.rnu.edu*. Miał już nazwę komputera, na którym przechowywane były akta studentów. Był to pierwszy element układanki — wiedział już, gdzie musi się dostać.

Wprowadził ten adres do komputera i otrzymał odpowiedź, której się spodziewał — firewall blokował dostęp. Uruchomił więc program, by sprawdzić, czy można się połączyć z jakąkolwiek usługą dostępną na tym komputerze, i odnalazł otwarty port z usługą Telnet, która umożliwia połączenie jednego komputera z drugim tak, jakby ten pierwszy był zdalnym terminalem drugiego. Teraz potrzebował jedynie standardowej nazwy użytkownika i hasła.

Ponownie zadzwonił do biura ewidencji, wsłuchując się uważnie, czy telefonu nie odbierze czasem ta sama osoba, z którą rozmawiał poprzednio. Tym razem była to jakaś kobieta. Znów przedstawił się, że dzwoni z uniwersyteckiego centrum komputerowego. Powiedział, że instalują nowy system tworzenia akt. Poprosił swoją rozmówczynię o przysługę, która miała polegać na próbie połączenia się z nowym systemem i sprawdzenia, czy funkcjonuje prawidłowy dostęp do akt studentów. Podał jej adres IP, z którym ma się połączyć, i poprowadził przez cały proces.

W rzeczywistości był to adres komputera, przy którym siedział Michael w bibliotece campusu. Używając sztuczki opisanej w rozdziale 7., stworzył fałszywy ekran logowania, wyglądający podobnie do tego, do którego kobieta była przyzwyczajona w czasie wchodzenia do systemu zawierającego akta studentów.

— Nie działa — stwierdziła. — Cały czas mówi, że login jest nieprawidłowy.

Symulator zdążył pobrać dane o klawiszach, które nacisnęła, wpisując nazwę konta i hasło, prosto do komputera, przy którym siedział Michael. Misja zakończyła się pomyślnie. Powiedział:

— No tak. Niektóre konta nie zostały jeszcze utworzone w nowym systemie. Zrobię to za chwilę i oddzwonię do pani.

Zważając na to, by cała sprawa zakończyła się gładko, pamiętał o tym, aby później zadzwonić zgodnie z obietnicą i powiedzieć, że system testowy nie działa tak, jak trzeba, i że odezwą się do niej lub do kogoś z jej działu, kiedy uda im się rozwiązać problem.

Biuro ewidencji znowu przychodzi z pomocą

W tym momencie Michael wiedział już, do jakiego systemu musi się dostać, i miał do niego login oraz hasło. Jakich jednak poleceń ma użyć w celu wyszukania plików dotyczących absolwentów informatyki o odpowiednim nazwisku i dacie ukończenia studiów? Baza danych o studentach była stworzona na terenie uczelni i dostosowana do specyficznych wymogów uniwersytetu i biura ewidencji. Wiązał się z tym niestandardowy sposób formułowania zapytań.

Pierwszy krok w usuwaniu tej ostatniej przeszkody to odnaleźć osobę, która mogłaby go poprowadzić poprzez poszukiwania w bazie. Znowu zadzwonił do biura ewidencji i znowu do innego pracownika. Tym razem powiedział, że dzwoni z biura dziekana, i zapytał:

— Do kogo mam zadzwonić, jeżeli mam problemy z dostępem do bazy z aktami studentów?

Kilka minut później rozmawiał już z administratorem bazy, odgrywając scenę ze współczuciem w roli głównej: — Mówi Mark Sellers z biura ewidencji. Jestem tu nowy — potrzebuje trochę pomocy. Przepraszam, że dzwonię do pana, ale wszyscy poszli na jakieś zebranie i zostałem tu sam. Potrzebna jest mi lista wszystkich absolwentów informatyki z tytułem inżyniera z lat od 1990 do 2000. Muszę ją zrobić przed końcem dniówki, a jeżeli jej nie zdobędę, mogę tu długo nie popracować. Pomoże pan koledze w biedzie?

Pomaganie ludziom było częścią zwykłych obowiązków administratora, dlatego wykazał się dużą cierpliwością, prowadząc Michaela krok po kroku przez cały proces.

Nim zdążyli zakończyć rozmowę, Michael pobrał pełną listę absolwentów z ostatnich dziesięciu lat. Chwilę potem włączył wyszukiwanie i odnalazł dwóch Michaeli Parkerów. Wybrał jednego z nich i odczytał jego numer ubezpieczenia i pozostałe informacje dostępne w bazie na jego temat.

Od tej chwili był Michaelem Parkerem z tytułem inżyniera informatyka, zdobytym po ukończeniu z wyróżnieniem studiów w 1998 roku.

Analiza oszustwa

W ataku tym użyty został jeden podstęp, który nie był jeszcze omawiany: napastnik prosi administratora bazy danych o przeprowadzenie go przez proces jej obsługi, którego nie znał. Niezwykle efektywne odwrócenie ról. To tak, jakby poprosić sprzedawcę w sklepie, aby pomógł nam przenieść do naszego samochodu pudło, w którym znajdują się skradzione ze sklepu towary.

Uwaga Mitnicka ➤

Użytkownicy komputerów często nie mają pojęcia o zagrożeniach związanych ze stosowaniem socjotechniki w świecie technologii. Mają dostęp do informacji, jednak nie dysponują wiedzą o zagrożeniach bezpieczeństwa. Socjotechnik wybiera sobie jako ofiarę osobę, która nie zna wartości wyszukiwanej informacji. Osoba taka chętniej coś dla nas zrobi.

Jak zapobiegać?

Współczucie, poczucie winy i zastraszenie to emocje często wykorzystywane przez socjotechników. Sposób ich wykorzystania demonstrują opisane tu historie. Co można zrobić, aby uniknąć tego typu ataków?

Ochrona danych

Niektóre historie z tego rozdziału w szczególny sposób pokazują niebezpieczeństwo związane z wysłaniem plików do osoby, której nie znamy, nawet gdy osoba ta jest (lub wydaje się nam, że jest) pracownikiem, a dokument jest przesyłany wewnętrznie na adres e-mail należący do domeny firmy lub faks położony na jej terenie.

Polityka bezpieczeństwa firmy musi jednoznacznie definiować środki ochrony podczas udostępniania wartościowych danych osobie, której wysyłający nie zna osobiście. Muszą zostać ustanowione procedury transferu plików z poufnymi informacjami. Kiedy prośba o dane pochodzi od osoby, której nie znamy osobiście, należy określić kroki, jakie pracownik musi podjąć w celu weryfikacji tejże osoby, uwzględniające różne poziomy owej weryfikacji w zależności od stopnia poufności danych.

Oto parę gotowych rozwiązań do rozważenia:

- Wprowadź zasadę udzielania informacji tylko znanym osobom.
- Przechowuj logi transakcji dla każdej osoby lub działu.
- Ustal listę osób, które zostały przeszkolone w zakresie procedur i są wyłącznie uprawnione do przesyłania na zewnątrz poufnych informacji.
- Jeżeli prośba o dane ma formę pisemną (e-mail, faks lub poczta), podejmuj dodatkowe kroki, aby ustalić, czy prośba ta rzeczywiście pochodzi od określonej osoby.

O hasłach

Pracownicy, którzy mają dostęp do poufnych informacji — w dzisiejszych realiach są to praktycznie wszystkie osoby z dostępem do komputera — muszą uzmysłowić sobie, że nawet chwilowa zmiana hasła może prowadzić do poważnego zagrożenia bezpieczeństwa.

Szkolenie w zakresie bezpieczeństwa musi podejmować temat haseł, a w szczególności tego, kiedy i jak je zmieniać, z czego składa się dopuszczalne hasło i jakie ryzyko wiąże się z angażowaniem innych osób w ten proces. Szkolenie musi w szczególności zwracać uwagę na fakt, że *każda* prośba związana z ich hasłem jest podejrzana.

Z pozoru wydaje się, że są to proste do przekazania komunikaty. Samo ich przekazanie jednak nic nie da, ponieważ, aby pracownik zrozumiał to przesłanie, musi pojąć, w jaki sposób, na przykład, chwilowa zmiana hasła może doprowadzić do naruszenia bezpieczeństwa w firmie. Można powiedzieć dziecku: „Zawsze rozglądaj się w obie strony, zanim wejdziesz na jezdnię", ale dopóki nie zrozumie ono, dlaczego jest to takie ważne, będziemy opierali się jedynie na ślepym posłuszeństwie. Wszelkie zasady wymagające wyłącznie ślepego posłuszeństwa są zwykle ignorowane i zapominane.

Uwaga ➤

Hasła są głównym obiektem ataku socjotechników, dlatego poświęcono temu zagadnieniu część rozdziału 16., w której można znaleźć zalecane procedury posługiwania się nimi.

Punkt zgłaszania incydentów

Polityka bezpieczeństwa powinna wyznaczać osobę lub grupę osób, do której należy zgłaszać wszelkie podejrzenia prób infiltracji organizacji. Wszyscy pracownicy muszą wiedzieć, do kogo zadzwonić w sytuacji, gdy mają podejrzenie fizycznego lub elektronicznego włamania. Numer telefonu punktu zgłaszania incydentów powinien zawsze być pod ręką.

Ochrona sieci

Należy uświadamiać pracownikom, że nazwy serwerów lub podsieci nie są błahą informacją i mogą stanowić dla napastnika ważne dane, pomocne w zdobyciu zaufania i odnalezieniu miejsca przechowywania informacji.

W szczególności administratorzy baz danych, którzy dysponują dużą wiedzą, muszą działać zgodnie ze ścisłymi regułami i weryfikować ludzi, którzy dzwonią po informację lub pomoc.

Ludzie, którzy stale udzielają pomocy związanej z komputerami, muszą być dobrze wyszkoleni w kwestii tego, jakie zapytania powinny rodzić podejrzenie, że ma miejsce atak socjotechniczny.

Z drugiej strony, z perspektywy administratora bazy danych przedstawionego w ostatniej historii, dzwoniący spełniał wszystkie kryteria wiarygodności: dzwonił z campusu i miał dostęp do strony, która jest zabezpieczona hasłem. To tylko jeszcze raz dowodzi, jak istotne jest stosowanie standardowych procedur weryfikujących osoby proszące o informacje, szczególnie, jeżeli dzwoniący prosi o pomoc w uzyskaniu dostępu do poufnych danych.

Zalecenia te są szczególnie istotne dla szkól i uczelni. Jak wiadomo, wielu hakerów rekrutuje się spośród studentów. W tej sytuacji należy oczekiwać, że akta studenckie są dla nich łakomym kąskiem. Tego typu działalność rozpowszechniła się na tyle, że niektóre firmy uznają campusy za wrogie środowiska i konfigurują firewalle w taki sposób, aby blokowały dostęp ze strony jakiejkolwiek instytucji edukacyjnej.

W związku z tym wszelkie akta studentów i personelu uczelni powinny zostać uznane za główny potencjalny cel ataku i być w adekwatny sposób chronione.

Wskazówki dotyczące szkolenia

W przypadku wielu ataków socjotechnicznych obrona jest śmiesznie łatwa dla każdego, kto wie, na co zwracać uwagę.

Z perspektywy firmy istnieje fundamentalna potrzeba dobrego szkolenia. Istnieje też potrzeba znalezienia szeregu sposobów przypominania ludziom o rzeczach, których się nauczyli.

Można w tym celu zastosować w systemie okna przypominające o różnych zasadach bezpieczeństwa. Powinny one być stworzone w taki sposób, aby znikały dopiero po przyciśnięciu przycisku potwierdzającego przeczytanie.

Dobrą metodą jest używanie krótkich notek w biuletynie informacyjnym firmy. Nie chodzi tu o cały dział, choć z drugiej strony dział poświęcony bezpieczeństwu byłby wartościowy, ale o krótkie notki, które przypominają reklamy w czasopismach. W ten sposób w każdym wydaniu biuletynu można przedstawiać nowe zagadnienie z zakresu bezpieczeństwa w formie, która przyciągnie uwagę czytającego.

9

Odwrotnie niż w „Żądle”

Żądło to według mnie chyba najlepszy film, którego tematem jest operacja socjotechniczna. Przedstawia intrygę obfitującą w interesujące szczegóły. Przedstawiona tam akcja to przykład pokazujący, w jaki sposób zawodowi oszuści przeprowadzają jeden z trzech typów szwindli, które należą do grupy tzw. „wielkich oszustw”. Jeżeli chcecie zobaczyć, jak grupa profesjonalistów zgarnia ogromne pieniądze, powinniśmy obejrzeć ten film.

Tradycyjne oszustwa, pomijając szczegóły, przebiegają według pewnego wzorca. Czasami jednak sytuacja zostaje odwrócona — atakujący aranżuje wydarzenia tak, aby ofiara sama zwróciła się do niego z pomocą. Jak to działa? Wkrótce się przekonamy.

Sztuka łagodnej perswazji

Przeciętny człowiek, wyobrażając sobie komputerowego hakera, tworzy zwykle negatywny obraz samotnego, introwertycznego mola komputerowego, który nie potrafi rozmawiać z ludźmi i kontaktuje się ze światem tylko za pomocą e-maili. Haker-socjotechnik łączy znajomość technologii z talentami interpersonalnymi — stale doskonalonymi umiejętnościami wykorzystywania ludzi i manipulowania nimi, które pozwalają mu zdobywać informacje na zupełnie nieprawdopodobne sposoby.

Telefon do Angeli

Miejsce: Industrial Federal Bank, filia w Valley.

Czas: 11:27.

Angela Wisnowski odebrała telefon od mężczyzny, który powiedział, że spodziewa się dość znacznego spadku i interesują go informacje o różnych typach rachunków oszczędnościowych, depozytów i innych bezpiecznych i w miarę zyskownych form inwestycji, które Angela może mu zaproponować. Wyjaśniła, że do wyboru jest kilka możliwych rozwiązań i zapytała, czy nie zechciałby przyjść do banku i porozmawiać o szczegółach. Powiedział, że wyjeżdża na wakacje, jak tylko dostanie pieniądze, a poza tym ma wiele innych spraw do załatwienia. Zaczęła więc sugerować przez telefon pewne rozwiązania, podając szczegóły dotyczące oprocentowania, przedwczesnej likwidacji wkładu itp., starając się jednocześnie dowiedzieć czegoś o jego oczekiwaniach.

Wydawało się, że już do czegoś dochodzą, kiedy powiedział:

— Och, przepraszam, muszę odebrać drugi telefon. Kiedy mógłbym znowu zadzwonić, by dokończyć rozmowę i podjąć jakąś decyzję? Wychodzi pani na lunch?

Powiedziała, że wychodzi o 12:30. Mężczyzna stwierdził, że spróbuje zadzwonić przed tą godziną albo następnego dnia.

Telefon do Louisa

Większe banki używają wewnętrznych kodów bezpieczeństwa, które zmieniają się każdego dnia. Kiedy osoba z jednej filii potrzebuje informacji z innej, musi udowodnić, że jest uprawniona do jej otrzymania poprzez podanie obowiązującego na dany dzień kodu. Dla zwiększenia bezpieczeństwa niektóre banki stosują większą ilość kodów. W Industrial Federal Bank na komputerze każdego pracownika pojawia się co rano lista pięciu kodów oznaczonych literami od A do E.

* * *

Miejsce: Industrial Federal Bank, filia w Valley.

Czas: 12:48 tego samego dnia.

Telefon, który Louis Halpburn odebrał, nie wydał mu się podejrzany. Tego typu sprawy załatwiał regularnie kilka razy w tygodniu.

— Dzień dobry — powiedział rozmówca. — Mówi Neil Webster, dzwonię z filii 3182 z Bostonu. Chciałbym rozmawiać z Angelą Wisnowski.

— Wyszła na lunch. W czym mogę pomóc?

— Zostawiła nam wiadomość. Prosi o wysłanie faksu z danymi klienta.

Ton rozmówcy wskazywał, że ma zły dzień.

— Osoba, która zwykle się tym u nas zajmuje, jest chora — powiedział. — Mam tu jeszcze stos takich faksów, a u nas już dochodzi 16:00. Powinienem już dawno wyjść, bo za pół godziny mam umówioną wizytę u lekarza.

Manipulacja polegająca na podaniu tych wszystkich powodów, dla których powinno się mu współczuć, miała na celu „zmiękczenie" ofiary.

— Nie wiem, kto notował tę wiadomość — ciągnął — ale numer faksu jest nieczytelny. Zaczyna się od 213 i nie mam pojęcia, co dalej.

Louis podał numer faksu, a rozmówca powiedział:

— Dziękuje bardzo. Zanim to wyślę, muszę się jeszcze zapytać o kod B.

— Ale przecież to pan do mnie dzwoni — powiedział Louis na tyle chłodno, aby urzędnik z Bostonu mógł to wyczuć.

To nawet dobrze — pomyślał rozmówca. — *Nie lubię, kiedy ludzie dają się od razu wpuścić w maliny. Jeżeli nie czuję choć odrobiny oporu z drugiej strony, moja robota staje się zbyt łatwa i mógłbym się rozleniwić.*

Powiedział do Louisa:

— Nasz szef popadł w paranoję i wymaga weryfikacji wszystkich osób, do których coś wysyłamy, ot co. Ale nie ma problemu, nikt panu nie każe się weryfikować, a mnie nikt nie każe wysyłać tego faksu.

— Angela wróci za pół godziny — powiedział Louis. — Powiem jej, żeby do pana zadzwoniła.

— A wtedy ja powiem jej, że nie mogłem wysłać dzisiaj informacji, bo pan nie chciał podać mi kodu. Jeżeli lekarz nie wyśle mnie na chorobowe, to jutro może oddzwonię.

— Proszę bardzo.

— Na tym faksie napisane jest „pilne". Zresztą mniejsza z tym. Bez weryfikacji i tak nic nie mogę zrobić. Niech pan jej przekaże, że naprawdę chciałem to wysłać, ale pan nie podał mi kodu, dobrze?

Louis wreszcie ustąpił. Dało się słyszeć nerwowe sapnięcie z jego strony.

— No dobrze — powiedział. — Proszę chwilę zaczekać, muszę przejść do komputera. Który kod pan chciał?

— B — odpowiedział rozmówca.

Przełączył telefon na oczekiwanie i za chwilę podniósł inną słuchawkę, podając kod:

— 3184.

— To nie jest ten kod.

— Jak to nie jest? Kod B, numer 3184.

— Nie powiedziałem B, tylko E.

— Cholera, moment.

Nastąpiła kolejna przerwa. Szukał kodu.

— Kod E, numer 9697.

— 9697. Dobrze. Za chwilę wysyłam faks.

— Dziękuję.

Telefon do Waltera

— Industrial Federal Bank, mówi Walter.

— Cześć, Walter, tu Bob Grabowski ze Studio City, filia 38 — powiedział rozmówca. — Potrzebuję karty wzorów podpisów jednego z klientów. Mógłbyś ją dla mnie wyciągnąć i przefaksować?

Karta wzorów podpisów zawiera nie tylko podpis klienta, ale również informacje identyfikacyjne, czyli numer ubezpieczenia społecznego, datę urodzenia, nazwisko panieńskie matki, a czasami nawet numer prawa jazdy. Łakomy kąsek dla socjotechnika.

— Pewnie, że mógłbym. Podaj kod C.

— Ktoś siedzi teraz przy moim komputerze — powiedział rozmówca. — Ale pamiętam za to B i E, bo cały czas ich dziś używam. Zapytaj mnie o któryś z nich.

— Dobra. Podaj E.

— 9697.

Parę chwil później Walter wysłał faks z kartą wzorów podpisów.

Telefon do Donny Plaice

— Dzień dobry, tu mówi Anselmo.

— W czym mogę panu pomóc?

— Jaki jest numer 0-800, pod który powinienem zadzwonić, aby dowiedzieć się, czy mój depozyt już wpłynął na konto?

— Jest pan klientem naszego banku?

— Tak, ale nie korzystałem z tego numeru przez jakiś czas i zgubiłem kartkę, na której był zapisany.

— Podaję numer: 0-800-555-8600.

— Dziękuję.

Opowieść Vince'a Capelliego

Będąc synem policjanta z małego miasteczka, Spokane, Vince od młodości wiedział, że nie chce pracować, ryzykując życie za marną pensję. Jego głównym celem było wyrwanie się ze Spokane i założenie własnego interesu. Śmiech jego kolegów ze szkoły tylko podsycał te pragnienia — wydawało im się zabawne, że tak bardzo chciał założyć firmę, a nie wiedział nawet, czym miałby się zajmować.

Szczerze mówiąc, Vince wiedział, że niestety mają rację. Sprawdzał się jedynie jako łapacz w szkolnej drużynie baseballowej. Nie był ani na tyle zdolny, aby uzyskać stypendium do college'u, ani na tyle dobry, by zostać zawodowym baseballistą. Jaki interes miał w takim razie rozkręcić?

Koledzy z klasy nie zauważyli pewnej istotnej jego cechy: jeżeli Vince pragnął czegoś, co należało do któregoś z nich — nieważne, czy był to nowy scyzoryk, para ciepłych rękawiczek czy nowa seksowna dziewczyna — wkrótce to należało już do niego. Nie musiał wcale kraść — właściciele oddawali mu wszystko dobrowolnie, a w chwilę później zastanawiali się, jak to się właściwie stało. Pytanie o to samego Vince'a nigdzie by nas nie doprowadziło — nie zdawał sobie sprawy z posiadania tego daru.

Vince Capelli był od dziecka socjotechnikiem, mimo że nie wiedział nawet, co to słowo znaczy.

Jego koledzy przestali się śmiać po maturze. Podczas gdy inni zaczęli się rozglądać po okolicy w poszukiwaniu pracy, która nie polega na zadawaniu pytań w stylu: „Z frytkami czy bez?", ojciec wysłał Vince'a do swojego kumpla, starego policjanta, który zwolnił się ze służby i założył prywatną firmę detektywistyczną w San Francisco. Ten szybko dostrzegł talenty drzemiące w młodym człowieku i zaangażował go do pomocy.

Od tego czasu minęło sześć lat. Vince nie cierpiał zleceń polegających na zbieraniu dowodów na niewiernych małżonków, co sprowadzało się do wielogodzinnych nudnych obserwacji. Uwielbiał za to sprawy polegające na sprawdzaniu stanu majątkowego różnych ludzi dla adwokatów, którzy chcieli wiedzieć, czy dany gość jest na tyle majętny, że opłaca się ciągać go po sądach. Zlecenia te dawały mu wiele okazji do wykorzystania swoich talentów.

Weźmy tę sprawę, kiedy miał sprawdzić stany kont człowieka o nazwisku Joe Markowitz. Joe najprawdopodobniej ubił jakiś podejrzany interes z przypadkowym znajomym, który chciał się teraz dowiedzieć, czy Markowitz miał jakieś pieniądze, które można by odzyskać.

Pierwszym krokiem Vince'a było zdobycie co najmniej jednego, a najlepiej dwóch bankowych kodów bezpieczeństwa na dany dzień. Wydaje się to niemożliwe. Co właściwie mogłoby zmusić pracownika banku do ujawnienia podstawowego elementu zapewniającego bezpieczeństwo?

Zadajmy sobie to pytanie — jeżeli chcielibyśmy zdobyć kody, czy przyszedłby nam do głowy jakiś plan?

Dla ludzi takich jak Vince to łatwizna.

* * *

Ludzie ufają nam, jeżeli posługujemy się ich żargonem. Pokazujemy w ten sposób, że jesteśmy z „zamkniętego kręgu" — to prawie hasło.

Tym razem nie potrzebowałem zbyt dobrej znajomości żargonu. Na początku wystarczył mi numer filii. Zadzwoniłem do biura Beacon Street w Buffalo. Człowiek, który odebrał, wyglądał na gadułę.

— Mówi Tim Ackerman — powiedziałem. Każde nazwisko jest dobre, i tak by go nie zapisał. — Jaki jest wasz numer filii?

— Numer telefonu czy numer oddziału? — upewnił się rozmówca, co było dość głupie, zważywszy, że musiałem znać numer telefonu, skoro do niego zadzwoniłem.

— Oddziału.

— 3182 — powiedział. Tak po prostu. Żadnego „a dlaczego chce pan wiedzieć?" ani nic z tych rzeczy. W końcu to nie jest poufna informacja: numer ten widnieje prawie na każdym dokumencie, jaki wysyłają.

Krok drugi: zadzwonić do filii, w której Markowitz miał otwarty rachunek, zdobyć nazwisko jednego z pracowników i dowiedzieć się, kiedy ma przerwę na lunch. Angela Wisnowski. Wychodzi o 12:30. Jak na razie idzie mi nieźle.

Krok trzeci: zadzwonić do tej samej filii w czasie, gdy Angela będzie na lunchu, powiedzieć, że dzwonię z filii numer taki a taki w Bostonie; Angela potrzebowała od nas informacji faksem, podaj mi kod. To było najtrudniejsze — kluczowa sprawa w całej rozgrywce. Jeżeli miałbym przeprowadzać egzamin na socjotechnika, musiałby on wybrnąć z takiej sytuacji: ofiara nabiera uzasadnionych podejrzeń, a my naciskamy dalej, aż zdobędziemy informację. Nie da się tego zrobić, czytając przygotowany scenariusz lub ucząc się schematów postępowania. Niezbędna jest tu umiejętność wyczuwania psychiki ofiary, odbierania jej stanów emocjonalnych, igrania z nią jak z rybą na haczyku: popuszczamy żyłkę odrobinę i zaciągamy, popuszczamy, by znowu pociągnąć. I tak dalej, aż ryba znajdzie się na dnie naszej łódki. Plask!

W taki sposób udało mi się złowić kod dnia. Duży krok do przodu. W większości banków używają tylko jednego i miałbym już wszystko, czego potrzebuję. Industrial Federal Bank korzysta z pięciu kodów, więc posiadanie jednego to trochę za mało. Mając dwa z pięciu, miałbym większą szansę przebrnąć do następnej odsłony tej sztuki.

Uwielbiam ten trik: „Nie powiedziałem B, tylko E". Kiedy działa, działa doskonale, a przeważnie działa.

Najlepiej, gdybym miał jeszcze trzeci. Da się to zrobić podczas jednej rozmowy — „B", „D" i „E" brzmią tak podobnie, że można jeszcze raz być źle zrozumianym. Osoba po drugiej stronie nie może jednak należeć do zbyt bystrych. Człowiek, z którym rozmawiałem, sprawiał wrażenie rozgarniętego, dlatego wolałem poprzestać na dwóch kodach.

Z kodami dnia w ręku miałem atut, który pozwolił mi zdobyć kartę wzorów podpisów. Dzwonię, gość pyta o kod. On chce C, a ja znam tylko B i E. To jeszcze nie koniec świata. Trzeba trzymać nerwy na wodzy w chwili takiej jak ta, mówić pewnie i nacierać dalej. Poszło gładko. Zagrałem czymś w rodzaju: „Ktoś korzysta z mojego komputera. Zapytaj mnie o kody, które znam".

Wszyscy pracujemy dla tej samej firmy, jesteśmy w tym razem, a więc ułatwiajmy sobie życie nawzajem — taka myśl ma pojawić się w tym momencie w głowie ofiary. Mój rozmówca odegrał swą rolę zgodnie ze scenariuszem. Wybrał spośród kodów, które mu zasugerowałem. Odpowiedziałem prawidłowo, więc wysłał mi faks z kartą wzorów podpisów.

Jesteśmy prawie w domu. Jeszcze jeden telefon, aby zdobyć numer automatycznej usługi informującej o stanie konta. Mając kartę, miałem wszystkie numery kont Markovitza i jego PIN — bank używał w tym celu pierwszych pięciu lub ostatnich czterech cyfr numeru ubezpieczenia społecznego. Z ołówkiem w dłoni zadzwoniłem pod 0-800 i po kilku minutach naciskania guzików i wybierania opcji spisałem bieżące stany wszystkich czterech rachunków i, dla pewności, najświeższą historię wpłat i wypłat.

Miałem wszystko, o co prosił mój klient, a nawet więcej. Zawsze dodawałem coś od siebie na konto dobrej współpracy. Klient musi być zadowolony. W końcu podstawą egzystencji każdej firmy są stałe zlecenia.

Analiza oszustwa

Kluczem do sprawy było zdobycie kodów dnia. W tym celu napastnik, Vince, użył kilku technik.

Na początku werbalnie wzruszał ramionami, kiedy Louis nie chciał podać mu kodu. Podejrzliwość Louisa była uzasadniona — kodów należało używać w odwrotnym kierunku. Wiedział, że to osoba, która dzwoni, ma obowiązek podać kod. Dla Vince'a był to krytyczny moment — od tego zależało wszystko.

W obliczu podejrzeń Louisa Vince wykonał zmasowany atak, odwołując się do współczucia („idę do lekarza"), wywierając nacisk („Mam tu jeszcze stos takich faksów, a u nas już dochodzi 16:00") i stosując manipulację („Niech pan jej przekaże, że naprawdę chciałem to wysłać, ale pan nie podał mi kodu"). Vince bezpośrednio nie groził, a jedynie sugerował pewną groźbę: „Jeżeli nie podasz mi kodu bezpieczeństwa, nie wyślę informacji o kliencie, której potrzebuje twoja koleżanka z pracy, i powiem jej, że chciałem ją wysłać, ale ty odmówiłeś mi pomocy".

Nie należy w tej historii zbyt pochopnie obarczać winą Louisa. W końcu osoba, z którą rozmawiał przez telefon, wiedziała (albo przynajmniej sprawiała takie wrażenie), że jego koleżanka, Angela, prosiła o faks. Dzwoniący wiedział o kodach bezpieczeństwa i znał sposób ich oznaczania. Powiedział, że ich kierownik oddziału wymaga tego ze względów bezpieczeństwa. Tak naprawdę nie widział żadnej przyczyny, dla której nie miałby podawać kodu.

Przypadek Louisa nie jest odosobniony. Wyłudzanie kodów bezpieczeństwa od pracowników banku zdarza się na porządku dziennym. Nieprawdopodobne, ale prawdziwe.

Istnieje granica, po przekroczeniu której techniki stosowane przez prywatnych detektywów przestają być legalne. Zdobycie przez Vince'a numeru oddziału było całkowicie legalne. Nawet przechytrzenie Louisa i wyciągnięcie od niego dwóch kodów bezpieczeństwa było legalne. Granica została przekroczona dopiero w momencie, gdy poprosił o przesłanie faksu z danymi klienta.

Czyn, który popełnił Vince wraz z osobą, która go wynajęła, jest przestępstwem o niskiej szkodliwości. Kiedy kradniemy pieniądze lub przedmioty, ktoś zauważa ich zniknięcie. Kiedy kradniemy informację, w większości przypadków nikt tego nie dostrzega, ponieważ informacja pozostaje dalej w posiadaniu właściciela.

Uwaga Mitnicka ➤

Kody bezpieczeństwa przeznaczone do podawania przez telefon, podobnie jak hasła, są wygodnym i skutecznym środkiem ochrony danych. Pracownicy muszą jednak posiadać wiedzę o trikach, jakie stosują socjotechnicy, i zostać wyszkoleni tak, aby zbyt łatwo nie oddawali kluczy do skarbca.

Policjanci ofiarami socjotechniki

Prywatnemu detektywowi lub socjotechnikowi często przydaje się znajomość czyjegoś numeru prawa jazdy — można dzięki temu wcielić się na chwilę w tę osobę, aby uzyskać informację o stanie jej konta. Bez kradzieży portfela lub zaglądania przez ramię zdobycie takiego numeru wydaje się prawie niemożliwe. Jednak dla każdego, kto posiada chociażby przeciętne umiejętności socjotechniczne, nie jest to żadnym problemem.

Pewien socjotechnik, nazwijmy go Eric Mantini, musiał zdobyć numer prawa jazdy i numery rejestracyjne samochodu. Eric doszedł do wniosku, że niepotrzebnie zwiększał ryzyko wpadki, dzwoniąc do Wydziału Transportu i stosując tę samą sztuczkę za każdym razem, gdy potrzebował takiej informacji. Zastanawiał się, czy nie dałoby się jakoś uprościć tej procedury.

Chyba nikomu wcześniej nie przyszło to do głowy. Eric wymyślił sposób na uzyskanie informacji od ręki, kiedy tylko jej potrzebował. Wykorzystał w tym celu usługę udostępnianą przez stanowy Wydział Transportu. Wiele wydziałów transportu udostępnia poufne dla ogółu informacje o kierowcach firmom ubezpieczeniowym, prywatnym detektywom i innym instytucjom, którym prawo stanowe zezwala na dostęp do tych informacji dla dobra społeczeństwa.

Istnieją oczywiście pewne ograniczenia co do typu informacji, jakie mogą być udzielane. Firmy ubezpieczeniowe mogą uzyskać tylko część informacji z akt, inne ograniczenia stosuje się do prywatnych detektywów itd.

Zupełnie odmienne reguły dotyczą policji i agentów: Wydział Transportu udostępnia im każdą informację po warunkiem, że się prawidłowo zidentyfikują. W stanie, w którym mieszkał Eric, identyfikacja polegała na podaniu kodu instytucji, która pyta o dane, i numeru prawa jazdy osoby pytającej. Pracownik Wydziału Transportu zawsze sprawdzał, czy numer prawa jazdy zgadza się z podanym nazwiskiem, i pytał o jedną dodatkową informację — zwykle o datę urodzenia — przed udostępnieniem danych.

Eric zamierzał, ni mniej ni więcej, wcielić się w oficera policji.

Jak mu się to udało? Odwrócił intrygę z „Żądła".

Podchody

Na początku zadzwonił na informację i poprosił o numer telefonu do stanowego Wydziału Transportu. Podano mu numer 503-555-5000, który oczywiście jest numerem dla petentów. Następnie zadzwonił na pobliski posterunek policji i zapytał o biuro dalekopisowe — miejsce, z którego przesyła się i odbiera informacje z innych agencji rządowych, z krajowego rejestru przestępstw itp. Kiedy zadzwonił do biura, powiedział, że potrzebuje numeru telefonu, jakiego używają agenci do kontaktów z Wydziałem Transportu.

— Kim pan jest? — zapytał policjant z biura dalekopisowego.

— Mówi Al. Dzwoniłem na 503-555-5753 — powiedział. Numer, który podał, był wymyślony, ale tylko częściowo. Pewne jest, że numer biura do kontaktów z policją będzie miał ten sam prefiks (503), co numer dla petentów. Prawie pewne było też to, że kolejne trzy cyfry będą takie same. Potrzebował jedynie czterech ostatnich.

Do biura dalekopisowego nie dzwoni nikt z zewnątrz. Poza tym dzwoniący znał już większą część numeru. Najwyraźniej była to osoba z wewnątrz.

— Podaje numer: 503-555-6127 — powiedział policjant.

W ten sposób Eric zdobył specjalny numer do kontaktów policji z Wydziałem Transportu. Jeden numer jednak zupełnie go nie satysfakcjonował. Biuro na pewno ma więcej linii — Eric chciał widzieć, ile dokładnie i jaki każda z linii ma numer.

Centrala

Aby wcielić w życie swój plan, musiał uzyskać dostęp do centrali telefonicznej, która obsługiwała linie łączące policję z Wydziałem Transportu. Zadzwonił do stanowego Wydziału Telekomunikacji i przedstawił się, jako ktoś, kto dzwoni z firmy Nortel, producenta DMS-100, jednej z najpopularniejszych typów central. Powiedział:

— Czy mogę rozmawiać z jakimś inżynierem, który zajmuje się centralami DMS-100?

Gdy go połączono, powiedział, że dzwoni z działu pomocy technicznej firmy Nortel w Teksasie i wyjaśnił, że tworzona jest właśnie główna baza danych w celu aktualizacji oprogramowania we wszystkich centralach. Wszystko będzie się odbywało zdalnie — nie będzie potrzebna asysta inżynierów. Potrzebują jednak numeru do wdzwaniania się na centralkę, aby mogli dokonywać aktualizacji bezpośrednio z ich siedziby.

Brzmiało to całkiem wiarygodnie. Monter podał Ericowi numer. Mógł teraz dzwonić bezpośrednio do jednej ze stanowych central telefonicznych.

W celu ochrony przed potencjalnymi intruzami centrale tego typu są chronione hasłem, podobnie jak firmowe sieci komputerowe. Każdy dobry socjotechnik interesujący się również phreakingiem wie, że centrale firmy Nortel udostępniają domyślną nazwę konta dla celów aktualizacji oprogramowania: NTAS (skrót oznaczający dział pomocy technicznej Nortel; niezbyt wyszukane). Jak zdobyć hasło? Eric wdzwaniał się kilka razy, za każdym razem próbując jednego z typowo ustawianych haseł. Hasło takie samo jak nazwa konta nie działało. Inne standardowe hasła też okazały się nietrafne.

Spróbował jeszcze wpisać „aktualizacja" i... dostał się do systemu. Typowe. Używanie tak oczywistych haseł jest niewiele lepsze od braku zabezpieczenia centrali jakimkolwiek hasłem.

Nie ma to jak być na bieżąco z technologią. Eric wiedział o tej centrali i jej programowaniu prawdopodobnie tyle samo co obsługujący ją inżynierowie. Z chwilą, kiedy uzyskał autoryzowany dostęp do centrali, miał pełną kontrolę nad liniami telefonicznymi, które go interesowały. Ze swojego komputera połączył się z centralą i wprowadził zapytanie o numer, który otrzymał wcześniej, 555-6127. Okazało się, że do tego samego miejsca biegnie 19 linii telefonicznych. Najwyraźniej obciążenie było duże.

Centrala została zaprogramowana, aby dla każdej przychodzącej rozmowy szukać pierwszej wolnej linii.

Wybrał linię numer 18 i wprowadził kod przekierowujący rozmowy z tej linii. Jako numer przekierowania wpisał numer swojej nowej, taniej komórki — jednej z tych, której nie szkoda wyrzucić po wykonaniu zadania.

Mając aktywowane przekierowanie na osiemnastej linii, czekał, aż natężenie rozmów w biurze wzrośnie na tyle, że jednocześnie będzie odbywało się siedemnaście rozmów. Następny telefon nie zadzwoni już w biurze Wydziału Transportu — będzie to komórka Erica.

Telefon do Wydziału Transportu

Krótko przed 8:00 tego ranka zadzwoniła komórka. Była to najbardziej wysmakowana część akcji. Oto Eric, socjotechnik, rozmawia z policjantem, z kimś, kto potencjalnie może go zaaresztować, przeszukać jego mieszkanie lub poprowadzić obławę w celu zebrania przeciwko niemu dowodów.

To nie był pojedynczy telefon. Od tej chwili co jakiś czas dzwonił do niego jakiś policjant. Jakiś czas później Eric jadł w restauracji lunch z przyjaciółmi, odbierając co kilka minut telefon i notując informacje na skrawku papieru za pomocą pożyczonego długopisu. Do dzisiaj śmieje się, wspominając tę scenę.

Dobrego socjotechnika nie przeraża ani trochę rozmowa z policją. Natomiast sam dreszcz wynikający z oszukiwania agentów dodał sprawie smaczku.

Według Erica, rozmowy przebiegały w następujący sposób:

— Wydział Transportu, w czym mogę pomóc?

— Mówi detektyw Andrew Cole.

— Dzień dobry. Co mogę dla pana zrobić?"

— Poproszę *Soundex* na numerze prawa jazdy 005602789 — mógł powiedzieć policjant, używając terminu oznaczającego zapytanie o fotografię — jest to przydatne np. w sytuacji, gdy policjant musi aresztować podejrzanego, ale nie wie, jak ten wygląda.

Żargon ➤

Soundex — system odwzorowania nazw (nazwisk) w kody liczbowe w taki sposób, że podobnie brzmiące (w języku angielskim) nazwy odwzorowywane są w identyczne kody.

— Za chwilę znajdę te akta — mówił Eric. — Aha, panie Cole, z jakiej agencji pan dzwoni?

— Jefferson County.

Potem Eric zadawał najważniejsze pytania: „Proszę podać wasz kod instytucji", „Jaki jest pański numer prawa jazdy?", „Data urodzenia?".

Rozmówca podawał wszystkie osobiste informacje identyfikacyjne. Eric mógł w tym momencie udawać, że dokonuje weryfikacji, i za chwilę powiedzieć, że informacje się zgadzają, po czym zapytać o szczegóły informacji, jaką chce uzyskać. Eric robił wrażenie, że szuka podanego mu nazwiska, pozwalając, aby rozmówca usłyszał stukanie w klawiaturę komputera i w chwilę potem mówił coś w rodzaju:

— O cholera! Znowu się zawiesił. Bardzo pana przepraszam, przez cały tydzień coś mi się dzieje z komputerem. Mógłby pan zadzwonić jeszcze raz, tak aby odebrał inny urzędnik?

W ten sposób czysto kończył rozmowę, nie wzbudzając jakichkolwiek podejrzeń w związku z tym, że nie mógł pomóc policjantowi. Sam w efekcie rozmowy otrzymywał kolejną tożsamość — szczegółowe dane, które mógł wykorzystać, aby wydobyć informacje z Wydziału Transportu, kiedy tylko ich potrzebował.

Po kilkugodzinnym odbieraniu telefonów i zdobyciu kilkudziesięciu kodów instytucji Eric zadzwonił ponownie na centralę i dezaktywował przekierowanie rozmów.

Po tej akcji przez długie miesiące otrzymywał zlecenia przekazywane mu przez legalne firmy detektywistyczne, które nie chciały wiedzieć, jak zdobywał takie informacje. Kiedy tylko potrzebował, dzwonił ponownie na centralę, uruchamiał przekierowanie i zbierał kolejny zapas tożsamości policjantów.

Analiza oszustwa

Prześledźmy szczegółowo wszystkie podstępy Erica, które przyczyniły się do powodzenia akcji. W pierwszym udanym kroku skłonił urzędnika z biura dalekopisowego, aby ten podał tajny numer do Wydziału Transportu zupełnie nieznajomemu człowiekowi, którego, bez uprzedniej weryfikacji, wziął za policjanta.

Podobną rzecz zrobiła osoba z Wydziału Telekomunikacji, która uwierzyła, że Eric jest przedstawicielem firmy produkującej centrale i podała mu numer dostępowy do centrali telefonicznej, która obsługuje Wydział Transportu.

Eric mógł dostać się do centrali w dużej mierze dzięki nikłym zabezpieczeniom, stosowanym przez producenta central, który wykorzystuje taką samą nazwę konta we wszystkich centralach. Dzięki takiej beztrosce odgadnięcie hasła było pestką dla socjotechnika, który zdaje sobie sprawę, że obsługa centrali wymyśla hasło łatwe do zapamiętania.

Mając dostęp do centrali, ustawił przekierowanie z jednej z linii Wydziału Transportowego na własny telefon komórkowy.

Nadszedł czas na kulminacyjny punkt całej intrygi: oszukiwanie kolejnych policjantów i pobieranie od nich nie tylko kodów instytucji, ale również ich osobistych danych identyfikacyjnych. Dzięki temu Eric mógł korzystać z ich tożsamości.

Mimo że cały wyczyn wymagał sporej wiedzy technicznej, nie powiódłby się bez pomocy kilku osób, które nie miały pojęcia, że rozmawiają z oszustem.

Historia ta jest kolejną ilustracją fenomenu polegającego na tym, że ludzie nie pytają: „Dlaczego?". Dlaczego urzędnik z biura dalekopisowego wyjawił tajną informację jakiemuś nieznajomemu policjantowi albo — tak jak w tym przypadku — obcemu *podającemu się* za policjanta, zamiast zasugerować mu, żeby zapytał o to kolegę lub swojego zwierzchnika? I znowu jedyną odpowiedzią na to pytanie jest ta, że ludzie po prostu rzadko zadają takie pytania. Może nie przychodzi im to do głowy? A może mają skrupuły przed podejrzewaniem rozmówcy o kłamstwo i odmawianiem mu pomocy? Może. Wszelkie dalsze wyjaśnienia to zgadywanka. Socjotechnika nie interesuje, dlaczego tak się dzieje; interesuje go jedynie to, w jaki sposób fakt ten ułatwia zdobycie informacji, które byłyby trudne do uzyskania, gdyby ludzie zachowywali się inaczej.

Uwaga Mitnicka ➤

Jeżeli nasza firma posiada własną centralę telefoniczną, zastanówmy się nad następującą kwestią: co zrobiłaby osoba odpowiedzialna za centralę, gdyby zadzwonił do niej przedstawiciel producenta i poprosił o numer do centrali? Czy osoba ta zadała sobie w ogóle trud, aby zmienić domyślne hasło centrali? Czy hasło to jest łatwym do odgadnięcia wyrazem, który znajduje się w słowniku?

Jak zapobiegać?

Kod bezpieczeństwa używany w odpowiedni sposób tworzy wartościową barierę ochronną. Nieprawidłowo używany kod bezpieczeństwa to rzecz gorsza niż jego brak, ponieważ zapewnia on iluzję bezpieczeństwa, którego w rzeczywistości nie ma. Po cóż bowiem kody, jeżeli nasi pracownicy nie traktują ich jak tajemnicy?

Firma, której potrzebne są werbalne kody bezpieczeństwa, musi jednoznacznie określić, kiedy i jak z nich korzystać. Gdyby osoba z pierwszej opisanej w tym rozdziale historii była dobrze wyszkolona, nie musiałaby polegać na swoim instynkcie i zbyt łatwo dać się namówić na podanie kodu bezpieczeństwa obcemu człowiekowi. Urzędnik z tego przykładu czuł, że nie powinien w tych okolicznościach być pytany o taką informację, ale nie posiadając jednoznacznych wytycznych, nie mówiąc już o odpowiedniej dozie zdrowego rozsądku, szybko poddał się woli rozmówcy.

Procedury bezpieczeństwa powinny również definiować kroki, zgodnie z którymi należy postępować w sytuacji, gdy pracownik wymaga od nas kodu w nieadekwatnych okolicznościach. Wszycy pracownicy powinni natychmiast zgłaszać wszelkie zapytania o informacje uwierzytelniające, takie jak kod dnia lub hasło, zadane w podejrzanych okolicznościach. Powinni również zgłaszać wszelkie próby weryfikacji tożsamości pytającego, które nie zakończyły się pomyślnie.

Jako minimalny środek ostrożności pracownicy powinni zanotować nazwisko dzwoniącego, jego numer telefonu oraz biuro lub oddział, z którego dzwoni, i odłożyć słuchawkę. Zanim oddzwonią, powinni sprawdzić, czy w podanym biurze pracuje osoba o danym nazwisku i czy numer, który podała, zgadza się z numerem w firmowym spisie telefonów. W większości przypadków ta prosta taktyka pozwoli na weryfikację, czy dzwoniący jest tym, za kogo się podaje.

Weryfikacja staje się trudniejsza, kiedy firma posługuje się wydrukowanym spisem telefonów zamiast stale aktualizowanej wersji przechowywanej w systemie komputerowym. Cały czas przyjmuje się i zwalnia pracowników, ludzie zmieniają stanowiska, wydziały i numery telefonów. Drukowana wersja spisu może być nieaktualna już w chwili jej publikacji. Na komputerowych wersjach spisu też nie można do końca polegać, ponieważ socjotechnik zna sposoby wprowadzania w nich zmian. Jeżeli pracownik nie jest w stanie skonfrontować numeru telefonu z niezależnym źródłem, powinien dokonać weryfikacji w inny sposób, np. kontaktując się ze zwierzchnikiem dzwoniącego.

III

Uwaga, intruz!

Na terenie firmy

Socjotechnika i technologia

Atak w dół hierarchii

Wyrafinowane intrygi

Szpiegostwo przemysłowe

10

Na terenie firmy

Dlaczego tak łatwo obcemu podać się za pracownika firmy i udawać go w przekonujący sposób, nabierając nawet ludzi o dużej świadomości tego typu zagrożeń? Dlaczego tak łatwo oszukać człowieka w pełni świadomego procedur bezpieczeństwa, nawet jeśli osoba ta nie ufa ludziom, których nie zna, i dba o ochronę zasobów informacyjnych swojej firmy?

Zastanówmy się nad powyższymi pytaniami, czytając historie zawarte w tym rozdziale.

Strażnik

Czas: wtorek, 17 października, 2:16 w nocy.

Miejsce: Skywatcher Aviation, Inc., zakład produkcyjny firmy na przedmieściach Tucson w stanie Arizona.

Historia strażnika

Leroy Greene czuł się o wiele lepiej, słysząc stukanie swoich obcasów o posadzki opuszczonych hal fabrycznych, niż spędzając długie nocne godziny na wpatrywaniu się w monitory w biurze straży przemysłowej. Nie mógł tam robić niczego poza gapieniem się na ekrany. Nie wolno mu było nawet przeczytać gazety lub zajrzeć do swojej oprawionej w skórę Biblii. Musiał siedzieć i patrzeć na zastygłe obrazy, na których nigdy nic nie chciało się poruszyć.

Chodząc po halach, mógł przynajmniej rozprostować nogi, a jeżeli pamiętał by w chód zaangażować bardziej ręce i ramiona, to miał namiastkę gimnastyki. Choć trudno uważać coś takiego za gimnastykę dla byłego prawego napastnika najlepszej drużyny footbalowej w mieście. No cóż, taka praca.

Gdy doszedł do rogu, zmienił kierunek marszu i poszedł wzdłuż galerii, z której rozciągał się widok na kilkusetmetrowej długości halę produkcyjną. Spojrzał w dół i zauważył dwie osoby przechodzące obok rzędu helikopterów będących w trakcie produkcji. Po chwili postacie zatrzymały się i zaczęły oglądać maszyny. Dość dziwny widok, biorąc pod uwagę, że był środek nocy.

— Lepiej to sprawdzę — pomyślał.

Leroy udał się w kierunku schodów i wszedł do hali w taki sposób, żeby zajść intruzów od tyłu. Nie zauważyli go do momentu, kiedy się odezwał.

— Dzień dobry. Mogę zobaczyć panów identyfikatory? — powiedział. Leroy starał się w takich momentach używać łagodnego tonu. Zdawał sobie sprawę, że jego słuszne rozmiary mogły niejednego wystraszyć.

— Cześć Leroy — powiedział jeden z nich, odczytując imię z identyfikatora. — Tom Stilton z działu marketingu z centrali w Phoenix. Mam tu u was parę spotkań i chciałem przy okazji pokazać mojemu koledze, jak buduje się największe helikoptery na świecie.

— Dobrze. Proszę pokazać identyfikator — rzekł Leroy. Zauważył, że byli bardzo młodzi. Gość od marketingu wyglądał, jakby właśnie skończył liceum, a drugi, z włosami do ramion, na 15 lat.

Pierwszy z nich sięgnął do kieszeni po identyfikator, po czym zaczął nerwowo przeszukiwać wszystkie swoje kieszenie. Leroy zaczynał podejrzewać, że coś tu nie gra.

— Cholera — powiedział. — Musiałem zostawić go w samochodzie. Mogę przynieść, to mi zajmie dziesięć minut. Pójdę na parking i wrócę.

Leroy zdążył już wyjąć swój notes.

— Mogę jeszcze raz prosić pana nazwisko? — zapytał i uważnie zanotował odpowiedź. Następnie poprosił, aby udali się z nim do biura straży przemysłowej. Kiedy jechali windą na trzecie piętro, Tom mówił, że pracuje tu dopiero od sześciu miesięcy i ma nadzieję, że Leroy nie będzie robił mu problemów w związku z tym incydentem.

W biurze ochrony Leroy wraz z kolegami zaczęli zadawać dwójce pytania. Stilton podał swój numer telefonu i powiedział, że jego szefem jest Judy Underwood, po czym podał również jej numer telefonu. Informacje zgadzały się z danymi w komputerze. Leroy wziął swoich kolegów na stronę, aby naradzić się, co robić w tej sytuacji. Nie chcieli popełnić jakiegoś błędu. Uznali więc, że najlepiej zadzwonić do jego szefowej, nawet gdyby miało to oznaczać zbudzenie jej w środku nocy.

Leroy sam zadzwonił do pani Underwood, wyjaśnił kim jest i zapytał, czy pracuje dla niej pan Stilton.

— Tak — odpowiedziała w półśnie.

— Natknęliśmy się na niego w hali produkcyjnej o 2:30 w nocy bez identyfikatora.

— Proszę mi go dać do telefonu — powiedziała pani Underwood.

Stilton podszedł do telefonu i powiedział:

— Judy, przykro mi, że strażnicy musieli cię obudzić w środku nocy. Mam nadzieję, że nie będziesz mi miała tego za złe.

Chwilę słuchał i kontynuował:

— To przez to, że i tak muszę tu być rano na spotkaniu w związku z nową publikacją prasową. Przy okazji, odebrałaś e-mail na temat Thompsona? Musimy się spotkać z Jimem w poniedziałek, żeby to nie przeszło nam koło nosa. Aha, i jesteśmy umówieni na lunch we wtorek, tak?

Słuchał jeszcze chwilę, po czym pożegnał się i odłożył słuchawkę.

To zaskoczyło Leroya, bo spodziewał się, że odda mu jeszcze słuchawkę, a jego szefowa potwierdzi, że wszystko jest w porządku. Zastanawiał się, czy nie zadzwonić do niej jeszcze raz. Pomyślał jednak, że już raz ją zbudził w środku nocy. Jeżeli zadzwoniłby po raz drugi, mogłaby się zdenerwować i donieść o tym jego szefowi.

— *Nie będę robił zamieszania* — pomyślał.

— Mogę pokazać mojemu koledze resztę linii produkcyjnej? — zapytał Stilton Leroya. — Może pan iść z nami.

— Idźcie, oglądajcie — powiedział Leroy — tylko następnym razem proszę nie zapominać o identyfikatorze. I proszę wcześniej informować ochronę, jeżeli zamierza pan przebywać na terenie zakładu po godzinach — jest taki wymóg.

— Będę o tym pamiętał, Leroy — powiedział Stilton i obaj wyszli.

Nie minęło nawet dziesięć minut, kiedy w biurze ochrony odezwał się telefon. Dzwoniła pani Underwood.

— Co to był za facet?! — dopytywała się. Powiedziała, że próbowała zadawać mu pytania, a on mówił jakieś dziwne rzeczy o lunchu. Nie ma pojęcia, kto to był.

Ochroniarz zadzwonił do strażników w korytarzu i na bramie przy parkingu. Obydwaj widzieli wychodzących kilka minut temu dwóch młodych mężczyzn.

Opowiadając później tę historię, Leroy mówił zawsze na koniec:

— Boże, myślałem że mój szef mnie zabije. Mam szczęście, że mnie nie wyrzucił z pracy.

Historia Joe Harpera

Siedemnastoletni Joe Harper od ponad roku zakradał się do różnych budynków. Czasami w dzień, czasem w nocy — za każdym razem chciał przekonać się, czy ujdzie mu to na sucho. Był synem muzyka i kelnerki — obydwoje pracowali na nocne zmiany, a Joe zbyt dużo czasu spędzał samotnie. Jego opis tych samych wydarzeń pozwala lepiej zrozumieć, co zaszło.

* * *

Mam takiego kumpla, Kenny'ego, który chce być pilotem helikoptera. Zapytał mnie, czy mogę wprowadzić go do fabryki Skywatcher, żeby pooglądać linię produkcyjną helikopterów. Wiedział, że szwendałem się już po różnych budynkach. Zakradanie się do miejsc, gdzie wstęp jest zabroniony, to niezła dawka adrenaliny.

Nie polega to jednak po prostu na wejściu na teren fabryki czy biura. Najpierw trzeba wszystko dokładnie przemyśleć, zaplanować i zrobić pełny rekonesans obiektu. Trzeba wejść na stronę internetową firmy, poszukać nazwisk i stanowisk, struktury podległości i numerów telefonów. Przeczytać wycinki prasowe i artykuły w magazynach. Metodyczne badania to mój własny sposób na bezpieczeństwo — dzięki temu mogę rozmawiać z każdym, podając się za pracownika.

Od czego więc zacząć? Na początku zajrzałem do Internetu, aby sprawdzić, gdzie znajdują się biura firmy. Okazało się, że główna siedziba jest w Phoenix. Doskonale. Zadzwoniłem tam i poprosiłem o połączenie z działem marketingu. Każda firma ma taki dział. Odebrała kobieta, a ja powiedziałem, że dzwonię z firmy Blue Pencil Graphics i chciałem zorientować się, czy są zainteresowani korzystaniem z naszych usług. Zapytałem, z kim mogę na ten temat porozmawiać. Powiedziała, że najlepiej z Tomem Stiltonem. Poprosiłem wiec o jego numer telefonu, na co odpowiedziała, że nie udzielają takich informacji, ale może mnie z nim połączyć. Dodzwoniłem się do jego automatycznej sekretarki. Nagrana wiadomość brzmiała następująco: „Dzień dobry, tu Tom Stilton, dział marketingu, wewnętrzny 3147, proszę zostawić wiadomość". Dobre! Ponoć nie udzielają takich informacji, a tu gość zostawił swój wewnętrzny na sekretarce. Dla mnie bomba — miałem już nazwisko i numer.

Kolejny telefon do tego samego biura.

— Dzień dobry, szukam Toma Stiltona, ale nie ma go u siebie. Chciałbym zapytać o coś jego szefa.

Szefowej też nie było, ale zdążyłem w trakcie rozmowy uzyskać jej nazwisko. Ona również zostawiła swój numer wewnętrzny na sekretarce — bardzo ładnie!

Na pewno udałoby mi się bez specjalnego zachodu przeprowadzić nas obok strażnika w korytarzu, ale kiedyś przejeżdżałem w pobliżu tej fabryki i chyba widziałem tam płot dookoła parkingu. W takim razie na pewno strażnik sprawdza tam, kto wjeżdża na parking. W nocy pewnie spisują dodatkowo numery rejestracyjne, więc będę musiał kupić na pchlim targu jakieś stare tablice.

Najpierw muszę jednak zdobyć numer telefonu do budki strażników. Odczekałem chwilę, aby w sytuacji, gdy odbierze ta sama osoba, mój głos nie wydał jej się znajomy. Po jakimś czasie zadzwoniłem i powiedziałem:

— Ktoś nam zgłaszał, że są problemy z telefonem w budce strażników przy Ridge Road — czy dalej coś się dzieje?

Moja rozmówczyni powiedziała, że nie wie, ale połączy mnie z budką.

Odebrał mężczyzna:

— Brama przy Ridge Road, mówi Ryan.

— Cześć Ryan, tu Ben. Mieliście ostatnio jakieś problemy z telefonem?

Strażnik był chyba przeszkolony, bo zapytał od razu:

— Jaki Ben? Mogę prosić twoje nazwisko?

— Ktoś od was zgłaszał problemy — kontynuowałem tak, jakbym nie słyszał pytania.

Odsunąwszy słuchawkę od ucha, zawołał:

— Hej, Bruce, Roger, były jakieś problemy z telefonem?

Zbliżył z powrotem słuchawkę i powiedział:

— Nie wiemy nic o żadnych problemach.

— Ile macie tam linii telefonicznych?

Zdążył zapomnieć o moim nazwisku.

— Dwie — powiedział.

— A na której teraz rozmawiamy?

— Na 3410.

Bingo!

— I obydwie działają bez problemów?

— Raczej tak.

— Dobrze — powiedziałem. — Tom, jeżeli pojawią się u was jakiekolwiek problemy z telefonami, dzwoń do nas, do Telecom. Jesteśmy od tego, żeby wam pomagać.

Zdecydowaliśmy z Kennym, że odwiedzimy fabrykę jeszcze tej nocy. Późnym popołudniem zadzwoniłem do budki strażniczej, przedstawiając się jako pracownik działu marketingu. Powiedziałem:

— Dzień dobry, tu Tom Stilton z marketingu. Mamy napięty termin i dwóch ludzi jedzie do nas z pomocą. Nie dotrą wcześniej niż o pierwszej, drugiej w nocy. Będzie pan wtedy jeszcze na zmianie?

Odpowiedział radośnie, że kończy o północy.

— Może pan zostawić wiadomość dla swojego zmiennika? — spytałem. — Kiedy pojawi się dwóch ludzi i powiedzą, że przyszli do Toma Stiltona, proszę ich wpuścić, dobrze?

Powiedział, że nie ma sprawy. Zanotował moje nazwisko, wydział i numer wewnętrzny, po czym powiedział, że się tym zajmie.

Podjechaliśmy pod bramę trochę po drugiej. Powiedziałem, że przyjechaliśmy do Toma Stiltona. Zaspany strażnik wskazał tylko drzwi, którymi mamy wejść, i miejsce do zaparkowania.

Po wejściu do budynku natrafiliśmy na kolejną bramkę ochrony w korytarzu i książkę do odnotowywania pobytu po godzinach. Powiedziałem strażnikowi, że muszę na rano opracować raport, a kolega chciał po prostu zobaczyć fabrykę.

— On ma bzika na punkcie helikopterów — powiedziałem. — Chce zostać pilotem.

Strażnik poprosił o mój identyfikator. Sięgnąłem do kieszeni, po czym sięgnąłem do paru innych i powiedziałem, że chyba zostawiłem go w samochodzie i że zaraz po niego pójdę.

— Dziesięć minut — powiedziałem.

— Dobra, nie trzeba. Wystarczy się wpisać — powiedział strażnik.

Spacer wzdłuż linii produkcyjnej był niesamowity. Dopóki nie zatrzymał nas ten olbrzym Leroy.

W biurze straży zdałem sobie sprawę, że intruz wyglądałby w tym momencie na nerwowego i wystraszonego. Kiedy rzecz stanęła na ostrzu noża, udawałem oburzenie. Tak jakbym w rzeczywistości był tym, za kogo się podaję, i wyprowadził mnie z równowagi fakt, że nie chcieli mi uwierzyć.

Kiedy zaczęli mówić o tym, że chyba powinni zadzwonić do mojej szefowej i zaczęli szukać w komputerze jej domowego numeru telefonu, stałem tam i myślałem: „Chyba czas wiać. Ale co z bramą na parkingu — nawet jeżeli uda się nam wydostać z budynku, zamkną bramę i nas złapią".

Kiedy Leroy zadzwonił do kobiety, która była szefową Stiltona, i oddał mi słuchawkę, zaczęła do mnie wrzeszczeć:

— Kto mówi? Kim pan jest?!

A ja po prostu gadałem tak, jakbyśmy prowadzili normalną rozmowę i po jakiejś chwili odłożyłem słuchawkę.

Ile czasu potrzeba, aby w środku nocy zdobyć numer telefonu do fabryki? Szacowałem, że mamy mniej niż kwadrans na to, żeby wydostać się stamtąd, zanim ta kobieta zadzwoni i zaalarmuje strażników.

Wychodziliśmy z fabryki tak szybko, jak się dało, ale żeby nie wyglądało, że bardzo nam się spieszy. Odetchnąłem, kiedy strażnik przy bramie parkingu tylko machnął, żebyśmy przejechali.

Analiza oszustwa

Warto wspomnieć, że bohaterami prawdziwego incydentu, na którym oparta jest ta historia, byli nastoletni młodzieńcy. Dla nich to był wygłup, przygoda — chcieli się przekonać, czy im się uda. Jeżeli dla pary nastolatków wejście na teren firmy okazało się takie proste, to jak proste może być dla złodziei, szpiegów przemysłowych lub terrorystów?

Jak to się stało, że trzech doświadczonych strażników pozwoliło dwóm intruzom po prostu wyjść z fabryki? Tym bardziej, że już ich młody wiek powinien być wysoce podejrzany.

Leroy *miał* z początku słuszne podejrzenia. Dobrze zrobił, zabierając ich do biura straży przemysłowej i sprawdzając chłopaka podającego się za Toma Stiltona oraz numery telefonów i nazwiska, które podał. Z pewnością słuszny był również telefon do jego domniemanego zwierzchnika.

W końcu jednak zwiodła go pewność siebie i oburzenie młodego człowieka. Nie było to zachowanie, którego mógł spodziewać się po złodzieju lub intruzie — tylko pracownik firmy mógł zachowywać się w taki sposób. Tak przynajmniej sądził. Leroy powinien zostać przeszkolony, aby działał, opierając się na solidnych procedurach identyfikacyjnych, a nie na swojej własnej ocenie.

Dlaczego jego podejrzenia nie wrosły, kiedy chłopak odłożył słuchawkę, nie podając jej z powrotem Leroyowi, aby ten usłyszał, jak Judy Underwood potwierdza, że jej pracownik ma powód, by przebywać o tej porze w fabryce?

Było to szyte tak grubymi nićmi, że trudno uwierzyć, iż Leroy dał się nabrać. Spójrzmy jednak na sytuację z jego perspektywy: ukończył ledwo liceum, zależało mu na pracy, nie był pewny, czy nie narazi się, dzwoniąc drugi raz w środku nocy do osoby na kierowniczym stanowisku. Czy będąc w jego skórze zdecydowalibyśmy się na ponowny telefon?

Oczywiście drugi telefon to nie było jedyne wyjście z sytuacji. Co jeszcze mógł zrobić strażnik?

Jeszcze przed wykonaniem telefonu powinien poprosić obu młodzieńców o jakiś dowód tożsamości ze zdjęciem. Skoro przyjechali do fabryki samochodem, przynajmniej jeden z nich powinien mieć przy sobie prawo jazdy. W tym momencie fakt podania przez nich fałszywych nazwisk stałby się oczywisty (profesjonalista zapewne pojawiłby się z fałszywym dowodem, ale ci chłopcy na pewno o tym nie pomyśleli). W każdym razie Leroy powinien sprawdzić ich informacje identyfikacyjne i zanotować je. Jeżeli obaj oświadczyliby, że nie mają przy sobie żadnych dowodów tożsamości, powinien pójść z nimi do samochodu po identyfikator, który chłopak podający się za Toma Stiltona rzekomo tam zostawił.

Po rozmowie z szefową jeden z ochroniarzy powinien towarzyszyć im do wyjścia, a następnie odprowadzić do samochodu i spisać jego numer rejestracyjny. Jeżeli byłby spostrzegawczy, być może zauważyłby, że jedna z tablic (kupiona na pchlim targu) nie miała ważnej nalepki rejestracyjnej — a to już powód, aby zatrzymać dwójkę w celu dalszego dochodzenia ich tożsamości.

Uwaga Mitnicka ➤

Ludzie posiadający dar manipulowania innymi zwykle cechują się bardzo „magnetycznym typem osobowości". Przeważnie są to osoby rzutkie i elokwentne. Socjotechników wyróżnia też umiejętność rozpraszania procesów myślowych swoich rozmówców, co w efekcie prowadzi do szybkiego nawiązania współpracy z ofiarą ataku. Sądząc, że istnieje chociaż jedna osoba, która nie podda się tego typu manipulacji, nie doceniamy umiejętności i instynktu socjotechników.

Dobry socjotechnik za to nigdy nie pozwala sobie na lekceważenie swego przeciwnika.

Śmietnik pełen informacji

Zadziwiająca jest ilość informacji, jaką można zdobyć, przeszukując śmieci wyrzucane z firmy.

Wielu ludzi nie zdaje sobie sprawy z tego, co wyrzuca: rachunki za telefon, wydruki z konta bankowego, opakowania po lekach, materiały związane z pracą i wiele innych rzeczy.

Pracownicy w firmie muszą być świadomi, że są ludzie, którzy szukają w śmietnikach informacji, które można wykorzystać.

W czasach, gdy byłem w liceum, chodziłem przeszukiwać kosze na śmieci na tyłach lokalnej firmy telekomunikacyjnej — najczęściej sam, a od czasu do czasu z kolegami, którzy również interesowali się telekomunikacją. Mając pewne doświadczenie w zawodzie „nurka śmietnikowego", uczyłem się trików pozwalających unikać śmieci z różnych „nieciekawych" miejsc i zakładania rękawiczek.

Samo grzebanie w śmieciach może nie jest zbyt zabawne, ale to, co można tam znaleźć, stanowi rekompensatę. Wewnętrzne spisy telefonów firmy, dokumentacje programów, listy pracowników, nieudane wydruki, z których można było nauczyć się programowania centrali itp. Wystarczyło brać.

Planowałem wizyty na śmietniku w noce po opublikowaniu nowych dokumentacji, ponieważ wyrzucano wtedy beztrosko wiele starych egzemplarzy. Chodziłem tam również o różnych przypadkowych porach, szukając jakichś notatek, listów, raportów i tym podobnych rzeczy, które mogły zawierać interesujące informacje.

Kiedy przychodziłem na śmietnik, znajdowałem jakieś kartony i odkładałem je na bok. Jeżeli ktoś mnie zaczepiał, a zdarzało się tak od czasu do czasu, mówiłem, że kolega się przeprowadza i szukam dla niego jakichś pudeł, żeby mógł się spakować. Strażnik zwykle nie zauważał dokumentów, którymi napełniałem kartony przed zabraniem ich do domu. Czasami mówiono mi, żebym się wynosił, wówczas szedłem na tyły biura konkurencyjnej firmy telekomunikacyjnej.

Nie wiem, jak wygląda to dziś, ale w tamtych czasach łatwo było rozpoznać worki, które mogły zawierać coś interesującego. Drobne śmieci i odpadki z bufetu wyrzucane były luzem w dużych workach, podczas gdy odpadki z biurowych koszy na śmieci wynoszone były w białych, plastikowych torbach obwiązywanych sznurkiem.

Pewnego razu, przeszukując wraz z kolegami śmietnik, znaleźliśmy kilka podartych arkuszy papieru. Podartych to za mało powiedziane: ktoś zadał sobie trud rozdrobnienia ich na zupełnie małe skrawki.

Wszystkie skrawki znajdowały się w oddzielnym worku. Zabraliśmy worek do pobliskiego baru, wysypaliśmy kawałki na stół i zaczęliśmy je układać.

Wszyscy lubiliśmy puzzle, więc układanie skrawków okazało się dobrą zabawą. W nagrodę zamiast lizaka otrzymaliśmy coś więcej. Poskładany dokument okazał się listą nazw kont i haseł do jednego z najważniejszych systemów komputerowych firmy.

Czy cały zachód i ryzyko związane z grzebaniem w śmietnikach się opłaca? Jeszcze jak! Nawet bardziej niż można by sądzić, ponieważ ryzyko jest zerowe. Było tak wtedy i jest do dzisiaj: o ile nie wchodzimy przy tej okazji na czyjś prywatny teren, grzebanie w śmietnikach jest stuprocentowo legalne.

Oczywiście nie tylko phreakerzy i hakerzy zanurzają głowy w koszach na śmieci. Policja również regularnie zagląda do śmietników. Gros przestępców, od zwykłych malwersantów do szefów mafii, zostało oskarżonych na podstawie dowodów znalezionych w ich śmietnikach. Agencje wywiadowcze również od lat stosują tę metodę.

Nie jest to może taktyka godna Jamesa Bonda — kinomani zapewne wolą patrzeć, jak przechytrza czarny charakter lub uwodzi kolejną piękność, zamiast oglądać go zanurzonego po kolana w śmieciach. Prawdziwi szpiedzy nie brzydzą się jednak, gdyż wśród skórek od bananów i kubków po kawie, starych gazet i podartych list zakupów może być ukryte coś wartościowego. Poza tym szukanie informacji w ten sposób jest bezpieczne.

Fortuna w odpadkach

Korporacje również bawią się w przeszukiwanie śmietników. W czerwcu 2000 roku gazety podały informację, że Oracle Corporation (szef tej firmy, Larry Ellison, jest chyba najbardziej zagorzałym wrogiem Microsoftu w USA) wynajęła firmę detektywistyczną, której pracownicy zostali złapani na gorącym uczynku. Najwyraźniej chcieli uzyskać dostęp do śmieci z ACT (grupy lobbyingowej wspieranej przez Microsoft), ale bez narażania się na przyłapanie. Według doniesień prasowych, firma wysłała do ACT kobietę, która oferowała sprzątaczom 60 dolarów za śmieci z ACT. Ci odmówili. Następnej nocy pojawiła się ponownie, podnosząc ofertę do 500 dolarów.

Sprzątacze tym razem nie tylko odmówili, ale postanowili o tym donieść.

Time zatytułował swój artykuł poświęcony Ellisonowi z Oracle „Larry podglądacz."

Analiza oszustwa

Biorąc pod uwagę doświadczenia moje i firmy Oracle, można by zacząć się zastanawiać, czy kradzież czyichś śmieci nie jest ryzykowna.

Odpowiedź powinna chyba brzmieć: ryzyko jest niewielkie, a korzyści mogą być ogromne. Może po prostu próba przekupienia osób zajmujących się sprzątaniem zwiększa ryzyko poniesienia konsekwencji. Niewątpliwie jednak każdy, kto nie boi się odrobinę ubrudzić, powinien poradzić sobie bez dawania łapówek.

Socjotechnik znajdzie w koszu na śmieci wiele interesujących rzeczy. Może zdobyć tam informacje wystarczające do zaatakowania firmy, np. pisma, harmonogramy, listy i tym podobne dokumenty, w których pojawiają się nazwiska, wydziały, stanowiska, numery telefonów i nazwy realizowanych projektów. Śmieci mogą dostarczyć nam informacji o strukturze firmy, planach wyjazdów itp. Detale te mogą wydawać się mało istotne dla ludzi z wewnątrz organizacji, lecz są bardzo wartościowe dla napastnika.

Mark Joseph Edwards w swojej książce *Internet Security with Windows NT* mówi o całych raportach wyrzucanych z powodu błędów literowych, hasłach zapisanych na skrawkach papieru, notatkach typu „Gdy Cię nie było, dzwonili..." z numerami telefonów, całych segregatorach wypełnionych dokumentami, nie zniszczonych dyskietkach i taśmach — wszystko to może pomóc potencjalnemu intruzowi.

Autor książki zapytuje też: „A kim są ludzie, którzy sprzątają wasze biura? Podjęliście decyzję, że sprzątacze nie mają prawa wstępu do pomieszczenia z komputerami? A co z koszami na śmieci w innych pomieszczeniach? Agencje federalne przeprowadzają rutynowe kontrole ludzi, którzy mają dostęp do ich śmietników lub niszczarek dokumentów. Może powinniście wziąć z nich przykład?".

Uwaga Mitnicka ➤

Twoje śmieci mogą stanowić skarb dla przeciwnika. Zwykle nie przejmujemy się tym, co wyrzucamy do śmieci w domu, dlaczego więc mielibyśmy sądzić, że ludzie zmienią ten nawyk w pracy? Wszystko sprowadza się do edukacji naszych pracowników i uświadomienia im zagrożeń (pozbawieni skrupułów ludzie szukający informacji w śmietnikach) i celu ataku (poufne informacje, które nie zostały zniszczone lub odpowiednio wymazane).

Upokorzony szef

Nikt nie widział niczego podejrzanego w fakcie, że Harlan Fortis przybył w poniedziałek rano do swojej pracy w Wydziale Dróg i powiedział, iż wychodząc z domu w pośpiechu, zapomniał identyfikatora. Strażniczka widywała go, odkąd tu pracowała, czyli od dwóch lat, jak codziennie wchodził i wychodził z pracy. Kazała mu podpisać identyfikator dla tymczasowo zatrudnionego, wręczyła mu go i wpuściła na teren firmy.

Piekło zaczęło się dopiero dwa dni później. Historia rozeszła się po całym wydziale. Większość ludzi, którzy ją słyszeli, nie mogła w to uwierzyć, reszta zaś nie wiedziała, czy się śmiać czy płakać nad biednym George'em.

Bo w istocie George Adamson był litościwą osobą — najlepszy szef wydziału, jakiego mieli. Nie zasługiwał, żeby przytrafiło się to właśnie jemu. Oczywiście przy założeniu, że historia była prawdą.

Kłopoty zaczęły się, kiedy któregoś piątku pod koniec dniówki George wezwał Harlana do swojego biura i zakomunikował mu w jak najłagodniejszy sposób, że od przyszłego poniedziałku Harlan zostaje przeniesiony do Wydziału Sanitarnego. Dla Harlana to było tak, jakby został zwolniony. A w zasadzie gorzej — to było upokarzające. Nie miał zamiaru tak po prostu się z tym pogodzić.

Tego wieczora usiadł na werandzie i obserwował samochody ludzi wracających z pracy do domów. W końcu zauważył chłopca o imieniu David, którego wszyscy nazywali „dzieciakiem od gier wojennych" jadącego na swoim motorowerze ze szkoły. Zatrzymał go i wręczył mu grę komputerową, którą kupił specjalnie na tę okazję, po czym zaoferował układ: najnowsza konsola do gier plus sześć gier za odrobinę pomocy przy komputerze i zmowę milczenia.

Kiedy Harlan objaśnił swój plan — nie podając na razie żadnych szczegółów — David zgodził się i powiedział, co należy do Harlana. Musiał kupić modem, znaleźć w biurze komputer, przy którym jest jakieś wolne gniazdko telefoniczne, i tam go podłączyć. Potem miał zostawić modem pod biurkiem, aby nikt go nie zauważył. Następny krok był ryzykowny. Harlan musiał usiąść przy komputerze, zainstalować pakiet oprogramowania do zdalnego dostępu i uruchomić go. W każdej chwili osoba, która pracowała w danym pokoju, mogła wrócić lub ktoś mógł przyjść i zobaczyć go w nie swoim biurze. Był taki spięty, że miał trudności z odczytaniem instrukcji, którą napisał mu David. W końcu udało mu się skończyć i wymknął się z budynku niezauważony.

Podkładanie miny

Tej wieczoru David wpadł na kolację do Harlana. Potem obaj usiedli przy komputerze i w ciągu paru minut chłopakowi udało się uzyskać zdalny dostęp do komputera George'a Adamsona. Zadanie było proste, ponieważ George nigdy nie miał czasu na to, by zmienić hasło, a poza tym ciągle kogoś prosił o pobranie albo wysłanie jakiegoś pliku na jego komputerze. Wkrótce wszyscy w biurze znali hasło George'a.

Po krótkim poszukiwaniu odnaleźli plik o nazwie *Budżet2002.ppt* — chłopak pobrał go na komputer Harlana. Ten poprosił, by zostawił go samego i przyszedł za dwie godziny.

Kiedy David wrócił, Harlan poprosił o ponowne połączenie z systemem komputerowym Wydziału Dróg i umieścił pobrany uprzednio plik tam, gdzie go znaleźli, zastępując nim starą wersję. Harlan pokazał Davidowi konsolę i powiedział, że jeżeli wszystko pójdzie zgodnie z planem, jutro ją dostanie.

Niespodzianka dla George'a

Można by sądzić, że coś tak nudnego jak zebrania budżetowe nikogo nie interesuje, ale tym razem sala posiedzeń Rady Okręgu była pełna dziennikarzy, przedstawicieli różnych grup interesów i zwykłych ciekawskich ludzi. Przybyły nawet dwie ekipy telewizyjne.

George zawsze czuł, że na tych zebraniach ma wiele do stracenia. Rada Okręgu przyznawała środki i, jeżeli nie był w stanie przedstawić przekonujących argumentów, jego budżet był obcinany, a potem wszyscy narzekali na dziury w jezdniach, nieczynną sygnalizację, niebezpieczne skrzyżowania i obwiniali właśnie jego. Działo się tak przez cały rok. Tego wieczoru, kiedy został poproszony o zabranie głosu, czuł się pewnie. Przez sześć tygodni opracowywał swoją prezentację w programie Power Point i nawet przetestował ją z pomocą swojej żony, swoich najbliższych współpracowników i zaufanych przyjaciół. Wszyscy zgadzali się, że była to najlepsza prezentacja, jaką widzieli.

Pierwsze trzy slajdy w Power Poincie świetnie spełniły swoją rolę. Każdy członek rady uważnie wpatrywał się w ekran. Slajdy idealnie współgrały z argumentacją prelegenta.

Potem zaczęło się dziać coś złego. Czwarty slajd powinien przedstawiać piękną fotografię nowo otwartego odcinka autostrady o zachodzie słońca. Zamiast tego pojawiło się coś innego. Coś bardzo żenującego. Fotografia rodem z *Penthouse'a* lub *Hustlera*. Usłyszał pomruk widowni i pośpiesznie nacisnął klawisz w swoim laptopie, by przejść do następnego slajdu.

Ten był jeszcze gorszy. Nic nie pozostawiono wyobraźni.

Właśnie chciał wyświetlić na kolejny slajd, kiedy ktoś z widowni wyciągnął z prądu wtyczkę projektora. W tym czasie przewodniczący głośno uderzał drewnianym młotkiem w stół i przekrzykiwał powstały zgiełk, ogłaszając przełożenie spotkania na inny termin.

Analiza oszustwa

Korzystając z fachowej pomocy nastoletniego hakera, niezadowolony pracownik zdołał dostać się do komputera swojego szefa, pobrać ważną prezentację i podmienić parę slajdów. Potem umieścił z powrotem prezentację na dysku szefa.

Dzięki modemowi podłączonemu do jednego z komputerów i gniazdka telefonicznego, młody haker był w stanie dostać się do komputera z zewnątrz. Dzieciak przygotował wcześniej oprogramowanie do zdalnego dostępu, aby po wejściu do systemu mieć pełny dostęp do wszystkich plików przechowywanych w systemie. Ponieważ komputer był podłączony do sieci firmowej, a login i hasło szefa były ogólnie znane, dostęp do jego plików nie stanowił problemu.

Łącznie ze skanowaniem zdjęć z kolorowych magazynów, cała praca zajęła tylko parę godzin. Szkoda wyrządzona dobrej reputacji szefa była niewyobrażalna.

Uwaga Mitnicka ➤

Większość pracowników, którzy są zwalniani, przenoszeni lub degradowani, nie sprawia problemów. Wystarczy jednak jeden, aby firma przekonała się po fakcie, że należało wcześniej podjąć kroki w celu uniknięcia katastrofy.

Doświadczenie i statystyki mówią, że największe zagrożenie dla firmy płynie ze strony pracowników. To oni posiadają szczegółową wiedzę o miejscach przechowywania ważnych informacji i wiedzą, gdzie uderzyć, aby spowodować największe straty.

W oczekiwaniu na awans

Późnym rankiem, pewnego ciepłego jesiennego dnia, Peter Milton wkroczył do holu biura regionalnego Honorable Auto Parts w Denver — firmy prowadzącej hurtową sprzedaż części zamiennych. Czekał przy kontuarze recepcji, podczas gdy dziewczyna jednocześnie wpisywała gościa do książki, objaśniała komuś przez telefon drogę i załatwiała kuriera z przesyłką.

— Jak pani się nauczyła robić tyle rzeczy naraz? — powiedział Peter, kiedy wreszcie znalazła dla niego czas. Uśmiechnęła się, najwyraźniej ciesząc się, że to zauważył. Powiedział jej, że jest z działu marketingu z Dallas i że umówił się z Mikiem Talbottem z działu sprzedaży w Atlancie.

— Musimy dziś po południu odwiedzić klienta — wyjaśnił. — Po prostu poczekam na niego tu w holu.

— Marketing — wymówiła to słowo z nutką melancholii.

Peter uśmiechnął się do niej, czekając co będzie dalej.

— Gdybym poszła do college'u, wybrałabym właśnie to — powiedziała. — Marzę o pracy w marketingu.

Znowu się uśmiechnął.

— Kaila — zwrócił się do niej, odczytując imię z tabliczki na kontuarze. — U nas w Dallas pracowała dziewczyna, która była sekretarką. Potem przeszła do marketingu. To było jakieś trzy lata temu, a dzisiaj jest asystentką dyrektora marketingu i zarabia dwa razy tyle, co na początku.

Kaila rozmarzyła się.

— Potrafisz korzystać z komputera? — zapytał.

— Pewnie — odpowiedziała.

— A co byś powiedziała, gdybym zaproponował twoją kandydaturę na stanowisko sekretarki w marketingu?

— Dla tej pracy mogłabym się nawet przenieść do Dallas — powiedziała rozpromieniona.

— Pokochasz Dallas — powiedział. — Nie mogę ci w tej chwili nic obiecać, ale zobaczę, co się da zrobić.

Pomyślała sobie, że ten miły i zadbany mężczyzna w garniturze i krawacie może dużo uczynić dla jej kariery.

Peter usiadł w holu, otworzył swój laptop i pochłonęła go praca. Po dziesięciu lub piętnastu minutach podszedł znów do kontuaru.

— Wygląda na to, że Mike'a coś zatrzymało. Czy jest tu jakaś sala konferencyjna, gdzie mógłbym usiąść i sprawdzić pocztę?

Kaila zadzwoniła do człowieka, który zajmował się obsadą sal konferencyjnych, i poprosiła o wolną salę dla Petera. Zgodnie z modą zapoczątkowaną przez firmy z Doliny Krzemowej (Apple była chyba pierwszą z nich), niektóre sale konferencyjne zostały nazwane imionami bohaterów kreskówek, a inne nazwami sieci restauracji, nazwiskami gwiazd filmowych lub bohaterów komiksów. Powiedziano mu, aby szukał sali Myszki Miki. Kaila poprosiła go o wpis do książki i wskazała mu drogę.

Odnalazł salę, rozgościł się i podłączył swój laptop do portu sieci Ethernet.

Już wiemy, co się wydarzyło?
Dokładnie! Intruz podłączył się do sieci firmy, omijając firewall.

Uwaga Mitnicka ➤

Pracowników należy wyszkolić, aby „nie oceniali książki po okładce" — to, że ktoś jest dobrze ubrany i ma dobre maniery, nie znaczy, że jest wiarygodny.

Historia Anthony'ego

Sądzę, że Anthony'ego Lake'a można by nazwać leniwym biznesmenem. Choć może słowo „zdeterminowany" lepiej oddaje jego nastawienie.

Zamiast pracować dla kogoś, zdecydował, że będzie pracował sam dla siebie. Miał zamiar otworzyć sklep, w którym mógłby cały dzień spokojnie siedzieć, zamiast ciągle gonić z miejsca na miejsce. Chciał jednak robić tylko takie interesy, z których będzie miał pewne dochody.

Jaki sklep wybrać? To było akurat dość proste. Znał się na naprawie samochodów, więc otworzy sklep z częściami zamiennymi.

A co z gwarancją sukcesu? Rozwiązanie przyszło mu do głowy momentalnie: przekonać hurtownię Honorable Auto Parts, żeby sprzedawała mu wszystkie towary po kosztach.

Oczywiście sami z siebie nie będą chcieli tego zrobić. Anthony znał jednak sposoby na przechytrzanie ludzi, a jego kolega, Mickey, wiedział, jak włamywać się do cudzych komputerów. Wspólnie opracowali sprytny plan.

Tego jesiennego dnia przedstawił się przekonująco jako Peter Milton, pracownik firmy, dostał się na teren biur Honorable Auto Parts i udało mu się podłączyć swój laptop do firmowej sieci. Jak dotąd plan działał, ale był to ledwie pierwszy krok. To, co musiał jeszcze zrobić, nie było proste, szczególnie dlatego, że Anthony chciał się zmieścić w 15 minutach — każda sekunda ponad ten czas zwiększałaby ryzyko jego wykrycia.

Wcześniej zdążył wykonać telefon i, podając się za serwisanta dostawcy komputerów, odegrał małe przedstawienie:

— Wasza firma wykupiła dwuletni abonament serwisowy i chcemy was dopisać do bazy danych, żeby wiedzieć, kiedy pojawią się nowe wersje lub uzupełnienia programu, którego używacie. Dlatego potrzebuję informacji o tym, jakich używacie aplikacji.

W odpowiedzi otrzymał listę programów, a jego kolega zidentyfikował jeden z nich, MAS 90, jako cel ataku — program ten przechowuje listę sklepów wraz z rabatami i warunkami płatności dla każdego z nich.

Dysponując tą wiedzą, użył programu, który identyfikuje wszystkie aktywne komputery w sieci. Nie zajęło mu dużo czasu znalezienie serwera, z którego korzysta księgowość. Z arsenału programów hakerskich drzemiącego w laptopie wybrał jeden i użył go do identyfikacji wszystkich uprawnionych użytkowników na serwerze. Za pomocą kolejnego programu uruchomił listę typowo instalowanych haseł, takich jak *blank* czy *password*. To drugie okazało się trafne. Nic dziwnego. Ludzie wydają się tracić kreatywność, kiedy przychodzi do wymyślania haseł.

Upłynęło dopiero sześć minut, a już był w połowie drogi. Dostał się do serwera.

Przez kolejne trzy minuty uważnie dopisywał do listy klientów dane swojej nowej firmy: nazwę, adres, telefon i nazwisko osoby, z którą można się kontaktować. Następnie w kluczowym polu, tym, o które chodziło w całej akcji, wprowadził informację, że wszystkie towary będą mu sprzedawane z marżą w wysokości 1%.

Uporał się ze wszystkim w mniej niż dziesięć minut. Wychodząc, zatrzymał się na dłuższą chwilę przy recepcji, aby podziękować Kaili za umożliwienie sprawdzenia poczty. Powiedział, że skontaktował się z Mikiem Talbotem, plan się zmienił, jedzie prosto do klienta na spotkanie. Dodał, że nie zapomni zarekomendować jej na to stanowisko w marketingu.

Analiza oszustwa

Intruz podający się za Petera Miltona użył dwóch technik psychologicznej dywersji — pierwsza była zaplanowana, a druga była efektem improwizacji.

Ubrał się tak, by wyglądać na kogoś z kadry zarządzającej, kto nieźle zarabia. Garnitur, krawat, odpowiednia fryzura — wydawać by się mogło, że to detale, ale robią one odpowiednie wrażenie. Przekonałem się o tym na własnej skórze. Krótki czas będąc programistą w GTE — nie istniejącej już dużej firmie telekomunikacyjnej, która miała siedzibę w Kalifornii — odkryłem, że kiedy przyszedłem któregoś dnia do pracy bez identyfikatora, ubrany dobrze, ale swobodnie, powiedzmy w koszulkę i bawełniane spodnie — byłem zatrzymywany i pytano mnie o identyfikator i o to, kim jestem i gdzie pracuję. Innego dnia pojawiłem się też bez identyfikatora, ale w garniturze i krawacie, wyglądając bardzo reprezentacyjnie. Stara technika polega na wmieszaniu się w tłum wchodzących do budynku lub przechodzących przez bramkę.

„Przykleiłem"się do jakichś ludzi w chwili, gdy podchodzili do głównego wejścia, i wchodziłem zachowując się tak, jakbym był jednym z nich. Przeszedłem i nawet gdyby strażnik zauważył, że nie mam identyfikatora, na pewno nie zatrzymywałby mnie, bo wyglądałem jak ktoś z kierownictwa. Wszedłem wraz z osobami, które miały identyfikatory.

Doświadczenie to uświadomiło mi, jak bardzo przewidywalne jest zachowanie strażników. Tak jak my wszyscy, dokonują oni oceny na podstawie wyglądu człowieka. Jest to słabość, którą socjotechnicy bezwzględnie wykorzystują.

Druga psychologiczna broń pojawiła się w rękach napastnika w momencie, gdy zauważył niezwykłą podzielność uwagi recepcjonistki. Zajmowanie się kilkoma rzeczami naraz nie tylko jej nie irytowało, ale jeszcze potrafiła dać każdej osobie odczuć, że poświęca jej całą uwagę. Odebrał to jako cechę osoby zainteresowanej karierą i rozwojem. Potem, kiedy oświadczył, że pracuje w dziale marketingu, obserwował jej reakcję, szukając oznak nawiązywania się między nimi bliższego kontaktu. Chyba się udało. Atakując w ten sposób, pozyskał osobę, którą mógł zmanipulować obietnicą pomocy w zdobyciu lepszej pracy (oczywiście, jeżeli powiedziałaby, że zawsze chciała pracować w księgowości, oświadczyłby, że posiada w tym dziale kontakty i może załatwić jej pracę).

Intruzi lubią korzystać z jeszcze innej broni psychologicznej. Polega ona na budowaniu zaufania za pomocą dwustopniowego ataku. Napastnik rozpoczął od gawędy na temat pracy w marketingu, przy okazji rzucając nazwiskami innych pracowników istniejących naprawdę. Nazwisko, którego sam używał, również było nazwiskiem jednej z zatrudnionych w firmie osób.

Po tak rozpoczętej rozmowie w zasadzie mógł od razu przejść do prośby o udostępnienie sali konferencyjnej. Zamiast tego usiadł jednak na chwilę w holu i udawał, że pracuje i czeka na swojego współpracownika. Był to kolejny sposób na oddalenie ewentualnych podejrzeń — intruz raczej nie chciałby przebywać długo w takim miejscu. Nie siedział tam co prawda zbyt długo, ale socjotechnicy dysponują lepszymi sposobami na to, by pozostać „na miejscu zbrodni" tak długo, jak jest to konieczne.

Według prawa Anthony nie popełnił przestępstwa, wchodząc do holu firmy. Nie popełnił również przestępstwa, kiedy użył nazwiska innego pracownika. Prośba o udostępnienie sali konferencyjnej również nie była niezgodna z prawem. Samo podpięcie do sieci komputerowej i poszukiwanie serwera też nie było wykroczeniem.

Anthony złamał prawo dopiero z chwilą włamania się do systemu komputerowego firmy.

Uwaga Mitnicka ➤

Dopuszczanie obcych osób do miejsc, gdzie istnieje możliwość podłączenia się do sieci firmy, zwiększa ryzyko naruszenia bezpieczeństwa. Prośba pracownika o skorzystanie z sali konferencyjnej w celu odebrania poczty jest absolutnie uzasadniona, szczególnie gdy osoba ta przyjechała z innego oddziału firmy. Jeżeli jednak człowiek ten nie jest nam znany, a sieć nie jest posegmentowana w taki sposób, aby zapobiegać nieautoryzowanym połączeniom, może okazać się to słabym ogniwem, narażającym firmowe zasoby informacyjne na atak.

Szpiegowanie Mitnicka

Przed wielu laty, gdy pracowałem w niewielkiej firmie, zauważyłem coś intrygującego. Za każdym razem, gdy wchodziłem do pokoju, który dzieliłem z trzema kolegami informatykami, jeden z nich (nazwijmy go Joe) szybko przełączał ekran na inną aplikację. Od razu wydało mi się to podejrzane. Kiedy zdarzało się to już częściej niż dwa razy dziennie, byłem pewien, że dzieje się coś, o czym powinienem się dowiedzieć. Cóż on takiego robił, że chciał to przede mną ukryć?

Komputer Joego był terminalem dostępowym do minikomputerów firmy. Zainstalowałem więc na minikomputerze VAX program monitorujący, dzięki któremu mogłem podglądać, co robi Joe. Program działał prawie tak, jakby za plecami Joego ustawić kamerę wideo. Widziałem dokładnie to, co on widział na swoim monitorze.

Moje biurko stało tuż obok biurka kolegi, obróciłem więc monitor w taki sposób, aby zasłonić trochę obraz. Mimo to Joe mógł w każdej chwili spojrzeć i odkryć, że go szpieguję. Nie był to jednak problem — był zbyt zaabsorbowany tym, co robił, aby cokolwiek zauważyć.

Kiedy go podejrzałem, opadła mi szczęka. Patrzyłem oniemiały, jak ten drań Joe przegląda *moje* dane o zarobkach!

Pracowałem tam dopiero od paru miesięcy i Joe chyba nie mógłby ścierpieć, gdyby się okazało, że zarabiam więcej niż on.

Kilka minut później widziałem, jak pobiera z sieci narzędzia hakerskie używane przez mniej doświadczonych włamywaczy, którzy nie znają się na programowaniu na tyle, by stworzyć sobie takie narzędzia samodzielnie. Joe żył więc w nieświadomości — nie zdawał sobie sprawy, że obok niego siedzi jeden z najbardziej doświadczonych hakerów na świecie. W sumie było to dość zabawne.

Nie mogłem go powstrzymać, bo zdążył już zdobyć informację o moich zarobkach. Poza tym każdy pracownik z dostępem do bazy IRS albo urzędnik pracujący w ubezpieczeniach społecznych może sprawdzić moje dochody. Nie miałem zamiaru dawać mu do zrozumienia, że wiem, co zrobił. Moim głównym celem było w tym okresie pozostanie w cieniu. Dobry socjotechnik nie chwali się swoimi umiejętnościami i wiedzą. Woli pozostać niedoceniony i nie chce, aby ludzie widzieli w nim zagrożenie.

Dlatego też odpuściłem sobie i śmiałem się w duchu z tego, iż Joemu wydawało się, że coś o mnie wie, kiedy było dokładnie na odwrót. Wiedząc, co robi, miałem nad nim przewagę.

Wkrótce odkryłem, że wszyscy moi współpracownicy zabawiali się, przeglądając zarobki tej lub innej ładnej sekretarki lub (jednym z informatyków była kobieta) jakiegoś przystojniaka. Byli w stanie odczytywać zarobki i wszystkie premie każdej osoby w firmie, łącznie z członkami zarządu.

Analiza oszustwa

Historia ta ilustruje interesujący problem. Pliki z danymi o zarobkach były dostępne dla każdego, kto zajmował się utrzymaniem systemu komputerowego firmy. Wszystko sprowadza się więc do kwestii personalnych, do wyboru zaufanych osób. Czasami informatycy nie mogą się powstrzymać od węszenia. Do tego mają odpowiednie uprawnienia umożliwiające im obejście zabezpieczeń dostępu do plików.

Jednym z możliwych zabezpieczeń byłoby śledzenie dostępu do szczególnie poufnych plików, takich jak lista płac. Oczywiście każdy z odpowiednimi uprawnieniami mógłby dezaktywować śledzenie lub usuwać zapisy, które pozwoliłyby na doprowadzenie do winowajcy, ale każde dodatkowe zabezpieczenie zwiększa wysiłek, jaki musi podjąć pozbawiony skrupułów pracownik, aby nie zostać nakrytym.

Jak zapobiegać?

Począwszy od przetrząsania śmietnika, a skończywszy na wyprowadzeniu w pole strażników lub recepcjonistki, socjotechnik może dostać się na teren naszej firmy. Istnieją jednak środki, które pomogą nam się przed tym uchronić.

Po godzinach

Wszyscy pracownicy, którzy pojawiają się w pracy bez identyfikatora, muszą być zatrzymywani w recepcji lub w bramie i otrzymać tymczasowy identyfikator na dany dzień. Incydent przedstawiony w pierwszej historii z tego rozdziału mógłby mieć zupełnie inny finał, gdyby ochrona miała obowiązek postępowania zgodnie z procedurą przyjętą w przypadku zauważenia osoby nie posiadającej identyfikatora.

W firmach lub na obszarach firm, gdzie zabezpieczenie terenu nie odgrywa tak wielkiej roli, obowiązek posiadania identyfikatora może nie mieć tak istotnego znaczenia. W przypadku, gdy na terenie firmy znajdują się obszary niedostępne dla obcych, powinno to jednak być ściśle przestrzeganym wymogiem. Pracownicy muszą być przeszkoleni i zmotywowani do zatrzymywania osób, które nie posiadają identyfikatora, a osoby na wyższych stanowiskach muszą tego typu prośby ze strony niższych rangą pracowników traktować normalnie, bez wprawiania ich w zakłopotanie.

Polityka bezpieczeństwa powinna przypominać o karach, jakie obowiązują za notoryczne pojawianie się bez identyfikatora. Kary takie mogą polegać na zwolnieniu pracownika na jeden dzień do domu i odliczeniu tego dnia od wypłaty lub odnotowaniu tego w aktach personalnych. Niektóre firmy wprowadzają system progresywnych kar, wśród których może się znaleźć poinformowanie zwierzchnika danej osoby lub wręczenie jej pisemnego ostrzeżenia.

Dodatkowo, dla miejsc, w których istnieje dostęp do chronionych informacji, firma powinna ustanowić procedury autoryzacyjne dla osób, które chcą tam wejść po godzinach pracy. Jednym z rozwiązań jest wprowadzenie wymogu wcześniejszego poinformowania o takiej potrzebie ochrony lub wyznaczonej w tym celu jednostki organizacyjnej. Jednostka ta powinna wówczas dokonać weryfikacji tożsamości osoby proszącej o wstęp, wykonując telefon do jej zwierzchnika lub w inny bezpieczny sposób.

Szacunek dla odpadków

Historia o śmieciach pokazała, jak można w niecnych celach wykorzystać dokumenty, które lądują na śmietniku. Oto dziewięć kluczowych zasad postępowania z odpadkami:

- Sklasyfikuj wszelkie poufne informacje pod względem stopnia ich poufności.

- Ustanów na terenie całej firmy procedury pozbywania się dokumentów zawierających takie dane.
- Nalegaj, aby każdy poufny dokument był zniszczony przed wyrzuceniem.
- Nie korzystaj z tanich niszczarek tnących dokumenty na paski, które zdeterminowany łowca informacji przy odrobinie cierpliwości jest w stanie poskładać. Istnieją lepsze niszczarki, które zamieniają dokument w bezużyteczną miazgę.
- Znajdź sposób na niszczenie lub *całkowite* kasowanie nośników komputerowych, czyli dyskietek, dysków ZIP, płyt CD i DVD zawierających pliki, taśm wymiennych i zużytych dysków twardych, zanim zostaną wyrzucone. Należy pamiętać, że usuwanie plików w rzeczywistości nie kasuje zawartości nośnika — możliwe jest wówczas ich odtworzenie — o czym z przerażeniem przekonało się kiedyś szefostwo firmy Enron, i nie tylko. Zwykłe wyrzucanie nośników do kosza jest zaproszeniem dla okolicznego „nurka śmieciowego". (W rozdziale 16. zawarte zostały szczegółowe dyrektywy dotyczące pozbywania się nośników i urządzeń).
- Zachowaj odpowiedni poziom kontroli podczas rekrutacji personelu sprzątającego, w razie potrzeby przeprowadzając odpowiedni wywiad.
- Przypominaj pracownikom o tym, aby zastanawiali się nad tym, *jakie* materiały wyrzucają do kosza.
- Zamykaj kontenery ze śmieciami.
- Stosuj oddzielne kontenery dla materiałów poufnych i wynajmij firmę, która specjalizuje się w skutecznym usuwaniu tego typu śmieci.

Zwalnianie pracowników

Już wcześniej w tym rozdziale wspomniałem o konieczności istnienia stałych procedur zwalniania pracowników, którzy mają dostęp do poufnych informacji, haseł, numerów dostępowych itp. Procedury bezpieczeństwa powinny kontrolować na bieżąco, kto ma dostęp do różnych systemów. Być może powstrzymanie zdeterminowanego socjotechnika przed dostaniem się do systemu jest trudne, ale przynajmniej nie ułatwiajmy tego zadania byłym pracownikom.

Nie zapominajmy ponadto, że jeśli zwalniany pracownik był uprawniony do odbioru kopii zapasowych od wynajętej do ich tworzenia firmy, należy usunąć go z listy uprawnionych do odbioru.

W rozdziale 16. można znaleźć szczegółowe informacje na ten temat. Tutaj zostaną tylko wymienione kluczowe klauzule bezpieczeństwa, które należy stosować, aby uniknąć sytuacji opisanych w książce:

- Wyczerpująca i szczegółowa lista kroków, jakie należy wykonać w podczas zwalniania pracownika, ze specjalnymi klauzulami dotyczącymi osób, które miały dostęp do poufnych informacji.
- Nakaz pozbawienia pracownika dostępu do komputera — najlepiej jeszcze *zanim* opuści on budynek.
- Procedura zdawania wszelkich identyfikatorów oraz kluczy i urządzeń elektronicznego dostępu.
- Klauzule nakazujące żądanie przez strażników okazania dowodu tożsamości ze zdjęciem przed wpuszczeniem na teren firmy osoby, która nie posiada identyfikatora, oraz sprawdzenia jej nazwiska na liście pracowników w celu weryfikacji, czy faktycznie jest zatrudniona.

Wymienione w dalszej kolejności kroki mogą być niepotrzebne lub zbyt kosztowne dla niektórych organizacji, dla innych natomiast mogą okazać się jak najbardziej odpowiednie. Oto niektóre z bardziej rygorystycznych środków ostrożności:

- Elektroniczne identyfikatory wraz z ich czytnikami przy wejściach. Każdy z pracowników przesuwa swój identyfikator przez czytnik, który natychmiast rozpoznaje, czy dana osoba jest wciąż zatrudniona w firmie i czy ma prawo do wejścia na teren budynku. (Należy pamiętać, że przy stosowaniu takiego systemu strażnicy muszą być przeszkoleni w celu zwracania uwagi na osoby, które próbują przemknąć się przez bramkę tuż za uprawnionym do wejścia pracownikiem).
- Wymóg nakazujący wszystkim pracownikom działu, w którym pracowała osoba odchodząca z pracy (szczególnie wówczas, gdy została zwolniona) zmianę haseł. (Przesada? Wiele lat po tym, jak pracowałem krótko w General Telephone, dowiedziałem się, że ludzie zajmujący się bezpieczeństwem w Pacific Bell po usłyszeniu, że pracuję

dla General Telephone, „pokładali się ze śmiechu".
Gdy firma General Telefone dowiedziała się, że zatrudniła znanego hakera, otrzymałem natychmiast wymówienie, po czym nakazano *każdemu pracownikowi firmy* zmianę hasła).

Nie chcemy, aby nasza firma przypominała więzienie, ale z drugiej strony musimy zabezpieczyć się przed zwolnionymi osobami, które mogą powrócić z zamiarem wyrządzenia szkody.

Nie zapominajmy o nikim

Zasady bezpieczeństwa często „nie trafiają" do osób takich jak recepcjonistki, które nie mają dostępu do poufnych informacji. Zdążyliśmy już na pewno zauważyć podczas lektury któregoś z poprzednich rozdziałów, że recepcjonistki są wygodnym celem ataku. Opisana tu historia włamania do systemu komputerowego hurtowni części samochodowych jest jeszcze jednym tego przykładem. Miła, dobrze ubrana osoba, podająca się za pracownika firmy z innego oddziału, niekoniecznie jest tym, za kogo się podaje. Recepcjonistki muszą nauczyć się kulturalnie prosić o identyfikację, kiedy wymaga tego sytuacja. Tego typu szkolenie musi przejść nie tylko sama recepcjonistka, ale również osoby, którym zdarza się ją zastępować przy kontuarze.

Od gościa z zewnątrz powinno się wymagać okazania dowodu tożsamości ze zdjęciem i spisywać jego dane z okazanego dokumentu. Zdobycie fałszywego dowodu nie jest co prawda trudne, ale procedura ta wprowadza kolejne utrudnienie dla potencjalnego napastnika.

W niektórych firmach zasadne jest wprowadzenie obowiązku eskortowania gości od bramy i od spotkania do spotkania. Procedury powinny wymagać, aby eskorta, doprowadzając gościa do pierwszego miejsca spotkania, wyjaśniła, czy osoba ta weszła na teren firmy jako pracownik, czy jako osoba z zewnątrz. Dlaczego jest to istotne? Jak widzieliśmy we wcześniejszych historiach, napastnik często przedstawia się jako jedna osoba, by dotrzeć na pierwsze spotkanie, a potem udaje kogoś innego. Zbyt łatwo wówczas po prostu podejść do recepcji i powiedzieć, że ma się spotkanie z, powiedzmy, inżynierem. Po tym, jak eskorta zaprowadzi go do inżyniera, przedstawi się jako handlowiec, który chciałby coś firmie sprzedać, a po spotkaniu z inżynierem uzyska możliwość penetracji terenu firmy.

Przed wpuszczeniem pracownika z innego oddziału firmy na jej teren, należy postępować zgodnie z odpowiednią procedurą weryfikującą, czy osoba ta jest rzeczywiście pracownikiem firmy.

Osoby pracujące w recepcji oraz strażnicy muszą być świadomi metod, jakich używają napastnicy, aby podać się za kogoś innego i dostać się na teren firmy.

Jak ochronić się przed intruzami, którym udaje się dostać do budynku i podpiąć swój laptop do sieci, omijając firmowy firewall? W dzisiejszych czasach wymaga to wiele zachodu — sale konferencyjne, szkoleniowe i podobne pomieszczenia nie powinny być wyposażone w niezabezpieczone porty sieci wewnętrznej. Porty takie muszą być chronione firewallami lub routerami. Lepszym jednak sposobem ochrony może być użycie bezpiecznych metod uwierzytelniających dla każdego użytkownika, który chce zalogować się do sieci.

Bezpieczni informatycy

Warto zdawać sobie sprawę, że w naszej firmie prawdopodobnie każdy informatyk wie lub w każdej chwili może się dowiedzieć, ile zarabiamy (my czy nawet prezes) i kto wybrał się na narty służbowym samochodem.

W niektórych firmach może się nawet zdarzyć, że informatycy lub pracownicy księgowi będą podwyższać swoje płace, wpłacać pieniądze na konta sfabrykowanych dostawców, usuwać niechciane zapisy ze swoich akt osobowych. Czasami jedynie strach przed złapaniem sprawia, że pozostają uczciwi. Aż wreszcie, któregoś dnia, pojawi się wśród nas człowiek tak chciwy i nieuczciwy, że zignoruje ryzyko i zrobi wszystko, co według jego oceny ma szansę ujść na sucho.

Oczywiście są i na to sposoby. Poufne pliki mogą być chronione poprzez instalację odpowiednich narzędzi kontroli dostępu, pozwalających na otwieranie ich jedynie upoważnionym osobom. Niektóre systemy mają narzędzia umożliwiające śledzenie operacji, które mogą być skonfigurowane tak, aby przechowywać dzienniki związane z pewnymi wydarzeniami, np. każdą próbę otwarcia przez kogokolwiek chronionego pliku, niezależnie od tego, czy zakończyła się ona powodzeniem czy nie.

Jeżeli w waszej firmie uświadomiono sobie ten problem i zastosowano odpowiednie środki kontroli dostępu i śledzenia operacji na poufnych plikach, można powiedzieć, że wykonano tym samym olbrzymi krok we właściwym kierunku.

11

Socjotechnika i technologia

Socjotechnik wykorzystuje swoją umiejętność manipulowania ludźmi w taki sposób, aby pomagali mu w osiągnięciu jego własnych celów. Jego sukces zależy też w dużej mierze od posiadanej wiedzy w dziedzinie systemów komputerowych i telefonii.

Oto przykłady typowych oszustw socjotechnicznych, w których poważną rolę odegrała technologia.

Jak dostać się do więzienia?

Jakie znamy najbardziej zabezpieczone przed włamaniem obiekty na świecie? Fort Knox? Oczywiście. Biały Dom? Jak najbardziej. NORAD — amerykańska instalacja obrony powietrznej ukryta pod powierzchnią góry? Z całą pewnością.

A więzienia i areszty? Też są dobrze zabezpieczone, prawda? Bardzo rzadko ktoś z nich ucieka, a nawet jeżeli ucieknie, szybko zostaje złapany. Można by sądzić, że obiekty takie są odporne na ataki socjotechniczne...

i się pomylić — w końcu nikt jeszcze nie opatentował sposobu na zabezpieczenie czegokolwiek przed ludzką głupotą.

Parę lat temu dwójka zawodowych oszustów wpadła w tarapaty. Okazało się, że podwędzili całkiem sporą sumę pieniędzy lokalnemu sędziemu. Od lat miewali od czasu do czasu kłopoty z wymiarem sprawiedliwości, ale tym razem sprawą zainteresowali się agenci federalni. Udało im się złapać jednego z oszustów, Charlesa Gondorffa, i umieścić go w ośrodku resocjalizacyjnym koło San Diego. Federalny sędzia pokoju nakazał jego zatrzymanie jako osoby niebezpiecznej dla społeczeństwa.

Jego kolega, Johny Hooker, wiedział, że Charlie będzie potrzebował dobrego adwokata, ale skąd wziąć na to pieniądze? Jak większość oszustów szybko wydawali wyłudzone pieniądze: na markowe ubrania, sportowe samochody i kobiety. Johny'emu ledwo starczało teraz na życie.

Pieniądze na adwokata musiał więc zdobyć za pomocą kolejnego oszustwa. Johny nie miał zamiaru robić tego sam. To Charlie Gondorff zawsze obmyślał wszystkie intrygi. Nie mógł, niestety, odwiedzić go w ośrodku i pytać, co robić, zwłaszcza że FBI wiedziało, iż oszustw dokonywały dwie osoby, i chętnie złapałoby tę drugą. Tym bardziej, że prawo do odwiedzin ma tylko rodzina, co oznaczało, że musiałby podać się za krewnego więźnia i mieć jakiś fałszywy dowód tożsamości. Posługiwanie się fałszywym dokumentem na terenie więzienia federalnego to nie był zbyt dobry pomysł.

Musiał znaleźć jakiś inny sposób na kontakt ze wspólnikiem.

Nie było to łatwe. Żaden osadzony nie ma prawa do odbierania telefonów. Przy każdym aparacie telefonicznym przeznaczonym dla więźniów widnieje tabliczka z następującym napisem: „Uwaga! Wszelkie rozmowy z tego aparatu są monitorowane. Korzystanie z aparatu jest równoznaczne ze zgodą na monitorowanie prowadzonej rozmowy". Gdyby federalni zdołali podsłuchać, jak ustalają telefonicznie szczegóły kolejnej akcji, na pewno zafundowaliby obu przymusowy urlop za państwowe pieniądze.

Johny wiedział jednak, że niektóre rozmowy nie są podsłuchiwane. Na przykład rozmowy z adwokatem, których tajność jest gwarantowana przez konstytucję. Ośrodek, w którym przebywał Gondorff, miał telefony połączone bezpośrednio do kancelarii obrońców z urzędu. Podniesienie słuchawki jednego z takich aparatów powodowało bezpośrednie połączenie z którąś z linii w kancelarii. Firmy telekomunikacyjne nazywają coś takiego *połączeniem bezpośrednim*. Niczego nie podejrzewający strażnicy zakładają, że usługa ta jest bezpieczna, ponieważ rozmowy wychodzące mogą być skierowane wyłącznie do kancelarii, a przychodzące są zablokowane. Nawet, jeżeli komuś z zewnątrz uda się jakoś zdobyć numer tego telefonu, nie na wiele się to zda, bowiem numer ten jest ustawiony w centrali na *blokowanie połączeń*.

Żargon ➤

Połączenie bezpośrednie — takie połączenie telefoniczne, gdzie podniesienie słuchawki powoduje wybranie jednego, stałego numeru.

Blokowanie połączeń — opcja serwisowa centrali telefonicznej, uniemożliwiająca odbieranie rozmów przychodzących pod dany numer.

Każdy w miarę dobry oszust potrafi posługiwać się sztuką manipulacji, toteż Johny doszedł do wniosku, że problem da się ominąć. Gondorff próbował już raz podnieść słuchawkę telefonu do kancelarii i powiedzieć:

— Mówi Tom, z centrum serwisowego telekomunikacji. Przeprowadzamy test na tej linii i chciałem prosić o wybranie cyfr dziewięć, a potem zero i zero.

Dziewiątka była wyjściem „na miasto", dwa zera pozwalały połączyć się z operatorem międzymiastowym. Nie udało się. Osoba, która odebrała telefon w kancelarii, znała już ten trik.

Johny'emu szło trochę lepiej. Udało mu się dowiedzieć, że w ośrodku było dziesięć budynków więziennych i z każdego z nich biegła jedna linia telefoniczna do kancelarii obrońców z urzędu. Zauważył po drodze parę przeszkód, ale jak przystało na socjotechnika, potrafił też wymyślić sposób na ich obejście. W którym budynku był Gondorff? Jaki był numer telefonu do obsługi połączenia bezpośredniego dla tego budynku? W jaki sposób dać pierwszy cynk Gondorffowi, aby wiadomość nie została przejęta przez władze ośrodka?

To, co dla zwykłych ludzi może wydawać się niemożliwe, np. uzyskanie tajnych numerów telefonów znajdujących się na terenie instytucji federalnych, częstokroć wymaga nie więcej niż kilku telefonów wykonanych przez wytrawnego socjotechnika. Po paru bezsennych, z powodu nadmiaru myśli w głowie, nocach, Johny wstał z łóżka któregoś ranka z gotowym planem. Plan składał się z czterech etapów.

Po pierwsze, musiał zdobyć „normalne" numery telefonów do kancelarii.

Musiał dowiedzieć się, w którym budynku znajduje się Gondorff.

Potem trzeba było odnaleźć numer, który odpowiadał temu właśnie budynkowi.

Wreszcie musiał przekazać Gondorffowi informację o tym, kiedy ma spodziewać się telefonu, tak aby ta nie została przechwycona.

Bułka z masłem, pomyślał.

Dzwonię z serwisu

Johny zaczął od telefonu do biura telekomunikacji i powiedział, że dzwoni z Głównej Administracji Usługami — agencji odpowiedzialnej za zakup dóbr i usług dla rządu federalnego. Powiedział, że otrzymał zamówienie na dodatkowe usługi i potrzebuje informacji z billingów dla wszystkich aktualnie używanych połączeń bezpośrednich wraz numerami tych linii i miesięcznymi kosztami dla ośrodka resocjalizacyjnego w San Diego. Jego rozmówczyni chętnie udzieliła mu pomocy.

Dla pewności spróbował zadzwonić pod jeden z otrzymanych numerów i usłyszał komunikat: „Linia o tym numerze została zlikwidowana" — co oczywiście nie było prawdą, ale wiedział, że komunikat taki pojawia się po zablokowaniu połączeń przychodzących. Dokładnie tego się spodziewał.

Dzięki swojej rozległej znajomości procedur i działalności firm telekomunikacyjnych wiedział, że musi dodzwonić się do wydziału zwanego Centrum Autoryzacji Bieżących Zmian albo CABZ (Zawsze zastanawiałem się, kto wymyśla te nazwy!). Najpierw zadzwonił więc do biura telekomunikacji, powiedział, że dzwoni z serwisu i potrzebuje numeru do biura CABZ, które obsługuje obszar o prefiksie i numerze kierunkowym, jaki podał. Początkowe cyfry występowały we wszystkich bezpośrednich liniach ośrodka resocjalizacyjnego. Była to rutynowa prośba. Informacja ta była często udzielana monterom w terenie, więc urzędniczka podała numer bez wahania.

Zadzwonił do CABZ, podał fałszywe nazwisko i ponownie powiedział, że jest z serwisu. Poprosił kobietę, która odebrała telefon, aby sprawdziła jeden z numerów telefonów, które wyłudził wcześniej.

— Czy ten numer ma ustawione blokowanie połączeń? — zapytał Johny.

— Tak — odpowiedziała.

— No tak. To wyjaśnia, dlaczego klient nie odbiera żadnych telefonów! — powiedział. — Może pani coś dla mnie zrobić? Muszę zmienić kod klasy linii i usunąć blokowanie połączeń.

Nastąpiła przerwa, kiedy kobieta sprawdzała w innym systemie komputerowym, czy wystawione zostało zamówienie serwisowe autoryzujące tę zmianę.

— Ta linia *powinna* obsługiwać jedynie połączenia wychodzące — powiedziała po chwili. — Nie ma zamówienia serwisowego na taką zmianę.

— Nie ma, bo nastąpiła pomyłka. Mieliśmy wystawić to zamówienie wczoraj, ale osoba, która zajmuje się kontem tego klienta, poszła na chorobowe i zapomniała przekazać komuś innemu, aby się tym zajął. A klient jest już bardzo zniecierpliwiony.

Po chwilowej pauzie, w trakcie której kobieta rozważała prośbę wykraczającą poza standardowe procedury operacyjne, powiedziała:

— Dobrze.

Słyszał jak stuka w klawisze, wprowadzając zmianę. Po kilku sekundach wszystko było gotowe.

Lody zostały przełamane, a ich połączył pewien rodzaj zmowy. Wyczuwając jej nastawienie i chęć pomocy, Johny czym prędzej poszedł na całość.

— Może mi pani jeszcze poświecić parę minut? — zapytał.

— Tak — odpowiedziała. — A o co chodzi?

— Mam tu kilka innych linii, które należą do tego samego klienta i jest ten sam problem. Odczytam numery, aby pani mogła sprawdzić, czy nie są zablokowane, dobrze?

Zgodziła się.

Kilka minut później wszystkie linie były już „naprawione" i można było odbierać rozmowy przychodzące.

Poszukiwanie Gondorffa

Teraz trzeba było odnaleźć budynek, w którym przebywał Gondorff. Jest to informacja, której pracownicy więzienia zdecydowanie nie będą chcieli udzielić. Johny znowu musiał polegać na swoich umiejętnościach socjotechnicznych.

Wykonał telefon do więzienia federalnego w innymi mieście — wybrał Miami, ale mógł wybrać każde inne — i oświadczył, że dzwoni z aresztu w Nowym Jorku. Poprosił o połączenie z kimś, kto obsługuje Rejestr Aresztowanych — bazę danych zawierającą informację o każdym więźniu osadzonym w którymkolwiek z zakładów penitencjarnych na terenie USA.

Kiedy osoba ta odebrała telefon, Johny zaczął mówić z brooklińskim akcentem.

— Dzień dobry — powiedział. — Tu mówi Thomas z FDC w Nowym Jorku. Nasze połączenie z Rejestrem Aresztowanych cały czas się przerywa, czy może pan zlokalizować dla mnie więźnia — wydaje mi się, że jest osadzony w waszym więzieniu.

Podał nazwisko Gondorffa i jego numer rejestracyjny.

— Nie, nie ma go u nas — powiedział rozmówca po paru chwilach. — Jest w ośrodku resocjalizacyjnym w San Diego.

Johny udał zdziwienie.

— San Diego!? Miał przecież być przeniesiony do Miami samolotem wojskowym w zeszłym tygodniu! To na pewno ten sam więzień? Jaka data urodzenia?

— 12.03.60 — mężczyzna odczytał z ekranu.

— Tak. To ten sam facet. W jakim on jest budynku?

— Dziesiąty, północne skrzydło — odpowiedział gładko na pytanie, mimo że nie było żadnego sensownego powodu, dla którego pracownik więzienia w Nowym Jorku mógłby się tym interesować.

Johny odblokował już linie i dowiedział się, gdzie jest Gondorff. Teraz wypadało znaleźć numer telefonu prowadzący do budynku numer 10.

To było trochę trudniejsze. Johny zadzwonił pod jeden z numerów. Wiedział, że dzwonek telefonu jest wyłączony i aparat po drugiej stronie będzie milczał. Rozsiadł się i zabrał do czytania przewodnika *Miasta Europy*, słuchając sygnału telefonu. Po jakimś czasie ktoś z drugiej strony podniósł słuchawkę. Jakiś więzień najwyraźniej chciał skontaktować się ze swoim obrońcą z urzędu. Johny był na to przygotowany.

— Kancelaria obrońców z urzędu — odezwał się do słuchawki.

Kiedy mężczyzna zapytał o swojego obrońcę, Johny powiedział:

— Zobaczę, czy jest. Z jakiego budynku pan dzwoni?

Zanotował odpowiedź, nacisnął klawisz oczekiwania i nim minęło pół minuty, wrócił do rozmowy i powiedział:

— Jest w sądzie, musi pan zadzwonić później — stwierdził i odłożył słuchawkę.

Czekał przez parę godzin, ale nie było aż tak źle — czwarty rozmówca okazał się dzwonić z budynku numer 10. W ten sposób Johny poznał numer telefonu do budynku, w którym przebywał Gondorff.

Zsynchronizujmy zegarki

Teraz należało przekazać Gondorffowi wiadomość, kiedy ma podnieść słuchawkę telefonu, który prowadzi bezpośrednio do kancelarii. Było to łatwiejsze, niż mogłoby się wydawać.

Johny zadzwonił do ośrodka i, używając oficjalnego tonu, przedstawił się jako pracownik więzienia i poprosił o budynek nr 10. Połączono go. Kiedy oficer podniósł słuchawkę, Johny oszukał go, pomagając sobie żargonowym skrótem działu przyjęć i zwolnień — jednostki zajmującej się przyjmowaniem i zwalnianiem więźniów:

— Tu mówi Tyson z PiZu — powiedział. — Proszę do telefonu osadzonego Gondorffa. Mamy tu jego rzeczy, które musimy odesłać, i chcemy zapytać o adres. Mogę go prosić do aparatu?

Johny usłyszał, jak strażnik woła osadzonego. Po kilku nerwowych minutach usłyszał w słuchawce znajomy głos.

Johny odezwał się:

— Nic nie mów, dopóki nie wyjaśnię ci, o co chodzi.

Po czym wytłumaczył cel rozmowy, aby Gondorff mógł udawać, że rozmawiają o tym, gdzie przesłać jego rzeczy. Potem powiedział:

— Jeżeli możesz się dostać do telefonu do kancelarii obrońców z urzędu dziś o trzynastej, nic nie odpowiadaj. Jeżeli nie możesz, podaj godzinę, o której możesz tam być.

Gondorff nie odpowiedział. Johny ciągnął dalej:

— Dobra. Bądź o trzynastej, będę dzwonił. Podnieś słuchawkę, a jeżeli zacznie łączyć się z kancelarią, naciskaj widełki co dwadzieścia sekund. Próbuj tak długo, aż mnie usłyszysz.

O trzynastej Gondorff podniósł słuchawkę. Johny już na niego czekał. Uwolnieni od rządowej inwigilacji rozmawiali długo i nieśpiesznie, umawiając się na następne rozmowy, by zaplanować akcję, która przyniesie pieniądze na opłacenie Gondorffowi adwokata.

Analiza oszustwa

Opisany epizod stanowi pierwszorzędny przykład, jak socjotechnik robi rzeczy niewyobrażalne, oszukując kilka osób, z których każda robi coś, co samo w sobie nie budzi żadnych podejrzeń. W rzeczywistości każda z tych czynności stanowi element układanki, składający się na całą intrygę.

Pracownik telekomunikacji myślał, że udziela informacji komuś z Głównego Biura Księgowego rządu federalnego.

Kolejna pracownica telekomunikacji wiedziała, że nie powinna zmieniać klasy usługi, nie mając zamówienia, ale postanowiła pomóc miłemu panu. Dzięki temu możliwe stało się dzwonienie na wszystkie dziesięć linii przeznaczonych do rozmów więźniów ze swoimi obrońcami.

Dla człowieka z więzienia w Miami prośba o pomoc ze strony pracownika innego więzienia federalnego mającego problemy z komputerem wydawała się całkowicie uzasadniona. Nawet, jeżeli nie było żadnego sensownego powodu, dla którego miałby pytać o budynek, nie było też powodu, żeby nie odpowiadać na to pytanie.

A co ze strażnikiem w budynku numer 10, który uwierzył, że dzwoni do niego pracownik tego samego więzienia w sprawie służbowej? Prośba była zupełnie normalna, więc poprosił Gondorffa do telefonu. Nic wielkiego.

Szereg zaplanowanych akcji złożyło się na pełny obraz intrygi.

Szybka kopia

Dziesięć lat po ukończeniu studiów prawniczych Ned Racine spotykał swoich kolegów z roku mieszkających w pięknych domach z ogrodami, należących do klubów, grających w golfa raz lub dwa razy w tygodniu, podczas gdy sam prowadził sprawy ludzi, którzy nie mieli pieniędzy nawet na to, żeby opłacić jego rachunki. Czasami zazdrość zjada nas od środka. W końcu Ned miał już tego wszystkiego dość.

Jedynym dobrym klientem, jaki mu się trafił, było małe, ale bardzo prężne biuro rachunkowe specjalizujące się w fuzjach i przejęciach. Korzystali z usług Neda od niedawna, ale ten zdążył się już zorientować, że są zaangażowani w transakcje, które z chwilą przedostania się informacji o nich do prasy wpłyną na ceny akcji jednej lub dwóch spółek notowanych na giełdzie. Nie były to wielkie spółki, ale może to i lepiej — mały skok ceny mógł tu oznaczać duży procentowy przyrost zysków z inwestycji. Musiałby się tylko dostać w jakiś sposób do ich plików i zobaczyć, nad czym właśnie pracują...

Znał człowieka, który z kolei znał człowieka znającego się na różnych dziwnych rzeczach. Kiedy ten wysłuchał planu, strasznie się do tego zapalił i zgodził się pomóc. Za mniejszą stawkę niż zwykle, ale z obietnicą procentowego udziału w zyskach z operacji, człowiek ten powiedział Nedowi, co trzeba zrobić. Dał mu też małe, zgrabne urządzenie — nowość na rynku.

Przez parę dni z rzędu Ned obserwował parking małego centrum biznesu, gdzie biuro rachunkowe wynajmowało skromne pomieszczenia. Większość osób wychodziła z pracy między 17:30 a 18:00. O 19:00 parking był już pusty. Ekipa sprzątającą biura pojawiała się około 19:30. Doskonale.

Następnej nocy, parę minut przed 20:00, Ned zaparkował na ulicy, naprzeciwko parkingu. Tak jak się spodziewał, parking był pusty, nie licząc samochodu firmy ochroniarskiej. Ned przyłożył ucho do drzwi wejściowych i usłyszał pracujący odkurzacz. Głośno zapukał i czekał, ubrany w garnitur i krawat, trzymając w ręce swój sfatygowany neseser.

Nikt nie otwierał, więc zapukał ponownie. Po chwili w drzwiach pojawił się jeden ze sprzątaczy.

— Dzień dobry — Ned krzyczał przez szklane drzwi, pokazując wizytówkę jednego z współwłaścicieli firmy, którą kiedyś dostał. — Zatrzasnąłem kluczyki w samochodzie i muszę się dostać do mojego biurka.

Mężczyzna otworzył drzwi, zamknął je ponownie za Nedem i poszedł wzdłuż korytarza, włączając światło, aby Ned mógł widzieć, gdzie idzie. Dlaczego by nie — miał okazję pomóc człowiekowi, dzięki któremu ma pracę. A przynajmniej miał wszelkie powody, by sądzić, że tak właśnie jest.

Ned usiadł przy komputerze jednego ze współwłaścicieli i włączył go. Kiedy komputer się uruchomił, podłączył do portu USB urządzonko, które dostał — był to przedmiot, który mógłby służyć jako breloczek do kluczy, jednocześnie będąc w stanie pomieścić ponad 120 MB danych. Zalogował się do sieci, używając nazwy użytkownika i hasła sekretarki współwłaściciela. Informacje te były dla wygody przyczepione do monitora na samoprzylepnym skrawku papieru. Nim upłynęło pięć minut, Ned zdołał pobrać wszystkie arkusze i dokumenty przechowywane w komputerze i w katalogu sieciowym współpracownika i już wracał samochodem do domu.

Uwaga Mitnicka ➤

Szpiedzy przemysłowi lub hakerzy czasami próbują fizycznie dostać się na teren firmy. Zamiast z łomu socjotechnik korzysta ze swojej umiejętności manipulacji i przekonuje osobę po drugiej stronie, aby otworzyła mu drzwi.

Łatwa forsa

Podczas moich pierwszych kontaktów z komputerem w liceum, musieliśmy się łączyć poprzez modem z jednym głównym minikomputerem DEC PDP 11 w Los Angeles, który służył wszystkim szkołom w mieście. System operacyjny tego komputera nazywał się RSTS/E i był to pierwszy system, w którym nauczyłem się pracować.

Wtedy, w 1981 roku, DEC sponsorował co roku konferencję dla użytkowników swoich produktów. Wyczytałem, że tym razem konferencja ma się odbyć w Los Angeles. Popularny magazyn dla użytkowników tego systemu publikował ogłoszenia o nowym produkcie zabezpieczającym, *LOCK-11*. Był on promowany za pomocą pomysłowej kampanii reklamowej, która opierała się na słowach: „Jest 3:30 nad ranem. Johny za 336. razem odgadł Twój numer dostępowy do sieci, 555-0336. Właśnie przegląda Twoje pliki. Zamów *LOCK-11*". Produkt, jak sugerowała kampania, miał zabezpieczać przed hakerami. Na konferencji miała się odbyć jego prezentacja.

Bardzo chciałem to zobaczyć. Mój ówczesny przyjaciel, Vinny, z którym przez kilka lat zabawialiśmy się w hakerów, a który później zdecydował się donosić na mnie władzom federalnym, podzielał moje zainteresowanie nowym produktem i namawiał mnie, żebym poszedł z nim na konferencję.

Gotówka na stole

Kiedy dotarliśmy na miejsce, w tłumie uczestników rozchodziły się nowiny o *LOCK-11*. Podobno twórcy postawili pieniądze na to, że nikomu nie uda się włamać do systemu zabezpieczonego przez nowy produkt. Takiemu wyzwaniu nie mogłem się oprzeć.

Udaliśmy się prosto do boksu *LOCK-11* i natknęliśmy się tam na trzech programistów, którzy byli autorami wynalazku; ja rozpoznałem ich, a oni mnie — mimo że byłem jeszcze nastolatkiem, miałem już reputację phreakera i hakera za sprawą dużego artykułu w *LA Times* opisującego moje pierwsze spięcie z władzami. Artykuł opisywał, jak udało mi się namówić stróża, aby w środku nocy wpuścił mnie do budynku Pacific Telephone. Wyszedłem stamtąd z dokumentacjami programów komputerowych tuż przed nosem strażnika. (Wygląda na to, że *Times* chciał z tego zrobić sensację i dlatego postanowili podać moje nazwisko; jako że byłem wciąż nieletni, artykuł naruszał obyczaj, jeżeli nie prawo, zabraniające publikowania nazwisk osób niepełnoletnich oskarżonych o popełnienie wykroczenia).

Kiedy wkroczyliśmy tam wraz z Vinnim, z obu stron pojawiło się zainteresowanie. Zainteresowanie z ich strony wynikało z faktu rozpoznania we mnie hakera, o którym czytali, i z zaskoczenia, jakie sprawiło moje pojawienie się. Zainteresowanie z naszej strony było skierowane w stronę trzech studolarowych banknotów, zatkniętych za konferencyjny identyfikator każdego z nich. Nagroda dla osoby, która pokona ich system, wynosiła 300 dolarów — dla dwóch nastolatków było to mnóstwo pieniędzy. Nie mogliśmy się doczekać, by dano nam szansę.

LOCK-11 działał, wykorzystując dwa poziomy bezpieczeństwa. Użytkownik musiał jak zwykle znać prawidłowy login i hasło, a oprócz tego musiały być one wprowadzone z autoryzowanego terminala. Metoda ta jest określana jako *identyfikacja terminala*. Aby złamać to zabezpieczenie, hakerowi nie wystarczył sam login i hasło — oprócz tego musiał wpisać te informacje w odpowiednim miejscu. Metoda ta była szeroko stosowana i wynalazcy *LOCK-11* byli przekonani, że pozwala ona zabezpieczyć się przed włamaniami. Postanowiliśmy dać im lekcję i przy okazji zarobić trzysta dolarów.

Żargon ➤

Identyfikacja terminala — zabezpieczenie oparte częściowo na identyfikacji komputera, z którego następuje próba połączenia. Metoda ta była popularna w komputerach IBM typu *mainframe*.

Człowiek, którego znałem i który uchodził za guru w sprawach systemu RSTS/E, namawiał nas, byśmy spróbowali. Przed laty był jednym z tych, którzy nakłonili mnie do włamania do środowiska programistycznego DEC. Jego wspólnicy później na mnie donieśli. Dzisiaj był poważanym programistą. Okazało się, że próbował pokonać zabezpieczenie, zanim przyszliśmy, ale mu się nie udało. To wydarzenie utwierdziło twórców w przekonaniu, że ich produkt jest naprawdę bezpieczny.

Zasady gry były proste: jeżeli uda ci się włamać, dostajesz pieniądze. Dobra metoda na promocję produktu... do czasu, gdy ktoś wprawi twórców w zakłopotanie i odbierze nagrodę. Byli tak pewni swego i zuchwali, że wydrukowali i powiesili przy wejściu do boksu nazwy kilku kont w systemie wraz z odpowiadającymi im hasłami. Nie były to zwykłe konta użytkowników, tylko konta o wysokich uprawnieniach w systemie.

Nie było to aż takim aktem odwagi, jak można by sądzić. Wiedziałem, że w tego typu instalacji każdy terminal jest podłączony jedynie do portu samego komputera. W sali konferencyjnej ustawiono pięć terminali dla gości, którzy mogli logować się tylko jako użytkownicy nieuprzywilejowani — oznaczało to, że logowanie było możliwe tylko na konta, które nie mają przywilejów administratora systemu. Wyglądało na to, że istnieją tylko dwie drogi: albo obejść jakoś oprogramowanie zabezpieczające — przed tym właśnie chronił *LOCK 11*; albo obejść cały system w sposób, który nigdy nie przyszedłby do głowy jego twórcom.

Wyzwanie

Wyszliśmy wraz z Vinnim z boksu, by się naradzić. Przyszedł nam do głowy pewien plan. Spacerowaliśmy, nie zwracając na siebie uwagi i obserwując boks z dystansu. W porze lunchu, gdy tłum się trochę rozrzedził, trzech programistów skorzystało z małego ruchu — poszli coś zjeść, zostawiając w boksie kobietę, która mogła być żoną lub dziewczyną jednego z nich. Podeszliśmy z powrotem i zajęliśmy ją rozmową o tym i o tamtym („Jak długo pani już tu pracuje?", „Co jeszcze sprzedajecie?" itp.).

Tymczasem Vinny zniknął z pola widzenia i zabrał się do roboty, wykorzystując umiejętności, które obaj zdołaliśmy nabyć. Poza fascynacją komputerami i włamywaniem się do nich oraz moimi własnymi zainteresowaniami związanymi z magią, obaj interesowaliśmy się również sposobami otwierania zamków. Jako dzieciak poszukiwałem w księgarni na stacji metra książek traktujących o otwieraniu zamków, wydobywania rąk z kajdanek, tworzeniu fałszywych tożsamości i tym podobnych rzeczach, którymi interesują się wszystkie dzieci.

Vinni podobnie jak ja ćwiczył się w tej sztuce i wkrótce potrafiliśmy otworzyć każdy z popularnych i dostępnych w sklepach zamków. Kiedyś miałem fioła na punkcie kawałów z tym związanych, takich jak namierzenie kogoś, kto zamyka drzwi na dwa zamki, otwarcie ich i zamienienie jednego z drugim — doprowadzało to właściciela do zdumienia i frustracji przy próbie ich otwarcia.

Kontynuowałem zajmowanie rozmową młodej kobiety w hali wystawowej, podczas gdy Vinny, przykucnąwszy za boksem, tak aby nikt go nie zauważył, dobierał się do zamka szafki, w której zamknięty był minikomputer PDP-11 wraz z końcówkami kabli. Nazywanie szafki „zamkniętą" zakrawałoby na dowcip. Była ona zabezpieczona takim zamkiem, jaki można spotkać w domowych meblach, niezwykle łatwym do otwarcia nawet dla dość nieporadnych amatorów, takich jak my.

Otwarcie szafki zajęło Vinniemu około minuty. W środku znalazł dokładnie to, czego się spodziewał: rząd portów przeznaczonych do wpinania terminali użytkowników i jeden port dla tak zwanego terminala konsoli. Terminal ten był używany przez operatora lub administratora systemu do sterowania pracą wszystkich komputerów. Vinny podłączył kabel prowadzący z portu konsoli do jednego z terminali w holu wystawowym.

W tym momencie jeden z komputerów stał się terminalem konsoli. Usiadłem przy nim i zalogowałem się za pomocą hasła tak zuchwale udostępnionego przez programistów. Program *LOCK-11* rozpoznał, że loguję się z autoryzowanego terminala i zezwolił mi na wejście — dostałem się do systemu i miałem przywileje administratora. Dokonałem zmiany w systemie operacyjnym tak, aby z każdego terminala w holu można było się dostać do systemu jako użytkownik uprzywilejowany.

Po zainstalowaniu mojej tajemniczej nakładki na system Vinny poszedł odłączyć kabel terminala i przyłączyć go tam, gdzie był poprzednio. Na koniec zdołał jeszcze zamknąć szafkę.

Wylistowałem katalogi, aby zobaczyć, jakie pliki znajdują się na komputerze. Gdy szukałem programu *LOCK-11* oraz związanych z nim plików, natknąłem się na coś szokującego: katalog, który zdecydowanie nie powinien znaleźć się na tym komputerze. Programiści byli do tego stopnia pewni siebie i tego, że ich program jest nie do pokonania, iż nie usunęli nawet kodu źródłowego nowego produktu. Przesiadłem się na sąsiadujący terminal, do którego podłączona była drukarka i zacząłem drukować fragmenty kodu źródłowego na długich arkuszach papieru w zielone paski, jaki stosowano wówczas w drukarkach.

Ledwo Vinny zamknął szafkę i dołączył do mnie, trójka wróciła z lunchu. Zobaczyli, że siedzę przy jednym z terminali i stukam w klawiaturę, podczas gdy drukarka równomiernie zadrukowywała arkusze papieru.

— Co robisz, Kevin? — zapytał jeden z nich.

— A nic, drukuję tylko wasz kod źródłowy — powiedziałem. Uznali to oczywiście za dobry żart. Potem spojrzeli na drukarkę i zobaczyli swój zazdrośnie strzeżony kod źródłowy *LOCK-11*.

Nie wierzyli, że udało mi się zalogować jako uprzywilejowany użytkownik.

— Naciśnij *control-t* — powiedział jeden z nich.

Nacisnąłem. Wyświetlona informacja potwierdzała to, co zrobiłem. Złapał się za głowę, a Vinny powiedział tylko:

— Trzysta dolarów proszę.

Zapłacili. Do końca dnia przechadzaliśmy się z Vinnym po hali wystawowej z banknotami studolarowymi zatkniętymi za nasze identyfikatory. Każdy, kto je widział, wiedział, skąd się tam wzięły.

Oczywiście nie pokonaliśmy ich programu i jeżeli przemyśleliby bardziej zasady konkursu, użyli lepszego zamka w szafce lub bardziej pilnowali swego sprzętu, nie przeżyliby największego upokorzenia konferencji — upokorzenia z rąk pary nastolatków.

Uwaga Mitnicka ➤

Oto kolejny przykład inteligentnych ludzi, którzy nie doceniają swoich przeciwników. Czy bylibyśmy skłonni postawić 300 dolarów na to, że nasz system bezpieczeństwa jest nie do przejścia? Czasami sposób obejścia systemu jest zupełnie inny, niż moglibyśmy się spodziewać.

Widziałem później, jak programiści zatrzymywali się przy banku: owe banknoty studolarowe były chyba jedynymi pieniędzmi, z jakimi pojawili się na konferencji.

Słownik narzędziem ataku

Gdy ktoś zdobywa nasze hasło, jest w stanie wkraść się do naszego systemu. W większości przypadków nie będziemy tego nawet świadomi.

Młody haker, którego nazwę Ivan Peters, postawił sobie za cel zdobycie kodu źródłowego nowej gry. Bez kłopotu dostał się do firmowej sieci WAN, ponieważ jego kolega po fachu zdołał już wcześniej włamać się do jednego z jej serwerów sieciowych. Po znalezieniu pewnej słabości w oprogramowaniu serwera ów znajomy omal nie spadł z krzesła. Okazało się, że system wykorzystywał podwójne połączenie (*dual homing*), co oznaczało, że miał z tego punktu również dostęp do sieci wewnętrznej.

Jednak po wejściu do sieci wewnętrznej Ivan stanął przed podobnym problemem, przed jakim staje turysta, który chce znaleźć portret Mony Lizy w Luwrze. Bez przewodnika mógłby tam kluczyć tygodniami. Była to globalna korporacja, z setkami oddziałów i tysiącami serwerów, która nie udostępniała w sieci indeksu systemów programistycznych lub innej formy przewodnika po swoich zasobach.

Zamiast więc używać metod technologicznych, w celu odnalezienia serwera, na który miał się dostać, Ivan skorzystał z metod socjotechnicznych. Wykonał kilka telefonów, bazując na metodach opisanych już w tej książce. Na początku zadzwonił do pomocy technicznej w dziale informatyki, przedstawił się jako pracownik firmy i powiedział, że ma do omówienia pewien problem związany z interfejsem dla produktu, nad którym pracowała jego grupa. Poprosił o numer telefonu do szefa projektów w grupie programistów zajmujących się grami.

Następnie zadzwonił pod numer, który mu podano, udając pracownika działu informatyki.

— Jeszcze dziś wieczorem — powiedział — będziemy wymieniać router i musimy się upewnić, czy ludzie z pana grupy nie stracą łączności z serwerem. Jakiego serwera używacie?

Sieć była cały czas ulepszana, a podanie nazwy serwera nie może niczemu zagrozić, prawda? Przecież jest chroniony hasłem i sama znajomość jego nazwy nic nikomu nie da. Tak więc szef projektów podał nazwę serwera. Nie pokusił się nawet o oddzwonienie i sprawdzenie tej historyjki lub chociaż zapisanie nazwiska i numeru telefonu dzwoniącego. Po prostu podał nazwy serwerów: ATM5 i ATM6.

Odgadywanie hasła

W tym momencie Ivan znowu przeszedł do metod technologicznych, aby zdobyć informacje uwierzytelniające. Pierwszym krokiem w większości technologicznych ataków na systemy jest identyfikacja konta z łatwym hasłem, które pozwala na zdobycie pierwszego „przyczółka" w systemie.

Stosowanie narzędzi hakerskich służących do zdalnej identyfikacji haseł może wymagać pozostania połączonym z siecią firmy przez długie godziny. Pojawia się tu zagrożenie: im dłużej będzie podłączony do sieci, tym większe jest ryzyko wykrycia go i złapania.

W pierwszym kroku Ivan zastosował *enumerację*, która umożliwia poznanie szczegółów systemu. Jak zwykle przydatne w tym celu narzędzia można znaleźć w Internecie (*http://mtsleuth.0catch.com* — znak po kropce to „zero"). Ivan odszukał w Sieci kilka ogólnie dostępnych narzędzi hakerskich, które pozwoliły mu zautomatyzować proces enumeracji i uniknąć ręcznej roboty, która wydłużyłaby czas operacji, zwiększając tym samym jej ryzykowność. Wiedząc, że firma w większości przypadków używała serwerów na bazie Windows, pobrał kopię NBTEnum — narzędzia NetBIOS do enumeracji. Wprowadził adres IP serwera ATM5 i uruchomił program. Narzędzie enumeracyjne zdołało zidentyfikować kilka kont istniejących na serwerze.

Żargon ➤

Enumeracja — proces ujawniający usługi dostępne w danym systemie, platformę systemową oraz nazwy kont użytkowników mających dostęp do systemu.

Po identyfikacji istniejących kont to samo narzędzie enumeracyjne umożliwiło uruchomienie w systemie ataku słownikowego. Atak słownikowy to pojęcie dobrze znane ludziom zajmującym się bezpieczeństwem systemów komputerowych i oczywiście hakerom. Dla pozostałych ludzi szokiem bywa fakt, że coś takiego jest w ogóle możliwe. Atak ten ma na celu ustalenie haseł użytkowników poprzez porównywanie ich z powszechnie używanymi słowami.

Wszyscy jesteśmy leniwi w pewnych sprawach, ale nigdy nie przestaje zadziwiać mnie fakt, że w momencie wybierania hasła ludzka kreatywność i wyobraźnia wydają się zanikać. Większość z nas chce mieć hasło, które daje ochronę, ale jednocześnie jest łatwe do zapamiętania. Zwykle oznacza to zastosowanie jakiegoś bliskiego nam słowa. Mogą to być na przykład nasze inicjały, drugie imię, pseudonim, imię małżonka, tytuł ulubionej piosenki, filmu lub marka piwa. Poza tym nazwa ulicy, przy której mieszkamy, lub miasta, marka samochodu, którym jeździmy, ulubiona miejscowość wypoczynkowa lub nazwa strumienia, gdzie najlepiej biorą pstrągi. Czy zauważamy w tym jakąś regułę? W większości przypadków są to imiona, nazwy lub wyrazy, które można znaleźć w słowniku. Atak słownikowy porównuje hasło z często używanymi słowami, próbując każdy z wyrazów na jednym lub większej ilości kont użytkowników.

Ivan przeprowadził atak słownikowy w trzech fazach. W pierwszej użył listy 800 najczęściej używanych haseł. Lista ta zawiera takie słowa jak *secret*, *work* lub *password*. Oprócz tego program tworzył permutacje tych wyrazów z dodanymi na końcu cyframi lub numerem bieżącego miesiąca. Program próbował każde z haseł na wszystkich znalezionych w systemie kontach. Niestety bez powodzenia.

W drugiej fazie Ivan otworzył stronę przeglądarki Google i wpisał hasło „*wordlists dictionaries*" i znalazł tysiące stron zawierających listy słów i słowniki dla języka angielskiego i innych. Pobrał cały elektroniczny słownik języka angielskiego. Następnie uzupełnił go, pobierając kilka list wyrazów, które odnalazła wyszukiwarka. W tym celu udał się pod adres *www.outpost9.com/files/WordLists.html*.

Ze strony tej udało mu się pobrać (całkowicie za darmo) zestaw plików zawierających nazwiska, rzadkie imiona, nazwiska i wyrazy związane z polityką, nazwiska aktorów oraz słowa i imiona pochodzące z Biblii.

Inna ze stron obejmująca listy wyrazów jest udostępniana przez uniwersytet w Oxfordzie pod adresem *ftp://ftp.ox.ac.uk/pub/wordlists*.

Na innych stronach możemy znaleźć listy zawierające imiona bohaterów kreskówek, słowa z cytatów szekspirowskich, z „Odysei", z Tolkiena i „Gwiezdnych wojen", a także słowa związane z nauką, religią itd. (Jedna z firm internetowych sprzedaje listę zawierającą ponad 4 miliony słów i nazw za jedyne 20 dolarów). Program atakujący może być również skonfigurowany tak, aby tworzył anagramy na podstawie wyrazów ze słownika — jest to kolejna z ulubionych metod użytkowników na zwiększenie swojego bezpieczeństwa.

Szybciej niż myślisz

Po wybraniu list do zastosowania i uruchomieniu programu Ivan przełączył go w tryb automatyczny. Dzięki temu mógł zająć się czymś innym. Można by sądzić, że taki atak pozwoli hakerowi na ucięcie sobie długiej drzemki i nawet, gdy haker już się obudzi, postęp będzie niewielki. W rzeczywistości, w zależności od rodzaju atakowanej platformy, konfiguracji systemów zabezpieczających i szybkości połączenia sieciowego, pełny zasób słów ze słownika angielskiego może być przetestowany w czasie krótszym niż 30 minut!

W czasie trwania ataku Ivan włączył inny komputer i uruchomił podobny atak na drugim serwerze używanym przez grupę programistów, ATM6. Dwadzieścia minut później udało się zrobić coś, co dla większości ludzi wydaje się niemożliwie: złamać hasło i odkryć, że jeden z użytkowników wybrał hasło „Frodo", imię jednego z hobbitów, bohatera *Władcy Pierścieni*.

Mając hasło, Ivan mógł połączyć się z serwerem ATM6 za pomocą konta użytkownika.

Oczekiwały na niego dobre i złe wieści. Dobre to te, że konto, na które się włamał, miało przywileje administracyjne. Złe wieści polegały na tym, że nigdzie nie mógł znaleźć kodu źródłowego gry. Wyglądało na to, że znajdował się on na drugim serwerze, ATM5, który oparł się atakowi słownikowemu. Ivan jednak nie poddawał się — wciąż miał w zanadrzu parę trików.

W niektórych systemach operacyjnych Windows i UNIX zaszyfrowane hasła są dostępne dla każdego, kto ma dostęp do komputera, na którym są przechowywane. Uzasadnieniem tego jest fakt, że zaszyfrowane hasła są nie do odtworzenia, więc nie ma potrzeby ich ochrony. Teoria ta jest błędna. Przy wykorzystaniu kolejnego narzędzia dostępnego w sieci, zwanego *pwdump3*, pobrał zakodowane hasła z serwera ATM6.

Typowy plik z zakodowanymi hasłami wygląda następująco:

```
Administrator:500:344FKGJDJ4JFJ954949FVKRKKKK59599FKFKRJF:NOISLHKRE49FK
59FI49IFJ4I:::
kowalski:1110:FJ9V5JG0HI54GJKM3FP4JP40TO4LGP0G4IF90Y:RR39RKRO49FKF0REIE
IJFJIEEI:::
nowak:1111:4F0GKQ49FLR03959FU439FI49F:FJ49GJ40DF44FGGDDF:D5HDI5IE8TI5YI
8Y6Y8U7UUY:::
mgala:1112:E9F9IM4F9F043K30FK30FK30GTJKFJGJ4J:GJ4949FJFJG949FJ49FJG949J
49G9JG:FJ9:::
```

Mając je na swoim komputerze, Ivan użył kolejnego narzędzia, które przeprowadzało tzw. *atak siłowy*. Testuje on każdą kombinację znaków alfanumerycznych i większości symboli specjalnych.

żargon ➤

Atak siłowy — strategia wykrywania haseł, polegająca na testowaniu każdej możliwej kombinacji znaków alfanumerycznych i symboli specjalnych.

Ivan zastosował narzędzie zwane *Lophtcrack3* (dostępne pod adresem *www.atstake.com*; inne źródło świetnych narzędzi do odgadywania haseł to *www.elcomsoft.com*). Administratorzy używają *Lophtcrack3* do szukania „słabych" haseł, a hakerzy do ich łamania. Opcja ataku siłowego w tym programie sprawdza hasła z kombinacjami liter, cyfr i większości symboli, w tym !@#$%^&. Systematycznie testuje wszystkie możliwe kombinacje większości znaków. (Jeżeli jednak zastosowane są znaki niewidoczne, *Lophtcrack3* nie będzie w stanie złamać hasła).

Program ten działa z niewiarygodną szybkością, która może osiągnąć wartość 2,8 miliona prób na sekundę na komputerze z procesorem 1 GHz. Nawet przy takiej prędkości, jeżeli administrator poprawnie skonfigurował system Windows (tj. wyłączył stosowanie haszowania LANMAN), złamanie hasła może wciąż zająć dużo czasu.

Z tego powodu napastnik często pobiera pliki z hasłami na swój komputer i uruchamia atak u siebie, nie ryzykując wykrycia podczas długiego podtrzymywania połączenia.

Ivan nie musiał czekać zbyt długo. Kilka godzin później program odnalazł hasła wszystkich członków grupy programistycznej. Były to jednak hasła użytkowników serwera ATM6, na którym nie było kodu źródłowego.

Co teraz? Wciąż nie był w stanie uzyskać haseł umożliwiających dostęp do serwera ATM5. Myśląc jak haker i zdając sobie sprawę ze złych nawyków większości użytkowników, doszedł do wniosku, że jeden z członków grupy mógł wybrać takie samo hasło na obydwu serwerach.

Tak właśnie było. Jeden z programistów używał hasła *gamers* zarówno na ATM5, jak i na ATM6.

Przed Ivanem otwarły się drzwi, umożliwiając mu poszukiwanie kodu. Kiedy go odnalazł i pobrał całe drzewo, powziął jeszcze jeden dodatkowy krok, zwykle wykonywany w takich sytuacjach: zmienił hasło na uśpionym koncie, zostawiając sobie furtkę na wypadek, gdyby chciał tu wrócić później i pobrać zaktualizowaną wersję programu.

Analiza oszustwa

W tym ataku, który penetrował zarówno ludzkie, jak i technologiczne słabości systemu, napastnik rozpoczął od telefonu, by poznać lokalizację i nazwy serwerów programistycznych, na których znajdowały się zastrzeżone informacje.

Następnie skorzystał z programu w celu identyfikacji istniejących nazw kont wszystkich użytkowników serwera. Potem przeprowadził dwa udane ataki na hasło, w tym atak słownikowy, który szuka hasła, porównując je z listą wszystkich wyrazów ze słownika, czasami powiększoną o dodatkowe listy słów zawierające imiona, nazwy miejsc i przedmiotów, które są obiektem ogólnego zainteresowania.

Ponieważ zarówno komercyjne, jak i darmowe narzędzia hakerskie są dostępne dla każdego niezależnie od celu, jaki mu przyświeca, ważne jest zabezpieczenie komputerów firmowych i infrastruktury sieciowej.

Skala tego zagrożenia jest olbrzymia. Według czasopisma *Computer World* analiza przeprowadzona przez Oppenheimer Funds z Nowego Jorku doprowadziła do zaskakującego odkrycia. Jeden z wicedyrektorów odpowiedzialnych za bezpieczeństwo sieci przeprowadził atak na hasła pracowników firmy za pomocą jednego ze standardowych pakietów oprogramowania. Czasopismo podaje, że w ciągu *trzech minut* zdołał złamać hasła 800 pracowników.

Uwaga Mitnicka ➤

Posługując się terminologią zaczerpniętą z gry „Frodo" można powiedzieć, że, jeżeli użyjesz jako hasła wyrazu ze słownika, to: „idziesz prosto do więzienia, nie przechodzisz przez linię startu, nie otrzymujesz 200 dolarów". Pracowników trzeba nauczyć, jak wybierać hasła, które naprawdę chronią zasoby firmy.

Jak temu zapobiec?

Ataki socjotechniczne mogą być jeszcze bardziej destrukcyjne, jeżeli napastnik użyje dodatkowo środków technologicznych. Zapobieganie tego typu atakom zwykle wymaga podjęcia kroków dotyczących zarówno zachowań ludzkich, jak i technologii.

Wystarczy odmówić

W pierwszej historii z tego rozdziału pracownica biura CABZ firmy telekomunikacyjnej nie powinna usuwać statusu blokowania połączeń z linii telefonicznych bez autoryzującego tę zmianę zamówienia serwisowego. Sama znajomość procedur przez pracowników to za mało. Muszą oni zrozumieć, jakie znaczenie mają te zalecenia dla firmy w zakresie ochrony przed zagrożeniami z zewnątrz.

Polityka bezpieczeństwa powinna zniechęcać do odstępowania od procedur poprzez system nagród i kar. Oczywiście polityka musi być realistyczna i nie wymagać od pracowników wykonywania wielu uciążliwych kroków, które będą woleli zignorować. Program szkolenia powinien przekonywać pracowników, że, o ile ważne jest wykonywanie pracy zgodnie z założonymi terminami, to wykonywanie pewnych czynności na skróty, z pominięciem procedur bezpieczeństwa, może narazić firmę lub współpracowników na uszczerbek.

Podczas udzielania informacji przez telefon obcym osobom, zawsze należy stosować taki sam stopień ostrożności. Niezależnie od nacisku, statusu lub starszeństwa danej osoby w strukturze firmy, nie należy podawać żadnej informacji, która nie jest określona jako ogólnodostępna, do momentu pozytywnej weryfikacji tożsamości dzwoniącego. Jeżeli reguła ta byłaby ściśle przestrzegana, taktyki socjotechniczne stosowane w tej historii nie odniosłyby skutku, a więzień Gondorff nigdy nie byłby w stanie zaplanować wraz z Johnym nowego oszustwa.

Najważniejszy punkt, do którego cały czas powracam na stronach tej książki, to weryfikacja, weryfikacja i jeszcze raz weryfikacja. Żadna prośba nie powinna być uwzględniona bez weryfikacji tożsamości pytającego.

Sprzątanie

Każda firma, która nie utrzymuje ochrony 24 godziny na dobę, jest narażona na to, że napastnik dostanie się do biura po godzinach pracy. Ekipy sprzątające zwykle będą traktować z respektem każdego, kto pojawi się u drzwi firmy i będzie wyglądał na pracownika. W końcu osoba taka może im narobić kłopotów lub nawet doprowadzić do zwolnienia. Z tego powodu ekipy sprzątające, czy to wewnętrzne czy wynajęte, muszą zostać przeszkolone w kwestiach bezpieczeństwa.

Sprzątanie biur niekoniecznie wymaga wyższego wykształcenia. W zasadzie nie wymaga nawet umiejętności czytania i pisania, a typowe szkolenie, jeżeli w ogóle ma miejsce, dotyczy spraw nie związanych z bezpieczeństwem, lecz wyborem odpowiedniego środka czystości.

Organizacja musi przewidzieć taką sytuację, jak opisana w tym rozdziale, zanim ta się wydarzy, i odpowiednio wyszkolić ludzi. Z mojego doświadczenia wynika, że większość, jeżeli nie wszystkie prywatne przedsiębiorstwa, postępują dość swobodnie w kwestiach związanych z fizycznym zabezpieczeniem terenu. Można też spróbować rozwiązać problem inaczej, przerzucając ciężar ochrony firmy na pracowników.

W firmie, która nie jest chroniona 24 godziny na dobę, powinno się wprowadzić zasadę, że jeśli ludzie chcą dostać się na jej teren po godzinach pracy, muszą mieć własne klucze lub karty elektroniczne i w żadnym wypadku nie mogą prosić ekipy sprzątającej o wpuszczenie do środka. Wówczas wystarczy przekazać firmie sprzątającej, że jej pracownicy pod żadnym pozorem nie mogą sami wpuszczać nikogo na teren firmy. Jest to prosta reguła: nie otwieraj nikomu drzwi. Jeżeli jest taka możliwość, można to zastrzeżenie podać jako jeden z warunków w umowie zawartej z firmą sprzątającą.

Ekipy sprzątające muszą być również wyczulone na sytuację, kiedy osoba nieuprawniona próbuje przejść tuż za osobą uprawnioną przez bramkę. Sprzątaczy należy tak wyszkolić, aby nie wpuszczali nikogo, kto próbuje wejść razem z nimi do budynku tylko dlatego, że wydaje się być pracownikiem firmy.

Przypominajmy o wiadomościach ze szkolenia, powiedzmy trzy lub cztery razy w roku, poprzez zaaranżowanie testu penetracyjnego lub ocenę stanu bezpieczeństwa firmy. Wyślijmy kogoś, aby pojawił się u drzwi podczas pracy sprzątaczy i spróbował ich przekonać, by wpuścili go do budynku. Zamiast wykorzystywać w tym celu własnych pracowników, można wynająć firmę, która specjalizuje się w tego rodzaju testach.

Ważna wiadomość: chrońcie swoje hasła

Organizacje coraz większą wagę przywiązują do umacniania polityki bezpieczeństwa poprzez stosowanie środków technologicznych, na przykład konfiguracji systemów operacyjnych w sposób wymagający stosowania przez użytkowników zaleceń dotyczących haseł i ograniczanie liczby nieudanych prób logowania przed zablokowaniem konta. W rzeczywistości systemy oparte na platformie Windows mają tę funkcję wbudowaną. Jednak, ze względu na to, że dla użytkownika mogą okazać się denerwujące, funkcje związane z bezpieczeństwem systemu są zwykle domyślnie wyłączane. Najwyższy czas, aby producenci oprogramowania zaprzestali tego typu praktyk i zaczęli domyślnie włączać te opcje (podejrzewam, że wkrótce sami na to wpadną).

Polityka bezpieczeństwa firmy powinna wspierać wszelkie działania administratorów systemu zmierzające do poprawienia bezpieczeństwa za pomocą środków technologicznych tam, gdzie tylko to jest możliwe. Celem tych działań ma być ograniczenie zawodnego czynnika ludzkiego do bezwzględnie koniecznych obszarów. To nic trudnego. Wiadomo, że jeżeli np. ograniczymy liczbę następujących po sobie nieudanych prób logowania na konto, znacznie utrudnimy życie potencjalnym napastnikom.

Każda organizacja boryka się z problemem równowagi pomiędzy zachowaniem odpowiedniego stopnia bezpieczeństwa a produktywnością. Niektórzy pracownicy skłonni są w związku z tym ignorować część zaleceń i nie przywiązywać wagi do znaczenia, jakie mają one dla ochrony poufnych danych firmy.

Jeżeli zalecenia te nie obejmują pewnych tematów, pracownicy mogą iść po linii najmniejszego oporu i działać w sposób wygodny i ułatwiający im pracę. Niektórzy mogą opierać się zmianom nawyków i otwarcie lekceważyć zasady bezpieczeństwa. Na pewno zdarzyło się nam spotkać osobę, która postępuje zgodnie z wytycznymi mówiącymi o długości i złożoności hasła, ale wymyślone hasło zapisuje na kartce i przylepia do monitora.

Ważnym elementem ochrony firmy jest stosowanie trudnych do odgadnięcia haseł, w połączeniu z konfiguracją sprzętu umacniającą bezpieczeństwo systemu.

Szczegółowe omówienie zaleceń co do haseł znajduje się w rozdziale 16.

12

Atak w dół hierarchii

Jak pokazuje wiele z opisanych tu zdarzeń, dobry socjotechnik często wybiera sobie jako ofiarę osobę o niskiej pozycji w hierarchii firmy. Łatwo jest manipulować takimi ludźmi i wyciągać od nich z pozoru błahe informacje, które przybliżają napastnika o krok do informacji poufnych.

Atakujący mierzy w osoby na niskich stanowiskach, ponieważ są one przeważnie nieświadome wagi pewnych informacji i konsekwencji różnego rodzaju działań. Poza tym są bardziej podatne na uleganie metodom socjotechnicznym — dzwoniący dysponuje autorytetem, wydaje się kimś miłym i przyjaznym, sprawia wrażenie, że zna różnych ludzi w firmie, rzecz, o którą prosi, jest bardzo pilna, a ofiara zakłada, że zdobędzie uznanie lub czyjąś wdzięczność.

Oto kilka przykładów ataków na osoby zajmujących niskie stanowiska w firmie.

Strażnik przychodzi z pomocą

Socjotechnicy, atakując takie osoby jak sprzątacze czy strażnicy, mają nadzieję, że trafią na kogoś o miłym usposobieniu oraz przyjaznym i pełnym zaufania nastawieniu do ludzi. Ludzie tacy są najbardziej skorzy do pomocy. O to właśnie chodziło napastnikowi z poniższej historii.

Oczami Elliota

Czas: 3:26, wtorek rano, luty 1998.

Miejsce: zakład produkcyjny Marchand Microsystems, Nashua, New Hampshire.

Elliot Staley wiedział, że nie wolno mu opuszczać dyżurki, z wyjątkiem obchodów. Był jednak środek nocy i nie widział ani jednej podejrzanej osoby, odkąd przyszedł na zmianę. Poza tym i tak zbliżał się czas obchodu. Ton tego nieszczęsnego faceta, który zadzwonił, wskazywał, że rzeczywiście potrzebuje pomocy. Czasami dobrze jest coś dla kogoś zrobić.

Historia Billa

Bill Goodrock miał jasno określony cel w życiu. Nie zmienił go, odkąd skończył 12 lat: przejść na emeryturę w wieku lat 24, nie dotykając nawet pieniędzy z przeznaczonego dla niego funduszu. Chciał pokazać swemu ojcu, wszechmocnemu i surowemu bankierowi, że odniesie sukces bez jego pomocy.

Zostały mu już tylko dwa lata i było jasne, że w ciągu najbliższych 24 miesięcy nie dojdzie do fortuny poprzez bycie doskonałym biznesmenem lub rzutkim inwestorem. Raz nawet pomyślał o obrabowaniu banku, ale były to jedynie fantazje — bilans zysków i strat nie wypadał tu zbyt korzystnie. Zamiast tego postanowił zrobić to, co kiedyś udało się Rifkinowi — obrabować bank elektronicznie.

Ostatnim razem, kiedy Bill był z rodziną w Europie, otworzył konto bankowe w Monaco, wpłacając tam 100 franków. Miał plan, dzięki któremu suma ta mogła w szybkim tempie stać się liczbą siedmiocyfrową. A przy odrobinie szczęścia może nawet ośmiocyfrową.

Dziewczyna Billa, Annemarie, pracowała w M&A, dużym bostońskim banku. Któregoś dnia, czekając w banku na jej powrót z przeciągającego się spotkania, uległ ciekawości i podpiął swój laptop do portu sieci Ethernet w sali konferencyjnej, gdzie go usadowiono. Tak! Był w ich sieci wewnętrznej, podłączony do systemu... poza firmowym firewallem. To podsunęło mu pewien pomysł.

Swoim odkryciem podzielił się z kolegą z klasy, który znał pewną dziewczynę, Julię — świetnego informatyka, doktorantkę, która odbywała staż w firmie Marchand Microsystems. Julia wydawała się świetnym źródłem istotnych informacji, które pozwoliłyby im zmienić tożsamość. Powiedzieli jej, że piszą scenariusz do filmu. Uwierzyła.

Pomaganie im w tworzeniu fabuły i podawanie wszelkich detali o tym, w jaki sposób można przeprowadzić intrygę, którą wymyślili, było dla niej niezłą zabawą. Sama intryga zaś bardzo się jej podobała. Prosiła, aby umieścili podziękowanie dla niej w napisach końcowych.

Ostrzegli ją, że pomysły na scenariusze są bardzo często kradzione, i kazali przyrzec, że nikomu o niczym nie opowie.

Wyszkolony przez Julię Bill mógł sam zająć się ryzykowną częścią zadania i nie wątpił, że mu się powiedzie.

* * *

Zadzwoniłem tam po południu i udało mi się dowiedzieć, że szef straży na nocnej zmianie nazywa się Isaiah Adams. O 21:30 tego wieczoru zadzwoniłem ponownie i rozmawiałem ze strażnikiem pilnującym holu. Miałem nie cierpiącą zwłoki sprawę i wydawałem się trochę spanikowany:

— Mam problem z samochodem i nie mogę dostać się do firmy — powiedziałem. — Mam awarię komputera i naprawdę potrzebuję pana pomocy. Próbowałem dzwonić do szefa straży, Isaiaha, ale nie ma go w domu. Mógłby pan coś zrobić dla mnie, byłbym naprawdę wdzięczny?

Pomieszczenia w budynku były oznaczone kodami, podałem mu więc kod laboratorium komputerowego i zapytałem, czy wie, gdzie to jest. Powiedział, że wie, i zgodził się tam pójść. Dodał, że dotarcie tam zajmie mu parę minut. Powiedziałem więc, że zadzwonię do niego, kiedy już tam będzie, tłumacząc się, że używam jedynej dostępnej mi linii i będę próbował za jej pomocą wejść do sieci i rozwiązać problem.

Gdy zadzwoniłem, już tam czekał. Powiedziałem mu, jak ma szukać konsoli, o którą mi chodziło. Wisiała nad nią papierowa wstęga z napisem „elmer". Był to komputer, na którym — zgodnie z tym, co powiedziała Julia — tworzono komercyjne wersje systemu operacyjnego oferowanego przez firmę. Gdy stróżowi udało się go odnaleźć, byłem już pewny, że informacje podawane przez Julię nie są zmyślone, i trochę mi ulżyło. Powiedziałem, żeby nacisnął klawisz *Enter* kilka razy. Odpowiedział, że wyświetliło się parę symboli funta. To oznaczało, że komputer jest zalogowany do sieci z pełnymi uprawnieniami. Marnie mu szło pisanie na klawiaturze i zdążył się spocić, kiedy próbowałem podyktować mu polecenie, które wyglądało mniej więcej tak:

```
echo 'fix:x:0:0::/:/bin/sh' >> /etc/passwd
```

W końcu udało mu się to wpisać. Tym samym założyliśmy nowe konto o nazwie *fix*. Następnie poleciłem mu wpisać:

```
echo 'fix::10300:0:0' >> /etc/shadow
```

ustalając zaszyfrowane hasło, które podaje się pomiędzy podwójnym dwukropkiem. Niepodanie niczego w tym miejscu oznacza, że konto nie będzie zabezpieczone hasłem. Jak widać, za pomocą dwóch poleceń można założyć w systemie konto o nazwie *fix* z pustym hasłem. Najlepsze jest jednak to, że konto będzie miało takie same uprawnienia jak konto administratora.

Następną rzeczą, o którą poprosiłem strażnika, było wprowadzenie polecenia drukującego długą listę nazw plików. Potem powiedziałem, żeby oderwał wydrukowany fragment i zabrał go ze sobą do stróżówki, ponieważ być może będę potrzebował później czegoś z tej kartki.

Maestria tej operacji polegała na tym, że strażnik nie miał pojęcia, iż stworzył nowe konto. Kazałem mu wydrukować listę katalogów i plików, ponieważ musiałem się upewnić, że polecenia, które wprowadził, opuszczą pomieszczenie razem z nim. Dzięki temu administrator lub operator nic jutro nie zauważy i nie wywoła alarmu w związku z naruszeniem bezpieczeństwa.

Miałem teraz konto, hasło i pełne przywileje. Tuż przed północą wdzwoniłem się do systemu i postąpiłem zgodnie z instrukcjami, jakie Julia dała nam „na potrzeby filmu". Po chwili miałem dostęp do jednego z serwerów, który zawierał główną kopię kodu źródłowego nowej wersji systemu operacyjnego firmy.

Załadowałem nakładkę, którą napisała Julia. Z tego, co mówiła, modyfikowała ona procedurę w jednej z bibliotek systemu operacyjnego. Dzięki temu utworzone zostały ukryte „tylne drzwi" umożliwiające dostęp do systemu przy wykorzystaniu sekretnego hasła.

Uwaga ➤

Użyte w tej historii „tylne drzwi" nie modyfikują programu logującego. Ukryte wejście tworzone jest przez zamianę funkcji zawartej w dynamicznych bibliotekach, z której korzysta program logujący. W typowym ataku intruz często zamienia lub zmienia sam program logujący, ale czujny administrator może wykryć tę zmianę, porównując program z oryginałem, który posiada, np. na płycie CD-ROM.

Postępowałem zgodnie z instrukcjami, jakie dla mnie napisała. Na początku zainstalowałem nakładkę, następnie usunąłem istniejące konto *fix* i skasowałem informacje ze wszystkich dzienników, aby zatrzeć ślady mojej działalności.

Wkrótce firma będzie dystrybuowała nową *aktualizację* systemu do swoich klientów: instytucji finansowych rozsianych po całym świecie. Każda kopia będzie wyposażona w „tylne drzwi", które umieściłem w głównej kopii dystrybucyjnej, zanim została rozesłana; umożliwi mi to dostęp do systemu komputerowego każdego banku lub biura maklerskiego, które zainstalowało aktualizację.

Żargon ➤

Aktualizacja (ang. *patch*) — tradycyjnie jest to fragment kodu, który po umieszczeniu w skompilowanym pliku programu rozwiązuje jakiś problem.

Oczywiście nie był to jeszcze koniec — zostało mi parę rzeczy do zrobienia. Trzeba było jeszcze uzyskać dostęp do wewnętrznej sieci każdej z instytucji, które miałem zamiar „odwiedzić". Następnie musiałem dowiedzieć się, który z komputerów jest używany do przelewów, i zainstalować programy śledzące, aby dowiedzieć się, w jaki sposób dokonuje się tych operacji.

Wszystko to mogłem zrobić zdalnie, używając komputera znajdującego się w dowolnym miejscu, na przykład takim z widokiem na piaszczystą plażę.

Zadzwoniłem ponownie do strażnika, podziękowałem mu za pomoc i powiedziałem, że może już wyrzucić wydruk.

Analiza oszustwa

Strażnik ochrony miał instrukcje dotyczące służby, ale nawet najlepiej przemyślana instrukcja nie jest w stanie przewidzieć każdej sytuacji. Nikt nie uzmysłowił mu, jaką szkodę może wyrządzić, wpisując parę znaków do komputera, które podyktowała mu osoba podająca się za pracownika firmy.

Przy współpracy strażnika uzyskanie dostępu do serwera zawierającego główną kopię systemu było stosunkowo proste, niezależnie od faktu, że znajdował się on za zamkniętymi drzwiami laboratorium — strażnik miał oczywiście klucze do wszystkich drzwi.

Nawet najbardziej uczciwego pracownika (w tym przypadku doktorantkę i stażystkę firmy, Julię) można czasami przekupić lub oszukać, by wyjawił informację o kluczowym dla socjotechnika znaczeniu, np. gdzie znajduje się interesujący go system komputerowy oraz (klucz do całego ataku) kiedy ukończone zostanie nowe uaktualnienie systemu. Było to bardzo ważne dlatego, że tego rodzaju zmiana dokonana zbyt wcześnie jest obciążona dużym ryzykiem wykrycia lub usunięcia jej w efekcie odbudowy systemu z innej kopii.

Być może zwróciliśmy uwagę na pewien szczegół: strażnik zabrał ze sobą wydruk, a później go wyrzucił. Był to istotny element. Napastnik nie chciałby, aby operatorzy systemu, kiedy przyjdą na drugi dzień do pracy, odnaleźli dowód jego postępku (na drukarce drukującej wszystkie wydane polecenia lub w koszu na śmieci). Podanie strażnikowi wiarygodnego powodu, aby zabrał wydruk ze sobą, pozwoliło uniknąć tego ryzyka.

Uwaga Mitnicka ➤

Jeżeli intruz nie ma możliwości uzyskania fizycznego dostępu do systemu komputerowego lub sieci, będzie próbował manipulować innymi ludźmi w taki sposób, aby coś za niego zrobili. W przypadkach, gdy bezpośredni dostęp do komputera jest konieczny, użycie ofiary jako pośrednika jest nawet lepsze, ponieważ napastnik nie naraża się na ryzyko złapania i aresztowania.

Nakładka awaryjna

Można by sądzić, że serwisant komputerowy powinien zdawać sobie sprawę z zagrożenia, jakie niesie ze sobą udzielenie dostępu do komputera osobie z zewnątrz. Jeżeli osoba ta jest jednak sprytnym socjotechnikiem podającym się za chętnego do pomocy przedstawiciela producenta oprogramowania, rezultaty mogą być nieoczekiwane.

Telefon ratunkowy

Dzwoniący chciał wiedzieć, kto zajmuje się komputerami. Telefonistka połączyła go z serwisantem, Paulem Ahearnem.

Rozmówca przedstawił się:

— Edward, z SeerWare, producenta waszej bazy danych. Najwyraźniej część naszych klientów nie otrzymała e-maila o awaryjnej aktualizacji, więc dzwonimy do wybranych w ramach kontroli jakości i pytamy, czy nie było problemów z instalacją nakładki. Czy zainstalował pan już aktualizację?

Paul powiedział, że nic nie słyszał o aktualizacji.

— Jest zagrożenie nieodwracalnej całkowitej utraty danych, dlatego zalecamy, aby jak najszybciej ją pan zainstalował — powiedział Edward.

Paul powiedział, że oczywiście chciałby to zrobić jak najszybciej.

— Dobrze — odparł rozmówca. — Wyślemy panu taśmę lub CD-ROM z nakładką. Chciałem tylko dodać, że sprawa jest naprawdę poważna — dwie firmy utraciły już dane z kilku dni pracy. Dlatego *naprawdę* powinien pan zainstalować to tak szybko, jak to tylko możliwe, zanim wam też coś takiego się przydarzy.

— Czy jest możliwość pobrania jej z waszej strony internetowej? — zapytał Paul.

— Wkrótce powinna być; wszyscy serwisanci na razie zajmują się naprawianiem szkód. Jeżeli pan sobie życzy, nasze centrum obsługi klienta zainstaluje to dla pana zdalnie. Możemy się wdzwonić lub dostać do waszego systemu poprzez Telnet.

— Nie zezwalamy na Telnet, szczególnie z Internetu — to niebezpieczne — odpowiedział Paul. — Jeżeli możecie użyć SSH, będzie taka możliwość — dodał, wymieniając nazwę programu do bezpiecznego transferu plików.

— Mamy SSH. Jaki jest wasz adres IP?

Paul podał adres, a kiedy Edward zapytał, jakiego loginu i hasła może używać, otrzymał również i te informacje.

Analiza oszustwa

Oczywiście telefon mógł rzeczywiście pochodzić od producenta bazy danych. Wtedy jednak opisana historia nie trafiłaby do tej książki.

Występujący tu socjotechnik wpłynął na ofiarę, budząc w niej strach przed utratą krytycznych danych, po czym zaoferował natychmiastowe rozwiązanie problemu.

Kiedy socjotechnik wybiera sobie za cel osobę, która zna wartość informacji, musi posłużyć się silnymi argumentami i perswazją, aby uzyskać zdalny dostęp do systemu. Czasami potrzebne jest wprowadzenie elementu pilności, aby ofiara rozproszona koniecznością pośpiechu podporządkowała się, zanim będzie miała w ogóle szansę na przemyślenie prośby.

Nowa pracownica

Jakie informacje z wnętrza firmy mogą być obiektem zainteresowania napastnika? Czasami może to być coś, co wydaje się w ogóle niewarte ochrony.

Telefon do Sarah

— Dział Kadr, mówi Sarah.

— Cześć Sarah, tu George z parkingu pod budynkiem. Wiesz, że używamy kart dostępu, aby dostać się na parking i do wind? A więc mamy problem i musimy przeprogramować karty dla wszystkich osób przyjętych w ciągu ostatnich piętnastu dni.

— A więc potrzebujesz ich nazwisk?

— I numerów telefonów też.

— Sprawdzę listę nowo przyjętych i oddzwonię do ciebie. Jaki masz numer?

— 73..., ale właśnie wychodzę, mam przerwę. To może ja zadzwonię za pół godziny, dobrze?

— Aha. Dobrze.

Kiedy zadzwonił ponownie, powiedziała:

— Więc tak, mamy tylko dwoje nowych. Anna Myrtle z Finansów. Jest sekretarką. I ten nowy wiceprezes, pan Underwood.

— A numery telefonów?

— Już... do pana Underwooda — 6973, a do Anny Myrtle — 2127.

— Bardzo mi pomogłaś, dzięki.

Telefon do Anny

— Finanse. Mówi Anna.

— Och, cieszę się, że znalazłem kogoś tak późno. Z tej strony Ron Vittaro. Jestem firmowym wydawcą. Chyba nie mieliśmy okazji być sobie przedstawionymi. Witam nową koleżankę.

— Dziękuję.

— Anno, dzwonię z Los Angeles i mam tu duży problem. Musiałbym ci zająć dziesięć minut.

— Oczywiście. O co chodzi?

— Idź do góry do mojego pokoju. Wiesz, gdzie jest mój pokój?

— Nie.

— Już ci mówię: pokój na rogu na piętnastym piętrze — numer 1502. Zadzwonię tam do ciebie za kilka minut. Kiedy będziesz w moim pokoju, musisz nacisnąć przycisk *forward* na moim telefonie, żeby nie włączyła się sekretarka, gdy będę telefonował.

— Dobrze. Już idę.

Dziesięć minut później była we wspomnianym pokoju, wyłączyła sekretarkę i czekała na dzwonek telefonu. Ron kazał jej usiąść przy komputerze i uruchomić Internet Explorera. Kiedy to zrobiła, powiedział, aby wpisała adres: *www.geocities.com/ron_insen/manuscript.doc.exe*.

Gdy pojawiło się okno dialogowe, poprosił, by kliknęła przycisk *Otwórz*. Komputer zaczął pobierać dokument, lecz za chwilę ekran stał się czarny. Kiedy powiedziała, że coś tu chyba nie działa, odparł:

— O nie, tylko nie to! Miałem ostatnio problemy z pobieraniem plików z tej strony, ale myślałem, że to już naprawili. No nic, trudno, nie martw się. Spróbuję pobrać go później w jakiś inny sposób.

Potem poprosił ją o zrestartowanie komputera, aby upewnić się, że działa prawidłowo po tym, co się stało. Przeprowadził ją przez etapy ponownego uruchomienia systemu.

Kiedy komputer udało się ponownie włączyć, podziękował jej serdecznie i odłożył słuchawkę. Anna wróciła do siebie, aby dokończyć pracę.

Historia Kurta Dillona

Wydawnictwo Millard-Fenton Publishers było entuzjastycznie nastawione do nowego autora, z którym właśnie miało podpisać umowę — emerytowanego dyrektora jednej z większych firm amerykańskich — i fascynującej historii, jaką miał do opowiedzenia. Ktoś polecił mu menedżera, który pomoże w negocjacjach z wydawnictwem. Menedżer ten nie chciał się przyznać, że był „zielony" w kwestii kontraktów wydawniczych, więc wynajął starego znajomego, by ten pomógł mu w zdobyciu potrzebnych informacji. Nie był to jednak zbyt dobry wybór. Rzeczony znajomy, Kurt Dillon, stosował dość nietypowe metody w trakcie swoich badań, nie do końca zgodne z zasadami etyki.

Kurt założył sobie darmową stronę na Geocities na nazwisko Ron Vittaro i umieścił tam program monitorujący. Zmienił nazwę pliku z programem na *manuscript.doc.exe* tak, aby sugerowała dokument Worda i nie wzbudzała podejrzeń. W rzeczywistości wszystko zadziałało o wiele lepiej, niż Kurt się spodziewał; prawdziwy Vittaro bowiem nigdy nie zmienił jednej z domyślnych opcji systemu Windows, która powoduje ukrywanie rozszerzeń dla znanych typów plików. Dzięki temu plik wyświetlił się jako *manuscript.doc*.

Później jego przyjaciółka zadzwoniła do sekretarki Vittaro i zgodnie ze wskazówkami Dillona powiedziała:

— Jestem asystentką Paula Spadone, prezesa Ultimate Bookstores z Toronto. Pan Vittaro spotkał się z moim szefem jakiś czas temu na targach książki i prosił go o telefon, żeby przedyskutować pewien projekt, którego razem mogliby się podjąć. Pan Spadone jest często w trasie, więc poprosił mnie, bym dowiedziała się, kiedy będzie można zastać pana Vittaro w biurze.

Do czasu, gdy udało im się wspólnie ustalić jakiś termin, przyjaciółka Kurta zdołała zdobyć wystarczająco dużo informacji, by napastnik wiedział, kiedy pan Vittaro będzie u siebie, co oznaczało również wiedzę o tym, kiedy go nie będzie. Nie wymagało też jakichś specjalnych podchodów uzyskanie informacji, że sekretarka skorzysta z jego nieobecności i wybierze się na narty. Przez krótki czas oboje będą więc nieobecni. Doskonale.

Pierwszego dnia ich spodziewanej nieobecności Kurt wykonał dla pewności telefon, udając, że ma pilną sprawę do pana Vittaro. Recepcjonistka powiedziała:

— Pana Vittaro nie ma w biurze. Jego sekretarki również. Nie wrócą jutro ani pojutrze.

Już pierwsza próba nakłonienia nowego pracownika do postępowania zgodnie z jego planem powiodła się. Anna nawet nie mrugnęła okiem, gdy poprosił ją o pobranie „manuskryptu", który w rzeczywistości był popularnym i ogólnie dostępnym *programem monitorującym* zmodyfikowanym w taki sposób, aby następowała *cicha instalacja*. Dzięki tej metodzie program nie zostanie wykryty przez żadne oprogramowanie antywirusowe. Z niezrozumiałych powodów producenci oprogramowania antywirusowego nie tworzą programów, które wykrywałyby ogólnodostępne programy monitorujące.

Żargon ➤

Program monitorujący — specjalistyczne oprogramowanie potajemnie monitorujące wydarzenia w śledzonym komputerze. Programy takie używane są między innymi do śledzenia stron odwiedzanych przez kupujących za pośrednictwem Internetu, aby publikowane reklamy trafiały w ich zainteresowania. Poza tym może ono pełnić rolę podsłuchu (w tym przypadku „podsłuchiwany" jest komputer). Program taki przechwytuje każdą formę aktywności użytkownika, łącznie z wprowadzonymi hasłami, naciśniętymi klawiszami, pocztą elektroniczną, rozmowami na czacie, korzystaniem z bezpośrednich komunikatorów i wszystkimi odwiedzonymi stronami WWW, a nawet zrzutami ekranu użytkownika.

Cicha instalacja — metoda instalacji aplikacji w taki sposób, aby użytkownik nie mógł zauważyć, że coś takiego miało miejsce.

Natychmiast po tym, jak kobieta ściągnęła program na komputer Rona Vittaro, Kurt wszedł na swoją stronę w Geocities i podmienił plik *manuscript.doc.exe* na manuskrypt książki, który znalazł w Internecie. To na wypadek, gdyby ktoś wykrył podstęp i wrócił na jego stronę, aby dojść, co właściwie zaszło — znalazłby wówczas jedynie niewinny, amatorski i nie nadający się do publikacji manuskrypt.

Po zainstalowaniu programu i ponownym uruchomieniu komputera monitoring został od razu uaktywniony. Ron Vittaro wróci do biura za parę dni, zacznie używać komputera, a program będzie przekazywał wszystkie naciśnięte przez niego klawisze, wychodzącą pocztę i zrzuty ekranu pokazujące treść wyświetlanych na monitorze dokumentów. Wszystkie te informacje będą przesyłane w regularnych odstępach czasu na darmowy serwer e-mail na Ukrainie.

W czasie kilku dni po przybyciu Rona Vittaro, Kurt przedzierał się przez dzienniki, zbierające się w ukraińskiej skrzynce pocztowej, i wkrótce odnalazł poufne e-maile, w których omawiano, jak daleko wydawnictwo Millard-Fenton Publishing może się posunąć w negocjacjach z autorem. Wyposażony w tę wiedzę agent autora będzie w stanie wynegocjować o wiele lepsze warunki niż zaoferowane na początku, bez ryzyka utraty kontraktu. Wiązało się to oczywiście z wyższą prowizją dla agenta.

Analiza oszustwa

W tej intrydze napastnik odniósł sukces głównie dzięki wykorzystaniu nowego pracownika w roli pośrednika, licząc na jego większą chęć pomocy i pokazania się jako dobry współpracownik, a w mniejszym stopniu dzięki posiadanej wiedzy o firmie, jej strukturze i stosowanych praktykach bezpieczeństwa, które mogłyby udaremnić atak.

Kurt, rozmawiając z Anną z działu finansowego, udawał wiceprezesa i wiedział, że w związku z tym jest mało prawdopodobne, iż będzie ona kwestionowała jego tożsamość. Co więcej, mogła ją cieszyć myśl, że pomagając wiceprezesowi, zyska jego uznanie.

Cały proces instalacji oprogramowania monitorującego, przez który została przeprowadzona Anna, wyglądał z pozoru niewinnie. Nie miała pojęcia, że czynności, które wykonuje, pomagają napastnikowi w uzyskaniu wartościowych informacji, które mogą zostać wykorzystane wbrew interesom przedsiębiorstwa.

Dlaczego zdecydował się przekazywać informacje z komputera wiceprezesa na konto e-mail na Ukrainie? Odległy punkt zrzutu z kilku powodów utrudnia podjęcie czynności skierowanych przeciwko napastnikowi. Tego typu przestępstwa zwykle nie mają wysokiego priorytetu w krajach takich jak Ukraina, gdzie Milicja często nie traktuje przestępstw dokonanych poprzez Internet zbyt poważnie. Z tego względu umieszczenie punktu zrzutu kraju, który raczej nie będzie współpracował z amerykańskim wymiarem sprawiedliwości, jest użyteczną strategią.

Jak zapobiegać?

Socjotechnik zawsze będzie wolał zaatakować pracownika, u którego prośby napastnika raczej nie wzbudzą podejrzeń. Nie tylko ułatwia mu to pracę, ale naraża go na mniejsze ryzyko — co potwierdzają opisane w tym rozdziale historie.

Uwaga Mitnicka ➤

Prośba o przysługę skierowana do współpracownika lub podwładnego, to rzecz normalna. Socjotechnik wie, jak wykorzystać naszą naturalną gotowość do pomocy i współpracy. Napastnik, manipulując tą pozytywną ludzką cechą, skłania nas do wykonywania czynności, które przybliżają go do celu. Bardzo istotne jest zrozumienie tej prostej zasady — pozwala to uodpornić się na tego typu manipulację.

Wykorzystywanie nieostrożności

Już wcześniej podkreślałem konieczność wyszkolenia pracowników w taki sposób, aby nigdy nie dali się przekonać obcemu człowiekowi proszącemu o przysługę. Wszyscy pracownicy muszą też zdać sobie sprawę z niebezpieczeństwa, jakie wiąże się z wykonywaniem na prośbę obcego czynności na komputerze innej osoby. Powinno być to zabronione, chyba że zwierzchnik w drodze wyjątku wyrazi na to zgodę. Wyjątki te mogą dotyczyć następujących sytuacji:

- Prośba o pomoc pochodzi ze strony osoby, którą znamy i która poprosi nas o to osobiście lub jednoznacznie rozpoznajemy jej głos przez telefon.
- Po pozytywnej weryfikacji tożsamości proszącego przy zastosowaniu zaaprobowanych procedur.
- Kiedy prośba została potwierdzona przez zwierzchnika lub inną osobę na odpowiednim stanowisku, która osobiście zna proszącego nas o przysługę.

Szkolenie pracowników musi uczyć odmawiania pomocy ludziom nie znanym osobiście, nawet wówczas, gdy osoba prosząca podaje się za kogoś z kadry zarządzającej. Z chwilą wprowadzenia procedur weryfikacyjnych kierownictwo musi zacząć wspierać pracowników w stosowaniu się do tych procedur, nawet, jeżeli oznacza to odmowę pomocy członkowi kadry zarządzającej w chwili, kiedy próbuje on obejść procedury bezpieczeństwa.

Każda firma powinna posiadać również procedury, zgodnie z którymi pracownicy postępują w odpowiedzi na prośby o wykonanie czynności na komputerze lub podobnym sprzęcie. W historii o wydawnictwie socjotechnik wybrał sobie za cel nowego pracownika, który nie został przeszkolony w procedurach i praktykach związanych z bezpieczeństwem informacji. Aby zapobiec tego typu atakom, każdy pracownik, zarówno nowy, jak i ze sporym stażem, musi trzymać się prostej zasady: nie wykonuj na komputerze żadnych czynności na prośbę nieznajomej osoby. Kropka.

Należy pamiętać, że każdy pracownik, który dysponuje fizycznym lub elektronicznym dostępem do komputera lub urządzenia podobnego typu, jest narażony na manipulację ze strony napastnika namawiającego go do wykonania pewnych czynności.

Pracownicy, a w szczególności personel informatyczny, muszą zdać sobie sprawę z tego, że umożliwienie osobie z zewnątrz dostępu do sieci firmy to jak podawanie numeru konta firmie telemarketingowej lub numeru karty kredytowej obcej osobie, która akurat siedzi w więzieniu. Pracownicy muszą zwracać szczególną uwagę na to, czy spełnienie danej prośby może prowadzić do udostępnienia poufnych informacji lub ułatwiać włamanie się do systemu komputerowego firmy.

Informatycy muszą uważać na nieznajomych rozmówców podających się za przedstawicieli producenta oprogramowania. Firma powinna zastanowić się nad wyznaczeniem ludzi do kontaktów z każdym z takich przedstawicieli z jednoczesnym zastrzeżeniem, że inni pracownicy nie mogą spełniać próśb przedstawiciela o informacje na temat stosowanych technologii lub o wprowadzenie zmian w jakimkolwiek sprzęcie komputerowym lub telefonicznym. W ten sposób wyznaczeni ludzie zapoznają się z personelem producenta, który dzwoni lub odwiedza firmę, i w mniejszym stopniu są narażeni na ataki oszustów. Jeżeli dzwoni przedstawiciel producenta, z którym firma nie ma podpisanej żadnej umowy serwisowej, powinno to również wzbudzić podejrzenia.

Każdy członek organizacji musi być świadomy zagrożeń bezpieczeństwa informacji. Należy pamiętać, że pracownicy ochrony oprócz normalnego szkolenia z zakresu bezpieczeństwa muszą zostać wyszkoleni również w zakresie bezpieczeństwa informacji. Ponieważ ludzie ci często mają fizyczny dostęp do wszystkich pomieszczeń w firmie, muszą być w stanie rozpoznać typy ataków socjotechnicznych, jakie mogą być podjęte przeciwko nim.

Uwaga na programy monitorujące

Komercyjne programy monitorujące były z początku używane przez rodziców, chcących sprawdzać swoje dzieci surfujące po Internecie, oraz pracodawców, którzy kontrolowali swoich pracowników, czy buszują w Internecie zamiast pracować. Bardziej poważnym ich zastosowaniem było wykrywanie potencjalnych złodziei informacji lub szpiegów przemysłowych. Producenci reklamują swoje programy monitorujące jako narzędzia pomagające chronić dzieci, kiedy w rzeczywistości kupującymi są ci, którzy pragną kogoś szpiegować. Obecnie sprzedaż programów monitorujących napędzana jest głównie pragnieniem przekonania się, czy małżonek lub partner nas nie zdradza.

Zanim zacząłem na potrzeby tej książki pisać historię o programie monitorującym, osoba, która odbiera dla mnie e-maile (ja mam zakaz korzystania z Internetu), natrafiła na list zawierający reklamę produktów monitorujących. Jeden z nich opisywano w następujący sposób:

> **Nasz faworyt! Musisz go mieć.** Program monitorujący, który w ukryty sposób przechwytuje wszystkie naciśnięte klawisze, czas otwarcia i tytuł każdego aktywnego okna wprost do pliku tekstowego, pracując niezauważony w tle. Pliki tekstowe mogą być szyfrowane i automatycznie wysyłane na podany adres e-mail lub po prostu zapisywane na dysku twardym. Dostęp do programu jest chroniony hasłem i można go ukryć tak, aby był niewidoczny nawet w menu CTRL+ALT+DEL.
> Dzięki niemu można monitorować wprowadzane adresy URL, sesje czata, korespondencję elektroniczną i inne rzeczy (w tym hasła;-))
> **Zainstaluj go na DOWOLNYM komputerze PC i przesyłaj sobie logi!!!**

Inny program oferowany w tym samym e-mailu zapewniał przechwytywanie zrzutów ekranu użytkownika, tak jakby za jego plecami była umieszczona kamera. Niektóre z tych produktów nie wymagają nawet fizycznego dostępu do komputera ofiary. Wystarczy zainstalować i skonfigurować aplikację zdalnie, by otrzymać od razu komputerowy podsłuch. FBI musi uwielbiać tę technologię.

W sytuacji, gdy programy monitorujące są ogólnie dostępne, firma musi ustanowić dwa poziomy ochrony. Po pierwsze, należy zainstalować oprogramowanie wykrywające programy monitorujące, np. SpyCop (dostępny pod adresem *www.spycop.com*) na wszystkich komputerach i wymagać od pracowników periodycznego skanowania systemu. Oprócz tego należy wyszkolić pracowników, aby wystrzegali się manipulatorów próbujących nakłonić ich do pobrania programu lub otwarcia załącznika poczty, który mógłby zainstalować program monitorujący.

Dodatkowo, aby uniknąć zainstalowania programu monitorującego w czasie chwilowej nieobecności pracownika przy biurku, można wprowadzić obowiązek zabezpieczania komputerów wygaszaczami ekranu z hasłem lub jakąś podobną metodą — zmniejszy to znacznie ryzyko, że nieuprawniona osoba uzyska dostęp do komputera któregoś z pracowników. W ten sposób intruz, któremu udałoby się wślizgnąć do pokoju nieobecnego pracownika, nie będzie miał dostępu do jego plików i poczty ani możliwości instalacji programu monitorującego. Ustawienie hasła na wygaszaczu ekranu nie wymaga żadnych nakładów, a zysk polegający na ochronie komputerów może być znaczny. Bilans zysków i strat w tej sytuacji powinien być oczywisty.

Luka w oprogramowaniu antywirusowym ➤

Oprogramowanie antywirusowe nie wykrywa ogólnie dostępnych programów monitorujących, nie traktując ich jako niebezpieczne nawet wtedy, gdy używane są w celu szpiegowania innych ludzi. Tak więc nad komputerowym odpowiednikiem podsłuchu przechodzi się do porządku dziennego. W ten sposób każdy z nas jest w każdej chwili zagrożony inwigilacją. Oczywiście producenci programów antywirusowych będą twierdzić, że programy monitorujące mogą być używane legalnie i w związku z tym nie należy ich traktować tak samo jak wirusów. Z drugiej strony jednak podobne narzędzia stworzone i używane wcześniej przez społeczność hakerów, a później udostępnione ogółowi jako darmowe lub płatne są dalej traktowane jako niebezpieczne. Jest tu pewna niekonsekwencja i zastanawiam się nad jej przyczynami...

13

Wyrafinowane intrygi

Wiemy już, że kiedy obca osoba dzwoni z prośbą o udzielenie poufnej informacji lub prosi o coś, co może mieć wartość dla napastnika, odbierający telefon musi być tak przeszkolony, aby zapytać o namiary rozmówcy i oddzwonić do niego w celu weryfikacji, czy rzeczywiście jest tym, za kogo się podaje, np. pracownikiem firmy, pracownikiem firmy współpracującej lub serwisantem jednego z dostawców.

Także wtedy, gdy firma wprowadzi procedury szczegółowej weryfikacji dzwoniących, wyrafinowani napastnicy będą wciąż mieli w zanadrzu wiele sposobów na oszukanie swych ofiar i upewnienie ich co do swej tożsamości. Nawet świadomy niebezpieczeństw pracownik może paść ofiarą opisanych poniżej metod.

Myląca identyfikacja

Każdy, kto miał do czynienia z telefonem komórkowym, spotkał się z funkcją zwaną identyfikacją rozmów przychodzących — na wyświetlaczu telefonu ukazuje się numer telefonu osoby, która do nas dzwoni. Dla firmy jest to dość użyteczna funkcja — umożliwia ona pracownikowi natychmiastową orientację, czy dany telefon pochodzi od współpracownika z firmy, czy od osoby z zewnątrz.

Wiele lat temu paru ambitnych phreakerów zaczęło się zastanawiać nad możliwościami takiej identyfikacji, jeszcze zanim firmy telekomunikacyjne dostały pozwolenie na oferowanie tej usługi dla ogółu swoich klientów. Dobrą zabawą było robienie dzwoniącym kawałów, polegających na zwracaniu się do nich po imieniu, zanim ci zdążyli cokolwiek powiedzieć.

Załóżmy, że uznajemy opisywaną usługę za bezpieczny sposób identyfikacji i wprowadzamy praktyki oparte na zaufaniu temu, co pojawi się na wyświetlaczu. Właśnie na to może liczyć napastnik.

Telefon do Lindy

Czas: wtorek, 23 lipca, 15:12.

Miejsce: biuro w dziale finansów firmy Starbeat Aviation.

Telefon Lindy Hill zadzwonił w czasie, gdy pisała notatkę dla szefa. Spojrzała na wyświetlacz, który pokazywał, że dzwoni Victor Martin z głównej siedziby firmy w Nowym Jorku — nazwisko to nic jej jednak nie mówiło.

Przez chwilę chciała nie odbierać i pozwolić, aby włączyła się poczta głosowa. Nie chciała przerywać toku myśli związanego z pisaniem. W końcu jednak ciekawość wzięła górę i Linda odebrała telefon. Rozmówca przedstawił się, po czym powiedział, że dzwoni z działu Public Relations i że pracuje nad jakimś materiałem dla prezesa.

— Prezes właśnie leci do Bostonu na spotkanie z naszymi bankierami i potrzebuje danych finansowych z ostatniego kwartału — powiedział. — Jeszcze jedno. Prezes potrzebuje też prognoz finansowych co do projektu Apache — dodał Victor, używając roboczej nazwy produktu, którego premiera planowana była na wiosnę.

Poprosiła o jego adres e-mail, ale on powiedział, że ma problem z odbieraniem poczty, nad którym właśnie pracuje serwisant, i czy mogłaby w związku tym przesłać materiały faksem. Powiedziała, że owszem, więc podał jej wewnętrzny numer faksu.

Parę minut później wysłała materiały.

Victor nie pracował jednak w dziale Public Relations. Nie był nawet pracownikiem firmy.

Historia Jacka

Jack Dawkins już w młodym wieku rozpoczął swoją karierę zawodową. Jako złodziej kieszonkowy działał podczas meczów na stadionie Yankee Stadium, w zatłoczonych korytarzach metra i w wieczornym tłumie turystów na Time Square. Był tak zwinny i sprytny, że potrafił zdjąć zegarek z czyjejś ręki i pozostać niezauważonym. Gdy miał kilkanaście lat i trochę podrósł, jego sprawność się pogorszyła i w końcu został złapany. W zakładzie karnym poznał jednak nowy fach, z którym wiązało się o wiele mniejsze ryzyko wpadki.

Najnowsze zlecenie polegało na zdobyciu kwartalnego bilansu zysków i strat oraz informacji o płynności finansowej pewnej firmy, przed ich przekazaniem Komisji Papierów Wartościowych. Jego klient był dentystą, który nie chciał wyjawić, do czego potrzebne mu są te informacje. Jacka rozbawiała ta przesadna ostrożność. Znał to na pamięć — facet najwyraźniej miał problemy z hazardem albo wymagającą finansowo kochankę, której jego żona nie miała jeszcze okazji poznać. A może po prostu chciał popisać się przed żoną swoimi talentami do inwestowania na giełdzie i stracił pokaźną sumę pieniędzy, a teraz chciał postawić dużo, ale za to na pewnego konia, wiedząc, co się stanie z ceną akcji po ogłoszeniu wyników kwartalnych.

Ludzie bywają zaskoczeni, widząc, w jak szybkim czasie zmyślny socjotechnik potrafi znaleźć wyjście z sytuacji, z którą nigdy wcześniej się nie spotkał. Nim Jack zdążył wrócić ze spotkania z dentystą, w jego głowie zdążył powstać plan. Jego przyjaciel, Charles Bates, pracował w firmie Panda Importing, która miała własną centralę telefoniczną.

Centrala była podłączona do cyfrowej usługi, zwanej T1, skonfigurowanej jako interfejs główny (PRI) sieci ISDN. Oznaczało to, że każdemu telefonowi wykonanemu z siedziby firmy Panda towarzyszyło przesłanie do centrali firmy, poprzez kanał danych, ustawień i innych informacji związanych z rozmową. Informacje zawierały numer osoby dzwoniącej, który (o ile nie był zablokowany) był przesyłany do osoby odbierającej telefon.

Przyjaciel Jacka wiedział, jak zaprogramować centralę, aby osoba po drugiej stronie nie widziała numeru jednego z telefonów w biurze firmy Panda, tylko inny numer — taki jaki zostanie zaprogramowany. Trik ten działa, ponieważ lokalne firmy telekomunikacyjne nie sprawdzają, czy wyświetlające się numery zgadzają się z numerami, za które opłacane są rachunki telefoniczne.

Jack Dawkins potrzebował wiec jedynie dostępu do tego rodzaju usługi. Na szczęście jego przyjaciel, i od czasu do czasu wspólnik w przestępstwie, Charles Bates, zawsze chętnie udzielał pomocy za stałą stawkę. Na tę okazję Jack i Charles tymczasowo przeprogramowali centralę firmy tak, aby rozmowy z jednej z linii na terenie firmy wyświetlały wewnętrzny numer Victora Martina, sprawiając, że telefon wydawał się pochodzić ze Starbeat Aviation.

Numer pojawiający się na wyświetlaczu rzadko jest kwestionowany, dlatego że mało osób zdaje sobie sprawę z możliwości jego zmiany. W tym przypadku Linda bez zastanowienia wysłała faks z informacjami do człowieka, który, jak sądziła, był z działu Public Relations.

Kiedy Jack odłożył słuchawkę, Charles przeprogramował centralę na poprzednie ustawienia.

Analiza oszustwa

Niektóre firmy nie chcą, aby klienci lub dostawcy znali numery telefonów pracowników. Na przykład Ford mógł podjąć decyzję, że telefony wykonane z centrum obsługi klienta będą wyświetlały numer „0-800" do centrum i nazwę, np. „Ford — obsługa klienta", zamiast rzeczywistego bezpośredniego numeru konsultanta, który dzwoni. Microsoft może pozostawić swoim pracownikom możliwość podawania numeru do siebie, jednocześnie wyłączając wyświetlanie numeru u rozmówcy, aby ten nie mógł poznać numeru wewnętrznego. W ten sposób firma zachowuje poufność swoich numerów wewnętrznych.

Ta sama możliwość przeprogramowywania wyświetlanych numerów jest narzędziem w rękach dowcipnisiów, telemarketerów i oczywiście socjotechników.

Telefon od samego prezydenta

Współprowadząc audycję „Ciemna Strona Internetu" w KFI Talk Radio w Los Angeles, pracowałem dla dyrektora programowego, Davida, który był najbardziej zaangażowaną w swoją pracę osobą, jaką znam. Był tak zajęty, że praktycznie nieosiągalny pod telefonem. Należał do tych ludzi, którzy nie odbierają telefonu, chyba że wyświetli się na nim numer osoby, z którą akurat chcą porozmawiać.

Kiedy dzwoniłem do niego z różnych telefonów (mam zablokowane rozmowy wychodzące we własnej komórce), nie odbierał i włączała się poczta głosowa. Stało się to dla mnie bardzo frustrujące.

Rozmawiałem na ten temat ze starym przyjacielem, który jest współzałożycielem firmy działającej w branży nieruchomości — wynajmuje powierzchnię biurową firmom. Razem wpadliśmy na pewien plan. On miał dostęp do centrali swojej firmy, Meridan, i mógł na niej programować numer osoby dzwoniącej w taki sposób, jak już wcześniej to opisano. Gdy musiałem pilnie skontaktować się z dyrektorem programowym i nie mogłem się do niego dodzwonić, prosiłem przyjaciela o zaprogramowanie wybranego przeze mnie numeru jako mojej identyfikacji rozmówcy. Czasami podawałem numer asystenta z biura Davida, a innym razem numer firmy holdingowej, która jest właścicielem stacji radiowej.

Moją ulubioną sztuczką było jednak zaprogramowanie domowego numeru telefonu Davida, który zawsze odbierał. Mimo wszystko, bardzo go cenię. Zawsze wykazywał się poczuciem humoru, kiedy odbierając telefon, odkrywał, że znowu dał się nabrać. Najlepsze było jednak to, że mogłem z nim wtedy dłużej porozmawiać, a on starał się rozwiązać moje problemy.

Kiedy demonstrowałem ten trik w programie Art Bell Show, zmieniłem moją identyfikację tak, aby wyświetlała się nazwa i numer siedziby FBI w Los Angeles. Art był tym dość zszokowany i skarcił mnie, że to co robię, jest nielegalne. Odparłem, że jest to całkowicie legalne, o ile nie zamierzamy popełnić oszustwa. Po programie otrzymałem kilkaset e-maili z pytaniami, jak to zrobiłem. Teraz już wiecie, jak.

Dla socjotechnika jest to świetne narzędzie do budowania zaufania. Jeżeli na przykład na etapie rozpoznania przed atakiem socjotechnicznym okaże się, że ofiara posiada identyfikację rozmówcy i korzysta z niej, napastnik może zmienić swój numer na numer zaufanej firmy lub pracownika. *Złodziej należności* (ang. *bill collector*) może sprawić, że jego identyfikator będzie wskazywał np. na urząd skarbowy.

Żargon ➤

Złodziej należności — oszust starający się dotrzeć do osób, które mają przeterminowane należności względem różnych instytucji lub firm, podać się za przedstawiciela wierzyciela i próbować przejąć należne pieniądze.

Zastanówmy się jednak nad implikacjami. Intruz może zadzwonić do nas do domu, podając się za informatyka pracującego w naszej firmie. Dzwoniący pilnie musi znać hasło, by przywrócić nasze pliki po awarii serwera. Albo wyświetla nam się numer naszego banku lub biura maklerskiego — dziewczyna o miłym głosie prosi tylko o weryfikację naszego numeru konta i nazwiska panieńskiego matki. Dla pewności prosi jeszcze o weryfikację PIN, z powodu jakichś problemów z systemem. Wystarczy wykonać telefon z giełdy papierów wartościowych, aby wydawało się, że rozmówca dzwoni z Citybanku lub z Merril Lynch.

Ktoś, kto poluje na nasze dane osobowe, może np. zadzwonić z naszego banku i przekonać nas do podania numeru karty kredytowej. Osoba planująca na nas zemstę może podać się za inspektora z urzędu skarbowego lub policjanta.

Posiadając dostęp do systemu telefonicznego podłączonego do PRI oraz odrobinę wiedzy na temat jego programowania, którą da się zapewne zdobyć za pomocą strony internetowej dostawcy systemu, można płatać znajomym różne figle. Może znamy kogoś z nadmiernymi aspiracjami politycznymi? Wystarczy zaprogramować numer 202 456-1414, a identyfikacja rozmówcy spowoduje wyświetlenie napisu „BIAŁY DOM".

Nasz znajomy pomyśli, że dzwoni do niego sam prezydent!

Morał z historii jest prosty: nie należy wierzyć temu, co wyświetla się w naszym telefonie, chyba że dotyczy to numerów wewnętrznych. Zarówno w domu, jak i w pracy każdy z nas musi zdawać sobie sprawę z takiej możliwości i wiedzieć, że identyfikacja rozmówcy nigdy nie może być używana do weryfikacji tożsamości dzwoniącego.

Niewidzialny pracownik

Shirley Cutlass odkryła nowy fascynujący sposób zarabiania pieniędzy. Koniec spędzania długich godzin w biurze. Dołączyła do setek oszustów odpowiedzialnych za największą falę przestępstw dziesięciolecia. Została złodziejem tożsamości.

Dzisiaj zamierzała uzyskać poufne informacje z działu obsługi klienta pewnego banku. Po zebraniu wstępnych informacji zadzwoniła i powiedziała do osoby w centrali, że prosi o połączenie z działem telekomunikacyjnym. Po połączeniu się z żądanym działem poprosiła do telefonu administratora poczty głosowej.

Korzystając ze zdobytych wcześniej informacji, wyjaśnia, że nazywa się Norma Todd i pracuje w biurze w Cleveland. Stosując znany już nam podstęp, powiedziała, że wybiera się do siedziby firmy na tydzień i będzie potrzebowała skrzynki w systemie poczty głosowej, aby nie musiała odsłuchiwać jej poprzez połączenia zamiejscowe. Powiedziała, że nie chce fizycznego połączenia, tylko samą skrzynkę. Administrator powiedział, że się tym zajmie i zadzwoni, kiedy wszystko będzie gotowe, by podać jej potrzebne informacje.

— Jestem w drodze na spotkanie, mogę sama oddzwonić za godzinę? — zapytała uwodzicielskim głosem.

Gdy ponownie zadzwoniła, wszystko było już załatwione i otrzymała stosowne informacje: numer wewnętrzny i tymczasowe hasło. Administrator zapytał, czy wie, jak zmienić hasło w poczcie głosowej. Pozwoliła się przeprowadzić przez kolejne kroki, mimo że znała je co najmniej tak dobrze jak on.

— A przy okazji — zapytała — na jaki numer mam dzwonić z hotelu, by odsłuchać wiadomości?

Administrator podał jej numer.

Shirley zadzwoniła, zmieniła hasło i nagrała nową wiadomość powitalną.

Shirley atakuje

Łatwiejszą część zadania miała już za sobą. Teraz przyszedł czas na użycie sztuki manipulacji.

Zadzwoniła do firmowego działu obsługi klienta.

— Dzwonię z windykacji z biura w Cleveland — powiedziała, po czym zastosowała jeden z wariantów znanego triku. — Mój komputer jest w naprawie i potrzebowałabym pomocy w znalezieniu pewnej informacji.

Podyktowała nazwisko i datę urodzenia osoby, której tożsamość miała zamiar ukraść. Następnie wymieniła informacje, których potrzebuje: adres, nazwisko panieńskie matki, numer karty kredytowej, limit kredytu, saldo dostępne i historię płatności.

— Proszę oddzwonić do mnie na ten numer — powiedziała, podając wewnętrzny numer, który ustawił dla niej administrator poczty głosowej. — I jeżeli będę poza zasięgiem, proszę zostawić te informacje w poczcie głosowej.

Resztę poranka spędziła na załatwianiu różnych spraw, by wreszcie po południu tego samego dnia sprawdzić skrzynkę. Wszystko, o co prosiła, było nagrane. Przed odłożeniem słuchawki Shirley usunęła nagrane powitanie. Zostawienie po sobie nagrania z własnym głosem nie byłoby szczytem ostrożności.

Kradzież tożsamości staje się coraz bardziej powszechnym przestępstwem w Ameryce, zbrodnią XXI wieku. Shirley, mając te informacje, może zrobić zakupy na koszt swojej ofiary.

Analiza oszustwa

W tej intrydze napastniczka najpierw oszukała administratora poczty głosowej, podając się za pracownicę firmy i prosząc o założenie tymczasowej skrzynki poczty głosowej. Jeżeli pokusiłby się on o sprawdzenie jej wiarygodności, okazałoby się, że nazwisko i numer telefonu, który podała, figurują na liście pracowników firmy.

Reszta polegała jedynie na podaniu wiarygodnej przyczyny kłopotów z komputerem, prośby o pożądane informacje i o ich nagranie. Dlaczego pracownik miałby nie udzielić takiej informacji innemu pracownikowi? Numer telefonu, który podała, był numerem wewnętrznym, więc nie było powodu do podejrzeń.

Uwaga Mitnicka ➤

Dzwońmy od czasu do czasu na swoją własną pocztę głosową. Jeżeli słyszymy powitanie nagrane przez obcą osobę, być może jest to nasze pierwsze spotkanie z socjotechnikiem.

Pomocna sekretarka

Robert Jordan był crackerem i regularnie włamywał się do sieci komputerowej globalnej korporacji Rudolfo Shipping, Inc. W firmie w końcu zdano sobie sprawę, że ktoś włamuje się do serwera i stamtąd uzyskuje dostęp do wszystkich systemów komputerowych. Aby zabezpieczyć swoją sieć, firma zdecydowała się wprowadzić hasło dla połączenia dial-up z każdym serwerem.

Robert zadzwonił do Centrum Zarządania Siecią, udając adwokata z działu prawnego i powiedział, że ma problemy z połączeniem się z systemem. Administrator, na którego trafił, wyjaśnił, że z przyczyn bezpieczeństwa wszyscy użytkownicy, którzy korzystają z połączenia dial-up, muszą uzyskać hasło na dany miesiąc od swojego szefa. Robert zastanawiał się, w jaki sposób hasła są przekazywane szefom lub jak mogli je uzyskać. Okazało się, że hasło na nadchodzący miesiąc było przesyłane jako notatka w poczcie wewnątrzfirmowej do każdego z kierowników.

To ułatwiło sprawę. Robert zrobił mały wywiad, zadzwonił do firmy tuż po pierwszym dniu miesiąca i połączył się z sekretarką jednego z działów, która przedstawiła się jako „Janet".

— Cześć, Janet, tu Randy Goldstein z działu badawczo-rozwojowego. Wiem, że dostałem notkę z hasłem na ten miesiąc do wdzwaniania się spoza firmy, ale nigdzie nie mogę jej znaleźć. Dostałaś już może tę notkę?

Powiedziała, że dostała.

Zapytał ją, czy nie przesłałaby mu jej faksem. Zgodziła się. Podał numer faksu do recepcjonistki w holu innego budynku campusu firmy, gdzie wcześniej już poprosił o odebranie wiadomości dla niego, by następnie przekazać go dalej. Tym razem Robert skorzystał z innej metody przekierowywania faksów. Podał recepcjonistce numer, który prowadził do internetowej usługi odbierającej faksy. Kiedy usługa ta odbierze faks, jest on automatycznie przekazywany na adres pocztowy subskrybenta.

Nowe hasło dotarło do zaaranżowanego przez Roberta punktu zrzutu — darmowego konta e-mail w Chinach. Był pewny, że jeśli faks zostanie kiedykolwiek wyśledzony, prowadzący sprawę będzie rwał sobie włosy z głowy przy próbie nawiązania współpracy z władzami chińskimi, które niechętnie pomagają w tego typu sprawach. Najlepsze było jednak to, że nie musiał pokazywać się osobiście w żadnym z miejsc, gdzie można odbierać faksy.

Uwaga Mitnicka ➤

Dobry socjotechnik wykazuje wiele sprytu, wpływając na innych ludzi w celu nakłonienia ich do wyświadczenia mu przysługi. Odebranie faksu i przesłanie go dalej wydaje się tak nieszkodliwą czynnością, że namówienie do tego recepcjonistki jest niezwykle łatwe. Kiedy obca osoba prosi nas o przysługę związaną z przekazaniem jakiejś informacji, a nie mamy możliwości jej identyfikacji, wystarczy po prostu odmówić.

Mandat

Chyba każdy, kto dostał kiedyś mandat za przekroczenie szybkości, na pewno zastanawiał się, co by tu zrobić, żeby problem przestał istnieć. Ale nie poprzez zapłacenie ustalonej kwoty lub próbę przekonania sądu, że radar policyjny nie miał homologacji. Najlepiej, gdyby dało się jakoś przechytrzyć system.

Oszustwo

Mimo że nie polecam takich metod radzenia sobie z mandatami (wszystko co robisz, robisz na własną odpowiedzialność), to jest to dobry przykład na pokazanie, jak oszustwo staje się narzędziem w rękach socjotechnika.

Naszego pirata drogowego możemy nazwać Paul Durea.

Pierwsze kroki

— Policja, komenda w Hollenbeck.

— Dzień dobry, chciałbym rozmawiać z kimś, kto zajmuje się sprawami świadczenia w rozprawach sądowych.

— Ja się tym zajmuję.

— Dobrze. Mówi John Leland, jestem prawnikiem z firmy Meecham and Talbott. Chciałbym wezwać na świadka jednego z waszych ludzi.

— Którego?

— Czy w waszej komendzie pracuje Kendall?

— Jaki jest jego numer?

— 21349.

— Tak. Na kiedy go pan potrzebuje?

— Na przyszły miesiąc, ale wciąż jeszcze muszę wezwać paru innych świadków w tej sprawie i dopiero potem ustalić kolejny termin. Czy w przyszłym miesiącu pan Kendall będzie w któreś dni nieobecny?

— Zobaczmy... Ma urlop od dwudziestego do dwudziestego trzeciego i szkolenie od ósmego do szesnastego.

— Dziękuję. Na razie to wszystko. Zadzwonię, kiedy data rozprawy będzie już ustalona.

Biuro sądu okręgowego

Paul:

— Chciałbym ustalić termin rozprawy w związku z tym mandatem.

Urzędnik:

— Dobrze. Mogę zaproponować 26. przyszłego miesiąca.

— Chciałbym się też umówić na wstępne przesłuchanie.

— Chce pan wstępnego przesłuchania w sprawie mandatu?

— Tak.

— No dobrze. Możemy ustalić datę przesłuchania na jutro rano lub po południu. Kiedy pan woli?

— Po południu.

— Przesłuchanie jutro o 13:30, sala rozpraw numer 6.

— Dziękuję. Będę na pewno.

Sąd okręgowy, sala rozpraw nr 6

Czas: wtorek 13:45.

Protokolantka: Panie Durea, proszę przyjść na miejsce dla świadka.

Sędzia: Panie Durea, czy został pan już pouczony o swoich prawach?

Paul: Tak, wysoki sądzie.

Sędzia: Czy chce pan skorzystać z możliwości odbycia szkolenia w zakresie ruchu drogowego? Pańska sprawa będzie oddalona po ukończeniu ośmiogodzinnego kursu. Sprawdziłem pańskie akta i jest taka możliwość.

Paul: Nie, Wysoki Sądzie. Z całym szacunkiem proszę, aby odbyła się rozprawa. Jeszcze jedna prośba, Wysoki Sądzie, cały czas podróżuję po kraju, ale będę na miejscu ósmego i dziewiątego. Czy byłaby możliwość ustalenia daty mojej rozprawy na któryś z tych dni? Jutro wylatuję w podróż służbową do Europy i wracam za cztery tygodnie.

Sędzia: Dobrze. W takim razie ustalamy datę rozprawy na 8 czerwca, na godzinę 8:30. Sala rozpraw nr 4.

Paul: Dziękuję, Wysoki Sądzie.

Sąd okręgowy, sala rozpraw nr 4

Paul dotarł do sądu wcześniej, o 8:00. Kiedy pojawił się sędzia, protokolantka dała mu listę spraw, na które nie dotarli świadkowie z policji. Sędzia wezwał obrońców, w tym adwokata Paula, i oznajmił im, że ich sprawy są oddalone.

Analiza oszustwa

Kiedy policjant wystawia mandat, podpisuje go swoim nazwiskiem i numerem odznaki. Odnalezienie posterunku, w którym pracuje, jest proste. Wystarczy telefon na informację telefoniczną z zapytaniem o numer telefonu komendy wymienionej na wezwaniu. Po skontaktowaniu się z dyżurnym funkcjonariuszem można zapytać o numer do urzędnika organizującego stawianie się policjantów jako świadków, który obsługuje rejon geograficzny, w którym dostaliśmy mandat.

Policjanci są wzywani przed sąd z regularnością zależną od danego obszaru. Kiedy prokurator okręgowy lub obrońca chce wezwać policjanta na świadka, wie, jak działa system, i w pierwszej kolejności upewnia się, że dany policjant będzie osiągalny. W tym celu wystarczy zadzwonić z zapytaniem do urzędnika organizującego stawianie się policjantów w sądzie.

Zwykle podczas takiej rozmowy prawnik pyta urzędnika, czy dany policjant będzie mógł przybyć w takim a takim dniu. W tym miejscu Paul potrzebował trochę wyczucia: musiał podać wiarygodny powód, dla którego miałyby go interesować daty, kiedy policjant będzie nieobecny.

Dlaczego Paul, podczas swej pierwszej wizyty w sądzie nie powiedział po prostu, jaka data go interesuje? To proste — z tego, co wiadomo, urzędnicy sądowi w większości przypadków nie umożliwiają stronom wyboru daty rozprawy. Jeżeli data, którą zaproponuje urzędnik, nie odpowiada stronie, może podać dwa alternatywne terminy i na więcej raczej nie ma co liczyć. Z drugiej strony każdy, kto wyrazi chęć stawienia się na przesłuchanie, zwykle ma w tym zakresie więcej szczęścia.

Paul wiedział, że miał prawo do prośby o przesłuchanie. Wiedział też, że sędziowie często dostosowują się do próśb o ustalenie daty rozprawy na określony dzień. Delikatnie poprosił więc o datę, która kolidowała ze szkoleniem policjanta, wiedząc, że w tym stanie szkolenie ma pierwszeństwo nad stawieniem się w sądzie.

Kiedy policjant się nie stawia, sprawa zostaje oddalona. Nie ma kar, obowiązkowego szkolenia ani punktów. I, co najważniejsze, nasze akta pozostają czyste!

Wydaje mi się, że, gdy policjanci, urzędnicy sądowi, prokuratorzy okręgowi itp. przeczytają tę historię, zgodnie przytakną, że takie oszustwo jest możliwe. Jednak poza tym przytaknięciem nic zapewne nie zrobią. Nic się nie zmieni. Jestem gotowy się założyć. Dopóki policja jest skłonna udzielać informacji o harmonogramie pracy policjanta praktycznie każdej osobie, która zadzwoni, dopóty istniała będzie możliwość unikania mandatów. Czy w naszej organizacji istnieją podobne luki w procedurach, które pozwalają zmyślnemu socjotechnikowi zdobyć informacje, których zdecydowanie nie powinien posiadać?

Uwaga Mitnicka ➤

Ludzki umysł jest niesamowity. Ciekawe jest to, jak bardzo stajemy się pomysłowi, kiedy przychodzi do szukania „okrężnych" dróg, aby coś zdobyć lub wyjść cało z jakiejś sytuacji. Tej samej pomysłowości należy używać do zabezpieczania informacji i systemów komputerowych zarówno w sektorze publicznym, jak i prywatnym. Pamiętajmy więc, aby, opracowując politykę bezpieczeństwa dla naszej firmy, starać się, by nasze myślenie wyszło poza sztywne ramy.

Zemsta Samanthy

Samantha Gregson była wściekła.

Pracowała ciężko na to, by uzyskać tytuł magistra ekonomii, nie mówiąc już o zaciągniętych na ten cel kredytach. Zawsze wydawało się jej, że tytuł ten oznacza karierę zamiast zwykłej pracy i przy okazji duże pieniądze. Niestety, po ukończeniu college'u nie mogła nigdzie znaleźć dobrej posady.

Ucieszyła się, gdy dostała wreszcie propozycję z Lambeck Manufacturing. Co prawda stanowisko sekretarki było trochę upokarzające, ale pan Cartright mówił, że bardzo im na niej zależy, a praca sekretarki otworzy jej drogę do awansu.

Dwa miesiące później słyszała, że jeden z kierowników produktów od Cartrighta się zwalniał. Tej nocy prawie nie mogła zasnąć, wyobrażając sobie siebie na piątym piętrze, w oddzielnym pokoju, uczęszczającą na spotkania i podejmującą decyzje.

Następnego ranka w pracy od razu skierowała swoje kroki do pana Cartrighta. Powiedział, że czuje, iż powinna się dowiedzieć jeszcze nieco więcej o branży, zanim będzie gotowa objąć takie stanowisko. Po czym zatrudnił amatora z zewnętrznej firmy, który o branży wiedział zdecydowanie mniej niż ona.

Wtedy właśnie zaczęło jej świtać w głowie: firma zatrudnia dużo kobiet, ale prawie wszystkie były sekretarkami. Wyglądało na to, że w życiu nie dostanie tu posady kierownika.

Rewanż

Obmyślanie zemsty zajęło jej prawie tydzień. Jakiś miesiąc wcześniej dziennikarz z branżowej gazety próbował ją pociągnąć za język, gdy przyjechał na premierę nowego produktu. Parę tygodni później zadzwonił do niej do pracy i powiedział, że jeżeli wyśle mu jakieś informacje o postępach w pracach nad produktem Cobra 273, to wyśle jej kwiaty, a jeżeli informacja ta będzie naprawdę sensacyjna, to pofatyguje się specjalnie z Chicago tylko po to, by zaprosić ją na obiad.

Któregoś dnia była w pokoju u pana Johannsona, kiedy akurat logował się do sieci firmy. Nie myśląc nawet o tym, obserwowała jego palce nad klawiaturą . Wprowadził hasło „marty63".

Jej plan zaczynał nabierać kształtów. Zdołała zapamiętać treść jednej z notatek, którą przepisywała niedługo po tym, jak zaczęła pracować w firmie. Odnalazła jej kopię w pliku i napisała nową wersję, stosując właściwą stylistykę. Jej wersja była następująca:

Do: C. Pelton, Informatyk
Od: L Cartright, Dział rozwoju
Martin Johannson będzie pracował w moim wydziale w grupie ds. projektów specjalnych.
Niniejszym upoważniam go do dostępu do serwerów używanych przez inżynierów. Profil bezpieczeństwa pana Johannsona musi być zaktualizowany, aby zapewnić mu takie same prawa, jakie mają osoby pracujące nad produktem.
Louis Cartright

Kiedy większość osób wyszła na lunch, wycięła podpis Cartrighta z poprzedniej notatki i wkleiła do nowej, po czym zatuszowała brzegi wybielaczem. Następnie zrobiła kopię powstałego dokumentu oraz kopię kopii. Na niej brzegi dookoła podpisu były już praktycznie niewidoczne.

Wysłała to faksem z aparatu obok biura pana Cartrighta.

Trzy dni później została po godzinach i zaczekała, aż wszyscy wyjdą z pracy. Przeszła do biura Johannsona i spróbowała zalogować się do sieci używając jego nazwy użytkownika i hasła: „marty63". Udało się.

Kwestią minut było odnalezienie plików ze specyfikacją produktu Cobra 273 i zapisanie ich na dysku Zip.

Dysk spoczywał bezpiecznie w torebce, gdy szła poprzez chłodną wieczorną bryzę w stronę parkingu. Jeszcze dzisiaj wyśle go reporterowi.

Analiza oszustwa

Niezadowolony pracownik, przeszukanie plików, szybka podmiana podpisu, trochę kopiowania i jeden faks. *Voila!* — dostęp do poufnych specyfikacji produktu i danych marketingowych jest otwarty.

Kilka dni później magazyn branżowy opublikował sensacyjne informacje zawierające specyfikacje i plany marketingowe nowego, rewolucyjnego produktu, które tym samym znalazły się w rękach prenumeratorów czasopisma na miesiące przed właściwą jego premierą. Konkurencyjne firmy będą miały parę miesięcy na rozpoczęcie własnych prac nad nowym produktem i uruchomienie odpowiedniej kampanii, która zdeprecjonuje Cobrę 273.

Oczywiście magazyn nigdy nie zdradził swojego informatora.

Jak zapobiegać?

Kiedy pracownicy są proszeni o udzielenie ważnych, poufnych lub krytycznych informacji, które mogłyby przynieść korzyści konkurencji lub komukolwiek innemu, muszą być świadomi, że identyfikacja rozmówcy nie może być narzędziem weryfikacji tożsamości. Należy w takich przypadkach używać innych środków weryfikacji, np. sprawdzanie u szefa danej osoby, czy prośba jest przez niego autoryzowana oraz czy proszący jest uprawniony do otrzymania takiej informacji.

Proces weryfikacji wymaga równowagi, którą każda firma musi sobie wypracować sama: bezpieczeństwo kontra produktywność. Jaki priorytet zostanie nadany umacnianiu bezpieczeństwa firmy? Czy pracownicy będą wykazywali opór przed stosowaniem się do procedur bezpieczeństwa, a nawet omijali je w celu szybszego wykonania swoich obowiązków? Czy pracownicy rozumieją, dlaczego bezpieczeństwo jest tak istotne dla firmy? W celu dostosowania polityki bezpieczeństwa do potrzeb i kultury organizacji należy odpowiedzieć sobie na powyższe pytania.

Większość ludzi nieuchronnie zaczyna uważać za irytujące wszystko to, co przeszkadza im w pracy i może zacząć obchodzić wszelkie środki bezpieczeństwa, które wydają się stratą czasu. Kluczowe jest więc motywowanie pracowników poprzez edukację i uświadamianie tak, aby myślenie o bezpieczeństwie stało się częścią codziennych obowiązków.

Mimo że identyfikacja rozmówcy nie może być używana jako środek uwierzytelniający, może temu celowi służyć inna usługa, zwana automatyczną identyfikacją numeru (ANI). Usługa ta jest dostępna, gdy firma wykupiła darmową linię telefoniczną i płaci za przychodzące rozmowy. Można ją stosować jako środek uwierzytelniający. W odróżnieniu do identyfikacji rozmówcy, centrala firmy telekomunikacyjnej nie korzysta tu z żadnych informacji pochodzących od klienta do wyświetlenia numeru. Numer transmitowany poprzez ANI to numer, za który płaci rachunki osoba dzwoniąca.

Kilka firm produkujących modemy dodało do swych urządzeń funkcję identyfikacji połączeń w celu ochrony sieci firmy i umożliwienia zdalnego dostępu tylko numerom telefonów z autoryzowanej wcześniej listy. Modemy z identyfikacją połączeń są akceptowalnym środkiem autoryzacji w sytuacji niezbyt dużego potencjalnego zagrożenia bezpieczeństwa, ale powinno być jasne, że podmiana numeru jest dla komputerowych intruzów relatywnie prostą sprawą, dlatego nie należy polegać na tej identyfikacji w sytuacjach większego obostrzenia zabezpieczeń.

W celu zapobieżenia kradzieżom tożsamości, tak jak miało to miejsce w historii z administratorem tworzącym skrzynkę poczty głosowej w systemie telefonicznym firmy, należy wpowadzić wymóg, że wszelkie usługi telefoniczne, skrzynki poczty głosowej i zmiany w spisie telefonów pracowników, zarówno wydrukowanym, jak i w wersji elektronicznej, powinny być dokonywane jedynie na pisemną prośbę złożoną na specjalnie stworzonym od tego celu formularzu. Prośba powinna zostać podpisana przez zwierzchnika osoby ubiegającej się o zmianę, a administrator powinien ten podpis zweryfikować.

Polityka bezpieczeństwa firmy powinna wymagać, aby zakładanie nowych kont komputerowych lub zwiększanie praw dostępu odbywało się tylko po pozytywnej weryfikacji osoby, która o nie prosi, np. telefonu do administratora systemu lub jego zastępcy pod numer wymieniony w spisie telefonów firmy. Jeżeli firma korzysta z bezpiecznej poczty elektronicznej, gdzie pracownicy mogą stosować elektroniczne podpisy, można ją również wykorzystać jako alternatywną metodę weryfikacji.

Należy pamiętać o tym, że każdy pracownik, niezależnie o tego, czy ma dostęp do systemów komputerowych firmy, może paść ofiarą socjotechnika. Każda osoba musi w związku z tym przejść szkolenie bezpieczeństwa. Asystenci kierownictwa, recepcjonistki, telefonistki i pracownicy ochrony powinni wiedzieć, jakie rodzaje ataków socjotechnicznych mogą być skierowane przeciwko nim, i w związku z tym być lepiej przygotowanymi na ich ewentualne odparcie.

14

Szpiegostwo przemysłowe

Zagrożenie rządów, firm i instytucji naukowych atakami, których celem jest kradzież informacji, stało się powszechne. Niemal codziennie media donoszą o nowych wirusach komputerowych lub kradzieży danych karty kredytowej ze sklepu internetowego.

Czytamy też o przypadkach szpiegostwa przemysłowego: firma Borland oskarżająca Symantec o kradzież tajemnic handlowych, Cadence Design Systems wytaczająca proces przeciwko konkurencji o kradzież kodu źródłowego. Wielu ludzi biznesu czyta te historie i myśli, że coś takiego nie mogłoby zdarzyć się w ich firmie.

Zdarza się. Codziennie.

Wariant schematu

Opisany tu podstęp stosowany był wiele razy, nawet jeżeli wydaje się on przynależny bardziej filmom sensacyjnym, takim jak *Informator*, lub powieściom Johna Grishama.

Proces

Wyobraźmy sobie proces toczący się przeciwko dużej firmie farmaceutycznej Pharmomedic na podstawie zbiorowego aktu oskarżenia. W firmie podobno zdawano sobie sprawę, że jeden z produkowanych przez nią leków miał pustoszące organizm działanie uboczne, które ujawniało się dopiero po jego wieloletnim zażywaniu. Według aktu oskarżenia producent dysponował wynikami kilku badań, które ujawniły to zagrożenie, ale zataił dowody i nigdy nie przekazał ich do FDA (Departament Kontroli Żywności i Leków), co jest wymagane.

William („Billy") Chaney, adwokat z nowojorskiej kancelarii, która wytoczyła proces, ma pisemne zeznania dwóch lekarzy, którzy przyłączyli się do oskarżenia. Jednak obaj są już na emeryturze i nie posiadają żadnych akt ani dokumentacji na temat leku, dlatego nie są zbyt przekonującymi świadkami. Billy zdawał sobie sprawę, że grunt pali mu się pod nogami. Jeżeli nie zdobędzie kopii jednego z tych raportów lub jakiejś wewnętrznej notatki czy innej formy korespondencji między szefostwem, to sprawa będzie przegrana.

Wynajął więc firmę detektywistyczną, z której usług korzystał już wcześniej: Anderson and Sons. Billy nie wiedział i nie chciał wiedzieć, w jaki sposób Pete i jego ludzie zdobywają te wszystkie informacje. Jedyne, czego był pewien, to to, że Pete Anderson jest dobrym detektywem.

Anderson tego typu zlecenia nazywa „czarną robotą". Pierwsza reguła polega na tym, że kancelarie prawnicze i firmy, które go wynajmują, nigdy nie dowiadują się, w jaki sposób zdobył informacje, i w związku z tym są czyste. Całe ewentualne ryzyko akcji bierze na siebie. Pieniądze, które dostawał za duże zlecenia, rekompensowały ryzyko. Poza tym miał jeszcze osobistą satysfakcję, wyprowadzając w pole inteligentnych przeciwników.

Jeżeli dokumenty, które Chaney chciał zdobyć, rzeczywiście istniały i nie zostały zniszczone, powinny znajdować się gdzieś w aktach firmy Pharmomedic. Jednak szukanie ich w ogromnym zbiorze dokumentów wielkiej korporacji byłoby syzyfową pracą. A co, jeżeli firma przekazała kopie dokumentów swojej kancelarii prawniczej, Jenkins and Petry? Jeżeli obrońcy wiedzieli o istnieniu tych dokumentów i nie ujawnili ich w procesie, naruszyli kanon i etykę swojego zawodu oraz samo prawo. Jeżeli tak, Pete mógłby działać bez żadnych skrupułów.

Pete atakuje

Kilkoro ludzi Pete'a rozpoczęło wywiad i po paru dniach wiedział już, w której z zewnętrznych specjalistycznych firm kancelaria przechowuje kopie zapasowe swoich dokumentów. Wiedział też, że firma ta posługuje się listą nazwisk osób upoważnionych przez kancelarię do odbioru kaset. Każda z tych osób posiadała własne hasło. Pete wysłał dwie osoby do czarnej roboty.

O trzeciej w nocy otworzyli zamek za pomocą jednego z wytrychów zamówionych na stronie *www.southord.com*. W ciągu paru minut wślizgnęli się do biura firmy i uruchomili komputery. Kiedy zobaczyli logo Windows 98, na ich twarzach pojawił się uśmiech — robota będzie prosta. Windows 98 nie wymaga jakiejkolwiek identyfikacji. Po krótkich poszukiwaniach natrafili na bazę Microsoft Access zawierającą nazwiska ludzi upoważnionych przez każdego z klientów firmy do odbierania kaset. Dodali do listy upoważnionych przez firmę Jenkins and Petry nazwisko, które odpowiadało nazwisku na fałszywym prawie jazdy, zdobytym wcześniej przez jednego z nich. Czy mogli się po prostu włamać tam, gdzie przechowywane były taśmy, by odnaleźć tę, na której im zależy? Oczywiście, że mogli, ale wówczas wszyscy klienci firmy, wraz z kancelarią, zostaliby zaalarmowani włamaniem. Napastnicy straciliby wówczas przewagę: zawodowcy zawsze lubią zostawiać sobie otwarte drzwi na przyszłość.

Postępując zgodnie z praktyką szpiegów przemysłowych, nakazującą zbieranie dodatkowych informacji, które później mogą się przydać, na wszelki wypadek, skopiowali plik zawierający listę nazwisk na dyskietkę. Nie zrobili tego w żadnym konkretnym celu, tylko na zasadzie: „Skoro już tu jesteśmy, to...". Była to jedna z tych rzeczy, które mogą się kiedyś okazać przydatne.

Następnego dnia jeden z dwójki mężczyzn zadzwonił do firmy przechowującej kopie zapasowe, użył dopisanego nazwiska i podał odpowiednie hasło. Poprosił o taśmy z firmy Jenkins and Petry z ostatniego miesiąca i powiedział, że przyjedzie po nie firma kurierska. Po południu taśmy były już w rękach Andersona. Jego ludzie odtworzyli dane we własnym systemie komputerowym i przygotowali do przeszukiwania. Anderson był bardzo zadowolony z faktu, że kancelaria, jak zresztą większość firm, nie zatroszczyła się o zaszyfrowanie danych na kopiach zapasowych.

Taśmy zostały zwrócone do przechowującej je firmy następnego dnia. Nikt się nie zorientował.

Analiza oszustwa

Z powodu słabych fizycznych zabezpieczeń, intruzi z łatwością otworzyli zamek w drzwiach firmy i uzyskali dostęp do komputerów; zmodyfikowali bazę danych zawierającą listę ludzi upoważnionych do pobierania taśm. Dodanie nazwiska do listy umożliwiło oszustom „pożyczenie" kopii zapasowych, na których im zależało, bez konieczności włamywania się do pomieszczenia, gdzie były składowane. Jako że większość firm nie szyfruje danych w kopiach zapasowych, informacje były podane na tacy.

Incydent ten pokazuje, jak firma usługowa, nie stosująca podstawowych zasad bezpieczeństwa, może narazić na kradzież zasoby informacyjne swoich klientów.

Uwaga Mitnicka ➤

Wartościowe informacje muszą być chronione niezależnie od postaci, jaką przyjmują, i miejsca ich przechowywania. Lista klientów firmy ma taką samą wartość jako wydruk, jako plik i jako taśma. Socjotechnicy zawsze atakują w najłatwiejszy do obejścia i najsłabiej chroniony punkt. Atak na zewnętrzną firmę przechowującą kopie zapasowe zawsze będzie wydawał się mniej ryzykowny. Każda organizacja, która przechowuje wartościowe, poufne lub krytyczne dla swojej działalności dane u osób trzecich, powinna je szyfrować, chroniąc tym samym ich tajność.

Nowy wspólnik

Socjotechnicy mają jedną wielką przewagę nad tradycyjnymi oszustami — jest nią dystans. Oszust oszuka nas jedynie, wchodząc w bezpośredni kontakt, narażając się tym samym na zapamiętanie jego rysopisu lub nawet na telefon na policję, gdy odpowiednio wcześnie zwietrzymy postęp.

Socjotechnicy zwykle wystrzegają się bezpośredniego kontaktu. Czasami jednak ryzyko z tym związane jest usprawiedliwione potencjalną nagrodą.

Historia Jessici

Jessica Andover była zadowolona ze zdobycia posady w nowoczesnej firmie zajmującej się robotyką. Oczywiście na początku nie zarabiała zbyt dużo, ale firma miała kameralną atmosferę, ludzie byli przyjaźnie nastawieni i zawsze istniała szansa, że dzięki pracowniczemu pakietowi akcji, który otrzymała, stanie się nagle bogata. No, może nie będzie wówczas milionerką tak jak założyciele firmy, ale zarobi bardzo dużo pieniędzy.

We wtorek rano Rick Daggot wszedł do holu firmy z promiennym uśmiechem. W swoim drogim garniturze od Armaniego i z nienaganną fryzurą, połyskując ciężkim złotym zegarkiem Rolex President, roztaczał wokół siebie tę samą atmosferę pewności siebie, za którą szalały wszystkie dziewczyny w czasach, gdy Jessica chodziła do liceum.

— Dzień dobry — powiedział. — Jestem Rick Daggot i mam tu spotkanie z Larrym.

Uśmiech zniknął z twarzy Jessici.

— Larry? — powiedziała. — Przecież jest cały tydzień na urlopie.

— Byłem z nim umówiony o trzynastej. Właśnie przyleciałem z Louisville, żeby się z nim spotkać — powiedział Rick, po czym wyciągnął swój palmtop, włączył go i pokazał jej datę.

Spojrzała na nią i pokiwała lekko głową.

— Dwudziesty — powiedziała. — To za tydzień.

Rick podniósł swój palmtop i zaczął się w niego gapić.

— O, nie! — jęknął. — Nie do wiary, że mogłem zrobić coś tak głupiego.

— Mogę przynajmniej zarezerwować lot powrotny? — zapytała ze współczuciem w głosie.

Kiedy dzwoniła, Rick wyjawił, że chcą razem z Larrym zawrzeć alians strategiczny. Firma Ricka wytwarzała produkty dla linii produkcyjnych i montażowych, które doskonale uzupełniały ich nowy produkt, C2Alpha. C2Alpha wraz z produktami Ricka tworzyły kompletne rozwiązanie, które mogło otworzyć obu firmom drogę do wejścia na ważne rynki.

Kiedy Jessica skończyła załatwiać rezerwację na wieczorny lot, Rick powiedział:

— Może przynajmniej porozmawiam ze Steve'em, o ile jest w biurze?

Wiceprezesa i wspólnika, Steve'a, też jednak nie było.

Rick był dla Jessici bardzo miły, a nawet trochę z nią flirtował. Zasugerował, że skoro już przyjechał, a lot powrotny ma dopiero wieczorem, chciałby zabrać kilka osób na lunch. I dodał:

— Panią, oczywiście też — czy jest ktoś, kto może tu panią zastąpić na czas lunchu?

Upojona faktem bycia uwzględnioną, Jessica zapytała:

— Kto ma przyjść?

Spojrzał znowu w swój palmtop i wymienił parę osób — dwóch inżynierów z działu badawczo-rozwojowego, nowego człowieka od sprzedaży i marketingu oraz osobę z finansów, która była zaangażowana w ten projekt. Rick zasugerował, aby powiedziała im o jego związku z firmą i że chciałby się im osobiście przedstawić. Wymienił nazwę najlepszej restauracji w okolicy — miejsca, gdzie Jessica zawsze chciała kiedyś pójść — i powiedział, że sam zarezerwuje stolik na 12:30 i zadzwoni za jakiś czas, aby upewnić się, że wszystko jest przygotowane.

Kiedy spotkali się w restauracji — cztery osoby oraz Jessica — ich stolik nie był jeszcze gotowy, więc usiedli przy barze, a Rick oznajmił, że on wszystko funduje. Rick był człowiekiem ze stylem i klasą, osobą, w której towarzystwie wszyscy świetnie się czuli. Tak jakby znali go od lat. Zawsze wiedział, co powiedzieć, rzucał trafne uwagi lub mówił coś zabawnego, gdy rozmowa przestawała się kleić; sprawiał, że każdy czuł się przy nim dobrze.

Podzielił się wystarczającą ilością szczegółów na temat swoich własnych produktów, aby mogli sobie wyobrazić ideę sprzedaży wspólnego rozwiązania, którą wydawał się tak podekscytowany. Wymienił kilka z największych firm w kraju, którym już teraz sprzedawał swoje wyroby; sprawiło to, że wszyscy siedzący przy barze zaczęli sobie wyobrażać nieuchronny sukces z chwilą, kiedy kompletny produkt zejdzie z taśmy produkcyjnej.

Później Rick podszedł do Briana, jednego z inżynierów. Podczas gdy reszta rozmawiała między sobą, Rick podzielił się z nim na osobności paroma koncepcjami i wydobył parę szczegółów na temat C2Alpha wraz z opisem tego, co odróżnia ten projekt od konkurencyjnych produktów. Brian wspomniał mu o paru szczegółach, które według niego samego są „fajne", ale firma raczej je bagatelizuje.

Rick działał dalej, rozmawiając z każdą z osób na osobności. Człowiek od marketingu cieszył się, że mógł wreszcie porozmawiać o dacie premiery i planach marketingowych. Finansista wyciągnął z kieszeni kopertę i napisał na niej szczegóły kosztów materiałów i produkcji, sugerowaną cenę i spodziewaną marżę oraz to, jakie warunki chce wynegocjować z każdym z dostawców, których nazwy wymienił.

Do czasu przygotowania stolika Rick zdołał zamienić parę słów z każdym z obecnych, zyskując sobie sojuszników. Po posiłku wszyscy podziękowali Rickowi i uścisnęli sobie ręce. Rick wymienił wizytówki z każdym z nich, wspominając przy okazji Brianowi, inżynierowi, że chciałby umówić się na dłuższą rozmowę, jak tylko Larry wróci.

Następnego dnia Brian odebrał telefon. Dzwonił Rick, mówił, że właśnie przed chwilą rozmawiał z Larrym.

— Przyjadę znowu w poniedziałek, żeby omówić z nim parę szczegółów — powiedział Rick. — Larry chce, żebym był na bieżąco z waszym produktem. Powiedział, żeby wysłał mu pan najnowsze specyfikacje i projekty, a on wybierze z nich rzeczy, które powinienem mieć, i mi je wysłać.

Inżynier powiedział, że się tym zajmie.

— Dobrze — odpowiedział Rick. — Larry prosił przekazać, że ma problemy ze ściąganiem swojej poczty — ciągnął. — Zamiast wysyłać te rzeczy na jego normalne konto, proszę przesłać na konto na Yahoo, które założyli mu w hotelu. Oto adres, pod który trzeba przesłać pliki: *larryrobotics@yahoo.com*.

W następny poniedziałek, kiedy Larry, opalony i zrelaksowany, wszedł rano do biura, Jessica nie mogła się powstrzymać, żeby nie wspomnieć o Ricku.

— Co za wspaniały człowiek. Zaprosił kilkoro z nas na lunch, nawet mnie.

Larry wyglądał na zdziwionego:

— Rick? Jaki znowu Rick?!

— Jak to jaki? Twój nowy wspólnik.

— Kto!!!???

— Wszyscy byli nim zachwyceni. Zadawał takie rzeczowe pytania.

— Nie znam żadnego Ricka...

— Co jest z tobą, Larry? To jest kawał, tak — robisz mnie w konia?

— Zbierz cały zarząd w sali konferencyjnej. Natychmiast! Nieważne, co robią. I wszystkich, którzy byli na tym lunchu, łącznie z tobą.

Usiedli wokół stołu w grobowym nastroju, prawie nic nie mówiąc. Larry wszedł, usiadł i powiedział:

— Nie znam nikogo o imieniu Rick. Nie mam żadnego nowego wspólnika, którego miałbym przed wami ukrywać. Myślałem, że jest to oczywiste. Jeżeli dowcipniś, który to wymyślił, jest w naszym gronie, niech się odezwie.

Cisza. Atmosfera w sali stawała się coraz bardziej ponura.

W końcu odezwał się Brian.

— Dlaczego nie powiedziałeś czegoś, kiedy wysyłałem ci ten e-mail ze specyfikacjami produktu i kodem źródłowym?

— Jaki e-mail!?

— O nie — Brian zesztywniał.

Do rozmowy wtrącił się Cliff, drugi inżynier:

— Dał nam wszystkim swoje wizytówki. Musimy do niego zadzwonić i wyjaśnić sprawę.

Brian wyciągnął swój palmtop, wyświetlił numer i podał go przez stół w stronę Larry'ego. Z cieniem nadziei wszyscy patrzyli jak zahipnotyzowani, kiedy Larry wykręcał numer. Po chwili nacisnął przycisk włączający głośnik i wszyscy usłyszeli sygnał zajętej linii. Po kilku dalszych próbach w ciągu następnych dwudziestu minut, sfrustrowany Larry wykręcił numer centrali, żeby poprosić o awaryjne przerwanie rozmowy i połączenie go z tym numerem.

Kilka chwil później operatorka wróciła do telefonu i powiedziała podniesionym głosem:

— Proszę pana, skąd pan ma ten numer?

Larry powiedział jej, że był na wizytówce człowieka, z którym musi się pilnie skontaktować. Operatorka odparła:

— Przykro mi. To numer testowy telekomunikacji. Zawsze jest zajęty.

Larry zaczął robić listę informacji, jakie zostały udzielone Rickowi. Nie wyglądała zbyt dobrze.

Przybyło dwóch śledczych z policji, by sporządzić raport z zajścia. Po wysłuchaniu historii stwierdzili, że według prawa stanowego nie zostało popełnione żadne przestępstwo. Nic nie mogli zrobić. Poradzili Larry'emu, by skontaktował się z FBI, ponieważ to oni zajmują się przestępstwami związanymi z międzystanową działalnością gospodarczą. Kiedy Rick Daggot poprosił inżyniera o przesłanie danych, podając się za kogoś innego, być może popełnił przestępstwo federalne, ale żeby się przekonać, trzeba porozmawiać z FBI.

Trzy miesiące później Larry siedział w kuchni i czytał przy śniadaniu poranną gazetę. W pewnej chwili z wrażenia o mało nie wylał kawy. Koszmar, którego najbardziej się obawiał od chwili, kiedy usłyszał o Ricku, stał się prawdą. Na pierwszej stronie działu gospodarczego czarno na białym było napisane, że firma, o której nigdy nie słyszał, ogłasza premierę nowego produktu, dokładnie takiego samego jak C2Alpha, nad którym on pracował od dwóch lat.

Przez jedno oszustwo doznał rynkowej porażki. Jego marzenia legły w gruzach. Miliony dolarów zainwestowane w badania i rozwój zostały utracone. Co więcej, najprawdopodobniej nie mógł nikomu nic udowodnić.

Historia Sama Stanforda

Sam Stanford był na tyle bystry, że mógłby zarabiać niezłe pieniądze, pracując legalnie, ale był też na tyle skrzywiony, że wolał utrzymywać się z oszustw. Radził sobie całkiem nieźle. Z czasem zauważył go pewien szpieg, którego zmuszono do przejścia na przedwczesną emeryturę z powodu problemów z alkoholem. Zgorzkniały i pałający odwetem zaczął sprzedawać swoje talenty w dziedzinach, w których przez lata pracy dla rządu stał się ekspertem. Zawsze rozglądał się za ludźmi, których można wykorzystać. Na Sama zwrócił uwagę, gdy pierwszy raz się spotkali. Okazało się, że przeniesienie zainteresowania z ludzkich portfeli na tajemnice firm nie było dla niego żadnym problemem.

* * *

Większość ludzi nie miałaby odwagi czegoś takiego zrobić. Co innego spróbować oszukać kogoś przez telefon lub poprzez Internet, gdzie nikt nie ma szansy nas zobaczyć. Każdy dobry oszust starej szkoły (do dziś jest ich wielu dookoła nas, więcej niż mogłoby się wydawać) potrafi spojrzeć prosto w oczy, powiedzieć bezczelne kłamstwo i sprawić, byśmy w nie uwierzyli. Znam ze dwóch prokuratorów, którzy uważają to za przestępstwo. Ja myślę, że to po prostu talent.

Nie można jednak działać w ciemno. Najpierw trzeba ocenić sytuację. Uliczny oszust może wyczuć człowieka po krótkiej przyjaznej rozmowie i paru starannie ubranych w słowa sugestiach. Jeżeli człowiek reaguje zgodnie z jego zamiarem, to znaczy, że złapał przynętę.

Oszukiwanie firm wymaga poważniejszej intrygi. Trzeba się do tego przygotować, poznać ofiary i ich potrzeby, zaplanować atak. Należy cierpliwie odrobić zadanie domowe. Określić swoją rolę i nauczyć się swoich kwestii. Bez takiego przygotowania lepiej nie zaczynać.

Przygotowania do tej roboty zajęły mi ponad trzy tygodnie. Przez dwa dni klient uczył mnie, czym zajmuje się „moja" firma i w jaki sposób opisać wszystkie plusy aliansu strategicznego.

Potem miałem szczęście. Zadzwoniłem do firmy i powiedziałem, że jestem z kompanii inwestycyjnej i jesteśmy zainteresowani spotkaniem. Żonglowałem terminami, aby dowiedzieć się, kiedy wszyscy czterej wspólnicy będą osiągalni w ciągu następnych dwóch miesięcy i czy były jakieś terminy, których powinienem unikać, bo Larry'ego nie będzie w pracy. Były. Okazało się, że Larry nie miał urlopu od dwóch lat, kiedy to założył firmę, a jego żona nareszcie wyciągała go na „urlop golfowy" w pierwszym tygodniu sierpnia.

To było za dwa tygodnie. Tyle mogłem poczekać.

Tymczasem zdobyłem z czasopisma branżowego nazwę agencji reklamowej obsługującej interesującą mnie firmę. Powiedziałem, że interesuje mnie powierzchnia reklamowa, którą zwykle wynajmują dla tej firmy zajmującej się robotyką, i chciałbym rozmawiać z osobą zajmującą się tym klientem o obsłudze mojej firmy. Okazało się, że jest to młoda, pełna energii dama, której oczywiście zależało na tym, żeby zdobyć nowego klienta. Podczas wystawnego lunchu, z trochę większą ilością alkoholu niż zwykła pić, robiła wszystko, żeby przekonać mnie, że byli, ach, tacy dobrzy w rozumieniu problemów klienta i robieniu dobrych kampanii reklamowych. Byłem trudny do przekonania, domagałem się szczegółów. Pod delikatnym naciskiem, zanim kelnerzy zdążyli uprzątnąć talerze z naszego stolika, wyjawiła mi więcej na temat nowego produktu i problemów firmy, niż mogłem się spodziewać.

Wszystko poszło jak w zegarku. Historyjkę z zażenowaniem w związku z pomyłką co do daty spotkania i że skoro już tam jestem, to może spotkam się z załogą, recepcjonistka połknęła w całości. Co więcej, szczerze mi współczuła. Lunch kosztował mnie 150 dolarów łącznie z napiwkiem. Miałem to, co chciałem: numery telefonów, stanowiska i jednego, kluczowego człowieka, który uwierzył, że jestem tym, za kogo się podaję.

Przyznaję, że Brian trochę mnie potem zaskoczył. Wyglądał na takiego, który bez pytania wyśle mi wszystko, o co go poproszę. Jednak, gdy wspomniałem o sprawie, poczułem, że trochę się wycofał. Opłaca się przewidywać takie rzeczy. Wykorzystałem konto e-mail z imieniem Larry'ego — miałem je przygotowane tak na wszelki wypadek. Ludzie od bezpieczeństwa w Yahoo prawdopodobnie do teraz czekają, aż tylko ktoś skorzysta z niego ponownie, aby go namierzyć. Będą musieli długo czekać. Mam już nowe zlecenie.

Analiza oszustwa

Każdy, kto dokonuje oszustwa, stojąc twarzą w twarz z ofiarą, musi prezentować się w taki sposób, aby zostać zaakceptowanym. Inaczej będzie wyglądał na wyścigach konnych, inaczej w lokalnym pubie, a jeszcze inaczej w ekskluzywnej kawiarni hotelowej.

To samo dotyczy szpiegów przemysłowych. Atak może wymagać przebrania się w garnitur i krawat i kupienia drogiego neseseru, jeżeli szpieg ma zamiar wcielić się w prezesa dużej firmy, konsultanta lub przedstawiciela handlowego. Innym razem, gdy podaje się za informatyka, technologa lub kogoś z obsługi poczty, jego ubiór i wygląd będą całkiem inne.

Wiedział, że jeżeli chce infiltrować tę firmę, jego Rick Dagger musi robić wrażenie pewnego siebie i kompetentnego i podpierać się szczegółową wiedzą na temat produktu i branży.

Zdobycie informacji, których potrzebował, zanim złoży wizytę, nie było trudne. Użył prostego podstępu, by dowiedzieć się, kiedy szef będzie nieobecny. Pewnym wyzwaniem, wciąż niezbyt wielkim, było zdobycie tylu informacji o projekcie, aby mógł rozmawiać o nim jak osoba wtajemniczona. Tego rodzaju informacje często są w posiadaniu niektórych dostawców firmy, jej inwestorów lub przedsiębiorstw obracających kapitałem, u których nasza firma chciała ulokować jakieś środki, jej banku lub kancelarii prawniczej. Napastnik musi jednak uważać: odnalezienie kogoś, kto może się podzielić tego typu wiedzą, może być trudne, a z drugiej strony testowanie paru osób z rzędu, by odnaleźć tę jedną, którą można by „przycisnąć", powoduje powstanie ryzyka, że ktoś połapie się w grze. I tu pojawia się niebezpieczeństwo. Rickowie Dagotowie tego świata muszą starannie wybierać i wykorzystywać ścieżkę informacyjną tylko raz.

Lunch był kolejną ryzykowną sprawą. Pierwszy problem polegał na tym, by zaaranżować sprawy w sposób umożliwiający porozmawianie z każdym na osobności, z dala od uszu reszty. Powiedział Jessice, że lunch będzie o 12:30 w ekskluzywnej restauracji, ale zarezerwował stolik na 13:00. W związku z tym miał nadzieję, że, gdy pojawią się na miejscu, podejdą do baru, by się czegoś napić. I tak się właśnie stało. Idealna okazja, żeby podchodzić do każdego z osobna i zamienić z nim kilka słów.

Wciąż jednak istniało tyle możliwości wpadki — błędna odpowiedź lub nieprzemyślana uwaga mogły ujawnić, że jest oszustem. Tylko niesamowicie pewny siebie i przebiegły szpieg przemysłowy odważyłby się ryzykować w taki sposób. Lata spędzone na byciu ulicznym cwaniakiem zbudowały jego pewność siebie i wiarę, że jeśli nawet się poślizgnie, będzie w stanie to zatuszować na tyle dobrze, by nie budzić żadnych podejrzeń. Była to najbardziej wymagająca i najniebezpieczniejsza część operacji, a uniesienie, jakie czuł, gdy udało mu się przeprowadzić tę godną „Żądła" intrygę, uświadomiło mu, dlaczego nie musi jeździć szybkimi samochodami, skakać ze spadochronem lub zdradzać swojej żony — wystarczająco dużo wrażeń oferowała jego praca. Zastanawiał się, ilu ludzi przeżywa to, co on.

Uwaga Mitnicka ➤

To, że większość ataków socjotechnicznych odbywa się przez telefon lub e-mail, nie oznacza, że odważny intruz nigdy nie pojawi się osobiście na terenie naszej firmy. W większości przypadków oszuści używają socjotechniki, żeby dostać się do budynku po sfałszowaniu identyfikatora pracownika za pomocą ogólnie dostępnych programów, takich jak Photoshop.

A wizytówki z numerem testowym telekomunikacji? Telewizyjny program pt. *The Rockford Files*, który prowadzi cykl o prywatnych detektywach, zilustrował kiedyś sprytną i zarazem zabawną technikę. Rockford (grany tu przez aktora Jamesa Garnera) ma w samochodzie przenośną drukarkę wizytówek, której używa, by wydrukować sobie wizytówkę odpowiednią do okazji. W dzisiejszych czasach socjotechnik może zaopatrzyć się w wizytówki w ciągu godziny w każdym punkcie ksero lub wydrukować je sobie w domu na drukarce laserowej.

Uwaga ➤

John Le Carre, autor książek *Uciec z zimna, Wierny ogrodnik* i wielu innych, wychował się jako syn wytrawnego oszusta z klasą. Jako młodzieniec Le Carre ze zdziwieniem odkrył, że mimo odziedziczonej po ojcu umiejętności oszukiwania innych, bywał naiwny i często padał ofiarą oszustów lub oszustek, co dowodzi, że praktycznie każdy jest narażony na atak socjotechnika — nawet inny socjotechnik.

Żabi skok

Zagadka. Poniższa historia nie dotyczy szpiegostwa przemysłowego. W miarę czytania proszę spróbować odpowiedzieć na pytanie, dlaczego, mimo to, zdecydowałem się umieścić ją w tym rozdziale!

Harry Tardy po powrocie do domu stał się zgorzkniały. Służba w Marines wydawała się wielką przygodą, dopóki nie wyczerpał go poligon. Wrócił więc do miasta, którego tak nienawidził, zapisał się na kurs komputerowy w lokalnym college'u i zastanawiał się, jak zemścić się na całym świecie.

W końcu wpadł na pewien plan. Siedząc przy piwie wraz z kolegą z kursu, narzekali na swojego instruktora — sarkastycznego, wszystkowiedzącego typka — by w końcu wspólnie opracować sposób, w jaki można dać mu nauczkę: chcieli ukraść kod źródłowy popularnego notesu elektronicznego (PDA) i przesłać go na komputer instruktora, po czym zostawić wyraźny ślad, prowadzący do niego, aby firma uznała go za sprawcę kradzieży.

Nowy kolega, Karl Alexander, powiedział, że „zna kilka sztuczek" i powie Harry'emu, jak się za to zabrać i przy okazji nie zostać złapanym.

Odrabianie lekcji

Wstępne rozpoznanie wykazało, że produkt był tworzony w Centrum Programistycznym zlokalizowanym w siedzibie producenta notesów za granicą. Firma miała poza tym oddział badawczo-rozwojowy na terenie USA. Karl zwrócił uwagę, że dobrze się składa, bo, aby operacja się powiodła, musi istnieć w USA jakiś oddział, który również potrzebuje dostępu do kodu źródłowego.

W tym momencie Harry był gotów zadzwonić do zagranicznego Centrum Programistycznego. Miał zamiar błagać o współczucie: „Rany, mam straszny problem, potrzebuje pomocy, proszę pomóżcie!". Naturalnie prośba miała być trochę bardziej subtelna. Karl napisał Harry'emu, co ma mówić, ale ten brzmiał zupełnie sztucznie, próbując to odczytać. W końcu ćwiczył z Karlem tak długo, aż potrafił to powiedzieć normalnym tonem.

To, co w końcu powiedział przez telefon, gdy Karl siedział obok, brzmiało mniej więcej tak:

— Dzwonię z oddziału badawczo-rozwojowego w Minneapolis. Nasz serwer miał wirusa, który zainfekował cały system komputerowy. Musieliśmy zainstalować od nowa system operacyjny i potem, kiedy chcieliśmy odtworzyć dane z kopii zapasowych, żadna nie chciała działać. Niestety, to ja jestem odpowiedzialny za utrzymanie kopii zapasowych. Szef na mnie wrzeszczy, a całe kierownictwo stanęło na baczność w obawie, że utraciliśmy wszystkie dane. Potrzebuję najnowszej wersji drzewa kodu źródłowego tak szybko, jak tylko jest to możliwe. Prosiłbym o spakowanie i przesłanie mi całego kodu.

W tym momencie Karl napisał mu coś na kartce i Harry powiedział swojemu rozmówcy, że chce jedynie, aby przetransferować ten plik wewnętrzną siecią do Minneapolis. To było niezwykle istotne: kiedy prosimy osobę o przesłanie pliku jedynie do innego oddziału firmy, uspakajamy jej ewentualne wątpliwości — co może być w tym złego?

Rozmówca zgodził się na spakowanie i przesłanie plików. Krok po kroku, z sekundującym u boku Karlem, Harry przeprowadził rozmówcę przez początek procedury pakowania ogromnej ilości kodu źródłowego do jednego zwartego pliku. Oprócz tego zasugerował mu nazwę pliku skompresowanego „nowedane", wyjaśniając, że dzięki temu uniknie pomieszania dobrego kodu ze starymi, uszkodzonymi plikami.

Następny krok Karl musiał objaśniać Harry'emu dwa razy, zanim ten go zrozumiał. Krok ten był osią planu. Harry musiał zadzwonić do oddziału badawczo-rozwojowego w Minneapolis i powiedzieć tam komuś: „Chcę wysłać wam plik, który wy wyślecie dla mnie komu innemu" — oczywiście wszystko to ubrane w odpowiednie uzasadnienia, które nadadzą prośbie wiarygodność. Najbardziej niezrozumiałe dla Harry'ego było to, że musiał powiedzieć: „*Ja* zamierzam wysłać wam plik", podczas kiedy wysyłania żadnego pliku nie było w planie. Musiał sprawić, aby człowiek z badawczo-rozwojowego myślał, że plik pochodzi od niego, podczas gdy w rzeczywistości centrum otrzyma zastrzeżony kod źródłowy z Europy.

— Jak mam mu powiedzieć, że ten plik pochodzi ode mnie, skoro on nadejdzie z zagranicy? — zastanawiał się Harry.

— Właśnie ten facet jest tu najistotniejszy — wyjaśnił Karl. — On musi myśleć, że robi jedynie przysługę koledze z innego oddziału na terenie USA, odbiera plik i po prostu przesyła go dalej.

Harry w końcu zrozumiał. Zadzwonił do oddziału badawczo-rozwojowego i poprosił recepcjonistkę o połączenie z centrum komputerowym, gdzie z kolei poprosił o operatora komputera. Do telefonu podszedł chłopak w wieku Harry'ego. Harry pozdrowił go i wyjaśnił, że dzwoni z zakładu produkcyjnego firmy w Chicago i że próbuje wysłać plik do jednej z firm, która uczestniczy w pracach nad ich projektem, ale: „mamy jakiś problem z routerem i nie możemy dostać się do ich sieci. Mógłbym przesłać plik do was i kiedy dotrze, zadzwonić jeszcze raz, żeby wytłumaczyć, gdzie go dalej trzeba przesłać?".

Na razie wszystko szło zgodnie z planem. Harry zapytał chłopaka po drugiej stronie, czy ich centrum komputerowe ma *anonimowe* konto FTP, które umożliwia transfer plików bez konieczności podawania hasła. Tak, *anonimowy FTP* był dostępny i Harry otrzymał jego adres IP.

Żargon ➤

Anonimowy FTP — usługa umożliwiająca dostęp do zdalnego komputera, na którym nie mamy założonego konta FTP (protokół transferu plików). Uzyskanie dostępu do anonimowego FTP nie wymaga podawania hasła, ale zwykle prawa dostępu do niektórych katalogów są ograniczone.

Mając już adres, Harry zadzwonił z powrotem do zagranicznego Centrum Programistycznego. Do tego czasu spakowany plik był już gotowy i Harry podał instrukcje, jak dokonać transferu pliku na anonimowy FTP. Nim upłynęło pięć minut, spakowany kod źródłowy został przesłany do chłopaka z oddziału badawczo-rozwojowego.

Wrabianie ofiary

Byli w połowie drogi do celu. Teraz Harry i Karl musieli chwilę odczekać, aby mieć pewność, że plik dotarł, zanim wykonają kolejny krok. W tym czasie przeszli na drugą stronę sali, gdzie stał komputer instruktora, i zadbali o dwa istotne elementy. Pierwszym było założenie anonimowego serwera FTP na komputerze instruktora, który byłby docelowym przystankiem w podróży pliku przez sieć.

Drugi krok rozwiązywał pewien istotny problem. Nie mogli przecież powiedzieć człowiekowi w badawczo-rozwojowym, żeby przesłał plik na adres typu *warren@rms.ca.edu*. Domena „.edu" ujawniłaby cały podstęp ponieważ nawet półprzytomny informatyk rozpozna ją jako adres szkoły. Aby tego uniknąć, sprawdzili w systemie Windows, jaki jest numeryczny adres IP komputera i w takiej postaci mieli zamiar go podać.

Nadszedł czas, by zadzwonić ponownie do operatora komputera w dziale badawczo-rozwojowym. Harry poprosił go do telefonu i powiedział:

— Właśnie przesłałem ten plik, o którym rozmawialiśmy. Możesz sprawdzić, czy już dotarł?

Plik dotarł. Harry poprosił więc, aby spróbował go przesłać dalej, i podał mu adres IP. Czekał przy słuchawce, kiedy operator próbował połączyć się i rozpocząć transmisję. Z uśmiechami na twarzach patrzyli w drugi koniec sali, gdzie na komputerze instruktora pomrugiwała dioda dysku twardego zajętego odbieraniem pliku.

Harry wymienił z operatorem parę uwag o tym, że być może w przyszłości komputery staną się bardziej niezawodne, podziękował mu i pożegnał się.

Harry i Karl skopiowali plik z komputera instruktora na dwie dyskietki ZIP, po jednej dla każdego, by mogli do niego później zajrzeć. Przypominało to kradzież obrazu z muzeum — można nacieszyć nim swoje oko tylko w samotności, nie można chwalić się nim przed znajomymi. Chociaż w tym przypadku skradziony został jedynie duplikat, a oryginał pozostał w muzeum.

Karl przeprowadził Harry'ego przez kroki usunięcia serwera FTP z komputera instruktora i wymazania śladów ich bytności, aby nie pozostawić dowodów na to, co zrobili — pozostawili jedynie skradziony plik w widocznym miejscu.

Ostatnim krokiem było przesłanie fragmentu kodu źródłowego z komputera instruktora na jedną z grup dyskusyjnych. Był to jedynie mały wycinek, który nie mógł wyrządzić szkody firmie, ale zostawiał wyraźny ślad prowadzący w stronę instruktora. Ciekawe, czy na to też będzie miał gotowe wytłumaczenie.

Analiza oszustwa

Cała intryga zadziałała jako efekt kombinacji kilku elementów, ale nigdy nie powiodłaby się bez umiejętnej gry na współczuciu i chęci pomocy drugiej osobie: szef na mnie wrzeszczy, całe kierownictwo stanęło na baczność itp. To, w połączeniu z jasnym przedstawieniem sposobu, w jaki człowiek po drugiej stronie może okazać nam pomoc, stanowiło istotę całego oszustwa. Sprawdziło się to tutaj i w wielu innych sytuacjach.

Drugi kluczowy element, człowiek, który zdawał sobie sprawę z poufności pliku, został poproszony jedynie o przesłanie pliku na wewnętrzny adres firmy.

Trzeci element układanki, operator komputera, widział, że plik nadszedł do niego z wnętrza firmy. Oznaczało to — albo wydawało się oznaczać — że człowiek, który przesłał mu ten plik, mógłby go sam przesłać tam, gdzie chciał, jeżeli tylko jego sieć zewnętrzna działałaby poprawnie. Cóż w takim razie może być złego w przesłaniu pliku za niego?

Dlaczego skompresowanemu plikowi nadano taką, a nie inną nazwę? Pozornie drobiazg, ale bardzo istotny. Napastnik nie mógł sobie pozwolić, aby plik dotarł z nazwą, która identyfikuje go jako kod źródłowy, lub nazwą sugerującą produkt. Prośba o przesłanie pliku o takiej nazwie poza wewnętrzną sieć firmy mogłaby wzbudzić podejrzenia. Zmiana nazwy na zupełnie niepozorną była więc kluczowa. Jak się okazało, młody człowiek z centrum komputerowego nie miał żadnych skrupułów przed przesłaniem pliku na zewnątrz. Plik o nazwie „nowedane", nie sugerującej w żaden sposób jego prawdziwej zawartości, nie miał prawa wzbudzić w nim żadnych podejrzeń.

Wróćmy do zagadki. Czy wiadomo już, dlaczego historia ta została umieszczona w rozdziale dotyczącym szpiegostwa przemysłowego? Jeżeli nie, oto odpowiedź: to, co dwóch kursantów zrobiło dla złośliwego kawału, mogłoby być równie dobrze przeprowadzone przez zawodowego szpiega przemysłowego opłacanego przez konkurencję lub rząd innego państwa. W każdym z tych przypadków wyrządzona w ten sposób szkoda mogłaby okazać się katastrofą dla przedsiębiorstwa i wpłynąć na znaczną obniżkę wpływów ze sprzedaży po pojawieniu się konkurencyjnego produktu.

Czy wasza firma jest zabezpieczona przed tego rodzaju atakiem?

Uwaga Mitnicka ➤

Oto podstawowa reguła, którą każdy pracownik powinien na zawsze zapamiętać: bez zgody kierownictwa nigdy nie wysyłaj plików do ludzi, których osobiście nie znasz, nawet, jeżeli transfer wydaje się odbywać w ramach wewnętrznej sieci firmy.

Jak zapobiegać?

Szpiegostwo przemysłowe, które od dawna jest utrapieniem wielu przedsiębiorstw, stało się teraz chlebem powszednim dla tradycyjnych szpiegów, którzy po zakończeniu zimnej wojny koncentrują się na odpłatnym wykradaniu tajemnic firm. Zagraniczne korporacje i rządy korzystają z usług niezależnych szpiegów przemysłowych, by wykradać informacje. Firmy na terenie USA również wynajmują tzw. handlarzy informacją, którzy nie wahają się przekroczyć prawa, aby uzyskać dostęp do poufnych danych. W wielu przypadkach są to ludzie, którzy pracowali wcześniej w służbach wywiadowczych i mają odpowiednią wiedzę i doświadczenie, co ułatwia im infiltrację organizacji. Dotyczy to szczególnie tych spośród nich, które nie zdołały wprowadzić odpowiednich środków bezpieczeństwa w celu ochrony danych ani wyszkolić w tym zakresie swoich pracowników.

Bezpieczeństwo na zewnątrz

Co mogłoby pomóc firmie, która wpadła w tarapaty w związku z przechowywaniem swoich danych na zewnątrz? Zagrożenia można uniknąć poprzez zaszyfrowanie informacji. Oczywiście szyfrowanie wymaga dodatkowego czasu i wydatków, ale jest warte zachodu. Zaszyfrowane pliki muszą być regularnie wyrywkowo sprawdzane, aby upewnić się, że metoda szyfrowania działa bez problemów.

Zawsze istnieje zagrożenie, że klucze do szyfru zostaną utracone lub jedyna osoba, która je zna, zostanie potrącona przez autobus. Jednak poziom tego zagrożenia da się zminimalizować, a każdy, kto przechowuje swe poufne informacje poza terenem swojej firmy i nie korzysta z szyfrowania, jest, proszę wybaczyć dosadność, idiotą. To jak chodzenie w nocy po najgorszej dzielnicy miasta z banknotem dwudziestodolarowym wystającym z kieszeni — sami się prosimy, żeby nas okraść.

Przechowywanie kopii zapasowych w miejscu, gdzie nie ma odpowiedniego nadzoru, jest częstym niedopatrzeniem. Kilka lat temu byłem zatrudniony w firmie, która mogłaby czynić trochę większe wysiłki w celu ochrony danych klienta. Pracownicy zajmujący się archiwizacją zostawiali kopie zapasowe poza zamkniętym pomieszczeniem z komputerami, aby mógł je każdego dnia odebrać kurier. Praktycznie każdy mógł stamtąd wyjść z kopiami zapasowymi zawierającymi wszystkie dokumenty w formie niezaszyfrowanej. Jeżeli firma archiwizuje dane w postaci zaszyfrowanej, ich utrata jest co najwyżej kłopotem. Jeżeli zaś firma nie szyfruje danych — no cóż, wtedy na pewno sama najlepiej może oszacować rozmiar strat.

Potrzeba zewnętrznej archiwizacji danych w dużych firmach jest uzasadniona. Dlatego też procedury bezpieczeństwa powinny obejmować kontrolę firmy archiwizującej, sprawdzającą, na ile skrupulatnie przestrzegane są tam zalecenia związane z bezpieczeństwem. Jeżeli firma ta nie przywiązuje takiej wagi do omawianych spraw jak nasze przedsiębiorstwo, niweczy tym samym nasze wysiłki w tej dziedzinie.

Mniejsze firmy mają dobrą alternatywę przechowywania kopii zapasowych. Mogą przesyłać codziennie nowe i zmienione pliki do jednej z firm oferujących archiwizację on-line. Tutaj również należy pamiętać, aby dane były zaszyfrowane. W innym przypadku informacja staje się dostępna nie tylko dla nieuczciwego pracownika firmy archiwizującej, ale dla każdego intruza, który może się włamać do systemu komputerowego tejże firmy.

Jeżeli wprowadziliśmy system szyfrowania zabezpieczający nasze kopie zapasowe, należy również ustanowić wysoce bezpieczną procedurę przechowywania kluczy szyfrujących lub haseł odszyfrowujących. Tajne klucze szyfrujące powinny być przechowywane w sejfie lub skarbcu firmy. Standardowa procedura powinna również uwzględniać sytuację, że pracownik odpowiedzialny za te zasoby zmieni pracę lub umrze. Zawsze muszą być co najmniej dwie osoby, które znają miejsce przechowywania, procedury szyfrujące i odszyfrowujące. Należy też ustalić, kiedy i w jaki sposób będzie następowała zmiana kluczy. Procedury muszą wymagać zmiany kluczy natychmiast po odejściu z pracy osoby, która miała do nich dostęp.

Kto tam?

Przykład z tego rozdziału opisujący sprytnego, wyrafinowanego oszusta, który za pomocą osobistego uroku wyciąga od pracowników informacje, jeszcze raz wskazuje na wagę weryfikacji tożsamości. Prośba o przesłanie kodu źródłowego na serwer FTP również dowodzi tego, jak ważna jest znajomość osoby, która o coś nas prosi.

W rozdziale 16. znajdują się konkretne procedury weryfikacji tożsamości nieznanej nam osoby, która prosi o informację lub wykonanie jakiejś czynności. Temat weryfikacji powracał w książce jak bumerang — w rozdziale 16. przechodzimy do szczegółów tej procedury.

IV
Podnoszenie poprzeczki

Bezpieczeństwo informacji — świadomość i szkolenie

Zalecana polityka bezpieczeństwa informacji

15
Bezpieczeństwo informacji — świadomość i szkolenie

Socjotechnik otrzymał właśnie zlecenie zdobycia planów naszego nowego rewelacyjnego produktu, do którego premiery pozostały dwa miesiące. Co może go powstrzymać?

Nasz firewall? Nie.

Zaawansowane urządzenia uwierzytelniające? Nie.

Systemy detekcji intruzów? Nie

Szyfrowanie? Nie.

Ograniczona lista numerów telefonów, z których można się wdzwaniać do systemu? Nie.

Nazwy kodowe serwerów utrudniające osobie z zewnątrz odkrycie, na którym serwerze znajdują się plany produktu? Nie.

Tak naprawdę, nie istnieje taka technologia, która mogłaby zapobiec atakowi socjotechnicznemu.

Zabezpieczenia technologiczne, szkolenie i procedury

Firmy, które przeprowadzają testy penetracyjne systemów bezpieczeństwa, podają, że próby włamania się do systemu komputerowego klienta za pomocą metod socjotechnicznych są prawie w *100%* skuteczne. Zabezpieczenia technologiczne mogą utrudnić takie ataki poprzez minimalizowanie udziału ludzi w procesie decyzyjnym. Jednak jedyną naprawdę skuteczną metodą osłabienia tego zagrożenia jest zastosowanie zabezpieczeń technologicznych *w kombinacji* z procedurami bezpieczeństwa, które ustalają podstawowe zasady zachowania się pracowników, oraz odpowiednim teoretycznym i praktycznym ich szkoleniem.

Istnieje tylko jeden sposób zabezpieczenia planów naszego produktu: posiadanie wyszkolonych, świadomych i przytomnych pracowników. Wiąże się z tym konieczność szkolenia w zakresie polityki i procedur bezpieczeństwa, a oprócz tego, a może przede wszystkim, stałego uświadamiania. Niektórzy eksperci zalecają, aby 40% budżetu przeznaczonego na bezpieczeństwo było przeznaczone na proces stałego uświadamiania pracowników o zagrożeniach.

Pierwszym krokiem jest uświadomienie każdemu członkowi organizacji, że istnieją ludzie pozbawieni skrupułów, którzy będą próbować manipulować nimi za pomocą oszustwa i metod psychologicznych. Pracownicy muszą wiedzieć, jakie informacje należy ochraniać i jak to robić. Z chwilą, gdy zrozumieją, w jaki sposób mogą zostać zmanipulowani, będą w stanie odpowiednio wcześnie rozpoznać atak.

Świadomość bezpieczeństwa oznacza również edukację wszystkich pracowników co do polityki i procedur bezpieczeństwa stosowanych w firmie. Jak pokazano w rozdziale 16., polityka taka jest niezbędna jako wyznacznik reguł zachowania w celu ochrony systemów informatycznych i poufnych danych.

Ten i kolejny rozdział poświęcone są tworzeniu systemu bezpieczeństwa, który uchroni nas przed zgubnymi w skutkach atakami. Jeżeli nasi pracownicy nie są wyszkoleni, czujni i nie postępują zgodnie z przemyślanymi procedurami, to utrata informacji na korzyść socjotechnika jest tylko kwestią czasu. Nie czekajmy więc, aż to się wydarzy, ponieważ straty dla firmy i pracowników mogą okazać się niepowetowane.

Jak napastnicy wykorzystują ludzką naturę?

W celu stworzenia udanego programu szkolenia należy w pierwszej kolejności zdać sobie sprawę, dlaczego ludzie są narażeni na ataki. Identyfikując owe tendencje podczas szkolenia — na przykład za pomocą scenek rodzajowych zwracających na nie uwagę — ułatwiamy pracownikom uświadomienie sobie, że wszyscy podlegamy manipulacji socjotechnika.

Manipulacja jest przedmiotem studiów socjologów od co najmniej pięćdziesięciu lat. Artykuł Roberta B. Cialdiniego w *Scientific American* (luty 2001) podsumowuje cały ten dorobek, prezentując sześć „podstawowych cech ludzkiej natury", które ujawniają się przy próbie podporządkowania kogoś woli socjotechnika.

Na tych właśnie sześciu cechach bazują socjotechnicy (świadomie lub, częściej, nieświadomie) podczas swoich prób manipulowania innymi.

Władza

Ludzie mają tendencję do podporządkowywania się woli osoby, która posiada władzę. Jak pokazano w innym miejscu niniejszej książki, osoba może podporządkować się prośbie, jeżeli wierzy, że rozmówca ma władzę lub jest upoważniony do proszenia o daną przysługę.

W swojej książce *Wywieranie wpływu na ludzi. Teoria i praktyka* Dr. Cialdini opisuje przypadek trzech szpitali, w których osoba podająca się za lekarza danego szpitala skontaktowała się niezależnie z 22 dyżurkami pielęgniarek i podawała sposoby dawkowania leków pacjentom na oddziale. Pielęgniarki, które odbierały polecenia, nie znały rozmówcy. Nie wiedziały nawet, czy w rzeczywistości był lekarzem (nie był!). Odbierały polecenia dotyczące dawkowania, co było pogwałceniem regulaminu szpitala. Lek, który polecono im podawać, nie był zatwierdzony do stosowania na oddziałach, a dawka, którą podawały, przekraczała dwukrotnie maksymalną dzienną dawkę tego leku i mogła zagrozić życiu pacjentów. Cialdini pisze, że w 95% przypadków „pielęgniarka udawała się w kierunku szafki z lekami, aby pobrać zasugerowaną jej dawkę, po czym kierowała się w stronę pacjenta". Następnie oczywiście była zatrzymywana przez obserwatora, który informował ją o eksperymencie.

Przykładowe ataki: socjotechnik maskuje się za pomocą otoczki władzy, mówiąc, że pracuje w dziale informatyki, jest z zarządu lub pracuje dla kogoś z zarządu firmy.

Sympatia

Ludzie mają tendencję do podporządkowywania się, gdy osoba prosząca jest w stanie ukazać się jako sympatyczna, mająca podobne zainteresowania, poglądy i podejście do życia jak ofiara.

Przykładowe ataki: w trakcie rozmowy napastnik dowiaduje się o jakimś hobby lub zainteresowaniu ofiary, po czym deklaruje swoje zainteresowanie i entuzjazm dla tego samego hobby. Może również powiedzieć, że jest z tego samego stanu lub szkoły albo ma takie same aspiracje. Socjotechnik będzie próbował również zachowywać się w sposób podobny do ofiary, aby stworzyć pozory bliskości.

Wzajemność

Możemy automatycznie podporządkować się prośbie, jeśli obiecano nam lub dano coś wartościowego. Prezent może być materialny lub może stanowić np. radę lub pomoc. Kiedy ktoś zrobił coś dla nas, czujemy potrzebę odwzajemnienia. Ta silna potrzeba ujawnia się nawet wtedy, kiedy nie prosiliśmy o to, co dostaliśmy. Jednym z najbardziej efektywnych sposobów wpływania na ludzi, tak aby zrobili nam „przysługę" (podporządkowali się prośbie), jest podarowanie im prezentu lub pomoc, która wywołuje poczucie zobligowania.

Wyznawcy Hare Krishna byli bardzo skuteczni we wpływaniu na ludzi tak, aby ci czynili datki — ofiarowując im na początku książkę lub kwiatek w formie prezentu. Jeżeli obdarowany próbował zwracać prezent, oni odmawiali jego przyjęcia, mówiąc: „To nasz prezent dla ciebie". Wykorzystanie zasady wzajemności znacznie zwiększało otrzymywane datki.

Przykłady ataku: pracownik odbiera telefon od osoby, która przedstawia się jako informatyk. Wyjaśnia, że niektóre komputery zostały zainfekowane nowym wirusem nierozpoznawalnym przez oprogramowanie antywirusowe, a który może zniszczyć wszystkie pliki w komputerze. Potem proponuje przeprowadzenie osoby przez kilka kroków umożliwiających zapobieżenie problemowi.

Tuż potem rozmówca prosi ofiarę o przetestowanie programu użytkowego, który został właśnie zaktualizowany w taki sposób, że umożliwia użytkownikom zmianę swoich haseł. Pracownik raczej nie odmówi, ponieważ dzwoniący właśnie udzielił mu pomocy, chroniąc go przed wirusem. Odwzajemnia się więc, spełniając prośbę.

Konsekwencja

Ludzie mają tendencję do podporządkowywania się, jeżeli wcześniej publicznie ogłosili swoje poparcie i zaangażowanie w danej sprawie. Jeżeli raz obiecaliśmy, że coś zrobimy, nie chcemy wyglądać na niegodnych zaufania i postępujemy zgodnie z naszymi wcześniejszymi deklaracjami lub obietnicami.

Przykłady ataku: napastnik kontaktuje się ze stosunkowo nowym pracownikiem i informuje go o konieczności dostosowania się do polityki i procedur bezpieczeństwa, która jest warunkiem uzyskania dostępu do systemów komputerowych firmy. Po omówieniu kilku praktyk bezpieczeństwa rozmówca prosi użytkownika o podanie swojego hasła w celu „weryfikacji jego zgodności" z procedurami nakazującymi wybór hasła trudnego do odgadnięcia. Kiedy osoba wyjawia swoje hasło, rozmówca podaje zalecenia co do konstrukcji przyszłych haseł w taki sposób, aby sam potrafił je łatwo odgadnąć. Ofiara podporządkowuje się w związku ze swoją wcześniejszą zgodą na dostosowanie się do firmowych praktyk i założeniem, że rozmówca weryfikuje jedynie owo podporządkowanie.

Przyzwolenie społeczne

Ludzie mają tendencję do spełniania próśb, kiedy wydaje się to zgodne z zachowaniem innych. Przykład ze strony innych jest traktowany jako przyzwolenie i potwierdzenie, że dane zachowanie jest prawidłowe i stosowne.

Przykłady ataków: rozmówca twierdzi, że przeprowadza ankietę, i wymienia nazwiska innych ludzi z działu, którzy wcześniej zdecydowali się odpowiedzieć na pytania. Ofiara, wierząc, że zachowanie innych potwierdza wiarygodność prośby, godzi się na udział w ankiecie. Rozmówca zadaje szereg pytań, wśród których są i pytania o nazwę użytkownika i hasło ofiary.

Rzadka okazja

Ludzie mają tendencję do podporządkowywania się, kiedy wierzą, że poszukiwany obiekt występuje w ograniczonej ilości i jest pożądany przez innych oraz dostępny tylko przez krótki czas.

Przykład ataku: napastnik wysyła e-maile oznajmiające, że pierwszych 500 osób, które zarejestrują się na nowej witrynie firmy, wygra darmowe bilety na najnowszą premierę filmową. Kiedy niczego nie podejrzewająca osoba rejestruje się na stronie, jest proszona o podanie swojego firmowego adresu oraz wybranie hasła. Wiele osób, dla wygody, ma tendencję do używania tego samego hasła w każdym systemie komputerowym, z jakiego korzysta. Wykorzystując to, napastnik może próbować włamać się do naszych firmowych lub prywatnych systemów komputerowych za pomocą nazwy użytkownika i hasła, jakie wprowadziliśmy w procesie rejestracji.

Tworzenie programu szkolenia i uświadamiania

Opublikowanie broszury o bezpieczeństwie informacji lub skierowanie pracowników na stronę w intranecie, która opisuje politykę bezpieczeństwa firmy, samo w sobie nie powoduje zmniejszenia ryzyka. Każda firma musi nie tylko zdefiniować zasady w formie pisemnej, ale poczynić dodatkowy wysiłek w celu skłonienia *wszystkich* osób, mających do czynienia z informacją lub systemami komputerowymi, do nauki owych zasad i postępowania zgodnie z nimi. Co więcej, należy się upewnić, że wszyscy rozumieją powody, dla których wprowadzone zostały poszczególne zasady, aby nie próbowali ich, dla wygody, omijać. W innym przypadku niewiedza zawsze będzie dla pracownika dobrym wytłumaczeniem, a dla socjotechnika słabą stroną, którą chętnie wykorzysta.

Głównym celem każdego programu uświadamiania jest wpłynięcie na pracowników w taki sposób, aby zmienili swoje podejście i zachowanie, oraz zmotywowanie ich, aby sami *chcieli* uczestniczyć w procesie ochrony dóbr informacyjnych firmy. Świetną motywacją jest w tym przypadku opisanie korzyści dla firmy oraz dla samych pracowników, jakie wynikają z takiej postawy. Jako że firma jest również w posiadaniu części prywatnych informacji każdego z pracowników, przyczynianie się do ochrony danych firmy oznacza również przyczynianie się do ochrony osobistych informacji.

Program szkolenia z zakresu bezpieczeństwa wymaga znacznych nakładów. Szkolenie musi objąć każdą osobę w firmie, która ma dostęp do poufnych informacji lub systemów komputerowych, a wiadomości muszą być stale odświeżane i aktualizowane, aby pracownicy mogli stawić czoła wciąż pojawiającym się zagrożeniom. Pracownicy muszą wiedzieć, że wyższa kadra zarządzająca jest w pełni zaangażowana w program. Zaangażowanie to musi być prawdziwe i nie ograniczać się do opieczętowania pisma zawierającego lakoniczne instrukcje. Program musi być poparty odpowiednimi zasobami, aby go rozwijać, przekazywać, sprawdzać i analizować postępy.

Cele

Podstawową wytyczną, o której należy pamiętać podczas tworzenia programu szkolenia i uświadamiania w sprawach bezpieczeństwa, jest koncentracja na zbudowaniu u pracowników świadomości, że atak może nastąpić w każdym momencie. Wiąże się to z wytworzeniem sytuacji, kiedy każdy pracownik ma świadomość swojej roli w ochronie przed jakąkolwiek próbą uzyskania dostępu do systemu komputerowego lub kradzieży poufnych danych.

Ponieważ wiele aspektów bezpieczeństwa informacji jest związanych z technologią, pracownicy zbyt łatwo zaczynają sądzić, że problem ten jest rozwiązywany przez firewalle i inne systemy zabezpieczające. Podstawowym celem szkolenia powinno być wykreowanie u ludzi świadomości, że to oni sami stanowią główną linię obrony niezbędną do zapewnienia pełnego bezpieczeństwa w organizacji.

Szkolenie musi mieć ambitniejszy cel niż tylko zakomunikowanie zasad. Twórca programu szkolenia musi rozpoznawać silną pokusę u części pracowników, aby pod naciskiem codziennych obowiązków pomijać lub ignorować zalecenia związane z bezpieczeństwem. Znajomość taktyk stosowanych przez socjotechników i sposobów ochrony przed nimi jest ważna, ale będzie miała wartość jedynie wtedy, gdy szkolenie skoncentruje się na *motywowaniu* pracowników do korzystania ze zdobytej wiedzy.

Można uznać, że program szkolenia spełnił podstawowe założenie, jeżeli wszyscy są jednoznacznie przekonani i zmotywowani przeświadczeniem, iż zabezpieczenie informacji stanowi część ich normalnych obowiązków.

Pracownicy muszą pogodzić się z faktem, że zagrożenie atakiem socjotechnicznym jest realne i że poważna strata poufnych informacji może zagrozić firmie, jej pracownikom i ich posadom. W pewnym sensie beztroskie traktowanie bezpieczeństwa informacji jest tożsame z beztroskim traktowaniem numeru PIN karty kredytowej. Ta analogia może pomóc w zbudowaniu zrozumienia dla praktyk bezpieczeństwa.

Wprowadzanie programu w życie

Osoba odpowiedzialna za stworzenie programu szkolenia i uświadamiania w sprawach bezpieczeństwa musi zdać sobie sprawę, że nie może być ono takie samo dla wszystkich. Szkolenie musi być zaplanowane w taki sposób, by odpowiadać specyficznym wymogom różnych grup pracowników przedsiębiorstwa. Podczas gdy wiele z zaleceń zarysowanych w rozdziale 16. stosuje się do wszystkich zatrudnionych, część z nich ma ograniczony zakres. Jako niezbędne minimum większość firm będzie potrzebować programów dostosowanych do następujących grup: kadra zarządzająca, personel informatyczny, użytkownicy komputerów, pracownicy administracyjni, recepcjonistki i portierzy, pracownicy ochrony (w rozdziale 16. znajduje się wyszczególnienie zaleceń w zależności od zajmowanych stanowisk).

Jako że od pracowników straży przemysłowej zwykle nie wymaga się obsługiwania komputera i praktycznie nie mają oni kontaktu z firmową siecią, nie są zwykle brani pod uwagę przy tworzeniu programu. Socjotechnik potrafi jednak oszukać strażnika ochrony tak, aby ten wpuścił go na teren budynku lub wykonał czynności, w których rezultacie nastąpi włamanie do systemu. To, że strażnicy nie muszą przechodzić szkolenia przeznaczonego dla użytkowników firmowych komputerów, nie oznacza, że należy ich całkowicie pomijać przy tworzeniu programu szkolenia.

W organizacji prawdopodobnie niewiele jest zagadnień ważnych dla wszystkich pracowników, które mają tak istotne znaczenie, a jednocześnie są w tak oczywisty sposób nudne, jak zagadnienia bezpieczeństwa. Dobry program szkolenia musi jednocześnie informować, przyciągać uwagę i wzbudzać zaangażowanie słuchaczy.

Szkolenie i podtrzymywanie świadomości bezpieczeństwa musi stać się angażującym uwagę, interaktywnym doświadczeniem. Stosowane techniki mogą polegać na demonstracji metod socjotechnicznych przy wykorzystaniu scenek z podziałem na role, przeglądzie doniesień medialnych o ostatnich przypadkach ataków na bardziej pechowe firmy i omawianie sposobów, w jaki firma mogłaby tego uniknąć; warto pomyśleć o projekcji filmu na temat zasad bezpieczeństwa, który jest jednocześnie zabawny i pouczający. Istnieje kilka firm, które zajmują się dystrybucją filmów i materiałów dotyczących zagadnień związanych z bezpieczeństwem.

Uwaga ➤

Instytucje, które nie mają możliwości zorganizowania wewnętrznego szkolenia z zakresu bezpieczeństwa, mogą skorzystać z oferty którejś z firm szkoleniowych, prowadzących szkolenia z tego zakresu.

Historie opisane w tej książce stanowią dobry materiał objaśniający metody i taktyki stosowane przez socjotechników, zwiększający świadomość zagrożenia i demonstrujący słabości ludzkich zachowań. Można rozważyć użycie tych scenariuszy jako podstawy do budowania scenek rodzajowych. Historie te również prowokują do dyskusji na temat: co mogłaby odpowiedzieć ofiara, aby uniknąć ataku.

Dobry twórca programu i dobry szkoleniowiec znajdzie obok mnóstwa wyzwań wiele sposobów na ożywienie szkolenia i w rezultacie motywowanie ludzi, aby stali się częścią mechanizmu obrony.

Struktura szkolenia

Program podstawowego szkolenia z zakresu bezpieczeństwa powinien stać się obowiązkowy dla wszystkich pracowników. Od nowych powinno się wymagać uczęszczania na takie szkolenie jako jednego z elementów wdrażania do pracy. Zalecam, by dostęp do komputera był możliwy dopiero po zaliczeniu takiego kursu.

Początkowy etap szkolenia powinien być na tyle skoncentrowany, by przykuć uwagę, i na tyle krótki, aby ważne komunikaty zostały zapamiętane. Oczywiście ilość zagadnień do poruszenia z całą pewnością usprawiedliwia dłuższe szkolenie, ale z drugiej strony konieczność zapewnienia świadomości i motywacji oraz przekazania zapamiętywanej liczby podstawowych komunikatów przeważa na korzyść rezygnacji z parogodzinnych lub całodniowych sesji, po których ludzie są przytłoczeni nadmiarem informacji.

Nacisk podczas tych sesji musi być położony na uświadamianie szkód, jakie może ponieść firma i sami pracownicy, jeżeli nie będą przestrzegali odpowiednich zaleceń dotyczących bezpieczeństwa. Ważniejsza od samego nauczenia zasad i praktyk jest motywacja pracowników, która prowadzi do akceptacji swojej własnej odpowiedzialności za bezpieczeństwo.

W sytuacjach, gdy niektórzy pracownicy nie mają możliwości od razu rozpocząć szkolenia, firma powinna rozważyć przeprowadzenie szkolenia przy wykorzystaniu innych form, np. filmów instruktażowych, szkolenia opartego na prezentacji komputerowej, kursu internetowego lub materiałów pisemnych.

Po pierwszym, początkowym etapie szkolenia, kolejne, dłuższe sesje powinny omawiać konkretne słabości i metody ataku — odpowiednio do stanowiska osoby szkolonej. Szkolenie odświeżające wiadomości powinno być organizowane co najmniej raz w roku. Natura zagrożenia i stosowane metody ulegają ciągłym zmianom, dlatego program szkolenia musi być aktualizowany. Co więcej, czujność zmniejsza się z czasem, dlatego szkolenie musi być powtarzane regularnie, aby wzmocnić świadomość ważności przestrzegania zasad bezpieczeństwa. Tutaj także nacisk musi być położony na przekonanie ludzi o tym, jak ważne są te zasady, i zmotywowanie do ich stosowania poprzez eksponowanie zagrożeń i metod stosowanych przez socjotechników.

Kierownictwo musi dać swoim podwładnym wystarczający czas na zapoznanie się z praktykami i procedurami bezpieczeństwa i na uczestnictwo w programie uświadamiania zagrożeń. Od pracowników nie można oczekiwać poznawania związanych z tym praktyk i uczestnictwa w kursach po godzinach pracy. Nowym pracownikom powinno się dać wystarczająco dużo czasu na zapoznanie się z polityką bezpieczeństwa i procedurami, zanim zostaną oni wdrożeni w swoje normalne obowiązki.

Pracownicy, którzy zmieniają stanowiska w obrębie jednej organizacji, a ich nowa praca wiąże się z dostępem do poufnych informacji lub systemów komputerowych, powinni oczywiście być zobligowani do ukończenia szkolenia z zasad bezpieczeństwa dostosowanego do wymogów nowego stanowiska. Na przykład, jeżeli operator komputera awansuje na administratora systemu lub recepcjonistka stanie się asystentką, wymagane jest nowe szkolenie.

Uwaga ➤

Żadne szkolenie dotyczące zasad bezpieczeństwa nie jest doskonałe, dlatego należy stosować zabezpieczenia technologiczne, gdzie tylko jest to możliwe, aby stworzyć nieprzenikalny system obronny. Oznacza to, że wyznacznikiem bezpieczeństwa jest raczej czynnik technologiczny niż czynnik ludzki — na przykład wtedy, gdy system operacyjny jest skonfigurowany tak, aby uniemożliwić pracownikom pobieranie programów z Internetu lub wybieranie krótkich, łatwych do odgadnięcia haseł.

Treść szkolenia

Po zredukowaniu do pewnych podstawowych zasad, wszystkie ataki socjotechniczne mają jeden wspólny element: oszustwo. Ofiara zostaje przekonana, że napastnik jest kolegą z pracy lub inną osobą uprawnioną do dostępu do poufnych informacji, ewentualnie kimś upoważnionym do wydawania poleceń, które wiążą się z wykonywaniem czynności na komputerze lub podobnym sprzęcie.

Prawie każdy z takich ataków mógłby być udaremniony, gdyby pracownik będący jego celem postępował zgodnie z następującymi dwoma zasadami:

- Weryfikacji tożsamości osoby, która o coś prosi — czy osoba jest tą, za którą się podaje?
- Weryfikacji, czy osoba jest uprawniona — czy rzeczywiście potrzebuje tej informacji lub jest w jakiś inny sposób uprawniona do jej otrzymania?
- Jeżeli sesje szkoleniowe doprowadziłyby do zmiany zachowania pracowników tak, by każdy z nich konsekwentnie konfrontował każdą prośbę z owymi kryteriami, ryzyko związane z atakiem socjotechnika zmniejszyłoby się radykalnie.
- Praktyczny program szkolenia w zakresie bezpieczeństwa informacji i świadomości zagrożeń, który obejmuje ludzkie zachowania i aspekty socjotechniki, powinien zawierać następujące zagadnienia:
- Opis, w jaki sposób napastnicy używają socjotechniki, by oszukiwać ludzi.
- Metody, jakich używają socjotechnicy, aby osiągnąć zamierzony cel.
- Sposoby rozpoznawania ataku socjotechnicznego.
- Procedura postępowania w przypadku podejrzanej prośby.
- Informacje o tym, gdzie zgłaszać próby lub udane ataki socjotechniczne.
- Zwrócenie uwagi na konieczność sprawdzania każdej osoby, która kieruje do nas podejrzaną prośbę, niezależnie od jej stanowiska lub miejsca w hierarchii firmy.
- Uświadomienie, że nie powinno się z założenia wierzyć innym bez odpowiedniej weryfikacji, nawet jeżeli naturalnym impulsem jest domniemanie niewinności.
- Rola identyfikacji tożsamości każdej osoby, proszącej o informację lub wykonanie jakiejś czynności (zobacz: „Procedury weryfikacyjne i uwierzytelniające" w rozdziale 16. — opisano tam sposoby weryfikowania tożsamości).

- Procedury ochrony poufnych informacji, łącznie ze znajomością istniejącego systemu klasyfikacji danych.
- Miejsce, w którym można znaleźć firmowe procedury bezpieczeństwa, i ich rola w procesie ochrony informacji i systemów informatycznych.
- Podsumowanie polityki bezpieczeństwa i wyjaśnienie znaczenia poszczególnych jej aspektów. Na przykład, każdy pracownik powinien być poinstruowany o tym, w jaki sposób stworzyć trudne do odgadnięcia hasło.
- Obowiązek stosowania się do zaleceń polityki bezpieczeństwa i konsekwencje w przypadku niestosowania się do nich.

Socjotechnika z definicji obejmuje pewien rodzaj interakcji między ludźmi. Napastnik bardzo często będzie wykorzystywał wiele metod i technologii komunikacji na drodze do swojego celu. Z tego powodu dobrze opracowany program uświadamiania zagrożeń powinien zawierać niektóre lub wszystkie z poniższych tematów:

- Praktyki bezpieczeństwa związane z hasłami umożliwiającymi dostęp do komputera i poczty głosowej.
- Procedura ujawniania poufnych informacji lub materiałów.
- Sposób korzystania z poczty elektronicznej, łącznie ze środkami bezpieczeństwa chroniącymi przed niebezpiecznymi programami: wirusami, końmi trojańskimi itp.
- Fizyczne wymogi bezpieczeństwa, takie jak obowiązek noszenia identyfikatorów.
- Obowiązek zatrzymywania tych osób przebywających na terenie firmy, które nie mają identyfikatora.
- Praktyki bezpieczeństwa związane z używaniem poczty głosowej.
- Klasyfikacja informacji i środki jej ochrony.
- Prawidłowe sposoby usuwania poufnych dokumentów i nośników komputerowych, które zawierają lub zawierały kiedykolwiek w przeszłości poufne materiały.

Jeżeli firma planuje testy penetracyjne, mające określić efektywność stosowanych przeciwko atakom socjotechnicznym zabezpieczeń, należy o tym uprzedzić pracowników. Niech wiedzą, że w ramach takiego testu mogą otrzymać telefon lub e-mail sprawdzający ich reakcje. Rezultaty testu nie mają być podstawą wymierzania kar pracownikom, tylko mają służyć do określenia pewnych dodatkowych obszarów wymagających szkolenia.

Szczegóły dotyczące wszystkich powyższych aspektów można znaleźć w rozdziale 16.

Sprawdzanie wiedzy

Firma może chcieć sprawdzić, na ile pracownicy opanowali informacje przedstawione na szkoleniu, przed dopuszczeniem ich do komputera. Jeżeli tworzymy testy z zamiarem umieszczenia ich w sieci, możemy skorzystać z któregoś z programów wspomagających tworzenie takich testów i analizujących wyniki, które pomogą nam określić zagadnienia wymagające dodatkowego omówienia.

Firma może również przyznawać specjalny certyfikat świadczący o ukończeniu szkolenia z zakresu bezpieczeństwa, który pełni funkcję nagrody i motywatora.

Jako rutynowy element szkolenia zaleca się prosić uczestników o podpisanie zgody na dostosowanie się do polityki bezpieczeństwa i przestrzeganie zasad przekazanych w trakcie szkolenia. Badania dowodzą, że osoba, która podpisuje takie zobowiązanie, czyni większe wysiłki, by stosować się do procedur.

Podtrzymywanie świadomości

Większość z nas zdaje sobie sprawę, że ma tendencję do zapominania nawet o ważnych rzeczach, jeżeli wiedzy tej od czasu do czasu nie odświeżymy, a zatem konieczny jest program podtrzymywania świadomości.

Jedną z metod nadania bezpieczeństwu wysokiego priorytetu jest uczynienie każdej osoby w jakiś sposób odpowiedzialną za bezpieczeństwo informacji. To prowadzi do uświadomienia jej znaczenia własnej roli w utrzymaniu bezpieczeństwa firmy. W innym przypadku istnieje silna tendencja do myślenia, że bezpieczeństwo „nie należy do moich obowiązków".

Podczas gdy odpowiedzialność za kampanię zabezpieczającą informacje jest zwykle przypisana osobie z działu bezpieczeństwa lub informatyki, program uświadamiania kwestii związanych z bezpieczeństwem informacji powinien być realizowany wspólnie z działem szkoleń.

Program stałego podtrzymywania świadomości musi wykorzystywać wszelkie możliwości komunikowania o sprawach bezpieczeństwa w taki sposób, aby przekazywana treść była solidnie zapamiętywana i w pracownikach zostały wyrobione właściwe nawyki związane z tą kwestią. Podobnie jak w reklamie, humor i błyskotliwość są tu pomocne. Dzięki formułowaniu tych samych komunikatów za każdym razem w inny sposób, unikniemy groźby, że z czasem zaczną być ignorowane.

Lista rozwiązań w zakresie podtrzymywania świadomości może zawierać:

- Udostępnienie każdemu z pracowników egzemplarza niniejszej książki.
- Zawarcie elementów informacyjnych w wewnętrznych publikacjach firmy: artykułach, ramkach (krótkich w treści i przyciągających uwagę) lub np. komiksach.
- Opublikowanie zdjęcia Mistrza Bezpieczeństwa na dany miesiąc.
- Wieszanie plakatów w miejscach wykonywania pracy.
- Przesyłanie uwag poprzez wewnętrzne fora firmy.
- Dołączanie ulotek do kopert zawierających np. premię.
- Wysyłanie przypominających e-maili.
- Stosowanie wygaszaczy ekranu o tematyce związanej z bezpieczeństwem.
- Zostawianie komunikatów w skrzynkach poczty głosowej pracowników.
- Wydrukowanie nalepek na telefony z napisami typu: „Czy Twój rozmówca jest na pewno tym, za kogo się podaje?".
- Wprowadzenie komunikatów przypominających, pojawiających się na komputerze podczas logowania do systemu, np. „Jeżeli wysyłasz poufną informację poprzez e-mail, koniecznie ją zaszyfruj!".
- Uwzględnienie świadomości bezpieczeństwa jako standardowego elementu składającego się na ocenę pracownika.

- Umieszczenie elementów „przypominających" o zasadach bezpieczeństwa w intranecie, np. za pomocą kreskówek, humorystycznych obrazków lub w inny skłaniający do zainteresowania się nimi.
- Korzystanie z elektronicznych wyświetlaczy np. w stołówce lub w firmowym bufecie, które od czasu do czasu prezentują komunikaty dotyczące bezpieczeństwa.
- Dystrybucja broszur.
- Inne pomysłowe chwyty, np. darmowe ciasteczka szczęścia zawierające zamiast wróżby którąś z zasad bezpieczeństwa.

Zagrożenie jest nieustanne, dlatego należy stale o nim przypominać.

A co ja z tego mam?

Oprócz szkoleń i programu uświadamiania, zalecam aktywny i dobrze rozpropagowany system nagród. Należy wyrażać uznanie dla pracowników, którzy wykryli atak socjotechniczny i zapobiegli mu lub w inny sposób przyczynili się do sukcesu kampanii bezpieczeństwa informacji. Fakt istnienia systemu nagród powinien być komunikowany pracownikom na wszystkich sesjach dotyczących bezpieczeństwa, a wszelkie przypadki naruszenia zasad bezpieczeństwa powinny być szeroko rozgłaszane w organizacji.

Istnieje też druga strona medalu. Ludzie muszą być świadomi konsekwencji niestosowania się do procedur bezpieczeństwa z powodu beztroski lub oporu. Wszyscy popełniamy błędy, ale powtarzające się przypadki naruszenia praktyk bezpieczeństwa nie mogą być tolerowane.

16

Zalecana polityka bezpieczeństwa informacji

Dziewięć z każdych dziesięciu wielkich korporacji i agencji rządowych zostało zaatakowanych przez komputerowych intruzów — to wynik badań przeprowadzonych przez FBI i opublikowanych przez Associated Press w kwietniu 2002 roku. Interesujący jest również fakt, że tylko jedna organizacja na trzy zgłosiła lub publicznie potwierdziła jakiekolwiek ataki. Powściągliwość w ujawnianiu tego typu informacji ma swoje uzasadnienie. Aby zapobiec utracie zaufania ze strony klientów i kolejnym atakom ze strony intruzów, którzy dowiedzą się o słabościach firmy, większość przedsiębiorstw nie podaje do publicznej wiadomości tego typu incydentów.

Wygląda więc na to, że nie istnieją statystyki dotyczące ataków socjotechnicznych, a nawet gdyby takowe istniały, nie byłyby miarodajne. W większości przypadków firma nigdy nie dowiaduje się, że została okradziona z informacji, dlatego większość ataków pozostaje niezauważona i nie jest nikomu zgłaszana.

Przeciwko większości typów ataków socjotechnicznych można zastosować środki zapobiegawcze. Spójrzmy jednak prawdzie w oczy — dopóki wszyscy członkowie organizacji nie zrozumieją wagi zabezpieczeń, a stosowanie się do reguł bezpieczeństwa nie stanie się ich osobistą sprawą, dopóty ataki socjotechniczne będą zagrażać status quo przedsiębiorstwa.

W rzeczywistości, wraz z dostępem do coraz skuteczniejszych technologicznych środków zabezpieczających, podejście socjotechniczne — wykorzystywanie ludzi do zdobywania zastrzeżonej informacji lub włamywania się do firmowej sieci — będzie stosowane coraz częściej i stanie się atrakcyjną metodą pracy dla złodziei informacji. Szpieg przemysłowy będzie chciał oczywiście osiągnąć swój cel za pomocą najłatwiejszej i najmniej ryzykownej metody. W istocie, firma, która zabezpieczyła swoje systemy komputerowe i sieć za pomocą najnowszych wyrafinowanych technologii, może być w związku z tym bardziej narażona na ataki ze strony napastników używających do osiągnięcia swoich celów metod, strategii i taktyk socjotechnicznych.

Rozdział ten prezentuje zalecane praktyki i procedury stworzone po to, by zminimalizować ryzyko związane z socjotechniką. Są one skierowane przeciwko atakom, które nie opierają się całkowicie na wykorzystywaniu luk technologicznych, a dotyczą one prób oszukiwania pracowników i manipulowania nimi w celu uzyskania od nich informacji lub wykonania przez nich czynności, która umożliwi intruzowi dostęp do poufnych informacji firmy lub do firmowej sieci komputerowej.

Czym jest polityka bezpieczeństwa?

Polityka bezpieczeństwa składa się z jasnych instrukcji, które opisują wytyczne dotyczące zachowania pracowników w celu ochrony informacji. Są one podstawowym budulcem, z którego składa się system ochrony przed potencjalnymi zagrożeniami. Najważniejszym zadaniem tych instrukcji jest jednak pomoc w wykrywaniu ataków socjotechnicznych i zapewnienie ochrony przed nimi.

Efektywne środki ochrony są wdrażane poprzez szkolenie pracowników na bazie dobrze opracowanych instrukcji i procedur. Ważna jest świadomość, że wszelkie zalecenia, nawet najskrupulatniej przestrzegane przez wszystkich pracowników, nie gwarantują ochrony przed każdym atakiem socjotechnicznym. Realnym celem powinno być zmniejszenie ryzyka takiego ataku do akceptowalnego poziomu.

Instrukcje tu przedstawione opisują również środki nie związane ściśle z socjotechniką, a jednak zostały tu opisane, ponieważ mają jakiś związek z technikami stosowanymi podczas ataków. Przykładem mogą być instrukcje dotyczące otwierania załączników do poczty, które mogą zawierać konia trojańskiego umożliwiającego napastnikowi przejęcie kontroli nad komputerem ofiary. Jak widać, są one związane z jedną z często stosowanych przez komputerowych intruzów metod.

Etapy tworzenia programu

Wszechstronny program ochrony informacji zwykle zaczyna się od oceny ryzyka, która ma na celu określenie:

- Jakie zasoby informacyjne przedsiębiorstwa muszą podlegać ochronie?
- Jakie konkretne zagrożenia istnieją wobec tych zasobów?
- Jaką szkodę mogłoby spowodować urzeczywistnienie się potencjalnych zagrożeń?

Głównym celem oceny ryzyka jest ustalenie, które z zasobów wymagają natychmiastowego zabezpieczenia i czy zastosowane środki bezpieczeństwa będą opłacalne po uwzględnieniu analizy zysków i strat. Mówiąc prosto: które zasoby trzeba najpierw zabezpieczyć i ile będzie to kosztowało?

Bardzo ważne jest, by wyższa kadra zarządzająca silnie popierała konieczność stworzenia polityki bezpieczeństwa i programu ochrony informacji. Podobnie jak w przypadku każdego przedsięwzięcia angażującego całą firmę, warunkiem powodzenia takiego programu jest nie tylko poparcie, ale również demonstracja zaangażowania i dawanie przykładu przez kierownictwo. Pracownicy muszą być świadomi, że kadra zarządzająca wykazuje silną wiarę w to, iż bezpieczeństwo informacji jest niezbędne dla funkcjonowania przedsiębiorstwa, że ochrona informacji handlowych jest konieczna dla utrzymania pozycji na rynku i że sukces programu jest uzależniony od indywidualnej postawy każdego z pracowników.

Osoba, której zlecono napisanie procedur i instrukcji bezpieczeństwa, musi mieć świadomość, że w dokumentach tych należy unikać żargonu technicznego, aby były jasne dla pracowników nie obeznanych z techniką. Ważne jest, aby wyjaśniano w nim, dlaczego każde z zaleceń jest istotne; w innym przypadku pracownicy mogą odrzucić niektóre zalecenia, uznając stosowanie się do nich za stratę czasu. Osoba pisząca powinna stworzyć jeden dokument, który prezentuje politykę firmy z podziałem na poszczególne zalecenia, i drugi, który zawiera szczegółowe procedury. Pierwszy, ogólny dokument prawdopodobnie nie będzie tak często ulegał zmianom jak dokument zawierający procedury.

Dodatkowo, twórca tych dokumentów powinien być świadomy sposobów, na jakie można wykorzystywać technologie zabezpieczające w celu wzmocnienia praktyk bezpieczeństwa. Na przykład, większość systemów operacyjnych może domagać się od użytkownika, aby jego hasło spełniało pewne wymagania (np. długość). W niektórych firmach zakaz pobierania programów może być kontrolowany poprzez odpowiednie globalne i lokalne ograniczenia zdefiniowane w systemie. Polityka firmy powinna wymagać korzystania z technologii tam, gdzie tylko jest to opłacalne, w celu wyeliminowania czynnika ludzkiego z procesu decyzyjnego.

Pracownicy muszą być poinformowani o konsekwencjach niestosowania się do zaleceń i procedur. Powinno się stworzyć zestaw kar za naruszenie instrukcji i szeroko go rozpropagować. Oprócz tego można stworzyć system nagród dla pracowników dających dobry przykład w stosowaniu zasad bezpieczeństwa oraz osób, które rozpoznały i zgłosiły wystąpienie ataku. Każde nagrodzenie pracownika za udaremnienie ataku powinno być szeroko rozreklamowane, np. poprzez artykuł w wewnętrznym biuletynie firmy.

Jednym z celów programu uświadamiania zagrożeń jest komunikowanie o ogromnej wadze zaleceń bezpieczeństwa i szkodach, jakie może spowodować postępowanie niezgodne z nimi. Natura ludzka będzie czasem skłaniać pracowników do ignorowania lub omijania zaleceń, które wydają się bezzasadne lub zbyt czasochłonne. Rola kierownictwa polega na dopilnowaniu, aby pracownicy rozumieli istotę tych zaleceń i byli zmotywowani do ich stosowania, zamiast traktować je jak przeszkody do ominięcia.

Szczegółów polityki bezpieczeństwa informacji nie można wyryć na kamiennych tablicach. W miarę jak zmieniają się firmy i rynki, jak pojawiają się nowe technologie bezpieczeństwa i jak ewoluują zagrożenia, należy zmieniać również politykę bezpieczeństwa. Musi istnieć proces regularnego przeglądu i aktualizacji treści w niej zawartych. Zalecenia i procedury powinno się udostępnić w intranecie lub przechowywać w ogólnie dostępnym katalogu. To zwiększa prawdopodobieństwo ich częstego przeglądania, a jednocześnie daje wygodną metodę szukania odpowiedzi na te pytania związane z bezpieczeństwem, które szczególnie nurtują pracowników.

Należy też przeprowadzać periodyczne testy penetracyjne i ocenę zagrożeń przy użyciu metod i taktyk socjotechnicznych, aby ujawnić wszelkie słabości w procesie szkolenia lub tendencję do nieprzestrzegania pewnych zaleceń. Przed zastosowaniem taktyk socjotechnicznych na potrzeby testu należy poinformować pracowników, że coś takiego może nastąpić w każdej chwili.

Jak korzystać z instrukcji?

Szczegółowe instrukcje zaprezentowane w tym rozdziale stanowią tyko część zestawu niezbędnego do zmniejszenia ryzyka związanego z wszystkimi typami zagrożeń. Dlatego też zawarte tu instrukcje nie powinny być traktowane jako wyczerpująca lista zagadnień. Stanowią one bardziej podstawę do zbudowania wyczerpującego zbioru zaleceń i procedur odpowiadającego specyficznym potrzebom naszej firmy.

Twórcy instrukcji w danej firmie powinni wybrać te, które są zgodne ze specyfiką przedsiębiorstwa i jego celami. Każda organizacja, mając inne wymogi dotyczące kwestii bezpieczeństwa, zależne od swoich potrzeb, wymagań prawnych, kultury i stosowanych systemów informatycznych, zaadaptuje część z przedstawionych tu instrukcji, a resztę odrzuci.

Należy również zastanowić się, jak surowe mają być zalecenia w każdej z kategorii. Mniejsza firma, ulokowana w jednym budynku, gdzie wszyscy się znają, nie musi się zbytnio przejmować tym, że napastnik zadzwoni, podając się za kolegę z tej samej firmy (chociaż oszust może równie dobrze podać się za dostawcę). Poza tym, niezależnie od istniejących zagrożeń, organizacja o dość luźnej i swobodnej strukturze może chcieć przejąć tylko ograniczony zestaw zaleceń, by sprostać swoim celom w zakresie bezpieczeństwa.

Klasyfikacja danych

Polityka klasyfikacji danych stanowi fundament ochrony zasobów informacyjnych przedsiębiorstwa i ustala kategorie rządzące trybem udzielania poufnych informacji. Jest ona szkieletem systemu ochrony danych firmy i uświadamia pracownikom stopień poufności każdej z informacji.

Działanie bez odgórnej klasyfikacji danych, która obecnie stanowi o zachowaniu status quo każdej nowoczesnej organizacji, pozostawia większość decyzji w rękach indywidualnych pracowników. Naturalnie ich decyzje są oparte w większej mierze na czynnikach subiektywnych niż na stopniu poufności, wagi i wartości informacji. Informacje wyciekają z firm również dlatego, że pracownicy nie są świadomi, iż osoba, która prosi ich o informację, może być napastnikiem.

Polityka klasyfikacji danych ustala reguły klasyfikacji wartościowych danych na kilka poziomów. Po przyporządkowaniu każdej informacji do kategorii, pracownik może postępować zgodnie z procedurami udostępniania danych, które chronią firmę przed nieumyślnym i beztroskim ujawnieniem poufnej informacji. Procedury te ograniczają możliwość oszukania pracownika przez osobę nieupoważnioną do otrzymania informacji.

Każdy pracownik musi zapoznać się na szkoleniu z polityką klasyfikacji danych; dotyczy to również osób, które zwykle nie korzystają z komputerów lub firmowych środków komunikacji. Ponieważ każdy członek organizacji, łącznie z pracownikami ekip sprzątających, ochroną budynku, obsługą punktu ksero, a nawet konsultantami, wykonawcami prac zleconych i asystentami, może mieć dostęp do poufnych informacji i tym samym stać się celem ataku.

Kierownictwo musi wyznaczyć *posiadaczy informacji* odpowiedzialnych za wszystkie możliwie informacje, jakich używa firma. Posiadacz informacji jest odpowiedzialny między innymi za ochronę zasobów informacyjnych. Zwykle to on decyduje, do jakiego poziomu należy zakwalifikować posiadaną przez niego informację w oparciu o stopień potrzebnej ochrony; od czasu do czasu ponownie ocenia kategorię poufności i decyduje, czy wymagana jest jej zmiana. Posiadacz informacji może również delegować swoją odpowiedzialność za ochronę danych wyznaczonym osobom.

Kategorie klasyfikacji i ich definicje

Informacje powinny być podzielone na różne poziomy w zależności od stopnia ich poufności. Po ustanowieniu określonego systemu klasyfikacji proces ponownej klasyfikacji na nowe kategorie jest kosztowny i czasochłonny. W naszym przykładzie stworzone zostały cztery poziomy klasyfikacji, co jest odpowiednim rozwiązaniem dla większości średnich i dużych przedsiębiorstw. W zależności od liczby i typów poufnych informacji, firma może dodać więcej kategorii, aby bardziej szczegółowo zarządzać różnymi typami informacji. W mniejszych firmach trzystopniowa klasyfikacja powinna okazać się wystarczająca. Należy pamiętać o tym, że im bardziej skomplikowana klasyfikacja, tym bardziej kosztowne jest szkolenie pracowników i przestrzeganie ustaleń.

Tajne. Jest to kategoria obejmująca najbardziej poufne informacje. Tajna informacja jest przeznaczona tylko do użytku wewnątrz firmy. W większości przypadków należy ją udostępniać bardzo ograniczonej liczbie osób, którym jest ona niezbędnie potrzebna. Natura informacji tajnej jest taka, że ujawnienie jej osobie niepowołanej może mieć poważny wpływ na firmę, jej akcjonariuszy, partnerów oraz klientów. Informacje tajne zwykle należą do jednej z poniższych trzech kategorii:

- Informacja o tajemnicach handlowych, zastrzeżony kod źródłowy, specyfikacje techniczne lub funkcjonalne, które mogą zostać wykorzystane przez konkurenta.
- Informacja marketingowa lub finansowa zastrzeżona dla ogółu.
- Jakakolwiek inna informacja, która ma podstawowe znaczenie dla działalności firmy.

Prywatne. Kategoria ta obejmuje informacje natury osobistej, które są przeznaczone do użytku wewnętrznego w organizacji. Każde nieuprawnione udostępnienie prywatnej informacji może mieć duży wpływ na pracownika lub firmę, jeżeli zdobyte zostało przez osobę do niej nieupoważnioną (szczególnie socjotechnika). Do informacji prywatnych należą wyniki badań lekarskich pracowników, informacje o koncie bankowym, historia wypłat i każde inne osobiste informacje identyfikacyjne, które nie są przeznaczone dla ogółu.

Uwaga ➤

Kategoria informacji wewnętrznych często bywa też opisywana jako „poufne". Wybrałem jednak termin „wewnętrzne", ponieważ wyjaśnia on, dla kogo informacje te są przeznaczone. Termin „poufne" stosowany jest tu jako wygodny sposób odnoszenia się do informacji tajnych, prywatnych i wewnętrznych. Innymi słowy, informacje poufne to wszelkie informacje, które nie są udostępnione ogółowi.

Wewnętrzne. Kategoria ta oznacza informację, którą wolno udostępniać każdej osobie będącej pracownikiem firmy. Zwykle udostępnienie informacji wewnętrznej osobie nieupoważnionej nie może wyrządzić dużej szkody firmie, udziałowcom, kooperantom, klientom i pracownikom. Jednak osoba biegła w socjotechnice może użyć tej informacji, aby wcielić się w upoważnionego pracownika, wykonawcę usług lub dostawcę i oszukać któregoś z pracowników, wyłudzając od niego informacje o większym stopniu poufności, które w rezultacie mogą umożliwić mu, na przykład, dostęp do firmowej sieci komputerowej.

Przed udostępnieniem informacji wewnętrznej osobom trzecim, takim jak przedstawiciele dostawców, wynajęci pracownicy, firmy partnerskie, należy podpisać z nimi stosowną umowę o poufności tych danych. Informacje wewnętrzne to wszystko to, co używane jest w bieżącej działalności firmy, a nie powinno być udostępniane na zewnątrz, np. struktura organizacyjna, numery dial-up do sieci firmowej, nazwy wewnętrznych systemów, procedury zdalnego dostępu, kody księgowe itp.

Publiczne. Informacje, które są udostępniane ogółowi. Mogą one być dowolnie rozpowszechniane. Są to np. informacje dla prasy, informacje kontaktowe w sprawie obsługi klienta i broszury produktów. Należy pamiętać, że każda informacja nie oznaczona jednoznacznie jako publiczna, powinna być traktowana jako poufna.

Terminologia związana z klasyfikacją danych

Właściwie sklasyfikowane dane powinny być przekazywane odpowiednim kategoriom pracowników. Część instrukcji w tym rozdziale opisuje udzielanie informacji *osobie nie zweryfikowanej*. Na potrzeby tych instrukcji pojęcie osoby nie zweryfikowanej oznacza kogoś, kogo pracownik nie zna osobiście jako obecnego pracownika lub jako upoważnionego do otrzymania poufnej informacji, o którą prosi.

Osoba zaufana oznacza tu osobę, z którą pracownik miał okazję zetknąć się bezpośrednio i co do której ma pewność, że jest ona pracownikiem firmy, klientem lub konsultantem o randze, która pozwala mu na dostęp do danej informacji. Osoba zaufana może być również pracownikiem firmy posiadającej trwałe związki z naszą firmą (np. klient, dostawca lub partner strategiczny, który podpisał umowę o poufności).

Poręczenie osoby trzeciej oznacza sytuację, kiedy osoba zaufana weryfikuje status lub fakt zatrudnienia osoby i jej prawo do prośby o informację lub wykonanie czynności. Należy pamiętać, że w niektórych przypadkach instrukcje nakazują dodatkową weryfikację, czy osoba zaufana wciąż pozostaje pracownikiem przedsiębiorstwa przed udzieleniem informacji pytającemu.

Konto uprzywilejowane jest to konto w systemie komputerowym lub innym z prawami dostępu wykraczającymi poza podstawowe prawa użytkownika, np. z prawami do administrowania systemem. Pracownicy posiadający konta uprzywilejowane zwykle mają możliwość modyfikacji przywilejów innych użytkowników oraz wykonywania czynności związanych z administrowaniem systemem.

Ogólnowydziałowe powitanie w poczcie głosowej to skrzynka poczty głosowej, na której nagrano powitanie ogólne dla wydziału firmy. Tego typu nagranie chroni nazwiska i numery wewnętrzne osób, pracujących w danym wydziale.

Procedury weryfikacyjne i autoryzacyjne

Złodzieje informacji przeważnie używają podstępów, aby uzyskać dostęp do zastrzeżonych informacji firmy — udają pracowników firmy, podwykonawców, dostawców lub partnerów w interesach. Aby zapewnić efektywną ochronę informacji, pracownik proszony o wykonanie czynności lub udzielenie poufnej informacji musi dokonać pozytywnej identyfikacji osoby dzwoniącej i zweryfikować, czy jest ona osobą upoważnioną, zanim prośbę tę spełni.

Zalecane procedury, opisane w tym rozdziale, są stworzone po to, by pomóc pracownikowi, który otrzymuje prośbę poprzez którykolwiek z kanałów komunikacyjnych, takich jak telefon, e-mail lub faks, w sprawdzeniu, czy prośba ta jest uzasadniona.

Prośba osoby zaufanej

Prośba ze strony osoby zaufanej może wymagać:

- Weryfikacji, czy firma obecnie zatrudnia tę osobę lub czy utrzymuje z nią jakieś związki, które upoważniają do dostępu do danych, o które prosi. Dzięki temu unikamy sytuacji, kiedy byli pracownicy, dostawcy, wykonawcy itp. podają się za aktualnie upoważnionych.
- Weryfikacji, czy osoba naprawdę potrzebuje tej informacji i czy jest upoważniona do dostępu do niej.

Prośba osoby nie zweryfikowanej

Kiedy prośba pochodzi ze strony osoby nie zweryfikowanej, należy zastosować odpowiedni proces weryfikacji, aby jednoznacznie zidentyfikować osobę pytającą jako upoważnioną do otrzymania danej informacji, szczególnie, jeżeli prośba dotyczy komputera lub podobnego sprzętu. Proces ten jest podstawowym zabezpieczeniem przed atakami socjotechnicznymi: jeżeli pracownicy będą postępować zgodnie z procedurami weryfikacyjnymi, radykalnie obniży to skuteczność ataków socjotechnicznych.

Ważne jest, aby proces ten nie był tak skomplikowany, że aż nieopłacalny lub ignorowany przez pracowników.

Proces weryfikacji składa się z następujących kroków:

- Weryfikacja, czy osoba jest tą, za którą się podaje.
- Sprawdzenie, czy pytający jest obecnie zatrudniony lub ma jakikolwiek związek z firmą tłumaczący potrzebę wiedzy.
- Ustalenie, czy osoba jest upoważniona do otrzymania danej informacji lub do wykonania dla niej danej czynności.

Krok pierwszy: weryfikacja tożsamości

Zalecane kroki w procesie weryfikacji zostały wymienione poniżej w kolejności swojej efektywności. Im wyższa liczba, tym większa skuteczność metody. Przy każdej metodzie zostały wymienione jej słabości i sposób, w jaki socjotechnik może ją obejść.

1. **Identyfikacja rozmówcy** (przy założeniu, że firma ma udostępniony system identyfikacji). Patrząc na wyświetlony numer lub nazwę upewnij się, czy telefon pochodzi z firmy, czy spoza niej i czy numer ten odpowiada nazwisku podanemu przez dzwoniącego.

   Słabość: Zewnętrzny identyfikator może być sfałszowany przez osobę mającą dostęp do PBX lub centrali połączonej z cyfrową siecią telefoniczną.

2. **Oddzwanianie**. Wyszukaj rozmówcę w spisie telefonów firmy i oddzwoń do niego pod podany w spisie numer, aby upewnić się, czy jest on jej pracownikiem firmy.

   Słabość: Napastnik posiadający odpowiednią wiedzę może przekierować rozmowę z danego numeru wewnętrznego na terenie firmy. Wówczas oddzwonienie pod numer wewnętrzny z firmowego spisu telefonów spowoduje przekierowanie rozmowy na numer zewnętrzny napastnika.

3. **Poręczenie**. Zaufana osoba, poręczając tożsamość, weryfikuje dzwoniącego.

   Słabość: Napastnicy często są w stanie przekonać jednego z pracowników co do swojej tożsamości i sprawić, żeby ten poręczył za niego u innego pracownika.

4. **Wspólna tajemnica**. Użycie wewnętrznej wspólnej tajemnicy firmy, np. hasła lub kodu dnia.

   Słabość: Jeżeli wielu ludzi zna wspólną tajemnicę, jej poznanie może być dla napastnika banalnie łatwym zadaniem.

5. **Szef lub zwierzchnik dzwoniącego**. Telefon do bezpośredniego przełożonego z prośbą o weryfikację.

   Słabość: Jeżeli dzwoniący sam podał numer telefonu swojego szefa, osoba, do której się dodzwonimy, może nie być w rzeczywistości szefem, tylko wspólnikiem napastnika.

6. **Bezpieczny e-mail**. Wymagaj wiadomości pocztowej z podpisem elektronicznym.

   Słabość: Jeżeli napastnik zdążył już włamać się do systemu komputerowego i zainstalować pogram skanujący naciśnięte klawisze, by w ten sposób uzyskać hasło pracownika, może sam wysłać podpisaną elektronicznie wiadomość, która będzie wyglądała, jakby pochodziła od pracownika firmy.

7. **Identyfikacja głosu**. Osoba, do której skierowana jest prośba, miała już do czynienia z dzwoniącym (najlepiej twarzą w twarz), a więc wie, że osoba ta jest zaufana i zna ją na tyle dobrze, by rozpoznać jej głos przez telefon.

   Słabość: Jest to dość bezpieczna metoda, której nie da się łatwo obejść, jednak nie ma zastosowania w sytuacji, gdy odbierający telefon nigdy nie spotkał osoby dzwoniącej ani z nią nie rozmawiał.

8. **Hasła dynamiczne**. Dzwoniący identyfikuje się za pomocą jednej z technologii udostępniającej hasła dynamiczne.

   Słabość: Aby ominąć to zabezpieczenie, napastnik musi wejść w posiadanie jednego z urządzeń identyfikujących i przyporządkowanego mu kodu PIN właściciela lub zmanipulować pracownika w taki sposób, aby ten odczytał kod z urządzenia oraz podał swój PIN.

9. **Osoba z identyfikatorem.** Osoba mająca do nas prośbę pojawia się osobiście i okazuje identyfikator pracownika lub podobnego rodzaju dokument identyfikujący, najlepiej ze zdjęciem.

Słabość: Napastnicy są w stanie ukraść identyfikator pracownika lub stworzyć fałszywy identyfikator, który wygląda przekonująco. Napastnicy jednak unikają takich metod, ponieważ pojawianie się osobiście na terenie firmy wiąże się z ryzykiem identyfikacji i zatrzymania.

Krok drugi: weryfikacja statusu pracownika

Największe zagrożenie bezpieczeństwa informacji pochodzi nie ze strony profesjonalnego socjotechnika ani ze strony komputerowego hakera, tylko od kogoś o wiele bliższego: zwolnionego właśnie pracownika, który szuka zemsty lub ma nadzieję wykorzystać dla siebie informacje skradzione z byłej firmy. (Wersja tej procedury może służyć również do weryfikacji, czy dana osoba w dalszym ciągu pozostaje w jakimś związku z firmą, np. jest dostawcą, konsultantem lub pracownikiem kontraktowym).

Przed udzieleniem poufnej informacji innej osobie lub zgodą na wykonanie jakiejś czynności na komputerze lub podobnym sprzęcie, należy za pomocą poniższych metod zweryfikować, czy osoba prosząca o interwencję pozostaje pracownikiem firmy:

Sprawdzenie listy pracowników. Jeżeli firma udostępnia w wewnętrznej sieci spis pracowników, który dokładnie odzwierciedla stan bieżący, należy sprawdzić, czy osoba dzwoniąca jest na tej liście.

Weryfikacja ze strony przełożonego. Należy zatelefonować do przełożonego osoby dzwoniącej do nas, korzystając z numeru telefonu wymienionego w firmowym spisie telefonów, a nie z numeru, który podał sam dzwoniący.

Weryfikacja ze strony działu. Należy zadzwonić do działu, w którym pracuje rozmówca, i zapytać dowolną osobę tam pracującą, czy dzwoniący jest aktualnie zatrudniony w dziale.

Krok trzeci: weryfikacja uprawnienia do informacji

Poza weryfikacją, czy osoba występująca do nas z prośbą jest aktualnie zatrudniona w firmie lub ma z nią powiązanie, pozostaje jeszcze kwestia upewnienia się, czy osoba ta jest uprawniona do uzyskania informacji, o które prosi, lub czy uprawniona jest do wykonania czynności (na komputerze lub podobnym urządzeniu), o jakie nas prosi.

Sprawdzenia można dokonać jedną z poniższych metod:

- **Sprawdź listy stanowisk, grup roboczych, zakresów odpowiedzialności**. Firma może zapewnić dostęp do informacji autoryzacyjnych, publikując listy opisujące uprawnienia poszczególnych pracowników do różnych informacji. Listy te mogą być zorganizowane względem stanowisk, działów, zakresów odpowiedzialności lub kombinacji tychże. Listy te należy udostępnić w sieci firmowej, co umożliwia ich bieżącą aktualizację i ułatwia dostęp. Zwykle posiadaczy informacji czyni się odpowiedzialnymi za stworzenie i utrzymanie listy dostępu do informacji znajdujących się pod ich kontrolą.

Uwaga ➤

Stosowanie takiej listy może być też zaproszeniem dla socjotechnika. Jeżeli napastnik dowie się, ze taka lista istnieje, będzie się usilnie starał wejść w jej posiadanie. Dysponując nią może otworzyć sobie wiele drzwi i narazić firmę na poważne zagrożenie.

- **Uzyskaj autoryzację od przełożonego**. Pracownik kontaktuje się ze swoim przełożonym lub przełożonym proszącego o informację, aby uzyskać autoryzację danej prośby.
- **Uzyskaj autoryzację od posiadacza informacji lub osoby przez niego desygnowanej**. Posiadacz informacji jest ostateczną wyrocznią w kwestii, czy dana osoba ma prawo do informacji, którą zarządza. W przypadku prośby wiążącej się z dostępem do komputera, pracownik musi skontaktować się z bezpośrednim zwierzchnikiem dzwoniącego, by zaaprobował on prośbę o dostęp na podstawie istniejących profili stanowisk. Jeżeli profile takie nie istnieją, obowiązkiem zwierzchnika jest skontaktowanie się z posiadaczem informacji, aby uzyskać od niego zgodę. Należy trzymać się tego łańcucha poleceń, aby posiadacz informacji nie był zbyt obciążony zapytaniami w sytuacjach, gdy często istnieje potrzeba weryfikacji.
- **Uzyskaj autoryzację za pomocą odpowiedniego oprogramowania firmowego**. Dla dużej firmy działającej w branży, w której jest silna konkurencja, celowe może okazać się stworzenie pakietu oprogramowania, który

umożliwia autoryzację. Jest to baza danych przechowująca listę nazwisk pracowników wraz z ich prawami dostępu do zastrzeżonych informacji. Użytkownicy bazy nie będą mieli możliwości przeglądania uprawnień poszczególnych osób, ale będą mogli wprowadzić nazwisko osoby i identyfikator informacji, o którą prosi. Baza udzieli wówczas odpowiedzi, czy dany pracownik jest uprawniony do uzyskania danej informacji. Dzięki takiemu rozwiązaniu unikamy konieczności tworzenia otwartej listy pracowników wraz z uprawnieniami, która mogłaby zostać skradziona.

Instrukcje dla kierownictwa

Wymienione tu instrukcje odnoszą się do pracowników na kierowniczych stanowiskach. Zostały one podzielone na zagadnienia klasyfikacji danych, ujawniania informacji, administracji telefonami i pozostałe zagadnienia. Jak widać, każda kategoria instrukcji używa odrębnej struktury numerowania, co ułatwia identyfikację pojedynczych instrukcji.

Instrukcje klasyfikacji danych

Klasyfikacja danych to sposób podziału poufnych informacji w firmie oraz praw dostępu do nich.

1.1. Przyporządkuj informacje do kategorii

Instrukcja. Wszystkie wartościowe, poufne lub krytyczne dla działalności firmy informacje muszą zostać przyporządkowane do którejś z kategorii przez posiadacza informacji lub osobę przez niego wyznaczoną.

Uwagi. Posiadacz informacji lub osoba uprawniona przyporządkowują odpowiednią kategorię każdej informacji używanej rutynowo w działalności firmy. Właściciel ustala też, kto ma dostęp do tych informacji i w jaki sposób można je wykorzystywać. Posiadacz informacji może zmienić przyporządkowanie lub ustalić czas, po upłynięciu którego klasyfikacja przestaje obowiązywać.

Każda informacja nie oznaczona w inny sposób powinna być traktowana jako poufna.

1.2. Opublikuj procedury udostępniania informacji

Instrukcja. Firma musi stworzyć procedury rządzące udostępnianiem informacji w ramach każdej z kategorii.

Uwagi. Po utworzeniu klasyfikacji należy utworzyć procedury udostępniania informacji pracownikom i osobom z zewnątrz, zgodnie z opisem przedstawionym w punkcie „Procedury weryfikacyjne i autoryzacyjne" wcześniej w tym rozdziale.

1.3. Oznacz wszystkie możliwe nośniki informacji

Instrukcja. Zarówno materiały drukowane, jak i media komputerowe zawierające poufne informacje powinny być wyraźnie oznaczone nazwą kategorii poufności, do której przynależą.

Uwagi. Dokumenty wydrukowane muszą mieć okładkę z wyraźnym oznaczeniem stopnia poufności. Oznaczenie to powinno również znajdować się w widocznym miejscu na każdej stronie dokumentu, tak aby było możliwie do odczytania, gdy dokument jest otwarty na którejś ze stron.

Pliki w komputerze, których nie da się łatwo opisać (jak pliki baz danych lub pliki binarne), należy chronić poprzez kontrolę dostępu, aby zapewnić, że tego typu informacja nie zostanie w nieodpowiedni sposób udostępniona, a przy okazji zabezpieczyć ją przed zmianą, zniszczeniem itp.

Wszelkie media komputerowe, takie jak dyskietki, taśmy i dyski CD-ROM, muszą być oznaczone kategorią, która przypisana jest najbardziej poufnej informacji na nich przechowywanej.

Udostępnianie informacji

Udostępnianie informacji polega na przekazywaniu ich osobie, na podstawie jej tożsamości i uprawnień.

2.1. Procedura weryfikacji pracowników

Instrukcja. Firma powinna stworzyć dokładne procedury postępowania, przeznaczone dla pracowników, do celów weryfikacji tożsamości, statusu zatrudnienia i upoważnienia osoby przed udostępnieniem jej poufnej informacji lub wykonaniem zadania za pomocą komputera.

Uwagi. Tam gdzie jest to usprawiedliwione rozmiarami firmy i jej potrzebami w zakresie bezpieczeństwa, powinno się stosować zaawansowane technologie uwierzytelniające. Najlepszym rozwiązaniem jest zastosowanie osobistych urządzeń uwierzytelniających w połączeniu ze wspólną tajemnicą firmy do weryfikacji osób. Rozwiązanie to na pewno pozwoli zmniejszyć ryzyko, ale może okazać się dla niektórych firm zbyt kosztowne. W takim przypadku firma powinna korzystać ze wspólnej tajemnicy, takiej jak codziennie zmieniane hasło lub kod.

2.2. Ujawnianie informacji osobom trzecim

Instrukcja. Należy stworzyć zbiór procedur udostępniania informacji i przeszkolić personel w zakresie ich stosowania.

Uwagi. Odrębne procedury dystrybucji informacji muszą być stworzone dla:

- Udostępniania informacji w obrębie firmy.
- Udostępniania informacji osobom i pracownikom pozostającym w jakimś związku z firmą, takim jak konsultanci, pracownicy tymczasowi, pracownicy dostawców, firm obsługujących nasze przedsiębiorstwo lub firm będących strategicznymi partnerami itp.
- Udostępniania informacji na zewnątrz.
- Udostępniania informacji z każdego poziomu klasyfikacji w przypadkach: udzielania jej osobiście, telefonicznie, poprzez e-mail, faksem, pocztą zwykłą, przesyłką kurierską lub za pomocą transferu elektronicznego.

2.3. Dystrybucja informacji tajnych

Instrukcja. Informacje tajne, które w przypadku dostania się w ręce osób niepowołanych mogą wyrządzić poważną szkodę firmie, mogą być przekazywane tylko osobom zaufanym, które są uprawnione do ich otrzymania.

Uwagi. Informacja tajna w formie materialnej (tzn. wydruk lub przenośne medium komputerowe) może być przekazana:

- osobiście;
- pocztą wewnętrzną, po zapieczętowaniu i oznaczeniu jako „tajne";
- na zewnątrz za pomocą godnej zaufania firmy kurierskiej z wymaganiem podpisu odbierającego lub za pomocą usługi pocztowej umożliwiającej oznaczenie przesyłki jako „poufna".

Tajne informacje w formie elektronicznej (pliki, bazy danych, e-maile) mogą być przekazywane:

- w treści zaszyfrowanej wiadomości e-mail;
- w załączniku do poczty jako plik zaszyfrowany;
- poprzez transfer elektroniczny w obrębie sieci wewnętrznej firmy;
- za pośrednictwem programu wysyłającego faksy z komputera, o ile osoba odbierająca jako jedyna korzysta z aparatu faksowego, pod który informacja jest wysyłana. Alternatywnie faksy można wysyłać bez obecności odbiorcy informacji po drugiej stronie, przy zastosowaniu szyfrowanego łącza telefonicznego i przesłaniu informacji na serwer faksowy zabezpieczony hasłem.

Poufne informacje mogą być przekazywane osobiście, przez telefon wewnątrz firmy, przez telefon zewnętrzny (o ile rozmowa jest szyfrowana), poprzez szyfrowane łącze satelitarne, szyfrowaną wideokonferencję oraz szyfrowany protokół transferu głosu poprzez Internet (VoIP).

Przy transmisjach za pomocą faksu zalecana metoda wymaga wysłania w pierwszej kolejności strony tytułowej. Odbiorca po otrzymaniu strony faksuje odpowiedź potwierdzającą jego obecność przy aparacie. Dopiero wówczas nadawca przesyła resztę faksu.

Następujące środki komunikacji nie są do zaakceptowania do dystrybucji tajnych danych: nieszyfrowany e-mail, wiadomość zostawiona w poczcie głosowej, poczta zwykła i jakakolwiek forma komunikacji bezprzewodowej (telefony komórkowe, SMS-y itp.).

2.4. Dystrybucja informacji prywatnych

Instrukcja. Informacje prywatne, czyli osobiste dane dotyczące zatrudnionego lub zatrudnionych, w przypadku ujawnienia mogłyby zostać użyte do wyrządzenia szkody firmie lub pracownikom. Można ich udzielać jedynie osobie zaufanej, która jest uprawniona do ich otrzymania.

Uwagi. Informacje prywatne w formie materialnej (tzn. wydruk lub przenośne medium komputerowe) mogą być przekazywane:

- osobiście;
- pocztą wewnętrzną, po zapieczętowaniu i oznaczeniu jako „tajne";
- pocztą zwykłą.

Prywatne informacje w formie elektronicznej (pliki, bazy danych, e-maile) mogą być przekazywane:

- wewnętrzną pocztą elektroniczną;
- transferem elektronicznym do serwera w obrębie wewnętrznej sieci firmy;
- faksem, o ile adresat informacji jako jedyny korzysta z danego aparatu faksowego lub oczekuje przy danym aparacie na przesłanie faksu. Faksy można też wysyłać na zabezpieczone hasłem serwery faksowe. Alternatywnie faksy można wysyłać bez obecności odbiorcy informacji po drugiej stronie, przy zastosowaniu szyfrowanego łącza telefonicznego i przesłaniu informacji na serwer faksowy zabezpieczony hasłem.

Informacja prywatna może być przekazywana osobiście, telefonicznie, przy wykorzystaniu transmisji satelitarnej, łącza wideokonferencyjnego lub zaszyfrowanego protokłu VoIP.

Następujące środki komunikacji nie są do zaakceptowania w przypadku dystrybucji prywatnych danych: nieszyfrowana poczta elektroniczna, wiadomości poczty głosowej, poczta zwykła i jakakolwiek forma komunikacji bezprzewodowej (telefony komórkowe, SMS-y itp.).

2.5. Dystrybucja informacji wewnętrznej

Instrukcja. Wewnętrzna informacja to informacja udostępniana tylko w obrębie firmy lub tym zaufanym osobom spoza firmy, które podpisały odpowiedni dokument o poufności danych. Należy ustanowić odpowiednie dyrektywy opisujące dystrybucję informacji wewnętrznych.

Uwagi. Informacja wewnętrzna może być przekazywana w każdej formie, łącznie z wewnętrzną pocztą elektroniczną, nie może jednak wyjść poza firmę jako niezaszyfrowana wiadomość e-mail.

2.6. Omawianie poufnych spraw przez telefon

Instrukcja. Przed podaniem przez telefon informacji, która nie jest oznaczona jako publiczna, osoba ją podająca musi rozpoznawać głos pytającego lub system telefoniczny firmy musi zidentyfikować numer telefonu pytającego jako wewnętrzny i skojarzony z jego nazwiskiem.

Uwagi. Jeżeli głos pytającego nie jest znajomy, należy zadzwonić pod jego numer wewnętrzny, aby zweryfikować jego głos na podstawie nagranej wiadomości powitalnej, lub poprosić zwierzchnika osoby, z którą rozmawiamy, o potwierdzenie, że jest ona upoważniona do uzyskania danej informacji.

2.7. Procedury dla personelu recepcji lub portierni

Instrukcja. Personel portierni oraz recepcji musi zobaczyć dokument tożsamości ze zdjęciem, zanim wyda jakąkolwiek przesyłkę osobie, która nie jest rozpoznana jako aktualnie zatrudniony pracownik. Należy prowadzić książkę i zapisywać w niej nazwisko, numer dowodu osobistego, datę urodzenia i czas odbioru przesyłki.

Uwagi. Instrukcja ta odnosi się również do wydawania jakichkolwiek wychodzących przesyłek kurierom. Firmy kurierskie wydają swoim pracownikom karty identyfikacyjne, które mogą pomóc w ustaleniu tożsamości kuriera.

2.8. Przesyłanie oprogramowania osobom trzecim

Instrukcja. Przed przesłaniem lub ujawnieniem jakiegokolwiek programu lub jego dokumentacji należy pozytywnie zweryfikować tożsamość proszącego oraz ustalić, czy to udostępnienie jest w zgodzie z klasyfikacją przyporządkowaną informacji, którą przekazujemy. Zwykle kod źródłowy oprogramowania stworzonego w firmie jest uważany za ściśle zastrzeżony i zaklasyfikowany jako tajny.

Uwagi. Określenie uprawnień osoby do danego programu zwykle opiera się na ustaleniu, czy osoba ta potrzebuje tego oprogramowania w swojej pracy.

2.9. Klasyfikacja informacji handlowych i marketingowych

Instrukcja. Personel zajmujący się sprzedażą i marketingiem musi zakwalifikować wszelkie informacje, zanim zacznie podawać wewnętrzne numery telefonów, plany produktów, kontakty z grupami pracującymi nad produktami lub inne poufne informacje jakiemukolwiek potencjalnemu klientowi.

Uwagi. Często stosowana przez szpiegów taktyka polega na skontaktowaniu się z przedstawicielem handlowym i roztoczeniu przed nim wizji ogromnej transakcji. W ramach starań mających na celu uzyskanie owego zlecenia przedstawiciele handlowi często ujawniają informacje, które mogą być użyte przez napastnika jako atut pomocny w dostępie do informacji tajnych.

2.10. Transfer plików lub danych

Instrukcja. Pliki i dane nie powinny być kopiowane na jakiekolwiek przenośne media, chyba że prosi o to osoba zaufana, której tożsamość została zweryfikowana i która ma potrzebę posiadania danych w tym formacie.

Uwaga: Socjotechnik potrafi w prosty sposób oszukać pracownika, podając mu wiarygodny powód, dla którego potrzebuje skopiowania poufnych informacji na dyskietkę, płytę CD-ROM lub inne przenośne medium i przesłania mu lub pozostawienia do odebrania w recepcji.

Zarządzanie rozmowami telefonicznymi

Instrukcje zarządzania rozmowami telefonicznymi zapewniają, że pracownicy potrafią zweryfikować tożsamość dzwoniącego i ochraniać swoje własne dane kontaktowe przed osobami, które dzwonią do firmy.

3.1. Przekierowywanie rozmów na numery dostępowe do sieci lub faksy

Instrukcja. Usługi przekierowujące rozmowy na numery zewnętrzne nie mogą być przyporządkowywane jakimkolwiek numerom dostępowym do sieci i faksom na terenie firmy.

Uwaga: Wyrafinowani napastnicy mogą próbować oszukać personel firmy telekomunikacyjnej lub pracowników centrali wewnętrznej, aby ci włączyli przekierowywanie wewnętrznych numerów na numery zewnętrzne, które są pod kontrolą napastników. Taki atak umożliwia intruzowi przejmowanie faksów, formułowanie próśb o przesłanie poufnej informacji na numer wewnętrzny (personel zakłada, że przesyłanie faksów wewnątrz organizacji jest bezpieczne) lub wyłudzanie od użytkowników wdzwaniających się z zewnątrz do firmowej sieci hasła, poprzez przekierowanie linii dostępowej na komputer, który symuluje proces logowania.

W zależności od typu centrali używanej w firmie, przekierowywanie może znajdować się w gestii operatora zewnętrznego, a nie obsługi centrali wewnętrznej. W takiej sytuacji należy zażądać od dostawcy usług telekomunikacyjnych, aby włączenie przekierowywania na numerach faksów lub liniach dostępowych nie było możliwe.

3.2. Identyfikacja rozmówcy

Instrukcja. Firmowy system telefoniczny musi zapewniać identyfikację rozmówcy na wszystkich wewnętrznych aparatach telefonicznych i w miarę możliwości umożliwiać przyporządkowanie innego dzwonka rozmowom nadchodzącym z zewnątrz.

Uwagi. Jeżeli pracownicy mogą zweryfikować tożsamość rozmówców dzwoniących z zewnątrz, może to pomóc w zapobieżeniu atakowi lub w identyfikacji numeru, spod którego dzwonił napastnik.

3.3. Telefony ogólnodostępne

Instrukcja. W celu zapobieżenia sytuacji, gdy gość podaje się pracownika firmy, wszelkie telefony ogólnodostępne powinny jasno wskazywać lokalizację dzwoniącego (np. portiernia, korytarz) na wyświetlaczu odbierającego telefon.

Uwagi. Jeżeli identyfikacja rozmówcy umożliwia wyświetlanie tylko numerów, należy wprowadzić odpowiednie zabezpieczenie dla rozmów wykonywanych z ogólnodostępnych telefonów znajdujących się na terenie firmy. Należy uniemożliwić sytuację, aby napastnik mógł, dzwoniąc z telefonu ogólnodostępnego, podać się za pracownika i sugerować, że dzwoni z linii wewnętrznej.

3.4. Domyślne hasła producentów systemów telefonii

Instrukcja. Administrator poczty głosowej musi zmienić wszystkie domyślne hasła, które były ustanowione w systemie, zanim przejdzie on w ręce personelu firmy.

Uwagi. Socjotechnik potrafi zdobyć listę domyślnych haseł od producenta i używać ich, aby dostać się na konta administracyjne.

3.5. Wydziałowe skrzynki poczty głosowej

Instrukcja. Ustanów odrębne skrzynki poczty głosowej dla każdego działu, który ma zwykle kontakty z osobami z zewnątrz firmy.

Uwagi. Pierwszym krokiem w ataku socjotechnicznym jest gromadzenie informacji o firmie i jej personelu. Poprzez ograniczenie dostępności nazwisk i numerów telefonów do pracowników, utrudniamy socjotechnikowi identyfikację celów ataku i zdobycie nazwisk pracowników, za których mógłby się podawać wobec innych osób.

3.6. Weryfikacja serwisantów systemu telefonicznego

Instrukcja. Nie wolno wyrażać zgody na zdalny dostęp serwisantów do systemu telefonicznego firmy bez ich pozytywnej identyfikacji i sprawdzenia uprawnień do wykonania takiej czynności.

Uwaga: Komputerowi intruzi, którzy uzyskują dostęp do firmowych systemów telefonicznych, zyskują możliwość tworzenia skrzynek poczty głosowej, przechwytywania wiadomości przeznaczonych dla innych osób lub prowadzenia rozmów na koszt firmy.

3.7. Konfiguracja systemu telefonicznego

Instrukcja. Administrator poczty głosowej musi zwiększyć bezpieczeństwo poprzez konfigurację odpowiednich parametrów w systemie telefonicznym.

Uwagi. Systemy telefoniczne można ustawić na większy lub mniejszy poziom bezpieczeństwa dla wiadomości przekazywanych pocztą głosową. Administrator musi być uświadomiony w kwestiach bezpieczeństwa i wspólnie z personelem zajmującym się bezpieczeństwem skonfigurować system telefoniczny w sposób umożliwiający ochronę poufnych danych.

3.8. Śledzenie rozmowy

Instrukcja. O ile dostawca usług telekomunikacyjnych daje taką możliwość, należy włączyć opcję śledzenia rozmowy dla każdego pracownika, aby mógł ją aktywować w razie podejrzenia, że dzwoniący jest intruzem.

Uwagi. Pracowników należy przeszkolić w korzystaniu ze śledzenia i wykrywaniu okoliczności, w których należy je zastosować. Śledzenie powinno być zainicjowane, kiedy rozmówca wyraźnie próbuje uzyskać nieautoryzowany dostęp do firmowej sieci komputerowej lub prosi o poufne informacje. Każda aktywacja śledzenia musi być zgłoszona przez pracownika do osób, którym zgłasza się incydenty naruszenia bezpieczeństwa.

3.9. Zautomatyzowane systemy telefoniczne

Instrukcja. Jeżeli firma używa zautomatyzowanego telefonicznego sytemu informacyjnego, musi on być zaprogramowany w taki sposób, aby wewnętrzne numery telefonów nie były podawane podczas przekazywania rozmowy do konsultanta z jakiegoś wydziału firmy.

Uwagi. Napastnicy używają zautomatyzowanych systemów informacyjnych, by gromadzić nazwiska i numery wewnętrzne pracowników firmy. Znajomość numerów wewnętrznych pomaga im w przekonaniu rozmówców, iż są pracownikami tej samej firmy i mają prawa do wewnętrznych informacji.

3.10. Blokowanie skrzynek poczty głosowej po kilku nieudanych próbach dostępu

Instrukcja. System telefoniczny należy zaprogramować w taki sposób, aby następowało blokowanie konta poczty głosowej po paru kolejnych nieudanych próbach dostępu do niego.

Uwagi. Administrator firmowej sieci telefonicznej musi zablokować skrzynkę poczty głosowej po pięciu następujących po sobie nieudanych próbach zalogowania. Zablokowane skrzynki administrator może odblokowywać tyko manualnie.

3.11. Zastrzeżone numery wewnętrzne

Instrukcja. Wszystkie numery wewnętrzne wydziałów i grup roboczych, które zwykle nie otrzymują telefonów z zewnątrz (serwis, serwerownia, pomoc techniczna itp.) powinny być zaprogramowane w taki sposób, aby można się było tam dodzwonić jedynie z samej firmy. Opcjonalnie numery te mogą być zabezpieczone hasłem, które osoba dzwoniąca z zewnątrz musi wprowadzić, aby uzyskać połączenie.

Uwagi. Co prawda zastosowanie tej instrukcji powstrzyma większość ataków dokonywanych przez socjotechników-amatorów, ale zdeterminowany napastnik potrafi namówić pracownika, aby ten zadzwonił pod zastrzeżony numer wewnętrzny i poprosił osobę, która odbierze, o oddzwonienie do napastnika lub po prostu poprosił o włączenie połączenia konferencyjnego z numerem zastrzeżonym. Trik ten musi być omówiony podczas szkolenia pracowników, aby zwiększyć ich świadomość w tym zakresie.

Pozostałe instrukcje

4.1. Projektowanie identyfikatora

Instrukcja. Identyfikatory pracowników muszą być tak zaprojektowane, aby mieściły dużą fotografię, którą można rozpoznać z pewnej odległości.

Uwagi. Fotografia na standardowo stosowanych identyfikatorach w zasadzie nie spełnia swego zadania. Odległość pomiędzy osobą wchodzącą do budynku a strażnikiem lub recepcjonistką, która ma obowiązek sprawdzać identyfikatory, jest zwykle na tyle duża, że zdjęcie jest zbyt małe, aby rozpoznać na nim przechodzącą osobę. Aby fotografia spełniała swoje zadanie, konieczna jest zmiana projektu identyfikatora.

4.2. Zmiana praw dostępu wraz ze zmianą stanowiska lub zakresu odpowiedzialności

Instrukcja. Przy każdej zmianie stanowiska lub rozszerzeniu czy zawężeniu zakresu odpowiedzialności, zwierzchnik danej osoby powinien poinformować dział informatyki o zmianie w obowiązkach pracownika, aby został mu przyporządkowany odpowiedni nowy profil bezpieczeństwa.

Uwagi. Zarządzanie prawami dostępu personelu jest konieczne w celu ograniczenia możliwości ujawnienia poufnych informacji. Obowiązywać ma zasada *minimalnych przywilejów*: prawa dostępu przypisywane użytkownikom muszą stanowić niezbędne minimum konieczne im do wykonywania swoich obowiązków. Wszelkie prośby o zmiany, których rezultatem jest rozszerzenie praw dostępu muszą być uwzględniane zgodnie z instrukcją rozszerzania praw dostępu.

Zwierzchnik pracownika lub dział kadr powinien mieć obowiązek zwracania się do działu informatyki z prośbą o odpowiednie ustawienie praw dostępu właściciela danego konta.

4.3. Specjalne identyfikatory dla osób niezatrudnionych w firmie

Instrukcja. Firma powinna wydać specjalne identyfikatory ze zdjęciem dla zaufanych dostawców lub osób, które z powodów związanych z pracą regularnie pojawiają się na terenie firmy.

Uwagi. Osoby niezatrudnione w firmie, które regularnie wchodzą na jej teren (np. dostawcy żywności do bufetów, serwisanci kserokopiarek lub telemonterzy) mogą stanowić dla firmy zagrożenie. Oprócz wydania identyfikatorów tym osobom, należy zapewnić, aby nasi pracownicy byli wyszkoleni tak, by zwracać uwagę na osoby przebywające na terenie firmy bez identyfikatora i potrafić się odpowiednio zachować w takiej sytuacji.

4.4. Dezaktywacja kont osób pracujących na podstawie kontraktów

Instrukcja. Kiedy osoba pracująca na podstawie kontraktu, dla której utworzone zostało konto w systemie komputerowym, zrealizuje swoje zlecenie lub kiedy umowa wygaśnie, kierownik odpowiedniego działu powinien powiadomić o tym dział informatyki, aby zostały dezaktywowane wszelkie jej konta, w tym konta umożliwiające dostęp do bazy danych, zdalny dostęp przez telefon lub dostęp poprzez Internet ze zdalnych komputerów.

Uwagi. Po ustaniu zatrudnienia pracownika istnieje ryzyko, że wykorzysta on znajomość systemów i firmowych procedur, aby uzyskać dostęp do danych. Wszelkie konta komputerowe używane przez pracownika lub znane mu muszą być niezwłocznie zlikwidowane. Dotyczy to również kont pozwalających na dostęp do produkcyjnych baz danych umożliwiających wdzwanianie się do systemu, i wszelkich kont pozwalających na dostęp do urządzeń związanych z komputerami.

4.5. Zgłaszanie incydentów

Instrukcja. Należy stworzyć strukturę, która umożliwi zgłaszanie incydentów lub, w mniejszych firmach, wyznaczyć osobę przyjmującą takie zgłoszenia oraz jej zastępcę. Zgłaszać należy wszelkie podejrzenia wystąpienia incydentów naruszenia bezpieczeństwa.

Uwagi. Dzięki centralizacji raportowania podejrzeń naruszenia bezpieczeństwa firmy można wykryć ataki, które w innym przypadku pozostałyby niezauważone. W sytuacji, gdy wykrywane i zgłaszane są powtarzające się ataki, jednostka organizacyjna odbierająca raporty może próbować określić, jakie informacje interesują napastnika, i poczynić dodatkowe wysiłki w celu ich ochrony.

Pracownicy wyznaczeni do odbierania raportów o incydentach muszą zaznajomić się z metodami i taktykami stosowanymi przez socjotechników, co pozwoli im na ocenę zgłoszeń i rozpoznanie trwającego właśnie ataku.

4.6. Zgłaszanie incydentów — gorąca linia

Instrukcja. Należy stworzyć gorącą linię do przyjmowania raportów o incydentach, która powinna mieć łatwy do zapamiętania numer.

Uwagi. Kiedy pracownicy podejrzewają, że stali się celem ataku socjotechnicznego, muszą mieć możliwość natychmiastowego poinformowania o tym odpowiednich osób. Aby dodatkowo to usprawnić, każda osoba korzystająca z jakiegokolwiek telefonu w firmie musi znać ten numer.

Tak stworzony system wczesnego ostrzegania może wydatnie wspomóc wykrywanie trwającego właśnie ataku i obronę przed nim. Pracownicy muszą być wystarczająco dobrze wyszkoleni, aby po rozpoznaniu ataku natychmiast zadzwonić na gorącą linię. Zgodnie z opublikowanymi procedurami, personel odbierający raporty o incydentach natychmiast powinien poinformować grupy będące obiektem ataku, że atak ten może być w toku i że należy pozostać czujnym. Aby powiadamianie to następowało na czas, numer gorącej linii musi być szeroko rozpowszechniony w całej firmie.

4.7. Zastrzeżone obszary muszą być ochraniane

Instrukcja. Strażnicy ochrony muszą monitorować dostęp do zastrzeżonych obszarów firmy i wymagać dwóch form uwierzytelniania.

Uwagi. Jedna z dopuszczalnych metod uwierzytelniających wykorzystuje elektroniczne zamki cyfrowe, które wymagają przesunięcia przez czytnik identyfikatora pracownika i wpisania kodu dostępu.

Najlepszą metodą zabezpieczenia zastrzeżonych obszarów jest oddelegowanie strażnika ochrony, który pilnował będzie wszystkich wejść na obszary zastrzeżone. W organizacjach, dla których metoda ta byłaby nieopłacalna, należy używać dwóch form uwierzytelniania. W zależności od możliwości finansowych i stopnia ryzyka warto wziąć pod uwagę karty biometryczne.

4.8. Szafki i skrzynki z osprzętem sieciowym i telefonicznym

Instrukcja. Szafki, skrzynki i pomieszczenia, w których znajduje się okablowanie telefoniczne, sieciowe lub punkt dostępu do sieci, muszą być pilnie strzeżone.

Uwagi. Tylko upoważniony personel może posiadać dostęp do szafek, skrzynek i pomieszczeń z osprzętem telefonicznym i sieciowym. Każdy zewnętrzny serwisant musi zostać pozytywnie zidentyfikowany za pomocą procedury opublikowanej przez wydział odpowiedzialny za bezpieczeństwo informacji. Dostęp do linii telefonicznych, *hubów, switchów*, mostków sieciowych i tym podobnego sprzętu mógłby zostać wykorzystany przez napastnika w celu włamania się do sieci komputerowej firmy.

4.9. Wewnątrzfirmowe skrzynki pocztowe

Instrukcja. Wewnątrzfirmowe skrzynki pocztowe nie mogą być zlokalizowane w miejscach ogólnie dostępnych.

Uwagi. Szpiedzy przemysłowi i hakerzy, którzy mają dostęp do punktów odbioru wewnętrznej poczty, mogą podrzucić tam sfałszowane pismo autoryzacyjne lub wewnętrzne formularze, które upoważniają personel do ujawniania poufnych informacji lub wykonania czynności, które mają pomóc napastnikowi. Poza tym intruz może pozostawić dyskietkę lub inny nośnik z instrukcjami instalacji aktualizacji oprogramowania lub otwarcia pliku, który zawiera makropolecenia napisane przez napastnika. Oczywiście każda prośba odebrania wiadomości z poczty wewnętrznej jest przez pracownika uznawana za autentyczną.

4.10. Tablice informacyjne

Instrukcja. Tablice informacyjne służące pracownikom firmy nie powinny być wieszane w miejscach ogólnodostępnych.

Uwagi. Wiele firm wiesza na ścianach tablice informacyjne zawierające poufne informacje dotyczące firmy lub personelu, które każdy może przeczytać. Ogłoszenia pracodawcy, listy pracowników, wewnętrzne pisma, domowe numery kontaktowe pracowników i tym podobne informacje są często wieszane na takich tablicach.

Tablice informacyjne mogą być umieszczone w okolicy firmowych bufetów, stołówek lub wydzielonych miejsc dla palaczy, tam, gdzie osoby z zewnątrz nie mają dostępu. Tego rodzaju informacje nie powinny być dostępne dla gości pojawiających się w naszej firmie.

4.11. Wejście do centrum komputerowego

Instrukcja. Pokój z komputerami lub serwerami oraz centrum danych powinny być cały czas zamknięte, a personel musi uwierzytelnić swoją tożsamość przed wejściem do nich.

Uwagi. Firma powinna rozważyć zastosowanie elektronicznych identyfikatorów lub czytnika kart dostępu, aby wszelkie wejścia były automatycznie odnotowywane i śledzone.

4.12. Zamówienia usług

Instrukcja. Personel odpowiedzialny za składanie zamówień serwisowych u dostawców najważniejszych usług dla firmy musi stworzyć konto zabezpieczone hasłem, aby zapobiec składaniu przez osoby nieupoważnione zamówień w imieniu firmy.

Uwagi. Firmy usługowe i wielu dostawców pozwalają klientom na ustalenie hasła do składania zamówień. Firma powinna ustanowić hasła dla każdego dostawcy usług o krytycznym znaczeniu dla firmy. Instrukcja ta w szczególności odnosi się do usług związanych z telekomunikacją i Internetem. W każdym przypadku zagrożenia niepowołanym dostępem do możliwości zlecania usług konieczne jest hasło weryfikujące osobę zlecającą. Nie należy do tego celu używać osobistych identyfikatorów typu NIP, nazwiska panieńskiego matki itp.

Socjotechnik może na przykład zadzwonić do firmy telekomunikacyjnej i zlecić przekierowywanie rozmów na liniach dostępowych do sieci lub poprosić dostawcę usług internetowych o zmianę informacji translacyjnej, aby przy wyszukiwaniu nazwy hosta przez użytkownika podawany był fałszywy adres IP.

4.13. Wydziałowy punkt kontaktowy

Instrukcja. Firma może wprowadzić program, w ramach którego każdy wydział wyznacza osobę pełniącą funkcję punktu kontaktowego. Dzięki temu cały personel będzie w stanie łatwo zweryfikować tożsamość nieznanych osób podających się za pracowników danego wydziału. Na przykład informatyk może zadzwonić do takiej osoby z wydziału, aby zweryfikować tożsamość pracownika tego wydziału, telefonującego z prośbą o pomoc.

Uwagi. Ta metoda weryfikacji tożsamości ogranicza liczbę pracowników, którzy są uprawnieni do poręczania za osoby zatrudnione w danym dziale, w sytuacji, gdy jedna z tych osób prosi o pomoc w ustawieniu nowego hasła lub w podobnych operacjach dotyczących jej osobistego konta w systemie komputerowym.

Ataki socjotechniczne okazują się skuteczne po części dlatego, że personel obsługi technicznej często pracuje pod dużą presją czasu i nie weryfikuje w poprawny sposób tożsamości osób zwracających się z prośbą o pomoc. W większych firmach, zatrudniających wiele osób, obsługa techniczna zwykle nie jest w stanie osobiście rozpoznać wszystkich uprawnionych. Wprowadzenie osoby będącej punktem kontaktowym ogranicza liczbę pracowników, których obsługa techniczna musi znać, by dokonywać weryfikacji.

4.14. Hasła dla klientów

Instrukcja. Konsultanci z biur obsługi klienta nie mogą znać haseł klientów ani mieć do nich dostępu.

Uwagi. Socjotechnicy często dzwonią do działu obsługi klienta i pod jakimś pretekstem próbują uzyskać dane uwierzytelniające któregoś z klientów, takie jak hasło lub numer NIP. Posiadając te informacje, socjotechnik może zatelefonować do innego konsultanta z biura obsługi klienta, podać się za owego klienta i uzyskać żądane informacje lub dokonać zamówienia w jego imieniu.

Aby ograniczyć skuteczność takich prób, oprogramowanie stosowane w biurach obsługi klienta musi być stworzone w taki sposób, aby konsultanci mogli wprowadzić jedynie informacje uwierzytelniające, jakie podaje rozmówca, i otrzymać od systemu odpowiedź, czy dane te są prawidłowe czy nie.

4.15. Testowanie zabezpieczeń

Instrukcja. Jeżeli firma ma zamiar przeprowadzać testy skuteczności wprowadzonego systemu bezpieczeństwa poprzez zastosowanie odpowiednich taktyk socjotechnicznych, pracownicy powinni zostać podczas szkolenia powiadomieni o takiej możliwości.

Uwagi. Nieuprzedzenie personelu o możliwości przeprowadzania testu penetracyjnego może doprowadzić do sytuacji, w której pracownik czuje zażenowanie, gniew lub inny uraz emocjonalny wobec bycia testowanym przez innych pracowników lub osoby wynajęte, stosujące metody socjotechniczne. Wspominając nowym pracownikom o takiej możliwości podczas ich wdrażania do obowiązków, unikamy tego typu spięć.

4.16. Pokazywanie poufnych informacji

Instrukcja. Informacje, które nie są skierowane do ogółu, nie powinny być w jakiejkolwiek formie pokazywane w miejscach ogólnie dostępnych.

Uwagi. Oprócz tajnych informacji o produktach i procedurach, wewnętrzne informacje kontaktowe, takie jak listy pracowników, wewnętrzne numery telefonów lub harmonogramy zawierające listy kierowników poszczególnych wydziałów, również muszą być umieszczane z dala od oczu osób postronnych.

4.17. Szkolenie świadomości bezpieczeństwa

Instrukcja. Wszyscy pracownicy firmy w okresie wdrażania do pracy muszą przejść szkolenie z dziedziny bezpieczeństwa. Ponadto każdy pracownik musi przechodzić kursy odświeżające wiedzę w stałych odstępach czasowych ustalonych przez wydział zajmujący się szkoleniami w zakresie bezpieczeństwa, ale nie przekraczających 12 miesięcy.

Uwagi. Wiele organizacji lekceważy problem szkolenia w zakresie bezpieczeństwa. Według badań dotyczących bezpieczeństwa informacji przeprowadzonych w 2001 roku, tylko 30% badanych organizacji przeznaczyło środki na szkolenia w tym zakresie dla pracowników niższego szczebla. Tego typu szkolenie jest niezbędnie wymagane w celu obniżenia prawdopodobieństwa udanego ataku socjotechnicznego na firmę.

4.18. Szkolenie w zakresie bezpiecznego dostępu do komputerów

Instrukcja. Pracownicy muszą ukończyć kurs bezpieczeństwa informacji, zanim udzieli się im dostępu do jakiegokolwiek firmowego systemu komputerowego.

Uwagi. Socjotechnicy często obierają sobie za cel nowych pracowników, wiedząc, że generalnie nie są oni jeszcze obeznani z zasadami bezpieczeństwa obowiązującymi w firmie i odpowiednimi procedurami opisującymi obchodzenie się z poufnymi informacjami.

Szkolenie powinno dawać pracownikom okazję do zadawania pytań dotyczących zasad bezpieczeństwa. Po ukończeniu szkolenia właściciel konta w systemie powinien podpisać dokument potwierdzający zapoznanie się z zasadami bezpieczeństwa i zobowiązujący do ich przestrzegania.

4.19. Kolorowe oznaczenia identyfikatorów

Instrukcja. Identyfikatory powinny być oznaczone różnymi kolorami, które pozwolą odróżnić pracownika, wykonawcę zlecenia, zatrudnionego tymczasowo, dostawcę, konsultanta i gościa.

Uwagi. Kolorowy identyfikator umożliwia określenie z większej odległości statusu danej osoby. Alternatywą jest stosowanie dużych liter opisujących status, lecz kolory w tym przypadku uniemożliwiają pomyłki i są łatwiejsze w zastosowaniu.

Typową taktyką, jaką stosują socjotechnicy, aby dostać się na teren firmy, jest przebranie się za dostawcę towaru lub osobę zatrudnioną tymczasowo. Kiedy napastnik już dostanie się do środka, będzie podawał się za pracownika lub w inny sposób fałszywie przedstawiał swój status, by uzyskać pomoc ze strony niczego nie podejrzewających pracowników. Celem tej instrukcji jest zapobieganie sytuacji, kiedy osoba wchodzi na teren firmy legalnie, by potem penetrować obszary, do których nie powinna mieć dostępu. Na przykład osoba, która weszła na teren firmy jako monter telefonów, nie będzie mogła podawać się za pracownika, ponieważ kolor identyfikatora będzie jednoznacznie wskazywał, że jest osobą spoza firmy.

Instrukcje dla działu informatyki

Dział informatyki każdej firmy potrzebuje instrukcji pomagających chronić zasoby informacyjne przedsiębiorstwa. Aby odzwierciedlić typową strukturę zadań takiego działu, podzieliłem instrukcje na ogólne, biura pomocy, administracji systemami i pracy na komputerze.

Ogólne

5.1. Osoba będąca punktem kontaktowym w dziale informatyki

Instrukcja. Numery telefonów i adresy e-mail poszczególnych pracowników działu informatyki nie powinny być ujawniane jakiejkolwiek osobie, która nie ma wyraźnego powodu ku temu, by je poznać.

Uwagi. Celem tej instrukcji jest uniknięcie sytuacji, kiedy socjotechnik wykorzystuje do swoich celów informacje kontaktowe z działu informatyki. Ujawniając jedynie ogólny numer kontaktowy i adres e-mail działu informatyki, spowodujemy, że osoby z zewnątrz nie będą mogły kontaktować się z personelem bezpośrednio. Adresy e-mail na potrzeby kontaktu z administratorem lub webmasterem powinny składać się tylko z nazw ogólnych, np. *admin@nazwafirmy.com.pl*. Upublicznione numery telefonów powinny być połączone z wydziałową skrzynką poczty głosowej, a nie ze skrzynką któregoś z pracowników.

Kiedy dostępne są bezpośrednie informacje kontaktowe, intruz może w prosty sposób dotrzeć do któregoś z pracowników i zmanipulować go, wyłudzając informacje przydatne w czasie ataku lub umożliwiające podawanie się za informatyka wobec innych osób.

5.2. Prośby o pomoc techniczną

Instrukcja. Wszelkie prośby o pomoc techniczną muszą być kierowane do grupy lub osoby, która zajmuje się danym problemem.

Uwagi. Socjotechnicy mogą próbować docierać do informatyków, którzy zwykle nie zajmują się pomocą techniczną i w związku z tym nie są świadomi odpowiednich procedur, określających sposób udzielania takiej pomocy. Dlatego też personel informatyczny musi zostać przeszkolony w taki sposób, aby odrzucać tego typu prośby i kierować dzwoniącego do grupy lub osoby zajmującej się tymi sprawami.

Biuro pomocy technicznej

6.1. Procedury zdalnego dostępu

Instrukcja. Personel biura pomocy technicznej nie może wyjawiać szczegółów lub instrukcji zdalnego dostępu, w tym punktów dostępu do sieci zewnętrznej lub numerów dostępowych, jeżeli rozmówca nie został:

- zweryfikowany jako uprawniony od otrzymania informacji wewnętrznej;
- zweryfikowany jako uprawniony do łączenia się z siecią firmową jako zdalny użytkownik. Jeżeli osoba taka nie jest znana pracownikowi osobiście, musi zostać pozytywnie zidentyfikowana, zgodnie z procedurami weryfikacyjnymi i autoryzacyjnymi opisanymi na początku tego rozdziału.

Uwagi. Firmowe biuro pomocy technicznej często staje się głównym celem ataku socjotechnika zarówno z powodu natury jego funkcji sprowadzającej się do pomagania użytkownikom w sprawach związanych z obsługą komputera, jak i z powodu zwiększonych przywilejów systemowych, jakie zwykle mają pracownicy biura. Cały personel biura pomocy ma być wyszkolony w taki sposób, aby działał jak „ludzki firewall", zapobiegający ujawnianiu osobom nieupoważnionym takich informacji, które pomocne są w uzyskaniu dostępu do zasobów firmy. Prostą regułą jest zakaz ujawniania procedur zdalnego dostępu bez pozytywnej weryfikacji tożsamości.

6.2. Zmiana haseł

Instrukcja. Hasło na koncie użytkownika może być zmienione tylko na prośbę właściciela konta.

Uwagi. Najczęściej stosowanym przez socjotechników chwytem jest zmiana hasła na koncie innej osoby. Napastnik podaje się za pracownika i twierdzi, że zgubił lub zapomniał hasło. Aby zmniejszyć szanse powodzenia takiego ataku, informatyk otrzymujący prośbę o zmianę hasła musi oddzwonić do pracownika przed wykonaniem jakichkolwiek kroków. Telefon ten należy wykonać, korzystając z numeru danego pracownika znajdującego się w firmowym spisie telefonów, a nie z numeru podanego przez osobę dzwoniącą. Więcej informacji na temat tej procedury znajduje się w podrozdziale „Procedury weryfikacyjne i autoryzacyjne".

6.3. Zmiana przywilejów dostępu

Instrukcja. Wszelkie prośby o zwiększenie przywilejów użytkownika lub rozszerzanie praw dostępu muszą być zatwierdzone pisemnie przez przełożonego właściciela danego konta. Po dokonaniu zmiany należy przesłać potwierdzenie do przełożonego, który o nią występował, korzystając z wewnętrznej poczty firmowej. Oprócz tego prośba taka musi być zweryfikowana jako autentyczna za pomocą odpowiednich procedur weryfikacji i autoryzacji.

Uwagi. Z chwilą, kiedy intruzowi uda się dostać na standardowe konto użytkownika, następny krokiem będzie próba zwiększenia swoich przywilejów w celu przejęcia kontroli nad całym systemem. Napastnik znający proces autoryzacyjny może sfałszować autoryzowaną prośbę, kiedy jest ona przekazywana poprzez faks, e-mail lub telefon. Na przykład, napastnik może zadzwonić do pomocy technicznej i próbować nakłonić konsultanta do udzielenia mu dodatkowych praw dostępu na przejętym wcześniej koncie.

6.4. Autoryzacja nowych kont

Instrukcja. Prośba o utworzenie nowego konta dla pracownika, wykonawcy zlecenia lub innej upoważnionej osoby musi mieć formę pisemną i być podpisana przez zwierzchnika danej osoby lub przesłana za pośrednictwem bezpiecznego e-maila z elektronicznym podpisem. Prośby takie muszą być również zweryfikowane poprzez przesłanie potwierdzenia utworzenia nowego konta za pośrednictwem wewnętrznej poczty.

Uwagi. Jako że hasła i inne informacje pomocne we włamywaniu się do systemów komputerowych są pierwszoplanowymi celami ataku złodziei informacji, konieczne jest zastosowanie pewnych środków ochronnych. Celem tej instrukcji jest uniemożliwienie intruzom podawania się za osoby uprawnione lub fałszowania próśb o utworzenie nowego konta. Z tego względu prośby takie muszą zostać pozytywnie zweryfikowane za pomocą odpowiednich procedur.

6.5. Rozpowszechnianie nowych haseł

Instrukcja. Nowe hasła muszą być traktowane jako informacje tajne i rozpowszechniane bezpiecznymi metodami, np. osobiście, listem poleconym lub przesyłką kurierską (patrz: „Dystrybucja informacji tajnych").

Uwagi. Można korzystać również z poczty wewnętrznej, ale zaleca się wówczas wysyłanie haseł w zabezpieczonych kopertach, które uniemożliwiają przejrzenie zawartości. Sugerowaną metodą jest wyznaczenie w każdym z działów osoby, do której obowiązków należy dystrybucja nowych szczegółów dotyczących kont i poręczanie tożsamości osób, które zgubiły lub zapomniały swoje hasło. Dzięki temu personel pomocy technicznej będzie pracował zawsze z ograniczoną liczbą osób, które może rozpoznać osobiście.

6.6. Blokowanie kont

Instrukcja. Przed zablokowaniem konta użytkownika należy zweryfikować, czy prośba pochodzi od osoby autoryzowanej.

Uwagi. Celem tej instrukcji jest zapobieganie nieautoryzowanym prośbom napastnika o zablokowanie konta. Po zablokowaniu czyjegoś konta socjotechnik będzie starał się zdobyć zaufanie tej osoby, oferując pomoc i rozwiązując problem z dostępem do systemu. Kiedy socjotechnik dzwoni do kogoś, podając się za serwisanta i wie, że użytkownik nie może się zalogować do sieci, ofiara często godzi się na podanie swojego hasła w trakcie usuwania problemu.

6.7. Dezaktywacja portów i urządzeń sieciowych

Instrukcja. Nie wolno dezaktywować portów i urządzeń sieciowych na podstawie prośby ze strony osoby nie zweryfikowanej.

Uwagi. Celem tej instrukcji jest zapobieganie nieautoryzowanym prośbom napastnika o dezaktywację portu. Po zablokowaniu czyjegoś portu socjotechnik będzie starał się zdobyć zaufanie tej osoby, oferując pomoc i rozwiązując problem z dostępem do systemu.

Kiedy socjotechnik dzwoni do kogoś, podając się za serwisanta i wie, że użytkownik nie może się zalogować do sieci, ofiara często godzi się na podanie swojego hasła w trakcie usuwania problemu.

6.8. Ujawnianie procedur dostępu bezprzewodowego

Instrukcja. Nie wolno ujawniać procedur dostępu do systemu firmy poprzez sieć bezprzewodową osobom nieuprawnionym do korzystania z takiej formy dostępu.

Uwagi. Przed ujawnieniem sposobu bezprzewodowego dostępu do sieci firmowej zawsze należy zacząć od uzyskania weryfikacji danej osoby jako uprawnionej do łączenia się z siecią firmy jako zdalny użytkownik (patrz: „Procedury weryfikacyjne i autoryzacyjne").

6.9. Nazwiska osób zgłaszających problemy

Instrukcja. Nazwiska osób, które zgłaszały problemy związane z komputerami, nie powinny wychodzić poza dział informatyki.

Uwagi. W typowym ataku socjotechnik będzie dzwonił do biura pomocy technicznej i prosił o nazwiska osób, które zgłaszały ostatnio jakieś problemy z komputerami. Rozmówca może podawać się za pracownika lub dostawcę. Z chwilą, gdy uzyska nazwiska osób, które zgłaszały problemy, będzie kontaktował się z nimi, podając się za pracownika pomocy technicznej i oferując pomoc. Podczas rozmowy napastnik wyłudza od ofiary potrzebne mu informacje lub poleca wykonanie na komputerze czynności, pomagających mu w realizacji swoich planów.

6.10. Wprowadzanie poleceń systemowych oraz uruchamianie programów

Instrukcja. Pracownicy zatrudnieni w dziale informatyki, którzy posiadają konta uprzywilejowane, nie powinni wprowadzać żadnych poleceń ani uruchamiać programów na prośbę osoby, której osobiście nie znają.

Uwagi. Typowym sposobem, w jaki napastnicy instalują konia trojańskiego lub inne niebezpieczne oprogramowanie, jest zmiana nazwy programu i telefon do biura pomocy technicznej z informacją, że przy próbie uruchomienia programu pojawia się błąd. Napastnik prosi konsultanta, aby ten sam spróbował uruchomić pogram. Uruchomiony program dziedziczy przywileje użytkownika, który go uruchomił, i nadaje napastnikowi takie same przywileje jak konsultantowi. Dzięki temu napastnik może przejąć kontrolę nad systemem komputerowym firmy.

Instrukcja ta wprowadza środek zapobiegawczy przeciwko opisanej taktyce, wymagający od konsultantów biura pomocy technicznej weryfikacji statusu dzwoniącego pracownika przed uruchomieniem jakiegokolwiek programu na jego prośbę.

Administrowanie systemami

7.1. Zmiana globalnych praw dostępu

Instrukcja. Prośba o zmianę globalnych praw dostępu musi zostać zatwierdzona przez grupę, która zarządza prawami dostępu do firmowej sieci.

Uwagi. Autoryzowany personel powinien dokonać analizy każdej tego typu prośby, aby określić, czy zmiana może spowodować zagrożenie dla bezpieczeństwa informacji. Jeżeli tak, osoba odpowiedzialna omówi związane z tym szczegóły i wspólnie podejmą decyzję co do wprowadzanych zmian.

7.2. Prośby o zdalny dostęp

Instrukcja. Zdalny dostęp do komputera będzie udzielany wyłącznie tym osobom spoza terenu firmy, które mają wyraźną potrzebę korzystania z firmowego systemu komputerowego. Prośba o udzielenie takiego dostępu musi być wystosowana przez przełożonego danego pracownika i zweryfikowana zgodnie z procedurami weryfikacji i autoryzacji.

Uwagi. Rozpoznawanie rzeczywistej potrzeby zdalnego dostępu i ograniczanie go do osób, którym jest niezbędny do pracy, radykalnie zmniejsza ryzyko i upraszcza obsługę użytkowników zewnętrznych. Im mniej osób posiada takie przywileje, tym mniejsza jest liczba potencjalnych celów dla napastnika. Nie należy zapominać, że atakujący mogą również docierać do zdalnych użytkowników z zamiarem przejęcia ich połączenia do sieci firmowej lub podawać się za nich, dzwoniąc do firmy.

7.3. Zmiana haseł na kontach uprzywilejowanych

Instrukcja. Prośba o zmianę hasła na koncie uprzywilejowanym musi być zaaprobowana przez administratora systemu odpowiedzialnego za komputer, w którym istnieje dane konto. Nowe hasło musi być przesłane poprzez pocztę wewnętrzną lub przekazane osobiście.

Uwagi. Konta uprzywilejowane umożliwiają dostęp do wszelkich zasobów systemowych i plików przechowywanych w danym systemie. Dlatego też konta te wymagają największego możliwego stopnia ochrony.

7.4. Zdalny dostęp dla zewnętrznych serwisantów

Instrukcja. Nie wolno umożliwiać zdalnego dostępu do systemu komputerowego ani informacji o tym dostępie serwisantom zewnętrznym (np. przedstawicielom producenta używanego przez nas sprzętu lub oprogramowania) bez ich weryfikacji i sprawdzenia, czy są upoważnieni do wykonywania takich usług. Jeżeli serwisant domaga się uprzywilejowanego dostępu do systemu, aby wykonać swoje zadanie, hasło na założonym dla niego koncie powinno zostać zmienione natychmiast po zakończeniu przez niego pracy.

Uwagi. Hakerzy mogą podawać się za przedstawicieli dostawców, aby uzyskać dostęp do firmowej sieci komputerowej lub telekomunikacyjnej. Dlatego istotne jest zweryfikowanie tożsamości dostawcy oraz jego uprawnień do wykonywania danego zadania w systemie. Co więcej, drzwi do systemu muszą zostać „zatrzaśnięte" natychmiast po zakończeniu pracy serwisanta poprzez zmianę hasła, z którego korzystał.

Serwisanci nie mogą sami wybierać haseł dla jakichkolwiek kont, nawet tymczasowo. Niektórzy dostawcy są znani z tego, że używają takich samych haseł we wszystkich swoich produktach. Na przykład jedna z firm zajmująca się zabezpieczeniami sieci ustanowiła uprzywilejowane konta z takim samym hasłem we wszystkich systemach swoich klientów, a na domiar złego na konta te można było dostać się poprzez Telnet.

7.5. Uwierzytelnianie przy zdalnym dostępie do sieci firmowej

Instrukcja. Wszelkie punkty dostępu do sieci firmowej ze zdalnych lokalizacji muszą być chronione skutecznymi mechanizmami uwierzytelniającymi, takimi jak dynamiczne hasła lub urządzenia biometryczne.

Uwagi. Wiele firm opiera się na hasłach statycznych jako wystarczającym środku uwierzytelniającym dla użytkowników zdalnych. Praktyka ta nie jest bezpieczna: hakerzy obierają sobie za cel jeden ze zdalnych punktów dostępu, który może być słabym ogniwem sieci ofiary. Należy pamiętać, że nigdy nie mamy pewności, czy ktoś inny nie zna naszego hasła.

Dlatego też każdy punkt zdalnego dostępu musi być chroniony pewnym narzędziem uwierzytelniającym, takim jak kody zależne od czasu, specjalne karty lub urządzenia biometryczne. Dzięki temu przejęte przez intruza hasła nie będą miały dla niego wartości.

Kiedy uwierzytelnianie oparte na hasłach dynamicznych jest rozwiązaniem niepraktycznym, użytkownicy muszą ściśle przestrzegać instrukcji wybierania trudnych do odgadnięcia haseł.

7.6. Konfiguracja systemów operacyjnych

Instrukcja. Administratorzy systemu powinni zapewnić, aby systemy operacyjne były w miarę możliwości skonfigurowane tak, aby pozostawać w zgodzie ze wszystkimi odnośnymi procedurami i instrukcjami bezpieczeństwa.

Uwagi. Pisanie i dystrybucja instrukcji bezpieczeństwa jest fundamentalnym krokiem w kierunku redukcji ryzyka, ale w większości przypadków dostosowanie się do nich zależy już od samych pracowników. Pewną część zaleceń można uczynić obowiązkową poprzez odpowiednie ustawienia systemu operacyjnego, jak np. minimalna długość hasła. Automatyzacja instrukcji bezpieczeństwa przez konfigurację parametrów systemu operacyjnego w efektywny sposób ogranicza kompetencje człowieka, zwiększając ogólne bezpieczeństwo organizacji.

7.7. Wygasanie kont

Instrukcja. Wszelkie konta komputerowe muszą automatycznie wygasać po upływie roku.

Uwagi. Celem tej instrukcji jest wyeliminowanie kont, które nie są już używane, ponieważ stają się one częstym celem ataków hakerów. Proces ten zapewnia, że jakiekolwiek konta należące do byłych pracowników lub współpracowników firmy, które przez niedopatrzenie pozostały w systemie, ulegną automatycznej dezaktywacji.

7.8. Wydziałowe adresy e-mail

Instrukcja. Dział informatyki musi ustalić ogólny adres e-mail dla każdego wydziału w ramach organizacji, który zwykle wykorzystywany jest do komunikowania się ze światem zewnętrznym.

Uwagi. Ogólny adres e-mail może być podawany przez recepcjonistkę przez telefon lub umieszczany na witrynie internetowej firmy. Pracownicy powinni podawać swoje indywidualne adresy e-mail tylko wtedy, gdy jest to konieczne.

W ramach pierwszej fazy ataku socjotechnicznego napastnik często stara się uzyskać numery telefonów, nazwiska lub informacje o stanowisku pracowników. W większości przypadków informacje te są dostępne dla ogółu na stronie internetowej lub są udzielane przez telefon. Tworzenie ogólnych skrzynek poczty głosowej i elektronicznej utrudnia skojarzenie nazwisk pracowników z konkretnymi wydziałami i obowiązkami.

7.9. Informacje kontaktowe podczas rejestracji domen

Instrukcja. Podczas rejestracji domen internetowych informacje kontaktowe personelu administracyjnego czy technicznego nie powinny wskazywać nazwisk konkretnych osób, a zamiast tego podawać listę adresów ogólnych skrzynek e-mail i numer telefonu do centrali firmy.

Uwagi. Celem tej instrukcji jest zapobieżenie wykorzystaniu informacji kontaktowych przez hakera. Kiedy w informacjach kontaktowych wymienione są nazwiska osób i ich numery telefonów, intruz może próbować zmanipulować którąś z tych osób, wyłudzając od niej informację lub nakłaniając ją do wykonania czynności, która pomoże mu osiągnąć zamierzony cel. Socjotechnik może też podawać się za osobę wymienioną z nazwiska, oszukując w ten sposób personel firmy.

Zamiast adresu e-mail indywidualnego pracownika, informacje kontaktowe powinny zawierać adresy w formie np. *administrator@firma.com.pl*. Personel działu telekomunikacji może ustanowić ogólną skrzynkę poczty głosowej na potrzeby kontaktów w sprawach techniczno-administracyjnych, aby ograniczyć zakres ujawnianych informacji, które mogą przydać się socjotechnikowi.

7.10. Instalacja aktualizacji systemów operacyjnych i zabezpieczeń

Instrukcja. Wszelkie aktualizacje systemu operacyjnego i używanych aplikacji powinny być instalowane, gdy tylko się pojawią. Jeżeli instrukcja ta koliduje z działaniem krytycznych systemów produkcyjnych, aktualizacje powinny być dokonane, kiedy tylko pojawi się taka możliwość.

Uwagi. Po wykryciu luki w systemie należy natychmiast skontaktować się z jego producentem, by dowiedzieć się, czy została udostępniona nakładka łatająca tę lukę. Nie zaktualizowany system stanowi jedno z największych zagrożeń bezpieczeństwa w przedsiębiorstwie. Jeżeli administrator systemu zwleka z instalacją koniecznych aktualizacji, zostawia otwarte drzwi dla hakerów.

Dziesiątki informacji o lukach w systemach są identyfikowane i publikowane każdego tygodnia w Internecie. Jeżeli personel informatyczny firmy nie trzyma ręki na pulsie i nie pilnuje jak najsprawniejszej bieżącej aktualizacji systemu, niezależnie od jego rodzaju, bezpieczeństwo sieci firmowej zawsze będzie zagrożone. Bycie na bieżąco z publikowanymi informacjami o lukach w zabezpieczeniach systemów operacyjnych i wszelkich aplikacji będących w codziennym użyciu firmy jest niezwykle istotne.

7.11. Informacje kontaktowe na witrynach internetowych

Instrukcja. Zewnętrzna witryna internetowa firmy nie powinna ujawniać żadnych szczegółów dotyczących struktury firmy ani wymieniać nazwisk pracowników.

Uwagi. Informacje o strukturze firmy, np. struktura organizacyjna, struktura podległości, listy pracowników, struktura raportowania, nazwiska, stanowiska, wewnętrzne numery kontaktowe, numery pracowników itp. nie powinny być udostępniane na zewnętrznej witrynie internetowej.

Hakerzy często uzyskują wiele użytecznych informacji na stronach firm, które zamierzają zaatakować. Napastnik używa tych informacji, podając się za obeznanego w sprawach firmy pracownika i staraja się za ich pomocą zyskać zaufanie rozmówcy. Oprócz tego napastnik może przeanalizować te informacje, aby odszukać osoby, które warto zaatakować, ponieważ mogą posiadać dostęp do cennych informacji.

7.12. Tworzenie kont uprzywilejowanych

Instrukcja. Zabrania się tworzenia uprzywilejowanych kont lub udzielania przywilejów systemowych na którymkolwiek z kont bez autoryzacji administratora lub osoby zarządzającej systemem.

Uwagi. Hakerzy często podają się za dostawców oprogramowania lub sprzętu, próbując oszukać personel informatyczny i nakłonić do stworzenia nowych kont. Celem tej instrukcji jest zablokowanie takich ataków, poprzez ustanowienie większej kontroli nad tworzeniem kont uprzywilejowanych. Administrator musi zatwierdzić każdą prośbę o utworzenie konta z przywilejami systemowymi.

7.13. Konta dla gości

Instrukcja. Konta dla gości powinny zostać zlikwidowane we wszystkich systemach komputerowych i urządzeniach sieciowych, poza zaaprobowanym przez kierownictwo serwerem FTP, umożliwiającym dostęp anonimowy.

Uwagi. Konta dla gości są tworzone, aby umożliwić tymczasowy dostęp do systemu osobom, które nie muszą posiadać własnych kont. Kilka systemów operacyjnych instaluje się domyślnie z włączonymi kontami dla gości. Konta te powinny być zawsze wyłączane, ponieważ uniemożliwiają one jakąkolwiek identyfikację użytkownika. Informatycy muszą mieć możliwość prześledzenia każdej operacji wykonanej na komputerze w powiązaniu z konkretnym użytkownikiem.

Socjotechnicy są w stanie w prosty sposób wykorzystać konta dla gości, aby uzyskać dostęp do systemu.

7.14. Szyfrowanie kopii zapasowych przechowywanych na zewnątrz

Instrukcja. Wszelkie dane przechowywane przez firmę na zewnątrz powinny być zaszyfrowane, aby uniemożliwić dostęp do nich osobom nieupoważnionym.

Uwagi. Personel odpowiedzialny za szyfrowanie musi się upewnić, czy dane da się przywrócić na wypadek, gdyby okazały się potrzebne. Wymaga to regularnych testów polegających na odszyfrowywaniu wybranych fragmentów zaszyfrowanych plików i upewnianiu się, czy można je odzyskać. Poza tym klucze stosowane do szyfrowania danych powinny być powierzone zaufanemu kierownikowi na wypadek ich utraty lub zniszczenia.

7.15. Dostęp dla gości do portów sieci

Instrukcja. Wszelkie udostępnione dla ogółu punkty dostępu do sieci Ethernet muszą łączyć się jedynie z segmentem sieci, uniemożliwiając dostęp do sieci wewnętrznej.

Uwagi. Celem tej instrukcji jest zapobieżenie możliwości podłączenia się do sieci firmy gościom przebywającym na jej terenie. Porty Ethernet zainstalowane w salach konferencyjnych, bufetach, ośrodkach szkoleniowych i innych obszarach dostępnych dla gości powinny być filtrowane, aby uniemożliwić dostęp do firmowych systemów komputerowych osobom nieupoważnionym.

7.16. Modemy

Instrukcja. Modemy stosowane do przyjmowania połączeń z zewnątrz powinny być ustawione tak, aby odbierać połączenie nie wcześniej niż po czwartym sygnale.

Uwagi. Jak pokazano to w filmie *Gry wojenne*, hakerzy używają techniki zwanej *war-dialing* (skanowanie numerów) w celu lokalizacji linii telefonicznych, do których są podpięte modemy. Proces rozpoczyna się od identyfikacji prefiksów, jakie mają numery znajdujące się w okolicy firmy. Następnie wykorzystuje się program skanujący, który testuje wszystkie numery telefonów zaczynające się od tego prefiksu. W celu przyśpieszenia procesu programy te są skonfigurowane tak, aby czekać jeden lub dwa sygnały na odpowiedź modemu, po czym przechodzić do kolejnego numeru.

Jeżeli firma ustawi na swoich modemach odpowiadanie po co najmniej czterech sygnałach, program skanujący nie rozpozna tej linii jako modemowej.

7.17. Programy antywirusowe

Instrukcja. Każdy system komputerowy powinien posiadać zainstalowane i aktywowane bieżące wersje programów antywirusowych.

Uwagi. W firmach, które automatycznie nie rozsyłają oprogramowania antywirusowego i plików z wzorcami wirusów (umożliwiają one rozpoznawanie nowych wirusów) do komputerów użytkowników, sami użytkownicy muszą przejąć odpowiedzialność za instalację i utrzymanie oprogramowania antywirusowego w swoich systemach, łącznie z komputerami, z których korzystają w celu zdalnego łączenia się z siecią firmy.

W miarę możliwości, oprogramowanie powinno być skonfigurowane na codzienną automatyczna aktualizację listy wirusów i koni trojańskich. Jeżeli pliki z listami nie są automatycznie przesyłane do komputerów użytkowników, powinni oni być odpowiedzialni za aktualizację plików co najmniej raz w tygodniu.

Zalecenia ta mają zastosowanie dla wszystkich komputerów stacjonarnych i przenośnych, jakie używane są do dostępu do uzyskiwania systemu komputerowego firmy niezależnie od tego, czy komputer jest firmowy czy prywatny.

7.18. Załączniki do poczty przychodzącej (dla firm o szczególnych wymogach w zakresie bezpieczeństwa)

Instrukcja. W firmach o szczególnych wymogach w zakresie bezpieczeństwa firewall powinien być skonfigurowany w taki sposób, aby filtrował wszelkie załączniki do poczty.

Uwagi. Instrukcja ta odnosi się do firm o szczególnych wymogach w zakresie bezpieczeństwa lub tych, które nie mają potrzeby odbierania załączników za pośrednictwem poczty elektronicznej.

7.19. Uwierzytelnianie oprogramowania

Instrukcja. Nowe oprogramowanie, nakładki oraz aktualizacje otrzymane na nośnikach fizycznych lub pobrane przez Internet muszą być przed instalacją zweryfikowane jako autentyczne. Instrukcja ta dotyczy w szczególności działu informatyki i instalowania programów, które wymagają przywilejów systemowych.

Uwagi. Oprogramowanie, o którym mowa w tej instrukcji, to komponenty systemu operacyjnego, aplikacje, nakładki i aktualizacje jakichkolwiek programów. Wielu producentów oprogramowania wprowadziło metody, za pomocą których klient może sprawdzić autentyczność każdej dystrybucji, zwykle za pomocą podpisu elektronicznego. W każdym przypadku, kiedy autentyczność nie może być zweryfikowana, należy się skontaktować z producentem, aby ją potwierdzić.

Hakerzy są znani z tego, że wysyłają ofiarom oprogramowanie, które wygląda tak, jakby pochodziło do producenta. Dlatego też każdy otrzymany program należy zweryfikować (szczególnie, gdy nie był on spodziewany) przed instalacją w firmowych systemach komputerowych.

Warto zdawać sobie sprawę, że wyrafinowany napastnik mógł się dowiedzieć, iż nasza organizacja zamówiła u producenta oprogramowanie. Będąc w posiadaniu takiej informacji, może anulować nasze zamówienie u producenta i samodzielnie zamówić program. Po modyfikacji oprogramowania tak, aby spełniło zadanie postawione mu przez hakera, zostaje ono przesłane do odbiorcy w oryginalnym opakowaniu. Po instalacji oprogramowania napastnik zyskuje kontrolę nad systemem.

7.20. Hasła domyślne

Instrukcja. Wszelkie urządzenia sprzętowe lub programowe, które na początku posiadały hasło ustawione na wartość domyślną, muszą mieć hasło zmienione zgodnie z instrukcją dotyczącą formułowania haseł.

Uwagi. Wiele systemów operacyjnych i urządzeń mających związek z komputerami jest dostarczanych z ustawionymi hasłami domyślnymi — czyli takimi samymi w każdym sprzedanym egzemplarzy produktu. Niedopilnowanie zmiany hasła domyślnego jest poważnym błędem, stwarzającym poważne zagrożenie dla firmy.

Domyślne hasła są szeroko rozpowszechnione i dostępne w Internecie. Podczas ataku pierwszym hasłem, jakie wypróbuje intruz, jest zwykle hasło domyślne producenta.

7.21. Blokowanie kont po kilku próbach dostępu (dla firm o przeciętnych lub niskich wymogach w zakresie bezpieczeństwa)

Instrukcja. Jeżeli wystąpią sukcesywne nieudane próby dostępu do któregoś z kont, konto takie powinno blokować się automatycznie po określonej liczbie prób na pewien ustalony czas.

Uwagi. Wszystkie stacje robocze i serwery firmy muszą mieć ustalony limit następujących po sobie prób logowania. Instrukcja ta ma zapobiegać odgadywaniu hasła metodą prób i błędów, atakom słownikowym lub siłowym mającym na celu uzyskanie dostępu do systemu.

Administrator musi skonfigurować ustawienia bezpieczeństwa tak, aby konto było blokowane po przekroczeniu dopuszczalnej liczby prób. Zaleca się blokowanie konta po siedmiu kolejnych próbach logowania.

7.22. Blokowanie kont po kilku próbach dostępu (dla firm o wysokich wymogach w zakresie bezpieczeństwa)

Instrukcja. W organizacji o wysokich wymogach w zakresie bezpieczeństwa, po przekroczeniu dopuszczalnej liczby prób logowania konto powinno być zablokowane, z możliwością odblokowania tylko przez osoby zajmujące się obsługą kont.

Uwagi. Wszystkie stacje robocze i serwery firmowe muszą być ustawione tak, aby ograniczać liczbę następujących po sobie prób logowania. Instrukcja ta ma zapobiegać próbom odgadywania hasła metodą prób i błędów, atakom słownikowym lub siłowym mającym na celu uzyskanie dostępu do systemu.

Administrator musi skonfigurować ustawienia bezpieczeństwa tak, aby konto było dezaktywowane po pięciu nieudanych próbach logowania. Po takim ataku właściciel konta będzie musiał skontaktować się z obsługą techniczną lub grupą odpowiedzialną za zarządzanie kontami, aby ponownie aktywować konto. Przed aktywacją odpowiedzialne za to osoby muszą dokonać pozytywnej identyfikacji właściciela konta, zgodnie z procedurami weryfikacyjnymi i autoryzacyjnymi.

7.23. Periodyczna zmiana haseł na kontach uprzywilejowanych

Instrukcja. Hasła na kontach uprzywilejowanych powinno się zmieniać co najmniej raz na trzydzieści dni.

Uwagi. W zależności od ograniczeń systemu operacyjnego administrator musi poprzeć tę instrukcję odpowiednią konfiguracją parametrów bezpieczeństwa.

7.24. Periodyczna zmiana haseł użytkowników

Instrukcja. Wszyscy posiadacze kont muszą zmieniać swoje hasło co najmniej raz na sześćdziesiąt dni.

Uwagi. W systemach operacyjnych, które to umożliwiają, administrator powinien poprzeć tę instrukcję odpowiednią konfiguracją parametrów bezpieczeństwa.

7.25. Ustalanie hasła na nowym koncie

Instrukcja. Nowe konta muszą być ustawione z hasłem początkowym, którego termin ważności już upłynął. Po pierwszym wejściu na takie konto użytkownik zostanie poproszony o zmianę hasła.

Uwagi. Wymóg ten zapewnia, że tylko posiadacz konta będzie znał swoje hasło.

7.26. Hasło przy uruchamianiu się systemu

Instrukcja. Wszystkie systemy komputerowe muszą być skonfigurowane tak, aby wymagać hasła przy uruchamianiu systemu.

Uwagi. Komputery muszą być skonfigurowane w taki sposób, by po ich włączeniu, a przed uruchomieniem się systemu operacyjnego, wymagane było podanie hasła. Zapobiega to sytuacjom, kiedy nieupoważniona osoba korzysta z komputera innej osoby. Instrukcja ta obowiązuje wszystkie komputery na terenie firmy.

7.27. Wymagania co do haseł na kontach uprzywilejowanych

Instrukcja. Wszystkie uprzywilejowane konta muszą posiadać hasło odpowiadające poniższym regułom:

- nie może być to słowo znajdujące się w słowniku jakiegokolwiek języka;
- należy stosować zarówno duże, jak i małe litery oraz co najmniej jeden symbol i co najmniej jedną cyfrę;
- powinno mieć długość co najmniej 12 znaków;
- nie może kojarzyć się w żaden sposób z firmą ani z właścicielem konta.

Uwagi. W większości przypadków celem hakerów stają się konta, które mają przywileje systemowe. Czasami napastnik będzie szukał innych słabych punktów, aby przejąć pełną kontrolę nad systemem.

Pierwszymi hasłami, jakie sprawdzi intruz, będą proste, powszechnie używane wyrazy ze słownika. Wybór trudnego do odgadnięcia hasła zwiększa bezpieczeństwo, redukując szansę, że hakerowi uda się je odgadnąć metodą prób i błędów, wykorzystując atak słownikowy lub siłowy.

7.28. Dostęp bezprzewodowy

Instrukcja. Wszyscy użytkownicy, którzy korzystają z bezprzewodowego dostępu do sieci, powinni używać technologii VPN (wirtualna sieć prywatna).

Uwagi. Sieci bezprzewodowe stały się obiektem ataków za pomocą nowej techniki zwanej *war driving*. Polega ona na jeżdżeniu samochodem lub chodzeniu z laptopem wyposażonym w kartę wykorzystującą protokół 802.11B w poszukiwaniu sygnału sieci.

Wiele firm zastosowało sieci bezprzewodowe bez aktywowania protokołu WEP (*wireless equivalency protocol*), który służy do zabezpieczania połączeń bezprzewodowych za pomocą szyfrowania. Jednak nawet w sytuacji, kiedy jest on aktywowany, bieżąca wersja WEP (z połowy 2002 roku) działa w sposób nieefektywny, a kilka stron w Internecie jest poświęconych dostarczaniu środków umożliwiających lokalizację otwartych systemów bezprzewodowych i łamania punktów dostępu zabezpieczonych protokołem WEP.

W związku z tym bardzo istotne jest dodanie dodatkowej warstwy ochronnej wokół protokołu 802.11B poprzez zastosowanie technologii VPN.

7.29. Aktualizacja plików z wzorcami wirusów

Instrukcja. Każdy system komputerowy musi być zaprogramowany tak, by automatycznie odświeżał pliki z wzorcami wirusów i koni trojańskich.

Uwagi. Jako minimum aktualizacja powinna następować raz na tydzień. W firmach, gdzie zostawia się komputery włączone na noc, zaleca się aktualizację wzorców co noc.

Oprogramowanie antywirusowe jest nieefektywne, jeżeli nie jest aktualizowane, aby mogło wykrywać nowe rodzaje niebezpiecznego kodu.

Obsługa komputera

8.1. Wprowadzanie poleceń lub uruchamianie programów

Instrukcja. Operatorzy komputerów nie mogą wprowadzać poleceń ani uruchamiać programów na prośbę nieznanych im osób. Nawet w sytuacji, gdy osoba nie zweryfikowana wydaje się mieć rzeczywiste powody uzasadniające prośbę, nie należy się do niej stosować bez uzyskania zgody przełożonego.

Uwagi. Operatorzy komputerów są typowymi celami socjotechników, ponieważ ich praca zwykle wymaga uprzywilejowanego dostępu do systemu, a napastnik spodziewa się, że będą oni mniej doświadczeni i uświadomieni w procedurach firmowych niż pozostali pracownicy działu informatyki. Celem tej instrukcji jest dodanie elementu kontroli, aby zabezpieczyć operatorów komputerów przed atakami socjotechników.

8.2. Pracownicy posiadający konta uprzywilejowane

Instrukcja. Pracownicy posiadający konta uprzywilejowane nie mogą pomagać ani udzielać informacji osobom nie zweryfikowanym. W szczególności odnosi się to do pomocy w obsłudze komputera (nauka obsługi aplikacji), dostępu do baz danych, pobierania programów lub ujawniania nazwisk osób, które mają uprawnienia do zdalnego dostępu.

Uwagi. Socjotechnicy często obierają sobie za cel pracowników posiadających uprzywilejowane konta. Intencją tej instrukcji jest pokierowanie personelem informatycznym w taki sposób, aby radził sobie z telefonami, które mogą pochodzić od socjotechników.

8.3. Informacja o stosowanych systemach

Instrukcja. Operatorzy komputerów nie mogą ujawniać jakichkolwiek informacji związanych ze stosowanymi przez firmę systemami lub urządzeniami bez pozytywnej weryfikacji dzwoniącego.

Uwagi. Hakerzy często kontaktują się z operatorami komputerów, aby uzyskać wartościowe informacje, takie jak procedury dostępu do systemu, zewnętrzne punkty zdalnego dostępu, numery dostępowe itp.

W firmach, które zatrudniają personel zajmujący się pomocą techniczną, prośby o informacje związane z systemami komputerowymi lub podobnymi urządzeniami skierowane do operatorów powinny być traktowane jako podejrzane. Wszelkie prośby o informacje powinny być zbadane zgodnie z obowiązującą klasyfikacją danych, aby określić, czy dana osoba jest uprawniona do otrzymania takiej informacji. Jeżeli nie można określić klasy informacji, powinno się ją uznać za wewnętrzną.

W niektórych przypadkach obsługa techniczna dostawcy potrzebuje kontaktu z osobami, które mają dostęp do firmowych systemów komputerowych. W takiej sytuacji przedstawiciel dostawcy powinien znać konkretną osobę z działu informatyki, z którą będzie się kontaktować, tak aby mógł zostać rozpoznany bez konieczności weryfikacji.

8.4. Ujawnianie haseł

Instrukcja. Operatorzy komputerów nie mogą pod żadnym pozorem ujawniać swoich haseł lub haseł im powierzonych bez uprzedniej zgody szefa działu informatyki.

Uwagi. Ogólnie rzecz ujmując, ujawnianie jakichkolwiek haseł innej osobie jest surowo zabronione. W instrukcji tej bierze się pod uwagę, że czasami w naglących przypadkach istnieje potrzeba ujawnienia hasła osobie trzeciej. Ten wyjątek od ogólnej reguły zabraniającej ujawniania jakichkolwiek haseł wymaga zgody ze strony szefa działu informatyki. W celu dodatkowej ochrony, odpowiedzialność za ujawnianie informacji uwierzytelniających powinna być ograniczona do małej grupy osób, które zostały specjalnie przeszkolone w kwestii procedur weryfikacyjnych.

8.5. Media elektroniczne

Instrukcja. Wszelkie media elektroniczne, które zawierają informacje nie przeznaczone dla ogółu, powinny być fizycznie zamykane w bezpiecznym miejscu.

Uwagi. Celem tej instrukcji jest zapobieżenie fizycznej kradzieży mediów elektronicznych, zawierających poufne informacje.

8.6. Kopie zapasowe

Instrukcja. Operatorzy komputerów powinni przechowywać kopie zapasowe w sejfie firmowym lub innym bezpiecznym miejscu.

Uwagi. Nośniki kopii zapasowych to kolejny ważny cel intruzów komputerowych. Napastnik nie będzie tracił czasu na włamywanie się do systemu firmy, skoro najsłabszym ogniwem mogą być nie zabezpieczone kopie zapasowe. Z chwilą kradzieży kopii zapasowych napastnik wchodzi w posiadanie wszystkich poufnych danych, jakie są na nich zapisane, chyba że dane te są zaszyfrowane. Dlatego też fizyczne zabezpieczenie nośników kopii zapasowych jest konieczne dla ochrony poufnych informacji firmy.

Instrukcje dla wszystkich pracowników

Część instrukcji bezpieczeństwa obowiązuje wszystkich pracowników niezależnie od tego, czy pracują w dziale informatyki, w kadrach, w księgowości czy w dziale utrzymania ruchu. Instrukcje te dzielą się na następujące kategorie: ogólne, korzystanie z komputera, korzystanie z poczty elektronicznej, instrukcje dla pracowników zdalnych, korzystanie z telefonu, korzystanie z faksu, korzystanie z poczty głosowej i hasła.

Ogólne

9.1. Zgłaszanie podejrzanych telefonów

Instrukcja. Pracownicy, którzy podejrzewają, że mogli stać się ofiarą incydentu naruszającego bezpieczeństwo, np. otrzymują podejrzane prośby o ujawnienie informacji lub wykonanie czynności na komputerze, muszą niezwłocznie zgłaszać takie wydarzenia wyznaczonej osobie lub grupie.

Uwagi. Kiedy socjotechnikowi nie uda się nakłonić ofiary do postępowania zgodnie z jego życzeniami, zawsze będzie próbował dotrzeć do kolejnej osoby. Zgłaszając podejrzany telefon lub wydarzenie, pracownik podejmuje pierwszy krok w postawieniu firmy w stan gotowości na wypadek ponownego ataku. Dlatego też poszczególni pracownicy są na pierwszej linii frontu podczas ataków socjotechnicznych.

9.2. Dokumentowanie podejrzanych telefonów

Instrukcja. W wypadku otrzymania podejrzanego telefonu, który sugerować może atak socjotechniczny, pracownik powinien starać się uzyskać od swojego rozmówcy informacje mogące pomóc w odkryciu, co jest rzeczywistym celem ataku, i zanotować te dane na potrzeby raportu.

Uwagi. Po zgłoszeniu incydentu grupie odpowiedzialnej szczegóły te mogą pomóc w ustaleniu celu lub wzorca, zgodnie z którym przebiega atak.

9.3. Ujawnianie numerów dostępowych

Instrukcja. Personel firmy nie może ujawniać numerów dostępowych do modemów i powinien kierować osoby proszące o nie do biura pomocy technicznej lub podobnej komórki.

Uwagi. Numery telefonów dostępowych muszą być traktowane jako informacja wewnętrzna, przeznaczona tylko dla pracowników firmy, którym wiedza ta jest potrzebna w wykonywanej pracy.

Socjotechnicy często docierają do pracowników lub działów, które zwykle w mniejszym stopniu przejmują się ochroną posiadanych informacji. Na przykład napastnik może zadzwonić do działu płatności, podając się za pracownika firmy telekomunikacyjnej, który chce wyjaśnić jakąś kwestię związaną z bilingiem. W czasie jej rozwiązywania pyta o numer faksu lub numer dostępowy do sieci. Intruz często dociera do pracownika, który raczej nie zdaje sobie sprawy z niebezpieczeństwa związanego z ujawnieniem takiej informacji lub nie jest w tym kierunku przeszkolony.

9.4. Identyfikatory firmowe

Instrukcja. Cały personel firmy, łącznie z kierownictwem i zarządem, ma obowiązek noszenia identyfikatorów.

Uwagi. Wszyscy pracownicy, włączając członków zarządu, powinni zostać wyszkoleni i zmotywowani w taki sposób, aby zrozumieć, że noszenie identyfikatora jest obowiązkowe w każdym miejscu na terenie firmy poza własnymi biurami.

9.5. Zatrzymywanie osób bez identyfikatora

Instrukcja. Wszyscy pracownicy mają obowiązek natychmiastowego zatrzymania nieznanej osoby, która nie nosi identyfikatora pracownika lub gościa.

Uwagi. Z jednej strony, żadna firma nie chce doprowadzić do sytuacji, kiedy pracownicy czekają tylko na okazję, aby przyłapać kolegę na pojawieniu się poza biurem bez identyfikatora, a z drugiej każda firma, której zależy na ochronie własnych informacji, musi traktować poważnie niebezpieczeństwo pojawienia się socjotechnika na terenie firmy. Motywację dla pracowników, którzy dowiedli swojego zaangażowania w przestrzeganie zasady noszenia identyfikatorów, można pobudzać na ogólnie znane sposoby, takie jak wzmianka w biuletynie firmy lub na tablicach informacyjnych, parę godzin wolnego lub list pochwalny załączony do akt personalnych.

9.6. „Wślizgiwanie się" (przechodzenie przez zabezpieczone bramki)

Instrukcja. Pracownicy wchodzący na teren firmy nie mogą pozwolić, aby nieznana im osoba weszła tam za nimi, kiedy korzystają z bezpiecznego identyfikatora, takiego jak karta magnetyczna, która otwiera bramkę.

Uwagi. Pracownicy muszą uświadomić sobie, że prośba o uwierzytelnienie skierowana do obcej osoby, która próbuje wejść za nami przez bramkę, nie jest bynajmniej objawem braku kultury.

Socjotechnicy często próbują prześlizgnąć się przez bramkę, czekając na osobę uprawnioną do przejścia i wchodząc razem z nią. Większość ludzi niechętnie zatrzymuje takie osoby, zakładając, że najprawdopodobniej są pracownikami firmy. Podobna technika polega na wnoszeniu kilku pudeł w taki sposób, aby niczego nie podejrzewający pracownik otworzył przed nami drzwi.

9.7. Niszczenie poufnych dokumentów

Instrukcja. Poufne dokumenty przeznaczone do wyrzucenia muszą być zniszczone za pomocą niszczarki, która tnie w dwóch płaszczyznach. Media, łącznie z dyskami twardymi, które kiedykolwiek zawierały poufne informacje, muszą być zniszczone zgodnie z procedurą ustaloną przez grupę odpowiedzialną za bezpieczeństwo informacji.

Uwagi. Standardowe niszczarki niezbyt dokładnie niszczą dokumenty. Urządzenia tnące w dwóch płaszczyznach zamieniają je w miazgę. Najlepszą praktyką bezpieczeństwa jest założenie, że szef konkurencyjnej firmy będzie przeglądał materiały, które wyrzucamy, szukając jakichkolwiek informacji mogących mu pomóc.

Szpiedzy przemysłowi i hakerzy regularnie czerpią poufne informacje z materiałów wyrzucanych na śmietnik. Znane są przypadki przekupywania ekip sprzątających przez firmy konkurencyjne, pragnące uzyskać dostęp do śmieci wyrzucanych z firmy.

9.8. Osobiste dane identyfikacyjne

Instrukcja. Osobiste dane identyfikacyjne, takie jak numer pracownika, numer NIP, numer dowodu osobistego, data i miejsce urodzenia, nazwisko panieńskie matki nie powinny nigdy służyć jako środki weryfikacji tożsamości. Dane te nie są pilnie strzeżone i można je uzyskać na wiele różnych sposobów.

Uwagi. Socjotechnik jest w stanie za odpowiednią cenę uzyskać osobiste dane identyfikacyjne innych osób. Na przekór panującym poglądom, każdy, kto posiada kartę kredytową i dostęp do Internetu, jest w stanie uzyskać te informacje. Jednak niezależnie od oczywistego zagrożenia, banki, urzędy i firmy telekomunikacyjne zwykle korzystają z tych danych. Z tego powodu kradzież tożsamości stała się najbardziej rozwijającą się dziedziną przestępczą w ostatniej dekadzie.

9.9. Schematy organizacyjne

Instrukcja. Szczegóły ukazane na schematach organizacyjnych przedsiębiorstwa nie powinny być ujawniane nikomu poza pracownikami firmy.

Uwagi. Informacje o strukturze organizacyjnej firmy obejmują schematy organizacyjne, schematy hierarchii, wydziałowe listy pracowników, strukturę raportowania, nazwiska pracowników, ich stanowiska, wewnętrzne numery kontaktowe, numery pracowników i tym podobne informacje.

W pierwszej fazie ataku socjotechnicznego celem napastnika jest zebranie informacji o wewnętrznej strukturze przedsiębiorstwa. Informacja ta pozwala stworzyć strategię ataku. Napastnik może również przeanalizować te informacje, by określić, który pracownik może mieć dostęp do poszukiwanych przez niego danych. W czasie ataku informacje te pozwolą socjotechnikowi uchodzić za wtajemniczonego pracownika, co zwiększa prawdopodobieństwo uzyskania współpracy rozmówcy.

9.10. Prywatne informacje o pracownikach

Instrukcja. Wszelkie prośby o prywatne informacje dotyczące pracowników muszą być kierowane do działu kadr.

Uwagi. Wyjątkiem od tej reguły może być numer telefonu pracownika, z którym trzeba się skontaktować w związku ze sprawami zawodowymi, a który jest określany jako „człowiek na telefon". Mimo to lepiej jednak zanotować numer pytającego i poprosić szukanego pracownika, aby do niego oddzwonił.

Korzystanie z komputera

10.1. Wprowadzanie poleceń

Instrukcja. Personel firmy nigdy nie powinien wprowadzać poleceń do komputera na prośbę innej osoby, chyba że osoba ta została zweryfikowana jako pracownik działu informatyki.

Uwagi. Typową sztuczką stosowaną przez socjotechnika jest prośba o wpisanie polecenia, które wprowadza zmiany w konfiguracji systemu i umożliwia napastnikowi dostęp do komputera ofiary bez uwierzytelnienia lub pozwala na uzyskanie informacji potrzebnych do rozpoczęcia ataku technologicznego.

10.2. Wewnętrzne konwencje nazewnicze

Instrukcja. Pracownicy nie mogą ujawniać wewnętrznych nazw systemów komputerowych lub baz danych bez uprzedniej weryfikacji, czy osoba pytająca jest pracownikiem firmy.

Uwagi. Socjotechnicy czasami próbują uzyskać nazwy firmowych systemów komputerowych. Kiedy znają już te nazwy, wykonują telefon do firmy i podają się za pracownika mającego problem z dostępem do systemu. Posługując się wewnętrzną nazwą systemu, socjotechnik zyskuje zaufanie rozmówcy.

10.3. Prośby o uruchomienie programu

Instrukcja. Personel firmy nigdy nie powinien uruchamiać jakiejkolwiek aplikacji lub programu na prośbę innej osoby, o ile nie została ona zweryfikowana jako pracownik z działu informatyki.

Uwagi. Żadna prośba o uruchomienie programu, aplikacji lub wykonanie jakiejś czynności na komputerze nie może być uwzględniona, jeżeli pytający nie został zidentyfikowany jako pracownik działu informatyki. Jeżeli prośba wiąże się z ujawnieniem tajnych informacji zawartych w pliku lub wiadomości poczty elektronicznej, reakcja na nią musi być zgodna z procedurą ujawniania tajnych informacji (patrz: „Udostępnianie informacji").

Hakerzy namawiają ludzi do uruchamiania programów, które umożliwiają im przejęcie kontroli nad systemem. Kiedy niczego nie podejrzewający użytkownik wykonuje program podrzucony przez napastnika, może otworzyć mu dostęp do swojego systemu. Inne programy umożliwiają rejestrację czynności wykonywanych przez użytkownika i przesyłają zebrane informacje napastnikowi. Podczas ataku socjotechnicznego osoba jest oszukiwana, by wykonać na komputerze polecenie, które może wyrządzić szkodę, natomiast podczas ataku technologicznego oszukiwany jest system operacyjny, który wykonuje polecenie wyrządzające analogiczne szkody.

10.4. Pobieranie i instalowanie oprogramowania

Instrukcja. Personel firmy nie może pobierać i instalować oprogramowania na prośbę innych osób, jeżeli nie zostały one zweryfikowane jako pracownicy działu informatyki.

Uwagi. Pracownicy powinni zachować ostrożność wobec niezwykłych próśb, które dotyczą sprzętu komputerowego.

Powszechnie stosowaną taktyką socjotechniczną jest zmanipulowanie ofiary w taki sposób, aby pobrała i zainstalowała program, który pomoże napastnikowi osiągnąć cel polegający zwykle na włamaniu się do firmowej sieci firmy. W niektórych przypadkach program taki może potajemnie szpiegować użytkownika lub umożliwiać napastnikowi przejęcie kontroli nad systemem komputerowym poprzez zastosowanie zdalnego okna poleceń.

10.5. Hasła i e-mail

Instrukcja. Nie wolno przesyłać haseł poprzez e-mail w postaci niezaszyfrowanej.

Uwagi. Zalecenie to czasami jest lekceważone przez sklepy internetowe w pewnych szczególnych okolicznościach, takich jak:

- przesyłanie hasła klientom, którzy zarejestrowali się na stronie;
- przesyłanie hasła klientom, którzy zgubili lub zapomnieli swoje hasło.

10.6. Oprogramowanie związane z bezpieczeństwem

Instrukcja. Personel firmy nie może usuwać lub dezaktywować jakichkolwiek programów antywirusowych, firewalli i innych programów strzegących bezpieczeństwa systemu bez wcześniejszej zgody działu informatyki.

Uwagi. Użytkownicy czasami dezaktywują oprogramowanie zabezpieczające komputer z zamiarem przyśpieszenia jego pracy.

Socjotechnik może być w stanie skłonić pracownika do dezaktywacji lub usunięcia programu, który jest konieczny do ochrony systemu firmy przed zagrożeniami bezpieczeństwa.

10.7. Instalacja modemów

Instrukcja. Nie można podłączać do komputera żadnych modemów bez uprzedniej zgody uzyskanej z działu informatyki.

Uwagi. Ważne jest, aby zdawać sobie sprawę, że modem podłączony do indywidualnego komputera może stanowić poważne zagrożenie dla systemu, szczególnie jeżeli komputer ten jest podłączony do sieci firmowej. Dlatego też instrukcja ta reguluje procedury podłączania modemów.

Hakerzy korzystają z techniki zwanej skanowaniem numerów (*war dialing*), aby odnaleźć aktywne linie modemowe w danym zakresie numerów telefonów. Ta sama technika może służyć do lokalizacji linii, do której są podłączone modemy na terenie firmy. Napastnik może się w prosty sposób włamać do sieci, jeżeli zidentyfikuje system komputerowy podłączony do modemu, na którym uruchamiane jest oprogramowanie zdalnego dostępu zabezpieczone łatwym do odgadnięcia hasłem albo w ogóle pozbawione hasła.

10.8. Modemy i automatyczna odpowiedź

Instrukcja. Wszelkie komputery na terenie firmy z podłączonymi modemami muszą mieć wyłączoną funkcję automatycznej odpowiedzi, aby zapobiec wdzwonieniu się niepowołanej osoby do systemu.

Uwagi. Tam gdzie to tylko możliwe, dział informatyki powinien zastosować wspólny modem dla tych pracowników, którzy mają potrzebę wdzwaniania się do zewnętrznych systemów komputerowych poprzez modem.

10.9. Narzędzia hakerskie

Instrukcja. Zabrania się pracownikom pobierania i używania jakichkolwiek narzędzi stworzonych w celu pokonywania zabezpieczeń systemowych.

Uwagi. W Internecie znajdują się dziesiątki stron poświęconych oprogramowaniu stworzonemu do łamania zabezpieczeń produktów komercyjnych i programów typu *shareware*. Korzystanie z tych narzędzi nie tylko narusza prawa autorskie właściciela programu, ale jest niezwykle niebezpieczne. Jako że programy te pochodzą z nieznanych źródeł, mogą zawierać ukryty, niebezpieczny kod, który jest w stanie wyrządzić szkody w komputerze użytkownika lub wprowadzić konia trojańskiego, który umożliwi autorowi programu dostęp do komputera użytkownika.

10.10. Umieszczanie informacji o firmie w sieci

Instrukcja. Pracownicy nie powinni ujawniać żadnych szczegółów dotyczących sprzętu i oprogramowania, z jakiego korzysta firma, na żadnych grupach dyskusyjnych, forach itp. ani nie powinni ujawniać informacji kontaktowych innych, niż wskazuje na to odpowiednia procedura.

Uwagi. Każda wiadomość przesłana do usenetu, forów internetowych i list mailingowych może być odszukana w celu zebrania informacji na temat firmy lub osoby będącej celem ataku. W tej fazie ataku napastnik może przeszukiwać sieć w poszukiwaniu jakichkolwiek wiadomości zawierających użyteczne informacje o firmie, produktach lub pracownikach.

Niektóre wiadomości zawierają bardzo użyteczne informacje, które napastnik może wykorzystać w kolejnej fazie ataku. Na przykład administrator sieci może przesłać zapytanie dotyczące konfiguracji filtrów firewalla w określonym jego typie. Napastnik, który odkryje tę wiadomość, znajdzie wartościową informację o konfiguracji firmowego firewalla, która umożliwi mu jego obejście i dostęp do sieci przedsiębiorstwa.

Problem ten może być zredukowany lub zlikwidowany poprzez instrukcję nakazującą przesyłanie wiadomości na grupy dyskusyjne z kont anonimowych, których skojarzenie z firmą nie jest możliwie. Oczywiście instrukcja ta musi również zakazywać załączania w wiadomościach jakichkolwiek informacji kontaktowych, które mogą pomóc zidentyfikować firmę.

10.11. Dyskietki i inne nośniki danych

Instrukcja. Jeżeli media używane do przechowywania danych, takie jak dyskietki czy płyty CD-ROM, pozostawiono gdzieś w biurze lub na biurku pracownika, należy je traktować jako pochodzące z nieznanego źródła i nie wolno ich przeglądać na żadnym firmowym komputerze.

Uwagi. Jedną z metod, jakie stosują napastnicy, by zainstalować niebezpieczne oprogramowanie, jest podrzucenie kilku nośników zawierających taki program, a oznaczonych wabiącą etykietą (np. „Firmowa lista płac — tajne!"). Jeżeli jeden z nośników zostanie odczytany i użytkownik otworzy zawarte na nim pliki, niebezpieczny kod napastnika zostanie tym samym uruchomiony. Może on utworzyć „tylne drzwi", które umożliwią dostanie się do systemu firmy, lub w inny sposób uszkodzić sieć.

10.12. Pozbywanie się nośników danych

Instrukcja. Przed wyrzuceniem nośników danych, które kiedykolwiek zawierały poufne informacje, nawet jeżeli informacje te zostały usunięte, nośnik należy przed wyrzuceniem namagnesować lub zniszczyć.

Uwagi. Podczas gdy niszczenie dokumentów stało się dziś normalną praktyką, pracownicy firmy mogą nie doceniać zagrożenia związanego z wyrzucaniem nośników, które kiedykolwiek zawierały poufne dane. Hakerzy mogą próbować odzyskiwać dane przechowywane na wyrzuconych nośnikach. Pracownicy mogą wychodzić z założenia, że samo usunięcie plików uniemożliwia ich odzyskanie. Założenie to jest całkowicie błędne i może doprowadzić do sytuacji, kiedy poufne informacje znajdą się w niepowołanych rękach. Dlatego też wszelkie media elektroniczne, które zawierają lub kiedyś zawierały informacje poufne, muszą być skasowane lub zniszczone za pomocą metod zatwierdzonych przez odpowiedzialne za to osoby.

10.13. Wygaszacze ekranu chronione hasłem

Instrukcja. Wszyscy użytkownicy komputerów muszą ustawić hasła na wygaszaczach ekranu i włączyć blokowanie dostępu do komputera po pewnym okresie bezczynności.

Uwagi. Wszyscy pracownicy są odpowiedzialni za ustawienie hasła na wygaszaczu ekranu i włączenie blokowania po nie więcej niż 10 minutach. Celem tej instrukcji jest zapobieganie korzystaniu przez osoby niepowołane z komputerów innych osób. Dodatkowo, instrukcja ta zabezpiecza system komputerowy firmy, do którego mógłby się w łatwy sposób dostać intruz przebywający na jej terenie.

10.14. Oświadczenie dotyczące haseł

Instrukcja. Przed utworzeniem nowego konta pracownik lub osoba wykonująca zlecenie powinna podpisać oświadczenie potwierdzające świadomość zakazu ujawniania haseł i deklarację przestrzegania tego zalecenia.

Uwagi. Pismo powinno zawierać wzmiankę o tym, że niezastosowanie się do tych zaleceń może pociągnąć za sobą kroki dyscyplinarne, ze zwolnieniem włącznie.

Korzystanie z poczty elektronicznej

11.1. Załączniki do wiadomości

Instrukcja. Załączniki do poczty nie mogą być otwierane, chyba że były przez nas oczekiwane i pochodzą od zaufanej osoby.

Uwagi. Wszelkim załącznikom należy się dokładnie przyjrzeć przed otwarciem. Można wymagać, by zaufana osoba wysyłała wcześniej informację, że za chwilę wyśle załącznik. Pozwoli to zredukować ryzyko, związane z atakami socjotechnicznymi polegającymi na przesłaniu załącznika i namawianiu w treści wiadomości do jego otwarcia.

Jednym ze sposobów włamania się do systemu komputerowego jest zmanipulowanie pracownika w taki sposób, aby uruchomił niebezpieczny program, który utworzy wyłom w systemie i umożliwi napastnikowi dostęp do niego. Wysyłając załącznik do wiadomości pocztowej, który zawiera kod lub makra, napastnik jest w stanie przejąć kontrolę nad komputerem użytkownika.

Socjotechnik może też wysłać niebezpieczny załącznik, a następnie zadzwonić do ofiary i przekonać ją telefonicznie, aby go otworzyła.

11.2. Automatyczne przekierowywanie poczty na adres zewnętrzny

Instrukcja. Automatyczne przekierowywanie poczty na adres zewnętrzny jest zabronione.

Uwagi. Celem tej instrukcji jest uniemożliwienie intruzowi odbierania poczty przesyłanej na wewnętrzny adres e-mail.

Pracownicy czasami ustawiają przekierowywanie swojej poczty przychodzącej na zewnętrzny adres skrzynki na czas, gdy nie będzie ich w biurze. Napastnik może zmanipulować pracownika tak, aby ten ustawił przekierowanie z wewnętrznej skrzynki na zewnętrzną. Następnie może udawać jednego z pracowników i prosić o przesłanie mu poufnych informacji, podając wewnętrzny adres skrzynki.

11.3. Przekazywanie poczty

Instrukcja. Wszelkie prośby nie zweryfikowanych osób o przekazanie wiadomości pocztowej innej nie zweryfikowanej osobie wymagają weryfikacji osoby proszącej o przysługę.

11.4. Weryfikacja poczty

Instrukcja. Wiadomość pocztowa, która wydaje się pochodzić od osoby zaufanej i zawiera prośbę o udzielenie poufnych informacji lub wykonanie czynności na komputerze, wymaga dodatkowej formy uwierzytelnienia (patrz: „Procedury weryfikacyjne i autoryzacyjne").

Uwagi. Napastnik może w prosty sposób sfałszować wiadomość pocztową i jej nagłówek tak, by wyglądała na pochodzącą spod innego adresu. Napastnik może również wysłać wiadomość z systemu, na który wcześniej się włamał, zapewniając sobie fałszywe uprawnienia do otrzymywania poufnych informacji i wykonywania czynności. Nawet analiza nagłówka wiadomości nie pozwala na wykrycie faktu wysłania jej z opanowanego systemu komputerowego.

Korzystanie z telefonu

12.1. Udział w ankietach telefonicznych

Instrukcja. Pracownicy nie mogą uczestniczyć w ankietach telefonicznych i odpowiadać na pytania jakichkolwiek zewnętrznych organizacji lub osób. Tego typu prośby należy kierować do działu public relations lub wyznaczonej w tym celu osoby.

Uwagi. Jedną z metod stosowanych przez socjotechników podczas ataku na przedsiębiorstwo jest telefon do pracownika z prośbą o udział w ankiecie. To zaskakujące, jak wielu ludzi chętnie udziela informacji na temat swój lub firmy, w której pracują, zupełnie obcym osobom, gdy tylko uwierzą, że chodzi o ankietę. Pośród niewinnych pytań rozmówca przemyci parę pytań kluczowych dla siebie. Zdobyte w ten sposób informacje mogą pomóc mu w dostaniu się do sieci firmy.

12.2. Ujawnianie wewnętrznych numerów telefonów

Instrukcja. Jeżeli osoba nie zweryfikowana prosi pracownika o jego wewnętrzny numer telefonu, pracownik musi dokonać oceny, czy podanie numeru jest w danej sytuacji konieczne.

Uwagi. Celem tej instrukcji jest wymaganie od pracowników przemyślanych decyzji w sprawie konieczności ujawniania numeru telefonu. Kiedy prośba o numer kontaktowy pada ze strony osoby, która nie ma szczególnej potrzeby poznania numeru wewnętrznego, najbezpieczniej poprosić o łączenie się przez centralę.

12.3. Zostawianie haseł w poczcie głosowej

Instrukcja. Zostawianie w poczcie głosowej wiadomości zawierających informacje o hasłach jest zabronione.

Uwagi. Socjotechnik często jest w stanie uzyskać dostęp do skrzynki poczty głosowej pracownika, ponieważ jest ona słabo zabezpieczona łatwym do odgadnięcia kodem dostępu. Wyrafinowany haker jest w stanie stworzyć własną fałszywą skrzynkę poczty głosowej i nakłonić pracownika, aby ten zostawił mu w niej informacje dotyczące haseł. Instrukcja ta uniemożliwia stosowanie takich podstępów.

Korzystanie z faksu

13.1. Przekazywanie faksów

Instrukcja. Zabrania się odbierania i przekazywania faksów osobom trzecim bez weryfikacji tożsamości osoby zwracającej się z taką prośbą.

Uwagi. Złodzieje informacji mogą nakłonić pracownika do wysłania poufnych informacji na faks znajdujący się na terenie firmy. Przed podaniem numeru faksu swojej ofierze, oszust dzwoni do niczego nie podejrzewającej sekretarki lub asystentki i pyta, czy może liczyć na odebranie faksu dla niego. Zaraz po tym, gdy sekretarka odbierze faks, napastnik dzwoni do niej i prosi o przesłanie faksu dalej, twierdząc, na przykład, że pilnie potrzebuje go na ważne spotkanie. Ponieważ osoba, która jest proszona o przesłanie faksu dalej, zwykle nie zdaje sobie sprawy z wartości informacji, jakie ten zawiera, zwykle bez pytania wykonuje to, o co została poproszona.

13.2. Weryfikacja instrukcji otrzymanych faksem

Instrukcja. Przed wykonaniem jakiejkolwiek instrukcji otrzymanej faksem nadawca musi zostać zweryfikowany jako pracownik lub inna zaufana osoba. Wykonanie telefonu do nadawcy w celu weryfikacji instrukcji jest zwykle wystarczające.

Uwagi. Pracownicy muszą stale pamiętać o zwracaniu uwagi na nietypowe prośby otrzymywane za pośrednictwem faksu, np. prośby o wprowadzenie poleceń do komputera lub ujawnienie informacji. Dane w nagłówku faksu mogą zostać sfałszowane poprzez zmianę ustawień faksu, z którego nadawany jest dokument. Dlatego też nagłówek faksu nie może stanowić narzędzia ustalania tożsamości nadawcy.

13.3. Przesyłanie poufnych informacji faksem

Instrukcja. Przed wysłaniem poufnych informacji na faks, który znajduje się w miejscu dostępnym dla innych pracowników, wysyłający powinien przesłać stronę tytułową. Odbierający po otrzymaniu strony tytułowej przesyła odpowiedź, udowadniając, że jest fizycznie obecny przy aparacie. Dopiero wówczas nadawca wysyła resztę.

Uwagi. Ta procedura potwierdzająca upewnia nadawcę, że odbiorca jest fizycznie obecny po drugiej stronie. Oprócz tego proces ten służy sprawdzeniu, czy numer faksu nie został przekierowany na inną lokalizację.

13.4. Zakaz faksowania haseł

Instrukcja. Pod żadnym pozorem nie wolno przesyłać faksem haseł.

Uwagi. Przesyłanie informacji uwierzytelniających za pośrednictwem faksu nie jest bezpieczne. Do większości aparatów dostęp ma większa grupa osób. Poza tym korzystają one z publicznej centrali telefonicznej, w której można wprowadzić zmiany przekierowujące numer aparatu odbierającego tak, aby faksy dostawały się w ręce napastnika.

Korzystanie z poczty głosowej

14.1. Hasła do skrzynek poczty głosowej

Instrukcja. Hasła zabezpieczające skrzynki poczty głosowej nie mogą być ujawniane pod żadnym pozorem. Dodatkowo hasła te muszą być zmieniane przynajmniej raz na 50 dni.

Uwagi. Wiadomości zostawione w poczcie głosowej mogą zawierać poufne informacje. W celu ich ochrony pracownicy powinni często zmieniać swoje hasła i nikomu ich nie ujawniać. Oprócz tego, użytkownicy poczty głosowej nie powinni ponownie korzystać z tego samego lub podobnego hasła wcześniej niż po upływie 12 miesięcy od ostatniego jego zastosowania.

14.2. Hasła do wielu systemów

Instrukcja. Użytkownicy poczty głosowej nie powinni stosować tego samego hasła w jakimkolwiek innym systemie telefonicznym lub komputerowym, czy to firmowym czy prywatnym.

Uwagi. Korzystanie z podobnych lub identycznych haseł w wielu systemach, np. w skrzynce poczty głosowej i w komputerze, ułatwia socjotechnikowi odgadnięcie pozostałych haseł użytkownika po odgadnięciu jednego.

14.3. Wybieranie hasła do skrzynki poczty głosowej

Instrukcja. Użytkownicy i administratorzy poczty głosowej muszą wybierać hasła, które są trudne do odgadnięcia. Nie mogą się one w żaden sposób kojarzyć z osobą, która ich używa, ani też z firmą i nie powinny zawierać łatwych do odgadnięcia wzorców.

Uwagi. Hasła nie mogą zawierać sekwencji lub powtarzających się cyfr (np. 1111, 1234, 1010), nie mogą być takie same lub podobne do numeru wewnętrznego skrzynki i nie mogą nawiązywać do adresu, kodu pocztowego, daty urodzenia, tablic rejestracyjnych, numeru telefonu, wagi, współczynnika IQ i innych informacji osobistych.

14.4. Wiadomości pocztowe oznaczone jako „zachowane"

Instrukcja. W sytuacji, gdy nie odsłuchiwane wcześniej wiadomości nie są oznaczone jako „nowe", administrator poczty musi zostać powiadomiony o podejrzeniu włamania do skrzynki, a hasło powinno zostać niezwłocznie zmienione.

Uwagi. Socjotechnicy mogą uzyskać dostęp do skrzynek poczty głosowej na kilka różnych sposobów. Pracownik, który zauważy, że wiadomości, które słyszy po raz pierwszy, nie są oznaczane jako nowe, musi założyć, że ktoś uzyskał dostęp do jego skrzynki i wcześniej odsłuchał wiadomości.

14.5. Powitanie w poczcie głosowej

Instrukcja. Pracownicy firmy powinni ograniczyć ujawnianie informacji w nagrywanych powitaniach poczty głosowej. Informacje związane z rozkładem dnia lub planami podróży nie powinny być ujawniane.

Uwagi. Zewnętrzne powitanie (odtwarzane dzwoniącym z zewnątrz) nie powinno zawierać nazwiska, numeru wewnętrznego, powodu nieobecności (podróż służbowa, urlop, rozkład dnia), bowiem napastnik może wykorzystać taką informację do stworzenia przekonującej historii na potrzeby manipulowania innymi osobami.

14.6. Hasła o ustalonych wzorcach

Instrukcja. Użytkownicy poczty głosowej nie powinni wybierać haseł, w których jedna część pozostaje niezmienna, a inna zmienia się zgodnie z przewidywalnym wzorcem.

Uwagi. Na przykład, nie należy stosować kolejno haseł 743501, 743502, 743503 itd., gdzie ostatnie dwie cyfry odpowiadają numerowi bieżącemu miesiąca.

14.7. Informacje tajne lub prywatne

Instrukcja. Informacje tajne i prywatne nie mogą być przekazywane poprzez pocztę głosową.

Uwagi. System telefoniczny firmy jest zwykle gorzej zabezpieczony niż system komputerowy. Hasła są przeważnie ciągami cyfr, co znacznie ogranicza ilość możliwych kombinacji. Co więcej, w niektórych organizacjach hasła mogą być udostępniane sekretarkom lub personelowi administracyjnemu, który ma obowiązek odbierania wiadomości przeznaczonych dla szefa. W związku z tym nie powinno się pozostawiać tajnych informacji w poczcie głosowej.

Hasła

15.1. Hasła i telefony

Instrukcja. Pod żadnym pozorem nie wolno ujawniać haseł przez telefon.

Uwagi. Napastnicy mogą znaleźć sposób na podsłuchiwanie rozmów osobiście lub za pośrednictwem jakiegoś rozwiązania technologicznego.

15.2. Ujawnianie haseł dostępu do komputera

Instrukcja. Użytkownik komputera nie może nikomu pod żadnym pozorem ujawnić swojego hasła bez pisemnej zgody odpowiedzialnego kierownika z działu informatyki.

Uwagi. Celem wielu ataków socjotechnicznych jest zmanipulowanie pracownika w taki sposób, aby ujawnił swoją nazwę użytkownika i hasło. Instrukcja ta stanowi ogromny krok w kierunku ograniczenia groźby udanego ataku socjotechnicznego na firmę. Dlatego też musi być ściśle przestrzegana w całej firmie.

15.3. Hasła w Internecie

Instrukcja. Pracownicy nie mogą używać na stronach internetowych takich samych lub podobnych haseł jak w systemie komputerowym firmy.

Uwagi. Oszuści mogą stworzyć w Internecie stronę, na której zapewniają o atrakcyjnej ofercie i możliwości wygrania nagród. W celach rejestracyjnych gość musi podać adres e-mail, nazwę użytkownika i hasło. Jako że wiele osób używa takiej samej lub podobnej informacji podczas rejestracji na różnych stronach, autor strony będzie próbował użyć wybranego hasła lub jego wariacji podczas ataku na domowy lub firmowy system komputerowy danej osoby. System komputerowy, którym osoba ta posługuje się w pracy, można czasami zidentyfikować za pomocą adresu e-mail podanego przez nią w czasie rejestracji.

15.4. Hasła w wielu systemach

Instrukcja. Personel firmy nigdy nie może stosować tego samego lub podobnego hasła w większej liczbie systemów. Instrukcja ta odnosi się do różnych typów urządzeń (komputer, poczta głosowa), różnych lokalizacji urządzeń (praca, dom), różnych urządzeń systemowych (*router*, *firewall*) oraz różnych programów (baza danych, aplikacja).

Uwagi. Napastnicy, włamując się do systemów komputerowych i sieci, wykorzystują cechy natury ludzkiej. Wiedzą, że aby uniknąć kłopotów z zapamiętaniem kilku haseł, wiele osób używa takich samych lub podobnych haseł w każdym z systemów, do którego mają dostęp. Na początku intruz będzie próbował złamać hasło na jednym z systemów, w którym dana osoba ma konto. Bardzo prawdopodobne jest, że to samo hasło lub jego wariacja otworzy dostęp do innych urządzeń i systemów, z których osoba ta korzysta.

15.5. Ponowne używanie tych samych haseł

Instrukcja. Żaden użytkownik nie może używać ponownie tego samego lub podobnego hasła wcześniej niż po upływie osiemnastu miesięcy od jego ostatniego użycia.

Uwagi. Jeżeli napastnikowi uda się odkryć hasło użytkownika, jego częste zmiany zmniejszają rozmiar potencjalnych szkód. Nowe hasła nie mające żadnego związku z poprzednimi są trudniejsze do odgadnięcia.

15.6. Hasła o ustalonych wzorcach

Instrukcja. Pracownicy nie mogą wybierać haseł, w których jedna część pozostaje niezmienna, a druga zmienia się zgodnie z przewidywalnym wzorcem.

Uwagi. Nie można na przykład używać haseł takich jak: Roman01, Roman02, Roman03 itd., gdzie dwie ostatnie cyfry oznaczają numer bieżącego miesiąca.

15.7. Wybieranie haseł

Instrukcja. Użytkownicy komputerów powinni wybierać hasła, które odpowiadają poniższym wymaganiom.

Musi składać się z co najmniej ośmiu znaków w przypadku standardowych kont użytkowników i co najmniej dwunastu na kontach uprzywilejowanych.

Musi zawierać co najmniej jedną cyfrę, co najmniej jeden symbol (np. $, _, %, !), co najmniej jedną małą literę i co najmniej jedną dużą literę (pod warunkiem, że pozwala na to system operacyjny).

Nie może być wyrazem ze słownika dowolnego języka, wyrazem związanym z rodziną, hobby, samochodem, pracą, numerami rejestracyjnymi, numerem NIP, adresem, telefonem, imieniem psa, datą urodzenia lub frazą zawierającą te wyrazy.

Nie może być wariacją poprzedniego hasła z jednym elementem niezmiennym, a drugim zmieniającym się, np. Roman01, Roman02, Roman03 lub RomanSty, RomanLut.

Uwagi. Hasło stworzone przy przestrzeganiu powyższych wytycznych będzie trudne do odgadnięcia dla socjotechnika. Inną możliwością jest stosowanie metody spółgłoska-samogłoska, dzięki której otrzymujemy łatwe do wymówienia i zapamiętania hasło. Aby skonstruować takie hasło, należy posługiwać się wzorcem „XYXYXY", gdzie w miejsce X wstawiamy spółgłoski, a w miejsce Y samogłoski. Przykładami mogą być SOFEKA albo WACUNE.

15.8. Notowanie haseł

Instrukcja. Pracownicy mogą notować hasła tylko wtedy, gdy przechowują je w bezpiecznym miejscu z dala od komputera i innych chronionych hasłem urządzeń.

Uwagi. Pracowników należy odwodzić od notowania haseł. Niekiedy jest to niestety konieczne, na przykład wówczas, gdy pracownik ma wiele kont w różnych systemach. Każde zapisane hasło musi być przechowywane w bezpiecznym miejscu z dala od komputera. W żadnym przypadku nie wolno przechowywać haseł pod klawiaturą lub przyklejonych do monitora.

15.9. Hasła jako zwykły tekst

Instrukcja. Hasła w formie niezaszyfrowanego tekstu nie powinny być przechowywane w żadnym pliku w komputerze albo jako tekst przywoływany naciśnięciem klawisza funkcyjnego. W razie konieczności hasła można zapisywać za pomocą narzędzia szyfrującego zaaprobowanego przez dział informatyki i tym samym uniknąć groźby poznania ich przez nieupoważnione osoby.

Uwagi. Hasła mogą być łatwo zdobyte przez napastnika, jeżeli są przechowywane w formie niezaszyfrowanej w plikach danych, plikach wsadowych, dostępne pod klawiszami funkcyjnymi, w plikach logujących, makrach, skryptach lub plikach danych zawierających hasła do stron FTP.

Instrukcje dla użytkowników zdalnych

Użytkownicy zdalni znajdują się poza ochroną firmowego firewalla i tym samym są bardziej narażeni na ataki. Opisane tu instrukcje powinny uniemożliwić socjotechnikom wykorzystywanie pracowników zdalnych jako swoistej furtki do zasobów firmy.

16.1. Ubogi klient

Instrukcja. Wszyscy pracownicy upoważnieni do korzystania ze zdalnego dostępu powinni łączyć się za pomocą *ubogich klientów*.

Uwagi. Kiedy napastnik wybiera strategię ataku, może zdecydować się na próbę identyfikacji użytkowników ze zdalnym dostępem. Są oni pierwszym celem ataku. Ich komputery zwykle nie są tak dobrze zabezpieczone i mogą okazać się słabym ogniwem, umożliwiającym dostęp do sieci firmy.

Każdemu komputerowi, który łączy się z zaufaną siecią, można podrzucić program skanujący klawiaturę lub przejąć jego uwierzytelnione połączenie. Aby tego uniknąć, można stosować strategię ubogiego klienta. Ubogi klient przypomina stację roboczą nie wyposażoną we własny dysk lub „ślepy" terminal. Komputer zdalny nie posiada możliwości przechowywania programów — system operacyjny oraz wszystkie aplikacje rezydują w sieci firmowej. Dostęp do sieci poprzez ubogiego klienta znacznie zmniejsza ryzyko, jakie stwarza korzystanie z "niezałatanych" systemów operacyjnych i niebezpieczny kod. Zgodnie z powyższym, zarządzanie bezpieczeństwem użytkowników zdalnych jest łatwiejsze i efektywniejsze dzięki centralizacji sterowania nim. Zamiast liczyć na to, że niedoświadczeni użytkownicy zdalni będą w stanie zadbać o bezpieczeństwo swojego systemu, lepiej przenieść tę odpowiedzialność na odpowiednio wyszkolonych administratorów sieci.

16.2. Oprogramowanie zabezpieczające dla użytkowników zdalnych

Instrukcja. W każdym zewnętrznym systemie komputerowym, który służy do łączenia się z siecią firmy, musi być zainstalowane oprogramowanie antywirusowe i wykrywające konie trojańskie oraz firewall (programowy lub sprzętowy). Wzorce wirusów muszą być aktualizowane przynajmniej raz w tygodniu.

Uwagi. Zwykle użytkownicy zdalni nie są wyszkoleni w sprawach bezpieczeństwa i mogą nieumyślnie lub lekceważąco pozostawić swoje systemy narażonymi na wszelkie ataki. Dlatego właśnie użytkownicy zdalni stanowią duże zagrożenie dla bezpieczeństwa firmy, jeżeli nie są odpowiednio przeszkoleni. Oprócz instalacji oprogramowania antywirusowego i wykrywającego konie trojańskie w celu ochrony przed niebezpiecznym kodem konieczny jest firewall, aby zablokować wrogim użytkownikom dostęp do usług udostępnionych w systemie użytkownika zdalnego.

Jak dowodzi atak na firmę Microsoft, nie należy lekceważyć ryzyka związanego z niezastosowaniem minimalnych środków bezpieczeństwa w celu uniknięcia propagacji niebezpiecznego kodu. System komputerowy jednego ze zdalnych użytkowników wewnętrznej sieci firmy Microsoft został zainfekowany koniem trojańskim. Intruz lub intruzi byli w stanie używać połączenia owego zdalnego użytkownika z systemem programistycznym do kradzieży kodu źródłowego.

Instrukcje dla działu kadr

Na zatrudnionych w dziale kadr ciąży szczególny obowiązek ochrony pracowników przed osobami próbującymi uzyskać ich dane osobowe. Specjaliści od zarządzania kadrami odpowiadają również za ochronę firmy przed niezadowolonymi byłymi pracownikami.

17.1. Odejście pracowników z firmy

Instrukcja. Kiedy pracownik odchodzi z firmy, dział kadr niezwłocznie musi:

- usunąć nazwisko tej osoby z udostępnianego w wewnętrznej sieci spisu telefonów pracowników i zablokować lub przekierować jego pocztę głosową;
- poinformować personel pilnujący wejść do budynków firmy;
- dodać nazwisko pracownika do listy odchodzących, która powinna być rozsyłana do wszystkich pracowników nie rzadziej niż raz na tydzień.

Uwagi. Pracownicy, którzy pilnują wejść do budynków, powinni być poinformowani, aby nie wpuszczać byłego pracownika na teren firmy. Poinformowanie pozostałego personelu może udaremnić próby udawania wciąż zatrudnionego i sabotażu przy nieświadomej pomocy zatrudnionych.

W pewnych wypadkach konieczne jest polecenie wszystkim pracownikom działu zwalnianej osoby dokonania zmiany haseł. (Kiedy zostałem zwolniony z GTE z powodu mojej reputacji hakera, firma poleciła zmianę haseł wszystkim pracownikom firmy).

17.2. Informowanie działu informatyki

Instrukcja. Za każdym razem, gdy firma kogoś zwalnia, kadry powinny niezwłocznie powiadomić o tym dział informatyki, aby zlikwidowane zostały jego konta, w tym konta używane do korzystania z baz danych, do łączenia się przez modem lub Internet ze zdalnych lokalizacji.

Uwagi. Bardzo istotne jest dezaktywowanie wszelkiego rodzaju możliwości dostępu byłego pracownika do systemów komputerowych firmy, urządzeń sieciowych, baz danych i innych z chwilą jego zwolnienia. Nie robiąc tego, firma zostawia „otwarte drzwi" niezadowolonym pracownikom, którzy mogą dostać się do systemu i wyrządzić w nim znaczne szkody.

17.3. Tajne informacje wykorzystywane w procesie rekrutacyjnym

Instrukcja. Ogłoszenia i inne formy publicznej rekrutacji kandydatów na wolne miejsca pracy powinny w miarę możliwości unikać identyfikacji sprzętu komputerowego i oprogramowania używanego przez firmę.

Uwagi. Kierownictwo oraz personel działu kadr powinny ujawniać tylko tyle informacji na temat stosowanego przez firmę sprzętu i oprogramowania, ile jest niezbędne, aby otrzymać aplikacje od odpowiednio wykwalifikowanych kandydatów.

Hakerzy czytają gazety, informacje publikowane przez firmy i odwiedzają strony internetowe w poszukiwaniu ofert pracy. Często firmy ujawniają wiele informacji o stosowanym sprzęcie i oprogramowaniu, aby zachęcić potencjalnych kandydatów. Intruz wyposażony w wiedzę na temat systemów informatycznych firmy jest gotowy do drugiej fazy ataku. Na przykład wiedząc, że firma korzysta z systemu VMS, napastnik może wykonać telefon, aby wyłudzić numer stosowanej wersji systemu, a następnie przesłać fałszywy awaryjny pakiet aktualizacyjny wydający się pochodzić od producenta. Po jego zainstalowaniu napastnik jest już „w środku"

17.4. Osobiste dane pracownika

Instrukcja. Dział kadr nie może ujawniać informacji osobistych dotyczących aktualnie zatrudnionych lub byłych pracowników, osób wykonujących zlecenia, konsultantów czy zatrudnionych tymczasowo, chyba że pracownik lub szef działu kadr wyraził wcześniej pisemną zgodę.

Uwagi. Łowcy głów, prywatni detektywi i złodzieje tożsamości poszukują często danych pracownika, takich jak numer pracownika, numer NIP, data urodzenia, historia zarobków, dane finansowe łącznie z informacjami o depozytach, dane ubezpieczeniowe.

Socjotechnik dzięki tym informacjom może podawać się za daną osobę. Poza tym nazwiska nowo zatrudnionych mogą być niezwykle cennym łupem dla złodziei informacji. Nowi pracownicy zwykle podporządkowują się prośbom osób z większym stażem i władzą oraz każdej osobie, która oświadczy, że zajmuje się sprawami bezpieczeństwa.

17.5. Wywiad na temat pracowników

Instrukcja. Wymagane jest dokonanie wywiadu na temat każdego nowo przyjętego pracownika, wykonawcy zlecenia, konsultanta i pracownika tymczasowego przed zaoferowaniem stałej umowy o pracę lub kontraktu.

Uwagi. Z uwagi na koszty, wymaganie przeprowadzenia wywiadu można ograniczyć do pewnych stanowisk, na których muszą znaleźć się ludzie godni zaufania. Z drugiej strony, należy pamiętać, że każda osoba, której udzielamy fizycznego dostępu do biur firmy, stanowi potencjalne zagrożenie. Na przykład ekipy sprzątające mają dostęp do biur pracowników, a tym samym do znajdujących się tam systemów komputerowych. Napastnik posiadający fizyczny dostęp do komputera może zainstalować sprzętowy skaner klawiatury do przechwytywania haseł w czasie krótszym niż minuta.

Intruzi komputerowi czasami są gotowi postarać się o zatrudnienie w firmie, aby uzyskać dostęp do systemów komputerowych i sieci. Napastnik może w prosty sposób zdobyć nazwę firmy wykonującej tam usługi związane ze sprzątaniem pomieszczeń. Może, na przykład, zadzwonić do osoby odpowiedzialnej za te sprawy i podać się za przedstawiciela podobnej firmy usługowej szukającej zleceń, by otrzymać nazwę firmy, która bieżąco zajmuje się tym w interesującym go przedsiębiorstwie.

Instrukcje dotyczące bezpieczeństwa fizycznego

Co prawda socjotechnicy starają się nie pojawiać osobiście w firmach, które zamierzają zaatakować, jednak zdarzają się wyjątki. Opisane tu instrukcje pomogą zabezpieczyć teren firmy przed zagrożeniami.

18.1. Identyfikacja osób niezatrudnionych

Instrukcja. Dostawcy oraz inne osoby niezatrudnione, które mają potrzebę regularnego wchodzenia na teren firmy, muszą posiadać specjalne identyfikatory lub inne formy identyfikacji zgodne z instrukcją ustanowioną przez ochronę firmy.

Uwagi. Osobom niezatrudnionym, które muszą regularnie wchodzić na teren firmy (na przykład dostawcy jedzenia i napojów do bufetów, serwisanci kserokopiarek lub telemonterzy), powinno się wydać specjalnie stworzone do tego celu identyfikatory. Inne osoby, które mają potrzebę wchodzenia na teren firmy od czasu do czasu lub jednorazowego wejścia, muszą być traktowane jako goście i powinny być każdorazowo eskortowane.

18.2. Identyfikacja gości

Instrukcja. Każdy gość musi okazać dowód osobisty lub inny dokument ze zdjęciem, aby zostać wpuszczonym na teren firmy.

Uwagi. Pracownicy ochrony lub recepcjonistka powinni zrobić kopię dokumentu przed wydaniem identyfikatora. Kopia powinna być przechowywana w dzienniku gości. Alternatywnie, strażnik lub recepcjonistka mogą zapisywać informacje identyfikacyjne w dzienniku gości. Nie wolno zezwalać gościom na własnoręczne wpisywanie swoich danych do dziennika.

Socjotechnicy szukający możliwości wejścia do budynku zawsze będą zapisywać fałszywe dane w dzienniku. Mimo że zdobycie fałszywej tożsamości i zapamiętanie nazwiska pracownika, którego odwiedzamy, nie jest trudne, wymóg rejestracji osób wchodzących dodaje jeszcze jeden element systemu bezpieczeństwa.

18.3. Eskortowanie gości

Instrukcja. Goście muszą być cały czas eskortowani lub przebywać w towarzystwie pracownika firmy.

Uwagi. Jednym z popularnych podstępów stosowanych przez socjotechników jest umówienie się na wizytę u jednego z pracowników (na przykład u inżyniera produktu, podając się za pracownika strategicznego partnera firmy). Po tym, jak eskorta doprowadzi nas na miejsce spotkania, socjotechnik zapewnia swojego gospodarza, że sam znajdzie drogę do wyjścia. W ten sposób uzyskuje swobodę poruszania się po budynkach firmy i możliwość uzyskania poufnych informacji.

18.4. Identyfikatory tymczasowe

Instrukcja. Pracownicy firmy z innego oddziału, którzy nie mają ze sobą identyfikatora, muszą okazać ważny dowód osobisty lub inny dokument ze zdjęciem, aby otrzymać tymczasowy identyfikator gościa.

Uwagi. Napastnicy często podają się za pracowników z innego oddziału firmy, aby dostać się na jej teren.

18.5. Ewakuacja

Instrukcja. W każdej sytuacji zagrożenia lub podczas ćwiczeń ewakuacyjnych ochrona musi upewnić się, że wszyscy opuścili teren firmy.

Uwagi. Personel odpowiedzialny za bezpieczeństwo musi dopilnować, czy w biurach lub toaletach nie pozostali jacyś maruderzy. Po uzyskaniu zgody straży pożarnej lub innej osoby odpowiedzialnej za przebieg ewakuacji, ochrona musi sprawdzić, czy ktoś nie opuszcza budynku długo po ewakuacji.

Szpiedzy przemysłowi lub wyrafinowani hakerzy są w stanie uprawiać dywersję, aby uzyskać dostęp do zabezpieczonych obszarów firmy. Jedną ze stosowanych form dywersji jest rozpylanie w powietrzu nieszkodliwego środka chemicznego, który wywołuje wrażenie, że ulatnia się gaz. Z chwilą, gdy personel zacznie się ewakuować, napastnik będzie próbował ukraść jakieś informacje lub dostać się do systemu komputerowego firmy. Inną taktyką jest pozostanie w ukryciu, np. w toalecie lub w szafie, w czasie zaplanowanych ćwiczeń ewakuacyjnych bądź po odpaleniu flary lub zrobieniu podobnej rzeczy, która może spowodować ewakuację ludzi z budynku.

18.6. Goście w pokoju pocztowym

Instrukcja. Nie wolno wpuszczać gości firmy do pokoju pocztowego bez nadzoru pracownika firmy.

Uwaga: Celem tej instrukcji jest zapobieżenie podmianie, podrzuceniu lub kradzieży korespondencji wewnętrznej firmy.

18.7. Numery rejestracyjne samochodów

Instrukcja. Jeżeli firma posiada strzeżony parking, strażnicy powinni notować numery rejestracyjne samochodów wjeżdżających na jego teren.

18.8. Kontenery na śmieci

Instrukcja. Kontenery na śmieci muszą pozostawać cały czas na terenie firmy i nie powinny być ogólnie dostępne.

Uwaga: Hakerzy i szpiedzy przemysłowi potrafią uzyskać wartościowe informacje z firmowych kontenerów na śmieci. Sądy amerykańskie utrzymują, że śmieci są porzuconą własnością i ich przeszukiwanie jest całkowicie legalne. Z tego powodu ważne jest, aby pojemniki na odpadki znajdowały się na terenie firmy, gdzie ma ona prawo chronić je wraz z zawartością.

Instrukcje dla recepcjonistek

Recepcjonistki często są na pierwszej linii w kontaktach z socjotechnikiem, jednak rzadko są szkolone, by rozpoznawać i zatrzymywać intruzów. Zastosowanie opisanych tu instrukcji pozwoli recepcjonistkom lepiej ochraniać firmę i jej dane.

19.1. Wewnętrzny spis telefonów

Instrukcja. Ujawnianie informacji zawartych w wewnętrznym spisie telefonów firmy powinno być ograniczone tylko do jej pracowników.

Uwagi. Wszystkie nazwiska, stanowiska, numery telefonów i adresy zawarte w spisie telefonów powinny być traktowane jako informacja wewnętrzna i powinny być ujawniane zgodnie z instrukcją opisującą klasyfikację danych i informacje wewnętrzne.

Dodatkowo, osoba dzwoniąca musi znać nazwisko lub numer wewnętrzny pracownika z którym chce się skontaktować. Recepcjonistka może co prawda przełączyć rozmowę do kogoś, kogo osoba dzwoniąca nie zna, ale nie może wtedy podawać jej numeru wewnętrznego. (Ciekawskim, którzy wolą uczyć się na konkretnych przykładach, polecam w celu doświadczenia tej procedury wykonanie telefonu do jednej z instytucji rządowych i poproszenie operatora o jakiś numer wewnętrzny).

19.2. Numery telefonów do działów lub grup roboczych

Instrukcja. Pracownicy nie powinni nikomu podawać bezpośrednich numerów do biura pomocy technicznej, działu telekomunikacyjnego, operatorów komputerów lub administratora systemu bez weryfikacji rzeczywistej potrzeby kontaktu z tymi osobami. Recepcjonistka, przełączając rozmowę do którejś z tych osób, powinna podać nazwisko osoby dzwoniącej.

Uwagi. Mimo że dla niektórym instrukcja ta może wydawać się zbyt restrykcyjna, to utrudnia ona socjotechnikowi podawanie się za pracownika firmy i nakłanianie kolejnych rozmówców, aby przełączali go dalej ze swoich aparatów (w niektórych systemach telefonicznych rozmowa taka jest odbierana jako telefon z wewnątrz) oraz demonstrowanie swojej wiedzy i sprawianie wrażenia autentyczności, poprzez posługiwanie się numerami wewnętrznymi.

19.3. Przekazywanie informacji

Instrukcja. Telefonistki i recepcjonistki nie powinny przyjmować wiadomości lub przekazywać informacji w imieniu nieznanych osób.

Uwagi. Socjotechnicy są zdolni tak zmanipulować osobę, aby nieumyślnie poręczała za ich tożsamość. Jeden z typowych trików polega na zdobyciu numeru telefonu recepcjonistki i poproszeniu jej, by przyjmowała wiadomości, które mogą dla nas nadejść. Później, w czasie rozmowy telefonicznej z ofiarą, napastnik podaje się za pracownika, prosi o poufne informacje lub wykonanie jakiegoś zadania i podaje numer centrali jako numer zwrotny. Napastnik dzwoni później do recepcjonistki i odbiera wiadomości, jakie zostawiła dla niego niczego nie podejrzewająca ofiara podstępu.

19.4. Rzeczy do odebrania

Instrukcja. Przed wydaniem jakiejkolwiek rzeczy kurierowi lub innej nie zweryfikowanej osobie, recepcjonistka lub strażnik musi zobaczyć dowód tożsamości ze zdjęciem i wpisać dane z dowodu do rejestru rzeczy odebranych, zgodnie z zatwierdzonymi procedurami.

Uwagi. Jedną z taktyk socjotechnicznych jest namówienie pracownika do przekazania poufnych informacji innemu, przypuszczalnie uprawnionemu, pracownikowi poprzez ich pozostawienie do odebrania u recepcjonistki. Oczywiście recepcjonistka lub strażnik zakładają, że przesyłkę należy wydać temu, kto się po nią zgłosi. Socjotechnik albo zgłasza się osobiście, albo korzysta z usługi firmy kurierskiej, która odbiera dla niego przesyłkę.

Instrukcje dla grupy przyjmującej zgłoszenia incydentów

Każda firma powinna wyznaczyć scentralizowaną grupę, która ma być powiadamiana w przypadku identyfikacji jakiejś formy zagrożenia bezpieczeństwa firmy. Poniżej opisano pewne wytyczne co do formowania grupy i wyznaczania jej zadań.

20.1. Punkt zgłaszania incydentów

Instrukcja. Należy wyznaczyć osobę lub grupę, do której zgłaszane mają być wszelkie incydenty naruszające bezpieczeństwo firmy. Wszyscy pracownicy powinni zostać wyposażeni w informacje kontaktowe tej grupy.

Uwagi. Pracownicy muszą zrozumieć, jak identyfikować zagrożenie bezpieczeństwa, i być tak przeszkoleni, aby zgłaszali wszelkie zaistniałe zagrożenia do punktu zgłaszania incydentów. Równie ważne jest stworzenie procedur opisujących działanie grupy w przypadku otrzymania informacji o zagrożeniu.

20.2. Trwające ataki

Instrukcja. Jeżeli punkt zgłaszania incydentów odbiera informacje o trwającym ataku socjotechnicznym, powinien niezwłocznie rozpocząć procedury alarmujące wszystkich pracowników, którzy należą do zagrożonych atakiem grup.

Uwagi. Grupa, do której zgłaszane są incydenty, lub odpowiedzialny za to kierownik, powinna podjąć decyzję, czy ogłosić alert w całej firmie. W sytuacji, kiedy odpowiedzialne osoby są przekonane, że przeprowadzany jest atak, priorytetem musi być zapobieżenie ewentualnym szkodom, poprzez zaalarmowanie pracowników, aby spodziewali się ataku.

Dodatki

Bezpieczeństwo w pigułce

Źródła

Skorowidz

Bezpieczeństwo w pigułce

Poniższe listy i tabele stanowią przegląd metod socjotechnicznych omawianych w rozdziałach od 2. do 14. i procedur weryfikacyjnych wyszczególnionych w rozdziale 16. Informacje te należy zmodyfikować pod kątem własnej organizacji i udostępnić pracownikom, aby mogli z nich korzystać w odpowiedniej sytuacji.

Identyfikacja ataku

Przedstawione tutaj tabele i listy pomogą ustalić, czy ma miejsce atak socjotechniczny.

Cykl socjotechniczny

Działanie	Opis
Rozpoznanie	Może zacząć się od ogólnej analizy powszechnie dostępnych informacji, jak wyniki finansowe, katalogi, zgłoszenia do urzędu patentowego, wzmianki prasowe, artykuły w prasie fachowej, zawartość strony internetowej, a także zawartości śmietników.
Budowanie więzi i zaufania	Użycie wewnętrznych informacji, podawanie się za kogoś innego, wspominanie nazwisk osób znanych ofierze, zgłoszenie potrzeby pomocy lub zasugerowanie posiadania władzy.
Wykorzystanie zaufania	Prośba o informację lub działanie skierowana do ofiary. Zmanipulowanie ofiary tak, aby sama poprosiła o pomoc.
Wykorzystanie informacji	Jeżeli uzyskana informacja jest tylko kolejnym krokiem zbliżającym napastnika do celu, wraca on do poprzednich kroków cyklu, aż do osiągnięcia sukcesu.

Typowe metody socjotechniczne

- Udawanie pracownika tej samej firmy.
- Udawanie przedstawiciela dostawcy, firmy partnerskiej lub agencji rządowej.
- Udawanie kogoś, kto ma władzę.
- Udawanie nowego pracownika proszącego o pomoc.
- Udawanie przedstawiciela producenta systemu operacyjnego zalecającego pilną aktualizację.
- Oferowanie pomocy w razie wystąpienia jakiegoś problemu, sprawienie, by problem wystąpił, i manipulacja ofiarą w taki sposób, aby sama zadzwoniła z prośbą o pomoc.
- Wysłanie darmowego programu do aktualizacji lub zainstalowania.

- Wysłanie wirusa lub konia trojańskiego w załączniku do poczty.
- Użycie fałszywego okna dialogowego wyświetlającego prośbę o powtórne zalogowanie się lub wprowadzenie hasła.
- Przechwytywanie naciśniętych klawiszy za pomocą specjalnego programu.
- Podrzucenie w okolicach stanowiska pracy ofiary dyskietki lub płyty CD-ROM zawierającej niebezpieczny kod.
- Używanie wewnętrznej terminologii i żargonu w celu zbudowania zaufania.
- Oferowanie nagrody za rejestrację, poprzez wprowadzenie nazwy użytkownika i hasła na stronie internetowej.
- Podrzucenie dokumentu lub pliku w pomieszczeniu poczty wewnętrznej firmy, aby dotarł do miejsca przeznaczenia jako korespondencja wewnętrzna.
- Zmiana ustawień nagłówka w faksie tak, aby wydawał się pochodzić z wewnątrz.
- Prośba do recepcjonistki o odebranie i przesłanie faksu dalej.
- Prośba o transfer pliku do lokalizacji, która wydaje się wewnętrzna.
- Ustawienie skrzynki poczty głosowej w taki sposób, że w trakcie oddzwaniania napastnik jest identyfikowany jako osoba z wewnątrz.
- Podawanie się za pracownika z innego oddziału i prośba o tymczasowe otwarcie konta e-mail.

Atak — znaki ostrzegawcze

- Odmowa podania numeru zwrotnego.
- Nietypowa prośba.
- Okazywanie posiadania władzy.
- Podkreślanie pilności sprawy.
- Grożenie konsekwencjami niepodporządkowania się prośbie.
- Okazywanie niechęci w przypadku zadawania pytań.

- Wymienianie wielu nazwisk.
- Komplementy lub pochlebstwa.
- Flirtowanie.

Typowe cele ataku

Typ celu	Przykłady
Nieświadomy wartości informacji	Recepcjonistka, telefonistka, pracownicy administracji, pracownicy ochrony.
Posiadający specjalne przywileje	Pomoc techniczna, administratorzy systemów komputerowych, operatorzy komputerów, administratorzy systemów telefonicznych.
Producent	Producenci sprzętu, oprogramowania, systemów poczty głosowej.
Określone wydziały	Księgowość, kadry.

Czynniki ułatwiające atak

- Duża liczba pracowników.
- Wiele lokalizacji.
- Informacje o poczynaniach pracowników zostawiane w poczcie głosowej.
- Udostępnianie numerów wewnętrznych.
- Brak szkolenia w zakresie bezpieczeństwa.
- Brak systemu klasyfikacji danych.
- Brak punktu zgłaszania incydentów i planów reakcji.

Weryfikacja i klasyfikacja danych

Przedstawione tutaj tabele mają za zadanie pomóc w reagowaniu na prośby o informacje lub czynności, które mogą okazać się atakiem socjotechnicznym.

Procedura weryfikacji tożsamości

Środek identyfikacji	Opis
Identyfikacja rozmówcy	Sprawdź, czy rozmowa pochodzi z wewnątrz i czy wyświetlony numer odpowiada osobie, która dzwoni.
Oddzwanianie	Znajdź dzwoniącego w firmowym spisie telefonów i zadzwoń pod podany tam numer wewnętrzny.
Poręczenie	Poproś zaufanego pracownika o poręczenie tożsamości dzwoniącego.
Wspólna tajemnica	Poproś o podanie wspólnej tajemnicy firmowej, takiej jak hasło lub kod dnia.
Zwierzchnik lub szef	Skontaktuj się z bezpośrednim zwierzchnikiem pracownika i poproś o weryfikację jego tożsamości i statusu.
Bezpieczny e-mail	Poproś o wiadomość podpisaną elektronicznie.
Rozpoznawanie po głosie	Jeżeli znasz rozmówcę, rozpoznaj go po głosie.
Hasła dynamiczne	Dokonaj weryfikacji poprzez odpowiednie urządzenie generujące dynamiczne hasła lub zastosuj podobne rozwiązanie uwierzytelniające.
Osobiście	Poproś rozmówcę o osobiste pojawienie się ze swoim identyfikatorem pracownika.

Procedura weryfikacji statusu pracownika

Środek weryfikacji	Opis
Lista pracowników	Sprawdź, czy dzwoniący znajduje się na liście pracowników.
Szef	Zadzwoń do szefa firmy, używając numeru z listy pracowników.
Wydział	Zadzwoń do wydziału, w którym pracuje rozmówca, i zapytaj, czy osoba ta jest pracownikiem firmy.

Procedura weryfikacji potrzeby wiedzy

Czynność	Opis
Sprawdź stanowisko, grupę i zakres odpowiedzialności	Sprawdź w opublikowanych listach, którzy pracownicy są uprawnieni do otrzymywania określonych tajnych informacji.
Uzyskaj potwierdzenie od szefa	Skontaktuj się ze swoim szefem lub szefem osoby dzwoniącej z prośbą.
Uzyskaj potwierdzenie od właściciela informacji lub osoby wyznaczonej przez niego	Zapytaj posiadacza informacji, czy pytającemu jest potrzebna informacja, o którą prosi.
Uzyskaj potwierdzenie od specjalnego systemu	Sprawdź w specjalnej bazie danych weryfikującej dostęp osób do informacji.

Kryteria weryfikacji osób nie będących pracownikami

Kryterium	Działanie
Powiązanie	Sprawdź, czy firma, którą reprezentuje dana osoba, jest dostawcą, partnerem strategicznym lub ma inne odpowiednie powiązania.

Kryterium	Działanie
Tożsamość	Zweryfikuj tożsamość osoby i status zatrudnienia w jej firmie.
Tajemnica	Sprawdź, czy osoba podpisała zobowiązanie do nieujawniania otrzymanych informacji.
Dostęp	Jeżeli informacja jest sklasyfikowana jako bardziej poufna niż wewnętrzna, przekaż sprawę kierownictwu.

Klasyfikacja danych

Klasyfikacja	Opis	Procedura
Publiczne	Ogólnie dostępne.	Nie ma potrzeby weryfikacji.
Wewnętrzne	Do użytku wewnętrznego firmy.	Zweryfikuj tożsamość osoby pytającej jako zatrudnionej w firmie, a w przypadku osoby z zewnątrz sprawdź istnienie zobowiązania do nieujawniania tajemnic i zgodę kierownictwa.
Prywatne	Informacje natury osobistej, przeznaczone do użytku tylko w ramach organizacji.	Zweryfikuj tożsamość osoby pytającej jako zatrudnionej lub uprawnionej osoby z zewnątrz. Zanim udzielisz informacji prywatnej, skonsultuj się z działem kadr.
Tajne	Udzielane tylko osobom z bezwzględną potrzebą wiedzy, w ramach organizacji.	Zweryfikuj tożsamość osoby pytającej i potrzebę wiedzy (u właściciela danej informacji). Udzielaj informacji tylko wtedy, gdy posiadasz pisemną zgodę szefa, właściciela informacji lub jego przedstawiciela. Sprawdź istnienie pisemnego zobowiązania do zachowania tajemnicy. Tylko kadra kierownicza może udzielać takich informacje osobom nie będącym pracownikami firmy.

Reagowanie na prośbę o informację

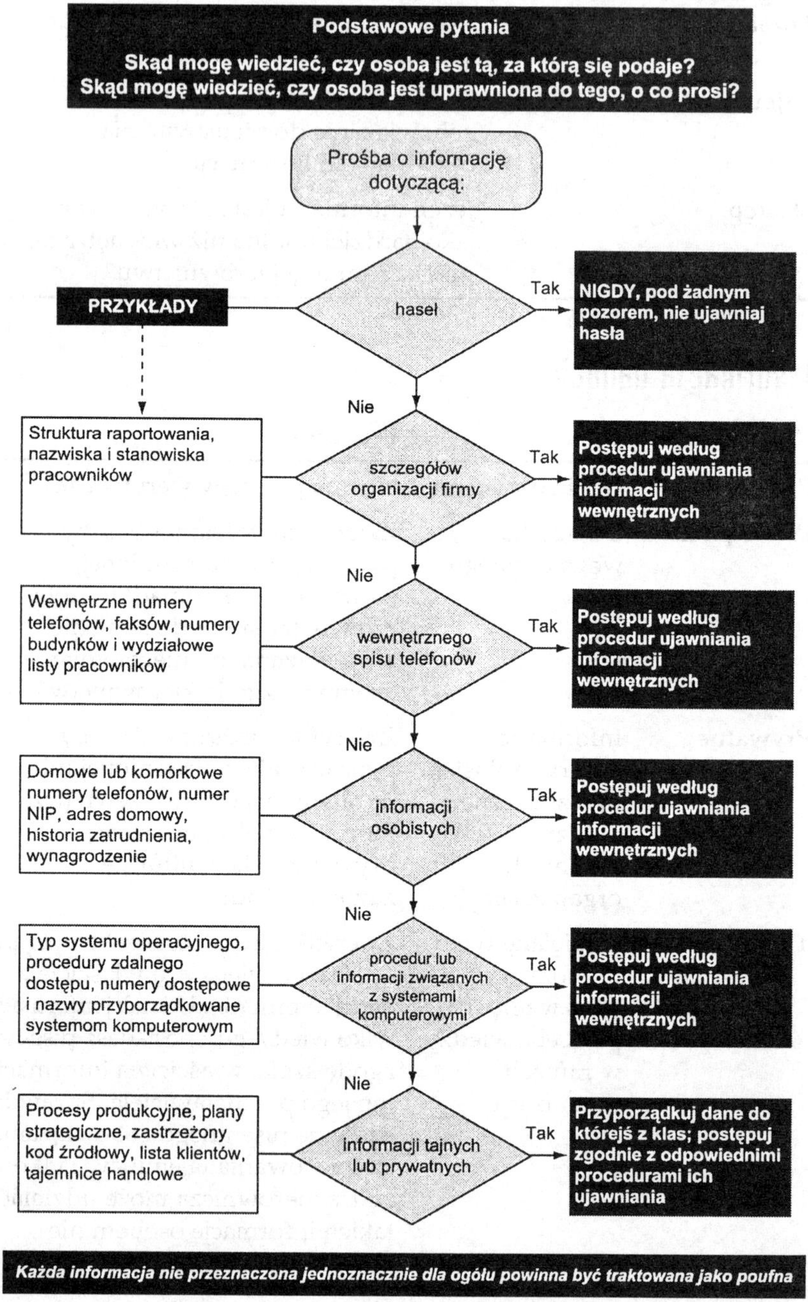

Reagowanie na prośbę o wykonanie czynności

Złote zasady

Nie ufaj osobom o nie zweryfikowanej tożsamości. Zalecane jest przeciwstawianie się prośbom.

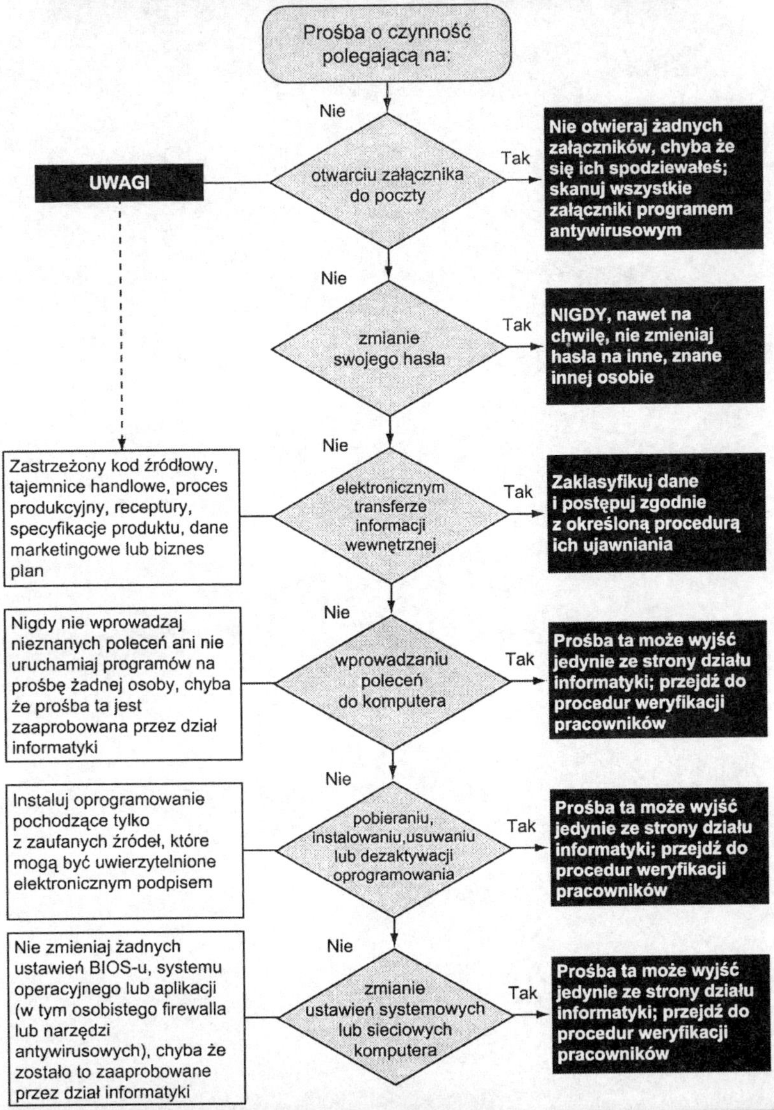

Wszelkie czynności, które wykonujesz w imieniu innych osób, mogą doprowadzić do naruszenia zasobów firmy. Weryfikuj, weryfikuj i jeszcze raz weryfikuj

Źródła

Buck Bloom Becker, *Spectacular Computer Crimes: What they Are and How They Cost American Business Half a Billion Dollars a Year*, [b. m.] 1990.

Littman Jonathan, *The Fugitive Game: Online with Kevin Mitnick*, [b. m.] 1997.

Peneberg Adam L., *The Demonizing of a Hacker*, „Forbes", 19 kwietnia 1999.

Cialdini Robert B., *Wywieranie wpływu na ludzi. Teoria i praktyka*, Gdańsk 1999.

Cialdini Robert B., *The Science of Persuasion*, „Scientific American", luty 2001.

Podziękowania

Od Kevina Mitnicka

Prawdziwa przyjaźń bywa określana jako jeden umysł w dwóch ciałach; niewielu ludzi, których spotykamy w naszym życiu, zasługuje na miano prawdziwych przyjaciół. Jack Biello był życzliwą i troskliwą osobą, która odważyła się wystąpić przeciwko sposobowi, w jaki zostałem potraktowany przez nieetycznych dziennikarzy i zbyt fanatycznie nastawionych oskarżycieli. To on stał na czele ruchu na rzecz mojego uwolnienia i był autorem artykułów ujawniających informacje, które nie były wygodne dla rządu.

Jack zawsze był gotów odważnie wypowiadać się w moim imieniu i współpracować ze mną, przygotowując przemowy i artykuły, by w pewnym momencie stać się moim rzecznikiem prasowym.

Książkę tę dedykuję mojemu najdroższemu przyjacielowi, Jackowi Biello, który, umierając na raka niedługo po tym, jak ukończyłem rękopis, pozostawił mnie w poczuciu straty i głębokim smutku.

Napisanie tej książki nie byłoby możliwe bez wsparcia ze strony mojej rodziny. Miłość i pomoc mojej mamy, Shelly Jaffe, i babci, Reby Vartatian, towarzyszy mi przez całe życie. To wielkie szczęście być wychowanym przez tak kochającą i oddaną matkę, którą uważam również za najlepszego przyjaciela. Moja babcia była mi drugą matką, okazując miłość i opiekę. Te cudowne, współczujące osoby nauczyły mnie, jak troszczyć się o innych i wyciągać pomocną dłoń do tych, którym się nie udało. Tak więc, krocząc ścieżką dawania i współczucia innym, w pewnym sensie podążam drogą, którą obie mi wyznaczają. Mam nadzieję, że wybaczą mi, iż w czasie pisania nieco je zaniedbałem i nie odwiedzałem, tłumacząc się nawałem pracy i napiętymi terminami. Powstanie tej książki nie byłoby możliwe bez ich nieustannej miłości i wsparcia — na zawsze pozostaną bliskie mojemu sercu.

Jakże bym chciał, by mój ojciec, Alan Mitnick, i brat, Adam Mitnick, dożyli tej chwili i mogli się napić ze mną szampana w dniu, w którym książka ta ukaże się w księgarniach. Mój ojciec — przedsiębiorca i handlowiec — nauczył mnie wielu rzeczy, których nigdy nie zapomnę. Przez ostatnie miesiące jego życia miałem szczęście być u jego boku i dodawać mu otuchy najlepiej jak mogłem. Jego śmierć to bardzo bolesne doświadczenie, po którym do dziś jeszcze się nie otrząsnąłem.

Moja ciotka, Chickie Laventhal, będzie zawsze zajmowała specjalne miejsce w moim sercu. Mimo że zawiodłem ją kilkoma głupimi błędami, które popełniłem, zawsze była przy mnie ze swoją miłością i wsparciem.

Również brat mojego ojca zdecydowanie zasługuje na wspomnienie. Być może odziedziczyłem moje talenty socjotechniczne właśnie po wuju Mitchellu, który zawsze wiedział, jak manipulować ludźmi i światem na takie sposoby, jakich pewnie nigdy nie zrozumiem, a już na pewno nie opanuję. Na swoje szczęście nie zainteresował się komputerami w czasie, gdy używał swej czarującej osobowości do wywierania wpływu na ludzi. Tytuł wielkiego mistrza socjotechniki będzie zawsze należeć do niego.

Pisząc te podziękowania, zdałem sobie sprawę, że jest wiele osób, którym chciałby podziękować i okazać wdzięczność za miłość, przyjaźń i wsparcie. Nie jestem w stanie pamiętać nazwisk całej masy wspaniałych ludzi, których spotkałem w ostatnich latach — nie sposób ich wszystkich wymienić. Wiele osób z całego świata pisało do mnie słowa zachęty, uznania i wsparcia. Słowa te wiele dla mnie znaczyły, szczególnie w chwilach, w których najbardziej ich potrzebowałem.

Szczególnie wdzięczny jestem swoim zwolennikom, którzy stanęli po mojej stronie i poświęcili swój cenny czas i energię, by dać wyraz troski o mnie i sprzeciwić się temu, w jaki sposób byłem traktowany.

To niezwykłe szczęście mieć za współpracownika autora bestsellerów — Billa Simona. Pracowaliśmy ramię w ramię niezależnie od różnic, jakie istnieją między nami. Bill jest niezwykle zorganizowany, wcześnie wstaje i działa w przemyślany i zaplanowany sposób. Jestem mu wdzięczny, że dostosował się do mojego nocnego trybu życia. Moje zaangażowanie w ten projekt i przeciąganie godzin pracy sprawiały, że czasem kończyłem o poranku. Nie było to zgodne z normalnym trybem życia Billa.

Bill potrafił przekształcić moje pomysły w zdania godne dojrzałego czytelnika i okazywał (prawie zawsze) cierpliwość, borykając się z moim (przez pryzmat programisty) sposobem widzenia szczegółów. W końcu udało się. W tym miejscu chciałbym przeprosić Billa i powiedzieć, że zawsze będę żałować własnego podejścia do pracy, ponieważ to moja pedanteria w przedstawianiu szczegółów doprowadziła do tego, że pierwszy raz w swojej długiej karierze pisarskiej nie dotrzymał umówionego terminu. W końcu zrozumiałem, na czym polega praca pisarza, i doceniłem ją. Mam nadzieję, że uda się nam napisać wspólnie kolejne książki.

Pobyt w domu Billa Simona w Rancho Santa Fe, aby pracować i być rozpieszczanym przez jego żonę, Arynne, traktuję jako najmilszy aspekt pisania. Rozmowy z Arynne i jej umiejętności kulinarne walczą ze sobą o pierwsze miejsce w mojej pamięci. Mój podziw budzi jej wielka klasa, mądrość i poczucie humoru. Stworzyła dom pełen piękna i ciepła. Poza tym, wciąż nie mogę się napić dietetycznej coli, nie słysząc w głowie głosu Arynne przypominającego mi o szkodliwości aspartamu.

Wiele dla mnie znaczy Stacey Kirkland. Poświęciła wiele godzin swojego czasu, aby pomóc mi w stworzeniu na Macintoshu tabel i schematów, które pomagały wizualizować moje pomysły. Podziwiam jej wspaniały charakter. Jest prawdziwie kochającą i współczującą osobą, która zasługuje w życiu na samo dobro. Usłyszałem od niej wiele słów zachęty i jest osobą, na której bardzo mi zależy. Pragnę podziękować jej za miłość, wsparcie i poświęcony mi czas.

Alex Kasper, „Nexspace", to nie tylko mój najlepszy kumpel, ale również wspólnik w interesach. Razem prowadziliśmy popularny radiowy talk show *Ciemna Strona Internetu* w radiu KFI AM 640 w Los Angeles, pod sprawnym kierownictwem dyrektora programowego, Davida G. Halla. Alex udzielił mi bezcennej pomocy i dał mi wiele rad w związku z książką. Jego wpływ na mnie był zawsze pozytywny, a jego uprzejmość i gościnność nie kończyła się nawet w późnych godzinach nocnych. Wraz z Alexem ukończyliśmy ostatnio pracę nad filmem, który ma pomóc firmom w szkoleniu swoich pracowników tak, aby zapobiegać atakom socjotechnicznym.

Paul Dryman jest przyjacielem rodziny i nie tylko. Ten cieszący się uznaniem i zaufaniem prywatny detektyw pomógł mi zrozumieć, na czym polega prawdziwe śledztwo. Wiedza i doświadczenie Paula ułatwiły mi stworzenie zaleceń dotyczących bezpieczeństwa, które znalazły się w 4. części tej książki.

Candi Layman stale okazywała mi wsparcie i miłość. Jest wspaniałą osobą, która zasługuje w życiu na same dobre rzeczy. W czasie tragicznych chwil mojego życia Candi zawsze dawała mi pociechę i przyjaźń.

Mam szczęście, że mogłem spotkać tak wspaniałą, pełną troski i współczucia osobę. Chciałbym jej podziękować za bycie przy mnie.

Moimi pierwszymi pieniędzmi zarobionymi na sprzedaży tej książki zapewne pokryję rachunki za długie rozmowy z Erin Finn. Bez wątpienia jest ona moją bratnią duszą. Jesteśmy podobni do siebie na tyle różnych sposobów, że aż można się przerazić. Oboje kochamy technologię, lubimy to samo jedzenie, muzykę i filmy. AT&T zdecydowanie traci, dając mi w ramach taryfy darmowe rozmowy w nocy i w weekendy, kiedy to dzwonię do niej do Chicago. Ale pewnie pracownicy tej firmy są zadowoleni, że nie korzystam już z „Planu Taryfowego Kevina Mitnicka". Entuzjazm Erin i przekonanie o ważności pracy nad tą książką podnosiły mnie na duchu. Cieszę się, że możemy być przyjaciółmi.

Chciałbym podziękować wszystkim osobom, które pomagają mi w mojej karierze zawodowej. Organizacją prelekcji i wykładów zajmuje się Amy Gray (uczciwa i troskliwa osoba, którą doceniam i uwielbiam). David Fugate z Wateside Productions to mój agent, który występował w mojej obronie wielokrotnie przed i po podpisaniu kontraktu na książkę. Gregory Vinson to prawnik z Los Angeles, który był jednym z moich obrońców w czasie wieloletniej batalii z rządem. Na pewno mógłby sobie porozmawiać z Billem na temat zrozumienia i cierpliwości, jaką należy okazywać mojej drobiazgowości, bo przeżył to samo, pisząc w moim imieniu różne pisma i podania.

Miałem różne doświadczenia z prawnikami, ale chciałbym podziękować tym, którzy w czasie mojej batalii z wymiarem sprawiedliwości zaoferowali mi swoją pomoc. Desperacko jej wtedy potrzebowałem. Spotkałem wielu prawników, którzy zaprzeczają stereotypowi egocentrycznego adwokata — począwszy od miłych słów, które od nich usłyszałem, a skończywszy na głębokim zaangażowaniu w moją sprawę. Szanuję ich i podziwiam, jak również doceniam życzliwość i wsparcie moralne, jakiego udzieliło mi bezinteresownie tak wielu z nich. Każda z tych osób zasługuje na poświęcenie jej akapitu. Chciałbym je tutaj przynajmniej wymienić: Greg Aclin, Bob Carmen, John Dusenbury, Sherman Ellison, Omar Figueroa, Carolyn Hagin, Rob Hale, Alvin Michaelson, Ralph Peretz, Vicky Podberesky, Donald C. Randolph, Dave Roberts, Alan Rubin, Steven Sadowski, Tony Serra, Richard Sherman, Skip Slates, Karen Smith, Richard Steingard, czcigodny Robert Talcott, Barry Tarlow, John Yzurdiaga i Gregory Vinson.

Doceniam szansę, jaką dało mi, jako autorowi tej książki, wydawnictwo John Wiley & Sons. Pragnę podziękować następującym osobom z wydawnictwa, które zaufały debiutantowi i pozwoliły urzeczywistnić moje marzenie: Ellen Gerstein, Bob Ipsen, Carol Long (mój redaktor) oraz Nancy Stevenson.

Chciałbym podziękować także osobom z rodziny, przyjaciołom i współpracownikom, którzy okazali mi wsparcie, udzielali porad i wyciągali pomocną dłoń. Są to: J. J. Abrams, David Agger, Bob Arkow, Stephen Barnes, Dr. Robert Berkowitz, Dale Coddington, Eric Corley, Delin Cormeny, Ed Cummings, Art Davis, Michelle Delio, Sam Downing, John Draper, Paul Dryman, Nick Duva, Roy Eskapa, Alex Fielding, Lisa Flores, Brock Frank, Steve Gibson, Jerry Greenblatt, Greg Grunberg, Bill Handle, David G. Hall, Dave Harrison, Leslie Herman, Jim Hill, Dan Howard, Steve Hunt, Rez Johar, Steve Knittle, Gary Kremen, Barry Krugel, Earl Krugel, Adrian Lamo, Leo Laporte, Mitch Leventhal, Cynthia Levin, CJ Little, Jonathann LIttman, Mark Maifrett, Brian Martin, Forest Mc Donald, Kerry Mc Elwee, Alan McSwain, Elliot Moore, Michael Morris, Eddie Munoz, Patrick Norton, Shawn Nunley, Brenda Parker, Chris Pelton, Kevin Poulsen, Scott Press, Linda i Art Pryor, Jennifer Reade, Israel i Rachel Rosencrantz, Mark Ross, William Royer, Irv Rubin, Ryan Russel, Neil Saavedra, Wunn Schwartu, Pete Shipley, John Siff, Dan Sokol, Trudy Spector, Matt Spergel, Eliza Armadea Sultan, Douglas Thomas, Roy Tucker, Brian Turbow, ron Wetzel, Don David Wilson, Darci Wood, Kevin Wortman, Steve Wozniak i wszyscy znajomi z kanału W6NUT (147.453 MHz) z Los Angeles.

Na specjalne podziękowania zasługuje mój kurator, Larry Hawley, za ułatwienie mi pracy nad książką.

W końcu dziękuję wszystkim policjantom. Nie żywię do nich żadnej urazy, ponieważ wykonują oni jedynie swoją pracę. Wierze, że poświęcanie własnego życia służbie i przedkładanie interesu publicznego nad własny jest czymś, co zasługuje na szacunek. Choć czasami bywałem dla was arogancki, chciałbym, abyście wiedzieli, że kocham ten kraj i zrobię wszystko, co w mojej mocy, aby uczynić go najbezpieczniejszym miejscem na ziemi. Dlatego właśnie napisałem tę książkę.

Od Billa Simona

Wydaje mi się, że dla każdego istnieje gdzieś *ta* jedyna osoba. Problem w tym, że nie każdy ma na tyle szczęścia, aby ją odnaleźć. Niektórzy mają. Mnie poszczęściło się dawno temu i zdążyłem przeżyć wiele lat (a liczę na jeszcze więcej) z jednym z cudów świata — moją żoną, Arynne. Jeżeli kiedykolwiek zapomnę na chwilę, jakie szczęście mnie spotkało, wystarczy, że zauważę, jak wielu ludzi szuka jej towarzystwa i ceni je. Arynne — dziękuję za to, że idziesz ze mną przez życie.

W czasie pisania tej książki korzystałem z pomocy grupy lojalnych przyjaciół, którzy pomagali mi ocenić, czy wraz z Kevinem zmierzamy do założonego celu — mikstury faktu i fascynacji, z jakiej składa się ta niezwykła książka. Każda z tych osób jest dla mnie niezwykle wartościowa i wiem, że mogę znowu oczekiwać pomocy, kiedy przyjdzie czas na tworzenie następnej. W kolejności alfabetycznej są to: Jean Claude Beneventi, Linda Brown, Walt Brown, Lt. Gen. Don Johnson, Dorothy Ryan, Guri Stark, Chris Steep, Michael Steep i John Votaw.

Szczególne wyrazy uznania pragnę przekazać Johnowi Lucichowi, szefowi Grupy Bezpieczeństwa Sieciowego, który zgodził się poświęcić swój czas na prośbę „kolegi kolegi", oraz Gordonowi Garbowi, który cierpliwie znosił niezliczone telefony z pytaniami dotyczącymi funkcjonowania działu informatyki.

Czasami jesteśmy wdzięczni znajomym, że poznali nas z osobami, które stały się potem naszymi wielkimi przyjaciółmi. David Fugate z agencji literackiej Waterside Productions z Cardiff w Kalifornii był pomysłodawcą książki. On właśnie poznał mnie ze współautorem, który stał się moim przyjacielem — Kevinem. Dziękuję Ci, David. Dziękuję szefowi Waterside, niezrównanemu Billowi Gladstone'owi, który zarzuca mnie nowymi pomysłami — cieszę się, że Cię mam.

W domu i w moim domowym biurze Arynne jest wspomagana przez kompetentny personel, który składa się z asystentki Jessici Dudgeon i gosposi Josie Rodriguez.

Dziękuję moim rodzicom, Marjorie i I. B. Simonom. Gdyby żyli, na pewno cieszyliby się moją karierą pisarską. Dziękuję również mojej córce, Victorii. Kiedy jestem z nią, uświadamiam sobie, jak bardzo ją podziwiam, szanuję i jak dumny jestem z tego, kim jest.

Notatki

Notatki

Notatki

Notatki